KB273252

사도행전 강해설교

성령이 임하시면

사도행전 강해설교

성령이 임하시면

강효민 지음

새싹 전도협회

성령이 임하시면

지 은 이 | 강효민

초판발행 | 2013년 3월 18일

편   집 | 권석진, 한혜정

지도(地圖) | 이승록

디 자 인 | 김화영

발 행 처 | 새삶전도협회

웹사이트 | www.nleva.org

주   소 | 서울시 광진구 능동로 314

전   화 | (02) 458-0691

팩   스 | (02) 453-9020

출판등록 | 제 25100-2007-26호

ISBN 978-89-6961-000-3

정가 22,000원

파본은 바꾸어 드립니다.

책을 내며

사도행전에서 가장 핵심이 되는 구절은 사도행전 1장 8절입니다.

"오직 성령이 너희에게 임하시면 너희가 권능을 받고 예루살렘과 온 유대와 사마리아와 땅 끝까지 이르러 내 증인이 되리라."

이 말씀에 나와 있는 순서대로 '예루살렘과 온 유대와 사마리아와 땅 끝까지' 복음이 전파되는 내용을 기록한 책이 사도행전입니다.

사도행전은 '성령'의 역할을 대단히 강조합니다. 초대 교회 시절, 사도들과 성도들이 담대하게 복음을 전파할 수 있었던 것은 그들에게 성령이 계셨기 때문입니다.

사도행전의 내용은 오늘날 우리 그리스도인들에게 많은 도전을 줍니다. 우리가 본받아야할 교회의 모습, 우리가 본받아야할 삶의 모습이 사도행전에 기록되어 있습니다.

사도행전을 읽을 때는 유의해야 할 점도 있습니다. 사도행전에 기록된 모든 일을 오늘날에도 똑같이 기대해서는 안 된다는 것입니다. 예를 들면, 성령을 받을 때 나타난 가시적인 현상들이라든지, 사도들이 행한 기적들 같은 것 말입니다. 자세한 내용은 이 책을 읽으면서 만나게 될 것입니다.

이 책의 내용은 필자가 섬기는 새삶침례교회에서 사도행전을 강해 설교한 것을 글로 옮긴 것입니다. 그렇다보니 매끄럽지 못한 부분도, 부족한 점도 있을 수 있습니다. 그 점에 대해서는 독자들이 양해해 주시기를 바랍니다.

이 책이 나오기까지 많은 분들의 기도와 수고가 있었습니다.

말을 글로 옮겨준 형제자매들, 교정작업을 해준 권석진 전도사님과 한혜정 간사님, 지도(地圖)작업을 해준 이승록 목사님, 표지 디자인과 책의 편집을 맡아준 김화영 집사님…. 이분들께 진심으로 감사의 말씀을 드립니다. 이들의 수고가 있었기에 이 책이 나올 수 있었습니다.

부족한 사람의 설교를 항상 잘 들어주시고, 늘 위해서 기도해 주시는 나의 신앙 동반자들인 새삶침례교회의 집사님들과 성도님들께도 감사를 드립니다.

책을 낼 때마다 부모님과 가족을 책의 서문에서 언급했는데, 이번에도 예외일 수는 없습니다. 나로 하여금 신앙을 갖게 해 주시고, 좋은 신학교육을 받게 해주신 부모님(강인규 목사님과 손필순 사모님)을 생각하면 늘 감사한 마음뿐입니다. 두 분이 더 오래 건강하셔서 목사 아들의 든든한 버팀목이 되어주시기를 기도합니다.

남편과 아버지로서는 정말 부족한데, 그래도 늘 힘과 기쁨이 되어주는 아내(강세라)와 조이, 건에게 이 책이 좋은 선물이 되면 좋겠습니다.

사도행전을 이해하고, 하나님 나라를 확장하는데 조금이라도 이 책이 도움이 되고 도전이 된다면 더 바랄 것이 없겠습니다. 그것이 이 책을 내는 목적입니다.

하나님의 은혜와 평강이 당신에게 있기를 바랍니다.

2013년 3월 새 봄을 맞으며

강 효 민

CONTENTS

1. 성령이 너희에게 임하시면

(행 1:1-11)

1. 성령이 너희에게 임하시면 (행 1:1-11)

사도행전 강해를 시작하면서 먼저 서론적인 이야기부터 해봅시다.

사도행전은 누가 기록했을까요? 누가복음을 기록한 '누가'가 기록했습니다. 사도행전에는 누가가 기록했다는 말이 없는데 어떻게 그것을 알 수 있습니까? 사도행전을 기록한 사람과 누가복음을 기록한 사람이 같기 때문입니다. 본문 1-2절을 보겠습니다.

데오빌로여 내가 먼저 쓴 글에는 무릇 예수께서 행하시며 가르치시기를 시작하심부터 그가 택하신 사도들에게 성령으로 명하시고 승천하신 날까지의 일을 기록하였노라."

'내가 먼저 쓴 글'은 '누가복음'을 가리키는 것인데 누가복음 1장 1-4절을 보면 알 수 있습니다.

"우리 중에 이루어진 사실에 대하여 처음부터 목격자와 말씀의 일꾼 된 자들이 전하여준 그대로 내력을 저술하려고 붓을 든 사람이 많은지라. 그 모든 일을 근원부터 자세히 미루어 살핀 나도 데오빌로 각하에게 차례대로 써 보내는 것이 좋은 줄 알았노니 이는 각하가 알고 있는 바를 더 확실하게 하려 함이로라."

사도행전 1장 1-2절과 누가복음 1장 1-4절을 대조해보면 두 책의 저자가 같은 사람인 것을 알 수 있습니다. 그래서 사도행전도 누가가 기록한 것을 아는 것입니다.

그런데 누가복음에도 누가가 기록했다는 말은 없습니다. 그러나 초대 교회 시절부터 누가복음은 누가가 기록했다는 것을 다 알고 있었습니다. 그래서 책의 제목이 '누가복음'이 된 것입니다.

사도행전에는 '우리'라는 표현이 여러 번 나오는데 그것을 통해서도 저자가 누구인지 추측해볼 수 있습니다. 예를 들면 사도행전 27장 1a절에 이런 표현이 있습니다.

"우리가 배를 타고 이달리야에 가기로 작정되매."

여기의 '우리'에는 사도행전을 기록한 저자도 포함되어 있습니다. 그렇다면 사도행전의 저자는 바울의 일행 중 한 사람인데 과연 그가 누구일까요? 모든 정황으로 미루어볼 때 누가가 가장 적격자입니다. 골로새서 4장 14절을 보면 누가는 바울이 로마에 있을 때 함께 있었습니다. 그리고 디모데후서 4장 11절을 보면 마지막 순간까지 바울의 곁을 지켜주었던 사람도 누가였습니다. 그러므로 이 모든 정황을 미루어볼 때 사도행전은 누가가 기록한 책임에 틀림없습니다.

사도행전의 수신자는 누구일까요? 본문 1절에 나와 있는 대로 '데오빌로'라는 사람입니다. '데오빌로'라는 이름의 뜻은 '하나님의 친구', '하나님을 사랑하는 자'입니다. 이 사람은 로마의 고위관리였다고 생각됩니다. 누가복음 1장 3-4절에서 누가는 데오빌로를 '각하'라고 불렀는데 이는 그의 신분이 매우 높았던 것을 보여줍니다.

사도행전을 기록한 이유는 무엇일까요? 예수님께서 부활하신 후에 어떤 일을 하셨으며, 승천하신 후에 제자들은 어떤 삶을 살았는지를 알려주기 위해 기록했습니다.

이제 본문의 내용을 살펴보겠습니다. 먼저 3절을 보겠습니다.

"그가 고난 받으신 후에 또한 그들에게 확실한 많은 증거로 친히 살아 계심을 나타내사 사십 일 동안 그들에게 보이시며 하나님 나라의 일을 말씀하시니라."

예수님께서 부활하신 후 40일 동안 이 땅에 계시면서 하신 일을 말씀하고 있습니다. 예수님은 자신이 정말 부활했다는 것을 사람들에게 알리고 확신시켜 주는 일을 하시면서 하나님 나라의 일을 말씀하셨습니다.

'하나님 나라'는 예수님께서 이 땅에 계실 때 시종일관 전한 말씀의 주제였습니다. 예수님께서 이 땅에 오셔서 제일 먼저 외친 메시지가 "회개하라. 천국이 가까웠느니라", "하나님 나라가 가까이 왔느니라" 하는 것이었습니다. 그리고 부활하신 후 하늘로 올라가실 때까지 전한 말씀도 '하나님 나라'와 '하나님 나라의 일'이었습니다. 이런 것을 볼 때 예수님의 관심사는 '하나님 나라'와 '하나님 나라의 일'이었던 것을 알 수 있습니다.

그렇다면 우리의 관심사는 무엇이 되어야 하겠습니까? 지금 당신의 관심사는 무엇입니까? 부동산입니까? 주식입니까? 아니면 승진입니까? 그런 것에 전혀 관심을 갖지 않을 수는 없겠지요. 그러나 당신의 최고 관심사가 하나님 나라이고, 하나님 나라의 일이기를 바랍니다. 마태복음 6장 33절에서 예수님은 이렇게 말씀하셨습니다.

"너희는 먼저 그의 나라와 그의 의를 구하라. 그리하면 이 모든 것을 너희에게 더하시리라."

하나님의 나라와 그의 의를 구하면 이 세상을 살아가는데 필요한 모든 것을 주님께서 알아서 해결해 주시겠다고 말씀하고 계십니다. 이 말씀을 믿으시고 먼저 하나님의 나라와 그 의를 구하는 당신이 되기를 바랍니다.

4-5절을 보겠습니다.

"사도와 함께 모이사 그들에게 분부하여 이르시되 예루살렘을 떠나지 말고 내게서 들은 바 아버지께서 약속하신 것을 기다리라. 요한은 물로 침례를 베풀었으나 너희는 몇 날이 못 되어 성령으로 침례를 받으리라 하셨느니라."

'아버지께서 약속하신 것'이 무엇일까요? 성령입니다. '성령으로 침례를 받을 것'이기 때문에 '예루살렘을 떠나지 말고 기다리라'고 하신 것입니다. 헬라어 성경에는 5절이 '왜냐하면'이라는 단어로 시작됩니다.

그러면 '성령으로 침례를 받는다'는 말씀의 의미는 무엇일까요? 이것은 '성령 받는 것'을 의미합니다. 이것이 소위 말하는 '성령침례(세례)'입니다. 성경에는 '성령으로 인치심을 받는다', '성령을 마신다'는 표현도 있는데 이것 역시 성령 받는 것을 의미합니다.

예수님께서는 '몇 날이 못 되어' 성령을 받을 것이라고 하셨는데 이 말씀은 사도행전 2장에서 이루어집니다. 그러면 오늘날 예수님을 믿는 사람들은 언제 성령을 받는 것일까요? 예수님을 영접하고 구원받는 순간에 받습니다. 에베소서 1장 13절을 보겠습니다.

"그 안에서 너희도 진리의 말씀 곧 너희의 구원의 복음을 듣고 그 안에서 또한 믿어 약속의 성령으로 인치심을 받았으니."

'성령으로 인치심을 받았다'는 것은 '성령 받은 것'을 의미합니다. 그런데 언제 성령을 받았는가 하면 '구원의 복음을 듣고 그 안에서 또한 믿어' 즉 구원받았을 때 받았다고 했습니다. 그러므로 성령은 예수 그리스도를 믿고 구원받는 순간 받는 것을 알 수 있습니다.

고린도전서 12장 13절은 이렇게 말씀합니다.

"우리가 유대인이나 헬라인이나 종이나 자유인이나 다 한 성령으로 침례를 받아 한 몸이 되었고 또 다 한 성령을 마시게 하셨느니라.”

이 말씀에는 ‘성령으로 침례를 받았다’, ‘성령을 마셨다’는 표현이 나옵니다. 이 표현도 역시 성령 받은 것을 의미하는데, 이 말씀에 의하면 언제 성령침례를 받습니까? ‘한 몸’이 되는 순간입니다. 그리스도 예수 안에서 한 몸, 즉 교회의 지체가 되는 순간, 구원 받고 교회의 일원이 되는 순간이 성령으로 침례를 받는 순간이라는 것입니다. 그렇기 때문에 오늘날에는 성령침례를 받기 위해서 어디 가서 기도해야 하고, 특별한 체험을 해야 하는 것이 아닙니다. 예수 그리스도를 나의 주님으로 영접하고 구원받는 그 순간 성령 받는다는 것을 잊지 마십시오. 그것이 성경이 말하는 성령침례입니다.

그런데 오늘날 구원받는 것과 성령침례 받는 것을 다른 사건으로 생각하는 사람들이 있습니다. 성경을 잘못 이해한 것입니다. 그분들은 주로 사도행전을 통하여 자신들의 신학을 정립하고 있는데, 사도행전만 보면 그렇게 생각할 수도 있습니다. 그러나 한 가지 기억할 것은 사도행전은 과도기적인 책이라는 것입니다. 사도행전에는 구원받은 유대인들이 처음으로 성령을 받는 내용, 구원받은 사마리아인들이 처음으로 성령을 받는 내용, 구원받은 이방인들이 처음으로 성령 받는 내용이 기록되어 있습니다. 그렇기 때문에 사도행전만 보면 구원받는 시점과 성령침례 받는 시점이 다른 것처럼 보일 수 있습니다. 그러나 이것은 사도행전에서만 그랬다는 것을 놓치시면 안 됩니다. 그 이후에는 언제 성령을 주시는가 하면 예수님을 영접하는 순간, 구원받는 순간에 주십니다. 그것이 에베소서 1장 13절과 고린도전서 12장 13절이 말하는 내용입니다.

당신은 성령을 받으셨습니까? 언제 받으셨습니까? 예수님을 영접하고 구원받은 그 순간입니다. 성령을 받으셨기 때문에 당신이 예수님을 '주님'이라고 고백할 수 있는 것이고, 하나님을 '아버지'라고 부를 수 있는 것입니다. 고린도전서 12장 3b절에 보면 "성령으로 아니하고는 누구든지 예수를 주시라 할 수 없느니라"고 했습니다. 또 로마서 8장 9b절에는 "누구든지 그리스도의 영이 없으면 그리스도의 사람이 아니라"고 했습니다. 그러므로 우리는 구원받는 것과 성령 받는 것을 따로 생각해서는 안 됩니다.

계속해서 6절 말씀을 보겠습니다.

"그들이 모였을 때에 예수께 여쭈어 이르되 주께서 이스라엘 나라를 회복하심이 이 때니이까 하니."

헬라어 성경으로 보면 6절 앞부분에 '그래서'라는 말이 있습니다. "그래서 그들이 모였을 때에 예수께 여쭈어 이르되" 이렇게 되어 있습니다. 이것은 6절 말씀이 5절 말씀과 연관되어 있는 것을 보여줍니다. 5절에서 예수님이 "너희가 성령을 받게 될 것이다"라고 하시니까 예수님의 제자들은 '그럼 이제 이스라엘 나라가 회복되는 것인가?'라는 생각을 하게 됩니다. 왜 그런 생각을 하게 되었는가 하면 구약성경에 이스라엘이 회복될 때는 하나님의 영을 먼저 이스라엘 사람들에게 부어 주실 것이라는 말씀이 있기 때문입니다.

"마침내 위에서부터 영을 우리에게 부어 주시리니 광야가 아름다운 밭이 되며 아름다운 밭을 숲으로 여기게 되리라. 그 때에 정의가 광야에 거하며 공의가 아름다운 밭에 거하리니 공의의 열매는 화평이요, 공의의 결과는 영원한 평안과 안전이라"(사 32:15-17).

　이 말씀은 이스라엘의 회복에 대한 말씀입니다. 그런데 제일 앞부분에 ‘마침내 위에서부터 영을 우리에게 부어 주시리니’라고 말씀합니다. 그러니까 이스라엘 나라가 회복되기 전에 하나님께서는 먼저 영을 이스라엘 사람들에게 부어주신다는 것입니다. 이 영은 하나님의 영, 성령을 말하는 것입니다. 그래서 제자들은 ‘아, 하나님께서 우리에게 성령을 주시면 이제 이스라엘 나라가 회복되겠구나!’라는 생각을 하면서 예수님께 “주께서 이스라엘 나라를 회복하심이 이 때니이까?”라는 질문을 하게 된 것입니다. 예수님의 제자들은 이스라엘 나라의 회복과 예수님께서 왕이 되실 것에 대해 늘 관심이 많았습니다. 그리고 그것은 예수님께서 부활하시고 난 뒤에도 계속된 것을 보게 됩니다. 그러나 예수님의 관심은 다른 데 있었습니다.

　7-8절 말씀을 보겠습니다.
　“이르시되 때와 시기는 아버지께서 자기의 권한에 두셨으니 너희가 알 바 아니요, 오직 성령이 너희에게 임하시면 너희가 권능을 받고 예루살렘과 온 유대와 사마리아와 땅 끝까지 이르러 내 증인이 되리라 하시니라.”
　예수님의 관심은 제자들이 성령 받고 나가서 예수님의 증인이 되는 것에 있었습니다. 그렇다고 해서 이스라엘 나라가 회복되지 않는다는 의미는 아닙니다. 언젠가는 반드시 이 땅 위에 이스라엘 나라가 회복될 것입니다. 그러나 그 때와 시기는 하나님의 권한이고, 너희는 나가서 내 증인이 되라는 것입니다. 그래서 예수님의 제자들은 주님의 말씀에 순종하여 나가서 열심히 전도했습니다. 그것이 사도행전의 내용입니다.

사도행전 1-7장은 제자들이 '예루살렘'에서 전도하는 내용이고, 8-9장은 '유대와 사마리아'에서 전도하는 내용이며, 10-28장은 '땅 끝까지 이르러' 전도하는 내용입니다. 유대인들인 예수님의 제자들에게 있어서 '땅 끝'은 어디일까요? 이방인들입니다. 그래서 10장부터 보면 제자들이 이방인들에게 가서 복음을 전하는 내용이 기록되어 있습니다. 제자들은 '증인이 되라'는 말씀을 받고 실제로 그렇게 살았습니다. 그리고 그렇게 했을 때 수많은 사람들이 예수님을 믿고 구원받는 놀라운 역사가 일어났습니다.

사도행전 1장 8절 말씀은 오늘날 우리에게도 해당되는 말씀입니다. 우리는 예수님을 직접 보고 들은 사람들은 아닙니다. 그러나 하나님의 말씀을 통해서 또 우리 안에 내주하시는 성령님을 통해서 예수님을 보고 들은 증인이라고 할 수 있습니다. 그러므로 우리는 예수님의 증인으로서 복음 전하는 일을 잘 감당해야 할 것입니다. '증인'이라는 말은 헬라어로 '마르투레스'입니다. 이 말에서 나온 영어단어가 '마터(martyr)', '순교자'입니다. 이것을 통해 우리는 무엇을 알 수 있습니까? '증인'의 역할을 감당하다 보면 '순교자'가 될 수도 있다는 것입니다. 예수님의 제자들은 증인의 삶을 살다가 정말 순교자가 되었습니다. 그들은 주님을 위해서 그들의 목숨을 바쳤습니다.

오늘날에도 복음 때문에 순교하는 사람들이 있다는 것을 알고 계십니까? 얼마 전 국민일보에 실린 기사에 의하면 지난 10년 동안 이 지구상에서는 예수님 믿는 것 때문에 100만 명이나 순교했다고 합니다. 우리나라에서는 지난 10년 동안 예수 믿는 것 때문에 순교한 사람은 한 사람도 없을 것입니다. 그런데 북한만 하더라도 많은 사람들이 예수 믿는 것 때문에 처형을 당하고 있습니다. 많은 이슬람 국가에서는 오늘날에도 예수 믿는 것 때문에 얼마나 많은 사람들이 처형과 테러로 죽어가는지 모릅니다. 이것이 오늘날의 현실입니다.

우리나라에서는 아무리 열심히 복음을 전해도 순교 당하는 일은 없습니다. 이런 좋은 환경 주신 것을 감사하며, 우리도 순교자의 정신을 가지고 열심히 복음을 전해야 하겠습니다. 이것이 주님께서 우리에게 원하시는 일입니다.

"오직 성령이 너희에게 임하시면 너희가 권능을 받고 예루살렘과 온 유대와 사마리아와 땅 끝까지 이르러 내 증인이 되리라"(8절).

우리의 '예루살렘'은 어디일까요? 우리와 가장 가까운 가족이라 할 수 있겠지요. 우리의 '유대'는 우리가 잘 알고 지내는 우리의 친척·친구·이웃이라 할 수 있겠고, 우리의 '사마리아'는 우리가 조금 알고 지내는 사람들, 그리고 우리의 '땅 끝'은 우리가 전혀 모르고 지내는 사람들이라 할 수 있습니다. 그러므로 우리는 누구를 만나든지 복음을 전해야 합니다. 왜냐하면 그들이 우리의 '예루살렘'이고, 우리의 '유대'이고, 우리의 '사마리아'이고, 우리의 '땅 끝'이기 때문입니다.

우리 교회를 기준으로 하면 우리 교회의 '예루살렘'은 어디일까요? 우리 교회가 위치한 동네라고 할 수 있습니다. 우리 교회의 '유대'는 우리 교회가 속한 지역구·도시라고 할 수 있겠고, 우리 교회의 '사마리아'는 대한민국 전체로 보면 될 것입니다. 또한 우리 교회의 입장에서 '땅 끝'은 북한을 포함한 다른 모든 나라들이라고 볼 수 있을 것입니다. 그러므로 우리 교회도 끊임없이 복음을 전해야 하고, 선교를 해야 하는 것입니다. 전도와 선교는 주님의 지상명령(至上命令)이라는 것을 기억하고 더욱 분발해서 열심히 할 수 있기를 바랍니다.

9-11절을 보겠습니다.

"이 말씀을 마치시고 그들이 보는데 올려져 가시니 구름이 그를 가리어 보이지 않게 하더라. 올라가실 때에 제자들이 자세히 하늘을 쳐다보고 있는데 흰 옷 입은 두 사람이 그들 곁에 서서 이르되 갈릴리 사람들아 어찌하여 서서 하늘을 쳐다보느냐. 너희 가운데서 하늘로 올려지신 이 예수는 하늘로 가심을 본 그대로 오시리라 하였느니라."

예수님께서는 이 땅에서의 모든 사역을 마치시고 구름을 타고 하늘로 올라가셨습니다. 그 모습을 본 제자들은 넋을 놓고 하늘을 바라보고 있었습니다. 그 때 흰옷 입은 두 사람이 나타나서 제자들에게 이렇게 말합니다.

"갈릴리 사람들아, 어찌하여 서서 하늘을 쳐다보느냐. 너희 가운데서 하늘로 올려지신 이 예수는 하늘로 가심을 본 그대로 오시리라"(11절).

예수님께서 다시 오신다는 말씀이 희망적으로 들리지 않습니까? 이 말씀이 없었다면 제자들은 굉장히 허망했을 것입니다. 부활하신 주님을 만난 것까지는 좋았는데 그 주님이 갑자기 하늘로 올라가 버렸으니 얼마나 허망했겠습니까. 신기하기도 했지만 허망하기도 했을 것입니다. 그런데 예수님께서 다시 오실 것을 천사들이 전해주었습니다. 가신 그 모습 그대로 다시 오신다고 했습니다. 육신을 가지신 예수님은 다시 구름을 타고 이 땅으로 내려오실 것입니다. 구름을 타고 오실 것에 대해서는 예수님도 친히 말씀하셨습니다.

"그 때에 인자의 징조가 하늘에서 보이겠고 그 때에 땅의 모든 족속들이 통곡하며 그들이 인자가 구름을 타고 능력과 큰 영광으로 오는 것을 보리라"(마 24:30).

“인자가 권능의 우편에 앉아 있는 것과 하늘 구름을 타고 오는 것을 너희가 보리라”(마 26:64).

요한계시록 1장 7절에는 “볼지어다. 그가 구름을 타고 오시리라. 각 사람의 눈이 그를 보겠고 그를 찌른 자들도 볼 것이요, 땅에 있는 모든 족속이 그로 말미암아 애곡하리니 그러하리라. 아멘”이라고 말씀하고 있습니다. 우리 주님은 언젠가 반드시 구름을 타고 다시 오실 것입니다.

어디로 오시는 줄 아십니까? 대한민국으로 오시지 않습니다. 감람산으로 오십니다. 스가랴 14장 4절에 보면 “그 날에 그의 발이 예루살렘 앞 곧 동쪽 감람산에 서실 것”이라고 말씀하고 있습니다. 오늘날 자신이 ‘재림 예수’라고 주장하는 사람이 많습니다. 그런데 그들 중에 구름을 타고 온 사람은 아무도 없습니다. 다 엉터리입니다. 우리 주님은 구름을 타고 오십니다. 주님께서 구름을 타고 이 땅으로 내려오시면 이 땅 위에 하나님의 나라가 세워지게 됩니다. 그 나라를 일컬어 우리는 ‘천년왕국’이라고 합니다. 천년왕국을 거쳐 하나님을 믿는 모든 사람들은 황금보석으로 꾸며진 진짜 ‘천국’, ‘영원한 나라’에 들어가게 될 것입니다.

하늘로 올라가신 예수님은 언젠가 반드시 다시 오십니다. 이 세상 돌아가는 것을 보면 그날이 그렇게 멀지 않은 것 같습니다. 요즘 이슬람 국가들의 움직임이 심상치 않은 것을 보고 계시지요? 지금 그 국가들에서 민주화 운동이 일어나고 있습니다. 이슬람 국가에서 민주화 운동이 활발하게 일어나게 되어 민주화가 이루어지면 그 땅에 복음이 들어가게 될 것입니다. 그렇게 되면 이제 이 세상의 거의 모든 나라에 복음이 전파되는 것입니다. 어떻게 보면 이슬람 국가들이야 말로 성경에서 말하는 '땅 끝'이 아니겠습니까? 북한도 땅 끝이고, 이슬람 국가들도 땅 끝이라 할 수 있습니다. 이런 나라에 복음이 들어가면 복음이 다 들어간 것입니다. 그러면 결국 예루살렘에서부터 시작된 복음이 유럽과 미국, 대한민국, 아시아, 중동을 거쳐 다시 예루살렘으로 돌아가는 것입니다. 복음이 지구를 한 바퀴 돌면 그 때 주님께서 오실 줄 믿습니다. 그 날이 멀지 않은 것 같습니다.

예수님께서 다시 오시는 그날까지 복음 전하는 일에 더 열심을 냅시다. 우리의 시간과 물질과 정열을 복음 전하는 일에 더 사용합시다.

2. 교회가 태동되다

(행 1:12-26)

2. 교회가 태동되다 (행 1:12-26)

우리 교회(필자가 섬기는 교회)는 2002년 10월 첫 주일에 창립예배를 드리고 공식적으로 시작이 되었습니다. 그러나 실제로 모이기 시작한 것은 그보다 한 달 전쯤부터였습니다. 한 달 전쯤부터 모이면서 기도도 하고, 예배도 드렸습니다. 그리고 그 기간 중에 교회 이름도 정했고, 함께 일할 사역자도 세웠습니다. 그렇게 한 달쯤 모임을 갖다가 한 달 뒤인 10월 첫 주일에 창립예배를 드림으로 공식적으로 교회가 시작되었습니다. 교회가 공식적으로 시작되기 전에 한 달이라고 하는 교회의 태동기가 있었다는 것을 말씀드리기 위해 우리 교회의 역사를 잠깐 말씀드렸습니다.

본문을 보면 초대 예루살렘 교회도 사도행전 2장에서 성령의 임함과 함께 공식적으로 시작되기 전에 그러한 태동기가 있었던 것을 볼 수 있습니다. 본문의 말씀을 통해서 초대 교회는 어떻게 시작되었고, 또 정식으로 시작되기 전에 어떤 일들이 있었는가 하는 것을 살펴보면서 주님께서 우리에게 주시는 교훈을 생각해보기 원합니다.

본문을 보면 초대 교회 성도들이 모였던 장소는 예루살렘에 있는 누군가의 집 다락방이었던 것을 알 수 있습니다.

"제자들이 감람원이라 하는 산으로부터 예루살렘에 돌아오니 이 산은 예루살렘에서 가까워 안식일에 가기 알맞은 길이라. 들어가 그들이 유하는 다락방으로 올라가니"(12-13a절).

예루살렘은 예수님께서 승천하신 감람산과 아주 가까운 거리에 있었습니다. '안식일에 가기 알맞은 길'(12절)이라고 했습니다. 유대인들은 안식일에 먼 거리를 이동하지 않습니다. 보통 1km 범위 내에서만 이동을 합니다. 그러므로 감람산과 예루살렘은 대충 1km 안팎이었다는 것입니다.

예수님께서 승천하시고 난 후 이들은 예루살렘으로 돌아왔습니다. 그리고 그들이 늘 모이던 '다락방'에서 계속 모임을 가졌습니다. 우리는 '다락방'을 작은 공간으로 생각하기 쉬운데 당시 이스라엘의 다락방은 큰 공간입니다. 아래층은 기둥도 많고 벽들도 많아 큰 방을 만들 수 없습니다. 그러나 위층에는 기둥이 없어도 되므로 큰 공간이 나올 수 있습니다. 다락방에서 모였다는 것은 위층의 넓은 공간에서 모였다는 말입니다.

이 집이 누구의 집인지 성경은 밝히고 있지 않지만 마가 요한의 어머니 집이 아닌가 생각됩니다. 사도행전 12장 12절에 마가 요한의 어머니 집에서 초대 교회 성도들이 모임을 가진 것이 기록되어 있기 때문입니다.

"깨닫고 마가라 하는 요한의 어머니 마리아의 집에 가니 여러 사람이 거기에 모여 기도하고 있더라."

이런 이유에서 본문에 나오는 다락방도 마가 요한의 어머니 집 다락방이라고 생각됩니다. 마가는 마가복음을 기록한 사람으로 골로새서 4장 10절에는 '바나바의 생질'로 소개되어 있습니다. 마가의 어머니는 믿음이 좋았던 것 같습니다. 그래서 초대 교회 성도들에게 자기 집을 개방하여 모임을 갖도록 해준 것입니다. 참 귀한 분입니다. 이런 분이 있었기에 초대 교회가 순조롭게 시작될 수 있었습니다.

우리도 집을 이렇게 개방하여 사용한다면 정말 좋을 것입니다. 성도들이 우리 집에 와서 주님을 찬양하고, 기도하고, 교제하고, 예배도 드린다면 얼마나 좋겠습니까. 그렇게 할 수 있는 방법이 있는데 그것은 소그룹모임(구역, 셀 또는 목장모임)을 할 때 여러분의 집을 모임장소로 제공하는 것입니다. 구역(셀, 목장) 식구들을 집으로 초대해서 함께 교제하고, 예배하고, 음식을 나누면 얼마나 좋습니까. 누군가가 그 역할을 해주어야 소그룹모임이 잘될 수 있는 것입니다. 그리고 그렇게 하는 집을 하나님께서는 복 주실 것입니다. 찬송이 있고, 기도가 있고, 아름다운 성도의 교제가 있는 집을 복 주시지 않으면 어떤 집을 복 주시겠습니까. 여러분의 가정이 그렇게 쓰임 받기를 바랍니다.

그렇게 하고 싶은데 "우리 집은 좁아서 할 수 없다"고 말씀하실 분이 계실지 모르겠습니다. 이해합니다. 하지만 집이 좀 좁더라도 한 번 초청해 보십시오. 집이 좁으면 어떻습니까. 초대 교회는 120명이 다락방에서 모였지만 그 다락방이 실제로 넓은 공간이었는지 아니면 좁은 공간이었는지는 알 수가 없습니다. 집이 조금 좁더라도 개방하여 사용한다면 나중에 하나님께서 그 믿음을 보시고 더 큰 집으로 바꾸어 주실 것을 믿습니다.

성경을 보면 초대 교회 성도들은 주로 집에서 모였습니다. 그 모임을 성경에서는 '교회'라고 했습니다. 로마서 16장 5절과 고린도전서 16장 19절을 보면 브리스길라와 아굴라의 집에 '교회'가 있었습니다. 빌레몬서 1장 2절을 보면 빌레몬의 집에도 '교회'가 있었고, 골로새서 4장 15절을 보면 눔바라는 여자의 집에도 '교회'가 있었습니다. 여기서 말하는 '교회'는 가정에서 모인 모임을 말합니다. 오늘날 우리로 하면 소그룹(구역, 셀, 목장)모임이 교회가 되는 것입니다. 마가의 어머니가 자기 집을 열어 교회로 사용했던 것처럼 우리도 우리의 집을 그렇게 사용할 수 있어야겠습니다. 넓은 집에 부부 둘만 앉아 있으면 뭐하겠습니까. 성도들을 초대하여 예배도 드리고, 찬양도 하고, 전도도 하는 아름다운 장소가 되기를 바랍니다.

이렇게 해서 초대 교회가 시작되었는데 모인 인원은 약 120명이었습니다. 많이 모였습니까, 적게 모였습니까? 많이 모였다고 볼 수도 있지만 제가 볼 때는 더 많이 모일 수도 있었습니다. 왜냐하면 부활하신 주님을 본 사람만 해도 500여명이 되었으니까요.

"그 후에 오백여 형제에게 일시에 보이셨나니 그 중에 지금까지 대다수는 살아 있고 어떤 사람은 잠들었으며"(고전 15:6).

만일 이 500여명이 여자들이 빠진 남자들만의 수라면 여자와 아이들을 포함해서 1,000명 이상이 부활하신 주님을 보았을 것입니다. 그렇다면 더 많은 사람들이 모여야 했습니다. 다른 사람들은 다 어디로 간 것일까요?

예수님께서 500여 형제에게 보이신 곳은 갈릴리였다고 생각됩니다. 갈릴리에 있는 어느 산에서 예수님께서는 수많은 군중들 앞에 나타나셨습니다(마 28:16-17). 그런데 지금 모인 장소는 예루살렘입니다. 그렇기 때문에 갈릴리에 있던 많은 사람들이 예루살렘까지 오지 못했을 것입니다. 또 어떤 사람들은 예루살렘에 있으면서도 오지 않았을 것입니다. 이런 것을 보면 옛날이나 지금이나 모임에 빠지는 사람들은 꼭 있는 것 같습니다. 우리 교회도 그렇습니다. 매주 빠지지 않고 나오면 참 좋겠는데 돌아가면서 빠집니다. 여러분, 예배에 빠지지 마시고 모이기를 힘쓰시기 바랍니다. 그런 사람을 하나님께서는 기뻐하시고 복 주십니다. 복은 모일 때 임합니다.

120명의 사람들이 어떤 복을 받게 되는지 아십니까? 사도행전 2장을 보면 오순절 날, 성령을 처음으로 받는 놀라운 일을 경험하게 됩니다. 사도행전 2장 1절을 보겠습니다.

"오순절 날이 이미 이르매 그들이 다 같이 한 곳에 모였더니."

한 곳에 모여 있을 때 성령님께서 임하셨습니다. 모인 이 사람들이 성령을 처음으로 받는 축복과 영광을 누렸습니다. 오늘날에도 하나님은 모이는 사람들을 복 주신다는 것을 잊지 마십시오. 물론 개인적으로도 예배드릴 수 있습니다. 그러나 모일 때 하나님께서 그 모임을 특별히 기억해 주시고 복 주신다는 것을 알아야 합니다. "교회로 모입시다, 예배드립시다, 소그룹모임 합시다"라고 하면 적극적으로 모이시기 바랍니다. 모일 때 하나님의 역사가 나타납니다.

"또 약속하신 이는 미쁘시니 우리가 믿는 도리의 소망을 움직이지 말며 굳게 잡고, 서로 돌아보아 사랑과 선행을 격려하며, 모이기를 폐하는 어떤 사람들의 습관과 같이 하지 말고 오직 권하여 그 날이 가까움을 볼수록 더욱 그리하자"(히 10:23-25).

지금 우리가 살고 있는 이 시대가 마지막 때 같지 않습니까? 일본의 지진해일을 비롯하여 각 나라에서 일어나는 재앙들을 보십시오. 이럴 때일수록 모이기에 힘쓰고, 서로 돌아보아 사랑과 선행을 격려해야 할 것입니다.

120여명의 사람들 중에는 열한 제자와 여자들, 그리고 예수님의 어머니와 동생들이 포함되어 있었습니다. 본문 13-14절을 보겠습니다.

"들어가 그들이 유하는 다락방으로 올라가니 베드로, 요한, 야고보, 안드레와 빌립, 도마와 바돌로매, 마태와 및 알패오의 아들 야고보, 셀롯인 시몬, 야고보의 아들 유다가 다 거기 있어 여자들과 예수의 어머니 마리아와 예수의 아우들과 더불어 마음을 같이하여 오로지 기도에 힘쓰더라."

열한 제자 중에 '바돌로매'라는 사람이 있습니다. 이 사람에 대해서는 우리가 아는 것이 별로 없습니다. 이 사람은 빌립이 전도했던 '나다나엘'과 동일인물일 것이라고 생각합니다. 요한복음 21장 2절을 보면 주님이 부활하셨는데도 불구하고 베드로와 다른 여섯 명의 제자가 고기를 잡으러 갔습니다. 그 일곱 사람 중에 나다나엘이 들어있습니다. 그의 또 다른 이름이 바돌로매였을 것입니다.

제자 중에는 '야고보의 아들 유다'도 있었습니다. 이 사람에 대해서도 우리가 아는 것이 거의 없습니다. 마태복음과 마가복음에 있는 예수님의 제자들 명단에는 '야고보의 아들 유다'가 없습니다. 대신 '다대오'가 들어있습니다. '야고보의 아들 유다'와 '다대오'도 역시 동일한 사람이라고 생각됩니다.

여자들도 많이 있었는데 이들은 제자들의 아내들과 예수님을 따라다녔던 여자들이었을 것입니다. 또 예수님의 어머니와 동생들도 있었습니다. 예수님의 동생들은 처음에는 예수님을 믿지 않았습니다. 요한복음 7장 5절에 보면 "이는 그 형제들까지도 예수를 믿지 아니함이러라"라고 기록되어 있습니다. 이들은 예수님이 부활하신 것을 보고나서 믿은 것 같습니다. 부활하신 것을 보니 믿지 않을 수 없거든요. 그래서 믿게 되었고, 그들도 함께 모여서 기도한 것입니다. 예수님의 육신의 동생 중에는 야고보라는 동생이 있는데 이 사람은 초대 교회의 중요한 지도자가 되었습니다. 사도행전에 그의 이름이 한 번씩 등장하는 것을 보면 알 수 있습니다. 그는 나중에 책도 한 권 썼는데 그 책이 바로 '야고보서'입니다.

　모인 사람들을 보면 다양합니다. 예수님의 사도도 있고 사도가 아닌 사람도 있고, 남자도 있고 여자도 있고, 부자도 있고 가난한 사람도 있습니다. 집 주인인 마가의 어머니는 상당히 부유했을 것입니다. 그리고 친 로마파 사람도 있고, 반 로마파 사람도 있습니다. 마태는 세리 출신으로 로마정부를 위해서 세금 걷는 일을 하였습니다. 그러니까 친 로마 성향을 가진 사람이라고 볼 수 있습니다. 그러면 반 로마파 사람은 누구일까요? 그 사람은 셀롯인 시몬입니다. '셀롯'이라는 말은 '열심당원', '열혈당원'이라는 말입니다. 표준새번역성경이나 우리말성경에 보면 그렇게 번역을 해놓았습니다. 열심당 또는 열혈당이라는 것은 그 당시에 있던 어떤 정치성향을 띤 그룹을 말하는 것입니다. 이 사람들은 이스라엘의 해방을 위해서 열심히 일했던 사람들입니다. 그러니까 반 로마파 사람들이지요. 로마정부를 뒤엎는 것이 그들의 목적이었습니다. 우리나라로 하면 옛날 일제시대 때 독립운동하던 사람들과 같습니다.

　이렇게 다양한 사람들이 주 안에서 하나가 되었다는 사실입니다. 이런 것이 교회입니다. 교회를 한 번 보십시오. 얼마나 다양한 사람들이 모여 있습니까. 고향도 다르고, 직업도 다르고, 성격도 다르고, 사회적인 지위도 다릅니다. 심지어 지지하는 정당도 다릅니다. 그럼에도 불구하고 교회를 이루는 모든 사람들이 예수 그리스도 안에서 하나가 되었다는 사실입니다. 세상에 이런 단체는 없습니다. 서로 다른 사람들이 모였음에도 불구하고 하나가 될 수 있는 단체가 바로 교회인 것입니다. 예수 그리스도라는 공통점만 있으면 우리는 하나가 됩니다. 다른 것은 별 문제가 되지 않습니다. 고향이 다르면 어떻습니까. 지지정당이 다르면 어떻습니까. 사회적인 신분이 다르면 어떻습니까. 전혀 문제가 안 됩니다. 그래서 이런 교회를 두고 사도 바울은 갈라디아서 3장 28절에서 이런 말씀을 합니다.

"너희는 유대인이나 헬라인이나 종이나 자유인이나 남자나 여자나 다 그리스도 예수 안에서 하나이니라."

우리는 서로 다르지만 예수 그리스도 안에서 하나라는 사실을 기억하면서 더욱더 하나가 되어갈 수 있기를 바랍니다. 교회의 머리는 예수 그리스도라는 것을 잊으면 안 됩니다. 다양한 사람들이 모였지만 예수 그리스도 안에서 하나가 되었다는 것이 너무나 놀랍고 감사합니다.

120여명의 사람들은 모여서 기도를 했습니다.

"마음을 같이하여 오로지 기도에 힘쓰더라"(14b절).

초대 교회는 기도로 시작된 교회입니다. 정말 기도를 열심히 했습니다. 사도행전을 읽어보면 기도에 대한 언급이 여러 번 나오는 것을 발견하게 됩니다. 본문 24절에 보면 맛디아를 세우기 전에도 그들은 기도했습니다. 사도행전 2장 42절에는 "오로지 기도하기를 힘쓰니라"라는 말씀이 있고, 사도행전 6장 4절에는 "우리는 오로지 기도하는 일과 말씀 사역에 힘쓰리라"라는 말씀도 나옵니다. 사도행전에는 '기도'라는 단어가 28번 나옵니다. 사도행전은 28장인데 한 장에 한 번 꼴로 나오는 것입니다. 그만큼 기도가 중요하기 때문입니다. 교회를 지탱하는 힘, 성도를 하나 되게 하는 힘이 기도에서 나오는 것입니다. 우리 교회를 지탱하는 힘도 성도들의 기도에서 나옵니다. 성도들이 교회를 위해서 간절히 기도하고, 서로를 위해서 간절히 기도할 때 우리 교회는 주 안에서 하나가 되고, 건강하게 성장해 가는 것입니다. 그러므로 교회가 계속 힘써야 할 것이 기도입니다.

지난 주간에 특별새벽기도회를 했는데 많은 분들이 나와서 기도했습니다. 이런 기도의 힘 때문에 우리 교회가 든든히 서가고 지탱되어져 가는 것입니다. 교회를 위해서, 서로를 위해서 기도에 더 힘쓸 수 있어야겠습니다. 특별히 새벽기도에 많이 참여하면 좋겠습니다. 새벽에 교회에 나와 기도하면 특별한 은혜를 경험할 수 있고, 영적으로 큰 힘을 얻을 수 있습니다. 가정에서 개인적으로 기도할 수도 있습니다. 그러나 본문에 보면 120여명의 사람들이 모여서 기도에 힘썼다고 말씀하고 있습니다. 그럴 때 성령의 역사가 나타났습니다. 함께 모여 기도하는 새벽기도 시간에 더 많은 분들이 나와서 하나님께 간절히 기도로 나아갈 수 있기를 바랍니다.

120여명이 모여 기도했을 때 그 지도자는 베드로였습니다.

"모인 무리의 수가 약 백이십 명이나 되더라. 그 때에 베드로가 그 형제들 가운데 일어서서 이르되"(15절).

베드로는 예수님의 수제자였지만 예수님을 부인한 것 때문에 다시 옛날 직업으로 돌아갈까 하는 생각도 잠시 했던 사람입니다. 그러나 부활하신 주님이 베드로를 만나 "네가 나를 사랑한다면 세상 일 하지 말고 내 양을 먹이라" 하시며 회복시켜 주셨습니다. 그래서 베드로는 다시 수제자로서의 삶을 살아가게 됩니다. 그리고 그 자리에 모인 사람들도 베드로의 과거 실수와 허물을 전혀 문제 삼지 않는 것을 보게 됩니다. 교회는 이런 곳입니다. 과거에 어떤 허물과 실수가 있었다 해도 이해해 주고 덮어줄 수 있는 곳이 바로 교회입니다. 세상의 단체는 그렇지 못합니다. 특별히 정치단체는 더욱 그렇지 못합니다. 무엇을 하려고 하면 그 사람의 모든 과거, 허물, 약점을 다 드러내며 마구 공격합니다. 그러나 교회는 그렇지 않습니다. 교회는 허물과 약점이 있다 할지라도 덮어줍니다. 하나님께 진심으로 회개했고, 하나님과의 관계만 바로 되어 있다면 모든 것을 덮어주고 문제 삼지 않는 곳이 교회입니다.

사도 바울에게도 큰 잘못이 있었습니다. 그는 예수님을 믿기 전에 예수 믿는 사람들을 잡아 핍박하고 죽인 사람입니다. 스데반 집사님도 그가 죽였습니다. 그런데 이 분이 회개하고 믿는 사람이 되었을 때 교회에서 아주 훌륭한 지도자가 되는 것을 보게 됩니다. 이것이 교회의 모습입니다. 허물과 실수를 용서해줄 수 있는 교회, 아픔과 상처를 싸매줄 수 있는 교회, 이해하고 용납해줄 줄 아는 교회가 좋은 교회입니다. 우리 교회도 그런 교회가 되어야 합니다.

위로받고 격려받고 싶어서 교회에 왔는데 오히려 상처를 받고 떠나는 경우가 간혹 있습니다. 교회는 위로받고 상처를 치유받기 위해서, 또 구원받기 위해서 나오는 것인데 오히려 역 현상이 일어나는 것입니다. 우리 교회는 절대로 그런 교회가 되어서는 안됩니다. 아무리 큰 상처, 큰 실수, 큰 허물을 가진 사람이라 할지라도 우리는 감싸주어야 합니다. 에베소서 4장 2b절에 "오래 참음으로 사랑 가운데서 서로 용납하라"는 말씀이 있습니다. 빌립보서 4장 5b절은 "너희 관용을 모든 사람에게 알게 하라"고 말씀합니다. 사랑이 넘치고, 남의 허물을 덮어줄 줄 아는, 정말 이해심이 많은 그런 교회와 그런 성도님들이 될 수 있기를 바랍니다.

초대 교회 성도들이 모여서 한 가지 일을 하게 되는데 그 일이 무엇인지 23-26절을 보겠습니다.

“그들이 두 사람을 내세우니 하나는 바사바라고도 하고 별명은 유스도라고 하는 요셉이요, 하나는 맛디아라. 그들이 기도하여 이르되 뭇 사람의 마음을 아시는 주여 이 두 사람 중에 누가 주님께 택하신 바 되어 봉사와 및 사도의 직무를 대신할 자인지를 보이시옵소서. 유다는 이 직무를 버리고 제 곳으로 갔나이다 하고 제비 뽑아 맛디아를 얻으니 그가 열한 사도의 수에 들어가니라.”

가룟 유다가 버리고 떠난 그 자리를 누구로 충원할 것인가, 누구를 사도로 세울 것인가 하는 문제를 결정하게 될 때 요셉과 맛디아, 두 사람이 추천되었습니다. 두 사람 중 한 사람을 뽑기 위해서 그들은 두 가지 절차를 거칩니다. 첫 번째는 어떤 사람이 하나님이 택한 사람인지 알게 해 달라고 기도했고, 두 번째는 제비를 뽑았습니다. 그렇게 했더니 맛디아가 뽑혔습니다. 누가 맛디아를 사도로 뽑은 것입니까? 제비뽑기가 그렇게 한 것입니까? 아닙니다. 하나님께서 그렇게 하신 것입니다.

“제비는 사람이 뽑으나 모든 일을 작정하기는 여호와께 있느니라”(잠 16:33).

제비를 뽑는 것은 사람들이 했습니다. 그러나 그 과정 중에 하나님께서 역사하셨습니다.

그렇다면 오늘날 교회의 직분자들은 누가 세우는 것일까요? 하나님께서 세우는 것입니다. 외형적으로 보면 사람들이 세우는 것 같지만 교회의 모든 일꾼, 모든 직분자들은 하나님께서 세우는 것임을 알아야 합니다. 그러므로 교회에서 직분을 맡은 사람들은 하나님께서 이 직분을 내게 주셨음을 믿고 하나님을 위해서 충성을 다 해야 하는 것입니다. 그렇게 할 때 교회가 잘 세워지는 것입니다.

이렇게 해서 맛디아가 사도로 세워졌습니다. 그런데 성경을 읽어보면 맛디아의 이름은 더 이상 나오지 않습니다. 하지만 여러분이 천국에 가면 그곳에서 그의 이름을 발견할 수 있을 것입니다. 천국, 새 예루살렘 성에 가면 성곽이 있습니다. 그 성곽에는 열두 기초석이 있고 그 열두 기초석에 열두 제자의 이름이 기록되어 있습니다.

"그 성의 성곽에는 열두 기초석이 있고, 그 위에는 어린 양의 열두 사도의 열두 이름이 있더라"(계 21:14).

그러니까 맛디아의 이름도 한 기초석을 차지하고 있는 것입니다. 이것은 정말 영광스러운 일입니다. 맛디아가 이 날 사도가 되었기 때문에 천국 성곽에 그의 이름이 새겨지게 된 것입니다. 그런데 그 영광을 버리고 떠난 가룟 유다는 어떻게 되었는지 아십니까? 결국 스스로 목매어 죽었습니다.

"유다가 은을 성소에 던져 넣고 물러가서 스스로 목매어 죽은지라"(마 27:5).

그런데 본문 18절은 조금 다른 정보를 우리에게 주고 있습니다.

"이 사람이 불의의 삯으로 밭을 사고 후에 몸이 곤두박질하여 배가 터져 창자가 다 흘러나온지라."

마태복음에서는 목매어 죽었다고 하고, 사도행전에서는 몸이 곤두박질하여 배가 터져 창자가 흘러나왔다고 합니다. 이게 도대체 어떻게 된 일일까요? 목매달아 죽는다고 해서 다 이런 일이 일어나는 것은 아니거든요. 제 생각에는 가룟 유다가 목매달아 죽었을 때 누군가가 빨리 발견하고 시신을 수습해 주었어야 했는데, 오랜 시간이 지나도록 아무도 발견하지 못한 것 같습니다. 그러니까 부패한 상태에서 목매달았던 나뭇가지가 무게에 의해서 부러졌든지, 아니면 줄이 끊어졌든지 해서 몸이 아래로 떨어지고 만 것입니다. 그리고 아래쪽에 있는 무언가에 부딪치면서 배가 터졌고 그 결과 창자가 흘러나왔다고 생각됩니다. 이것이 구원받지 못한 채 돈만 좋아했던 가룟 유다의 결말입니다. 얼마나 비참합니까! 이 사람은 영광을 수치와 바꿨습니다. 행복을 저주와 바꿨습니다.

이 세상에서 가장 행복하고, 가장 영광스러운 삶이 어떤 삶인지 아십니까? 저는 그것이 예수님 믿고, 예수님 따르는 삶이라고 생각합니다. 이보다 더 행복하고 더 영광스러운 삶은 없습니다. 교회는 이 세상에서 가장 행복하고 가장 영광스러운 삶을 살아가는 사람들의 모임이라 할 수 있습니다. 교회의 일원이 되어 주님을 섬기며 살아가는 것이 감사하지 않습니까? 앞으로도 계속 주님을 잘 믿고 따르는 삶을 살아갑시다.

3. 성령침례와 방언
(행 2:1-21)

3. 성령침례와 방언 (행 2:1-21)

　오늘날은 '성령침례'와 '방언'에 대해서 많은 혼란이 있는 시대입니다. 성령침례가 무엇일까요? 성령침례란 성령을 받는 것입니다. 그것은 예수 그리스도를 나의 주님으로 영접하고 구원받을 때 일어납니다. 그런데 오늘날 그렇게 생각하지 않는 사람들이 많습니다. 성령침례를 구원과 다른 사건으로 생각하는 것입니다. 그래서 구원받은 사람도 성령침례를 따로 받아야 한다고 생각합니다. 그것을 그들은 '성령체험'이라고 하기도 합니다. 그리고 성령체험을 하면 방언을 해야 하는 것으로 생각합니다. 그렇게 생각하는 분들이 제일 중요하게 여기는 말씀이 본문의 말씀입니다.

　사도행전 1장 5절에서 예수님은 "요한은 물로 침례를 베풀었으나 너희는 몇 날이 못 되어 성령으로 침례를 받으리라" 하셨습니다. 성령으로 침례를 받는 것. 이것이 바로 '성령침례'입니다. 그리고 이것은 사도행전 2장에서 이루어지게 됩니다.

　성령침례라는 것은 성령 받는 것을 의미합니다. 비슷한 표현으로 '성령으로 인쳤다', '성령을 마셨다'는 표현이 있습니다. '성령으로 인쳤다'는 표현은 에베소서 1장 13절에 나오고, '성령을 마셨다'는 표현은 고린도전서 12장 13절에 나옵니다. 그런데 한 번 생각해 보십시오. 사람이 어떻게 성령을 마실 수 있습니까? 이것은 표현이 그런 것입니다. '성령침례'도 마찬가지입니다. 성령 받을 것을 예수님께서는 "너희가 성령으로 침례를 받을 것이다"라고 표현하신 것입니다.

　성령침례는 구원과 동시에 일어납니다. 로마서 8장 9절과 고린도전서 12장 3절을 보면 알 수 있습니다.

"만일 너희 속에 하나님의 영이 거하시면 너희가 육신에 있지 아니하고 영에 있나니 누구든지 그리스도의 영이 없으면 그리스도의 사람이 아니라"(롬 8:9).

이 말씀에 의하면 '그리스도의 영', 즉 성령이 안 계시면 구원받은 사람이 아닙니다. 다시 말씀드리면 구원받은 모든 사람에게는 '그리스도의 영', 즉 성령이 계십니다.

"그러므로 내가 너희에게 알리노니 하나님의 영으로 말하는 자는 누구든지 예수를 저주할 자라 하지 아니하고, 또 성령으로 아니하고는 누구든지 예수를 주시라 할 수 없느니라"(고전 12:3).

구원받은 사람들은 예수님을 주님이라고 부릅니다. 그런데 그것이 어떻게 가능한가 하면 성령님이 계시기 때문입니다. 구원받은 사람들 마음속에는 성령님이 계십니다. 그러므로 성령침례, 즉 성령 받는 것은 구원받을 때 일어나는 일입니다.

그런데 문제는 그렇게 생각하지 않는 사람들이 있다는 것입니다. 본문에 보면 성령침례 받은 사람들, 즉 성령 받은 사람들이 많이 나옵니다. 이 사람들은 모두 구원받은 사람들입니다. 구원받은 사람들이 오순절 날 성령을 받았습니다. 그리고 성령을 받고 난 뒤 방언을 했습니다. 이것을 보고 오늘날 어떤 사람들은 구원받은 사람도 성령침례를 따로 받아야 하고, 성령침례를 받게 되면 방언을 해야 한다고 생각합니다. 그런데 그것은 성경을 잘못 이해한 것입니다.

본문의 말씀을 보겠습니다. 1-3절입니다.

"오순절 날이 이미 이르매 그들이 다 같이 한 곳에 모였더니 홀연히 하늘로부터 급하고 강한 바람 같은 소리가 있어 그들이 앉은 온 집에 가득하며 마치 불의 혀처럼 갈라지는 것들이 그들에게 보여 각 사람 위에 하나씩 임하여 있더니.”

초대 교회 성도들이 성령 받는 장면입니다. 이들이 언제 성령을 받았습니까? 오순절 날 받았습니다.

‘오순절’이라는 단어는 구약성경에 나오지 않습니다. 그 대신 ‘초실절’, ‘맥추절’이라는 단어가 나오는데 이 날이 오순절과 같은 날입니다. 처음 거두어들인 열매를 하나님께 바치는 날이 초실절이고, 맥추절입니다. 또 이 날을 ‘칠칠절’이라고 하기도 하는데 이는 일곱 주간(7×7)을 지난 뒤에 온다고 해서 그렇게 부릅니다(출 34:22a, 신 16:9-10). 더 정확하게 말씀드리면, 유월절이 지난 다음 안식일부터 일곱 안식일이 지난 그 다음 날이 오순절입니다. 이것은 레위기 23장 15-16절에 잘 설명되어 있습니다. 날 수로 계산을 하면 유월절 지난 안식일부터 50일째 되는 날이 오순절입니다. ‘오순’이라는 말은 50이라는 말이지요.

그러면 요일로 계산하면 이 오순절은 무슨 요일이 될까요? 일요일입니다. 안식일은 토요일이기 때문에 일곱째 안식일 그 다음 날은 일요일, 즉 주일입니다. 예수님도 ‘안식 후 첫날’, 즉 주일에 부활하셨습니다. 그런데 본문을 보니 성령을 오순절에 받았는데 그 날도 주일이었습니다. 하나님의 역사는 주로 어느 날 많이 일어나는가 하면 주일 날 많이 일어납니다. 그것도 모여 있을 때 많이 일어납니다. 그러므로 주일예배는 폐하지 말아야 합니다.

성령이 오순절 날 임했는데 강한 바람소리 같은 것이 들리면서 불의 혀처럼 갈라지는 것이 보이며 임했다고 말씀합니다.

“홀연히 하늘로부터 급하고 강한 바람 같은 소리가 있어 그들이 앉은 온 집에 가득하며 마치 불의 혀처럼 갈라지는 것들이 그들에게 보여 각 사람 위에 하나씩 임하여 있더니”(2-3절).

왜 이렇게 눈에 보이도록, 귀에 들리도록 성령이 임하셨을까요? 하나님께서 사람들로 하여금 성령이 임하시는 것을 확실히 알게 해주시기 위해서 그렇게 하신 것입니다. 그렇다면 오늘날에는 성령이 어떻게 임하실까요? 오늘날에도 이렇게 임하실까요? 오늘날에는 이렇게 임하지 않습니다. 그러면 그때는 그렇게 하셨는데 지금은 왜 그렇게 안 하시는 것일까요? 본문의 상황은 성령이 처음으로 사람들에게 임하신 때이기 때문에 하나님께서 특별히 알 수 있도록 해주신 것입니다.

그 날 성령을 받은 사람들은 각기 다른 언어로 말하기 시작했습니다.

“그들이 다 성령의 충만함을 받고 성령이 말하게 하심을 따라 다른 언어들로 말하기를 시작하니라”(4절).

이것이 소위 말하는 ‘방언’입니다. 그런데 그들이 한 방언은 이 땅에 존재하지 않는 언어가 아니라, 이 땅에 존재하는 언어였다는 것입니다. 5-11절을 보면 더 정확하게 알 수 있습니다.

“그 때에 경건한 유대인들이 천하 각국으로부터 와서 예루살렘에 머물러 있더니 이 소리가 나매 큰 무리가 모여 각각 자기의 방언으로 제자들이 말하는 것을 듣고 소동하여 다 놀라 신기하게 여겨 이르되 보라 이 말하는 사람들이 다 갈릴리 사람이 아니냐. 우리가 우리 각 사람이 난 곳 방언으로 듣게 되는 것이 어찌 됨이냐. 우리는 바대인과 메대인과 엘람인과 또 메소보다미아, 유대와 갑바도기아, 본도와 아시아, 브루기아와 밤빌리아, 애굽과 및 구레네에 가까운 리비야 여러

지방에 사는 사람들과 로마로부터 온 나그네 곧 유대인과 유대교에 들어온 사람들과 그레데인과 아라비아인들이라. 우리가 다 우리의 각 언어로 하나님의 큰 일을 말함을 듣는도다 하고."

오순절을 지키기 위해 여러 지방에서 온 사람들이 예루살렘에 모여 있었습니다. 그런데 백이십 여명의 사람들이 각기 방언으로 말하니까 이 사람들이 자기들의 말로 알아들었다고 했습니다. 지금 방언을 말하는 사람들은 외국에 나가본 사람들이 아닙니다. 갈릴리에서 고기 잡고, 농사지으며 살던 사람들입니다. 그런데 갑자기 유식한 사람처럼 외국말을 술술 하는 것입니다. 그러니 이 광경을 지켜본 사람들이 얼마나 놀랐겠습니까. 누가 이런 일을 하게 하셨을까요? 하나님께서 하게 하셨고, 이들 속에 계시는 성령님께서 하게 하신 것입니다.

하나님께서는 왜 이런 놀라운 일을 하게 하셨을까요? 왜 방언의 은사를 주셔서 배우지도 않은 말을 유창하게 할 수 있도록 하셨을까요? 여기에는 두 가지 이유가 있습니다.

첫째는 이 사람들이 성령 받은 것을 다른 사람들이 확실히 알도록 증거로 주신 것이고, 둘째는 이 사람들이 땅 끝까지 나가서 복음을 전하도록 하시기 위함입니다. 사도행전 1장 8절에서 예수님께서 하신 말씀을 기억하시지요?

"오직 성령이 너희에게 임하시면 너희가 권능을 받고 예루살렘과 온 유대와 사마리아와 땅 끝까지 이르러 내 증인이 되리라."

땅 끝까지 이르러 증인이 되고 복음을 전하려면 무엇을 할 줄 알아야 합니까? 복음을 전하려는 나라의 말을 할 줄 알아야겠지요. 그래서 하나님께서는 이들로 하여금 온 세상에 흩어져 복음을 전하도록 하기 위해 어떤 사람에게는 이 나라 언어를, 어떤 사람에게는 저 나라 언어를 할 수 있는 능력을 주신 것입니다. 이것이 바로 방언의 은사를 주신 목적입니다.

"우리가 다 우리의 각 언어로 하나님의 큰 일을 말함을 듣는도다" (11b절).

이 사람들이 방언으로 말한 내용은 '하나님의 큰 일'이었습니다. 하나님의 큰 일을 이 나라 언어, 저 나라 언어로 말하기 시작한 것입니다.

그런데 방언의 은사는 지속적으로 모든 사람들에게 주신 은사가 아니라, 어느 순간부터는 주시지 않은, 그래서 결국 사라진 은사라고 생각합니다. 고린도전서 13장 8절에 그런 말씀이 있습니다.

"사랑은 언제까지나 떨어지지 아니하되 예언도 폐하고 방언도 그치고 지식도 폐하리라."

이 말씀에 의하면 방언은 결국 그칠 은사입니다. 문제는 언제 그치느냐 하는 것입니다. 거기에 대한 답은 고린도전서 13장 10절에 나옵니다.

"온전한 것이 올 때에는 부분적으로 하던 것이 폐하리라."

언제 폐한다고 했습니까? '온전한 것이 올 때'입니다. '온전한 것'이 무엇일까요? 저는 개인적으로 '완성된 성경'이라고 생각합니다. 어떤 분들은 '예수님의 재림'으로 보기도 하는데, 제 생각으로 이것은 논리적인 설득력이 조금 약한 것 같습니다. 왜냐하면 사도 바울이 주님의 재림을 염두에 두고 썼다면 굳이 '온전한 것'이라는 애매모호한 표현을 쓸 필요가 없습니다. 그냥 다른 곳에서 쓴 것처럼 '주께서 강림하실 때에는'이라고 쓰면 됩니다. 그래서 저는 이 '온전한 것'이 주님의 재림이 아니라 성경의 완성으로 보는 것입니다. 사도 바울은 고린도전서를 쓰면서도 자신의 글이 신약성경의 일부가 되리라는 것을 생각지 못했을 것입니다. 그래서 그는 하나님께서 주시는 영감대로 '온전한 것이 올 때에는'이라고 썼을 것입니다. 또 야고보서 1장 25절에 보면 '온전한 율법'이라는 표현도 있습니다. 야고보서 1장 25절의 '온전한'이라는 단어는 헬라어로 '테텔리온'입니다. 그런데 고린도전서 13장 10절의 '온전한'도 '테텔리온'이라는 같은 단어를 쓰고 있습니다. 그러므로 이런 정황들을 놓고 볼 때 고린도전서 13장 10절의 '온전한 것'은 완성된 성경으로 보는 것이 낫겠다는 생각이 듭니다.

그리고 히브리서를 보면 히브리서가 기록될 당시만 해도 이미 성령의 은사들이 멈추어진 것을 볼 수 있습니다.

"하나님도 표적들과 기사들과 여러 가지 능력과 및 자기의 뜻을 따라 성령이 나누어 주신 것으로써 그들과 함께 증언하셨느니라"(히 2:4).

복음이 처음 증거될 때 하나님께서도 여러 가지 표적들과 기사들과 또 성령께서 나누어 주신 것들로 함께 증언해 주셨다고 말씀합니다. '성령이 나누어 주신 것' 안에는 방언의 은사도 포함됩니다. 그런데 히브리서 2장 4절 말씀의 시제가 무엇인지 잘 보십시오. "그들과 함께 증언하셨느니라." 시제가 과거입니다. 그러므로 논리적으로 생각해보면 히브리서 2장 4절이 기록될 당시만 하더라도 이런 성령의 은사들, 기적들, 표적들이 이미 사라진 것을 알 수 있습니다. 히브리서는 고린도전서보다 10년 이상 늦게 기록되었습니다. 고린도전서가 기록될 당시에는 성령의 은사들, 방언의 은사가 있었다고 생각됩니다. 그러나 10년이 지나 히브리서가 기록될 당시에는 사라진 것을 알 수 있습니다.

그런데 어떤 분들은 오늘날에도 여전히 방언의 은사가 계속되고 있다고 생각합니다. 그렇게 생각해도 상관은 없습니다. 중요한 것은 성경에 나오는 방언은 알아들을 수 있는 언어였다는 것입니다. 그런데 오늘날 어떤 사람들이 하는 방언은 그렇지가 못합니다. 이 땅에 존재하는 언어가 아니라 말도 안 되는 이상한 소리를 하면서 그것을 방언이라고 합니다. 그러나 성경을 잘 보면 그런 방언은 없습니다. 그런데 그런 방언하는 분들이 내세우는 말씀이 있습니다. 고린도전서 14장 2절 말씀입니다.

"방언을 말하는 자는 사람에게 하지 아니하고 하나님께 하나니 이는 알아듣는 자가 없고 영으로 비밀을 말함이라."

이 말씀을 보면 알아들을 수 없는 방언도 있는 것처럼 보입니다. 그런데 이 말씀은 그런 의미가 아닙니다.

고린도전서가 기록될 당시에는 방언의 목적이 변질되어 전도가 아닌 기도의 목적으로 주로 사용되고 있었습니다. 원래 방언의 은사를 주신 목적은 전도였습니다. 그런데 25년 정도의 세월이 지나면서(오순절 사건은 AD 30년경에 일어났고, 고린도전서는 AD 55년경에 기록되었습니다) 그 목적이 변질되고 말았습니다. 고린도전서가 기록될 당시에는 사람들이 방언의 은사를 가지고 다른 곳에 가서 복음을 전하는 것이 아니라, 교회 안에서 주로 기도하는데 사용하고 있었습니다. 그런데 방언으로 기도를 하면 그 언어를 모르는 사람들은 알아들을 수가 없습니다. 그렇게 되면 그것은 '비밀'이 될 수밖에 없습니다. 그것이 바로 고린도전서 14장 2절의 의미입니다. 그리고 그 비밀은 자기도 모르고 하나님만 아는 비밀입니다. 방언으로 기도하면 자기 자신도 이해할 수가 없습니다. 사도행전 2장의 상황을 한 번 생각해 보십시오. 갑자기 베드로가 방언을 하기 시작했습니다. 배운 적이 없는 다른 나라의 말을 막 하기 시작한 것입니다. 말하는 베드로가 그 말을 이해했을까요? 이해하지 못했을 것입니다. 고린도전서 14장 14절에 이런 말씀이 있습니다.

"내가 만일 방언으로 기도하면 나의 영이 기도하거니와 나의 마음은 열매를 맺지 못하리라."

그러므로 방언으로 기도를 하면 하나님은 이해하시지만 방언으로 기도하는 그 사람은 이해하지 못합니다. 그러니 그 마음은 열매를 맺지 못할 수밖에요. "그러므로 방언을 말하는 자는 통역하기를 기도하라"(고전 14:13)고 하신 것입니다.

방언하는 분들이 또 좋아하는 말씀이 고린도전서 14장 39절입니다.

"그런즉 내 형제들아 예언하기를 사모하며 방언 말하기를 금하지 말라."

이 말씀에 의해 방언하는 것은 괜찮은 것이고, 성경적인 것이라고 주장합니다. 고린도전서가 기록될 당시에는 방언의 은사가 끝나지 않았고, 고린도 교회 성도들 중에는 방언의 은사를 가지고 있는 분들이 있었습니다. 이런 이유 때문에 방언을 금하지 말라고 말씀하는 것입니다. 그러나 고린도전서 14장 전체의 분위기는 방언을 권장하는 쪽이 아니라 방언을 자제시키는 쪽이라는 것을 알아야 합니다.

방언의 은사를 주신 목적은 전도입니다.

"그러므로 방언은 믿는 자들을 위하지 아니하고 믿지 아니하는 자들을 위하는 표적이나 예언은 믿지 아니하는 자들을 위하지 않고 믿는 자들을 위함이니라"(고전 14:22).

방언은 '믿지 아니하는 자들을 위한 표적'이라고 했습니다. 전도하라고 방언의 은사를 주신 것입니다. 그러므로 여러분이 방언을 굳이 하고 싶다면 목적에 맞게 하시고, 방언다운 방언 즉 이 땅에 있는 언어로 할 수 있기를 바랍니다. 말도 안 되는 랄라라라식의 방언은 하나님이 주신 것이 아닙니다. 하나님이 주신 방언은 분명히 이 땅에 존재하는 어느 나라의 언어이고, 그것은 전도의 목적으로만 사용되어야 하는 것입니다.

다시 한 번 말씀드리지만, 제 개인적인 생각으로는 방언의 은사는 성경의 완성과 함께 끝이 났습니다. 완성된 성경이 없던 사도시절에 성령을 받은 증거와 전도의 목적을 위하여 일시적으로 주신 은사가 방언의 은사입니다.

계속해서 12-13절을 보겠습니다.

"다 놀라며 당황하여 서로 이르되 이 어찌된 일이냐 하며 또 어떤 이들은 조롱하여 이르되 그들이 새 술에 취하였다 하더라."

방언을 했을 때 깜짝 놀라는 사람들도 있었고, 술 취해서 저러나 보다 하고 조롱하는 사람들도 있었습니다. 그 때 베드로와 사도들이 일어나서 어떻게 된 일인지 설명을 했습니다. 그것이 14-21절의 내용입니다.

"베드로가 열한 사도와 함께 서서 소리를 높여 이르되 유대인들과 예루살렘에 사는 모든 사람들아 이 일을 너희로 알게 할 것이니 내 말에 귀를 기울이라. 때가 제 삼 시니 너희 생각과 같이 이 사람들이 취한 것이 아니라. 이는 곧 선지자 요엘을 통하여 말씀하신 것이니 일렀으되 하나님이 말씀하시기를 말세에 내가 내 영을 모든 육체에 부어 주리니 너희의 자녀들은 예언할 것이요, 너희의 젊은이들은 환상을 보고 너희의 늙은이들은 꿈을 꾸리라. 그 때에 내가 내 영을 내 남종과 여종들에게 부어 주리니 그들이 예언할 것이요 또 내가 위로 하늘에서는 기사를 아래로 땅에서는 징조를 베풀리니 곧 피와 불과 연기로다. 주의 크고 영화로운 날이 이르기 전에 해가 변하여 어두워지고 달이 변하여 피가 되리라. 누구든지 주의 이름을 부르는 자는 구원을 받으리라 하였느니라.”

베드로가 한 말의 핵심이 무엇입니까? 우리가 술에 취해서 그러는 것이 아니라 하나님의 영에 의해서 그러는 것이라는 것입니다. 17-18절에 보면 ‘영’이라는 단어가 나옵니다.

“내가 내 영을 모든 육체에 부어 주리니… 내가 내 영을 내 남종과 여종들에게 부어 주리니…”

방언하는 분들은 이 말씀을 인용하는 것도 굉장히 좋아합니다. 이 말씀에 의하면 말세에 하나님께서 그의 영을 모든 육체에게 부어 주리니 예언도 하고, 환상도 보고, 꿈도 꾼다고 했습니다. 그러니 말세인 지금 이 시대에 예언하고 방언하는 것은 당연한 것이라는 것입니다. 그런데 이 말씀은 해석을 잘해야 합니다. 여기서 말하는 말세는 지금 우리가 살고 있는 이 시대가 아닙니다. 지금도 말세는 말세지만, 여기서 말하는 말세는 예수님께서 지상재림하시기 직전의 시기를 말하는 것입니다. 19-20절을 보면 금방 알 수 있습니다.

“또 내가 위로 하늘에서는 기사를 아래로 땅에서는 징조를 베풀리니 곧 피와 불과 연기로다. 주의 크고 영화로운 날이 이르기 전에 해가 변하여 어두워지고 달이 변하여 피가 되리라.”

마태복음 24장 29절에도 보면 “그 날 환난 후에 즉시 해가 어두워지며 달이 빛을 내지 아니하며 별들이 하늘에서 떨어지며 하늘의 권능들이 흔들리리라"라고 하셨습니다. 예수님께서 지상재림하시기 전에 일어날 일을 설명하는 말씀입니다. 또 요한계시록 6장 12절에는 이런 말씀이 있습니다.

"내가 보니 여섯째 인을 떼실 때에 큰 지진이 나며 해가 검은 털로 짠 상복 같이 검어지고 달은 온통 피 같이 되며."

이 말씀은 7년 대환난 기간 중에 있을 일인데, 이것도 역시 예수님께서 지상으로 재림하시기 얼마 전에 일어날 일입니다. 그러므로 요엘서에서 인용한 본문의 말씀은 지금 이 시대에 해당되는 것이 아니라 예수님께서 오시기 직전 시대에 해당되는 말씀이라는 것을 알아야 합니다. 그리고 사도 베드로는 술이 아니라 영의 힘으로 하는 것이라는 것을 말하기 위해서 이 요엘서의 말씀을 인용한 것입니다. 또한 이 말씀은 이방 모든 민족에게 해당되는 말씀이 아니라 이스라엘 사람들에게 해당되는 말씀입니다. 성경을 잘 보면 하나님께서는 예수님께서 지상으로 재림하시기 전에 이스라엘 사람들에게 회개할 기회를 주십니다. 그 때 이 요엘서에 기록된 일들이 일어나게 되는 것입니다. 이스라엘 백성들이 회개하는 말씀은 스가랴서 12장 10절에 나옵니다.

"내가 다윗의 집과 예루살렘 주민에게 은총과 간구하는 심령을 부어 주리니 그들이 그 찌른 바 그를 바라보고 그를 위하여 애통하기를 독자를 위하여 애통하듯 하며 그를 위하여 통곡하기를 장자를 위하여 통곡하듯 하리로다."

지금은 이스라엘 사람들이 예수님을 잘 안 믿습니다. 그러나 마지막 순간에 하나님께서 그들에게 회개할 기회를 주실 것이고 그들은 회개하고 돌이킬 것입니다.

"그 날에 죄와 더러움을 씻는 샘이 다윗의 족속과 예루살렘 주민을 위하여 열리리라"(슥 13:1).

이스라엘 백성들이 회개하면 하나님께서는 그들의 죄를 용서해주시고, 그들에게 구원의 은총을 베풀어 주십니다. 그리고 회개한 그들에게 요엘서의 말씀이 이루어지는 것입니다. 요엘서의 말씀으로 직접 보면 더 잘 이해할 수 있습니다.

"그 후에 내가 내 영을 만민에게 부어 주리니 너희 자녀들이 장래 일을 말할 것이며, 너희 늙은이는 꿈을 꾸며 너희 젊은이는 이상을 볼 것이며, 그 때에 내가 또 내 영을 남종과 여종에게 부어 줄 것이며 내가 이적을 하늘과 땅에 베풀리니 곧 피와 불과 연기 기둥이라. 여호와의 크고 두려운 날이 이르기 전에 해가 어두워지고 달이 핏빛 같이 변하려니와 누구든지 여호와의 이름을 부르는 자는 구원을 얻으리니 이는 나 여호와의 말대로 시온 산과 예루살렘에서 피할 자가 있을 것임이요, 남은 자 중에 나 여호와의 부름을 받을 자가 있을 것임이니라"(욜 2:28-32).

이 말씀 초반부의 '그 후'라는 것은 이스라엘 백성들이 회개한 후를 말하는 것이고, '만민'은 이스라엘 모든 백성을 의미하는 것입니다. 또 32절에서 '시온 산과 예루살렘에서 피할 자가 있을 것'이라고 했는데 이것도 이스라엘 사람들에게 해당되는 말씀입니다. 그러므로 사도행전 2장에서 인용된 요엘서의 말씀을 가지고 오늘날에도 예언을 하고, 방언도 해야 하는 것으로 생각한다면 그것은 성경을 잘못 이해한 것입니다. 오늘날은 방언의 은사가 보편적으로 행해지는 시대가 아닙니다. 그러나 주님께서 지상으로 재림하시기 직전에 이스라엘 백성들에게는 초대 교회에서 일어났던 그런 부흥의 역사가 다시 한 번 일어나게 될 것입니다.

성령침례와 방언에 대해서 이해가 좀 되셨습니까? 오늘날은 성령침례와 방언에 대해서 많은 혼란과 혼동이 있는 시대입니다. 방언을 해야 한다고 말하는 사람도 많고, 방언을 받고 싶어서 어쩔 줄 모르는 사람도 있고, 또 성령의 불을 받으려고 여기저기 쫓아다니는 사람도 있습니다. 그러나 중요한 것은 성경입니다. 성경이 무엇을 말하고 있는가가 제일 중요합니다. 사람의 경험은 다 주관적입니다. 누가 무엇을 보았다고 해서, 무엇을 들었다고 해서 모든 사람에게 그것이 적용되는 것은 아닙니다. 우리의 기준은 항상 성경이 되어야 합니다. 우리의 경험이 되어서도 안 되고, 우리 느낌이 되어서도 안 됩니다. 하나님의 말씀 위에 신앙을 바르게 세워나갑시다.

4. 패역한 세대에서 구원을 받으라

(행 2:22-41)

4. 패역한 세대에서 구원을 받으라 (행 2:22-41)

　기독교의 역사는 설교의 역사라고 해도 과언이 아닙니다. 기독교 역사가 시작된 이래로 이 땅에서는 수많은 설교가 선포되어졌습니다. 지금까지 선포된 설교 중에서 가장 중요하고 위대한 설교 중 하나가 바로 본문에 기록된 사도 베드로의 설교입니다. 오순절 날 유대인들에게 한 이 설교가 중요하고 위대한 설교인 까닭은 이 설교가 기독교 역사의 시작을 알리는 공식적인 첫 설교였고, 이 설교를 통해 삼천 명이나 되는 사람들이 구원받고 침례를 받았기 때문입니다. 기독교 역사 가운데 이런 일이 또 있었을까요? 제가 알기로는 없습니다. 한 번의 설교로 삼천 명이 구원받고, 구원받은 사람들이 즉시로 성경적인 침례를 받은 기록은 기독교 역사상 이 날 말고는 없습니다. 설령 있었다 해도 이런 일은 정말 흔치 않은 일입니다.

　그런데 왜 하나님께서는 이런 영광과 축복을 베드로에게 주셨을까요? 그 이유를 우리는 마태복음 16장 19절에서 발견할 수 있습니다. 예수님께서는 베드로에게 "내가 천국 열쇠를 네게 주겠다"고 하셨습니다. 여러분, '천국 열쇠'가 무엇일까요? 그것은 천국의 문을 여는 열쇠, 즉 '복음' 또는 '복음의 선포'라고 할 수 있습니다. 그래서 베드로가 이 날 설교를 하게 된 것이고, 하나님께서는 은혜를 내려주셔서 많은 사람들이 복음 앞에 굴복하도록 해주신 것입니다.

　우리가 아는 바대로 베드로는 많이 배운 사람이 아닙니다. 예수님을 세 번씩이나 부인한 잘못도 저지른 사람입니다. 그런데 본문에 나오는 베드로는 과거의 베드로가 아닙니다. 어떻게 그가 이렇게 위대한 설교자로 변신할 수 있었을까요? 그 비결은 성령님이십니다. 사도행전

1장 8절 말씀을 기억하시지요?

"오직 성령이 너희에게 임하시면 너희가 권능을 받고 예루살렘과 온 유대와 사마리아와 땅 끝까지 이르러 내 증인이 되리라."

성령이 임하면 권능을 받는다고 했습니다. 베드로가 유능한 설교자가 될 수 있었던 비결은 바로 성령님의 도우심 때문이었습니다.

본문의 내용은 크게 두 부분으로 나누어집니다. 22-36절은 베드로의 설교 내용이고, 37-41절은 베드로의 설교에 대한 사람들의 반응입니다.

먼저 베드로의 설교 내용부터 살펴보도록 하겠습니다.

이날 베드로는 예수님의 삶과 죽음, 그리고 부활과 승천에 대해서 설교했습니다. 예수님의 삶에 대해서는 예수님께서 이 땅에 계실 때 많은 기사와 표적 행한 것을 강조했습니다.

"이스라엘 사람들아 이 말을 들으라. 너희도 아는 바와 같이 하나님께서 나사렛 예수로 큰 권능과 기사와 표적을 너희 가운데서 베푸사 너희 앞에서 그를 증언하셨느니라"(22절).

예수님께서는 이 땅에 계실 때 정말 많은 기사와 표적을 행하셨습니다. 오늘날 그러한 사실을 믿지 않는 사람들이 많은데, 예수님은 정말로 기사와 표적을 행하셨습니다. 이 날 베드로의 설교를 듣는 사람들 중에도 예수님께서 행하신 기사와 표적을 본 사람들이 많았습니다. 22절에 나오는 '너희도 아는 바와 같이', '너희 가운데서', '너희 앞에서'라는 표현들을 보면 알 수 있습니다.

예수님께서는 수많은 병자들을 고치셨고, 죽은 사람도 살리셨으며, 풍랑 이는 바다도 잠잠케 하셨습니다. 예수님께서 이런 기사와 표적을 베풀 수 있었다는 것은 그가 메시야요, 하나님이라는 것을 말해 주고 있습니다. 하나님이 아니면 어떻게 죽은 사람을 살리고, 풍랑 이는 바다를 잠재울 수 있겠습니까.

그런데 그렇게 놀라운 예수님이 어떻게 되셨습니까? 십자가에 달려 돌아가셨습니다.

"그가 하나님께서 정하신 뜻과 미리 아신 대로 내준 바 되었거늘 너희가 법 없는 자들의 손을 빌려 못 박아 죽였으나"(23절).

여기서 말하는 '너희'는 유대인들을 말하는 것이고, '법 없는 자들'은 '로마인들', '이방인들'을 말하는 것입니다. 베드로는 지금 예수님을 죽인 유대인들 앞에서 설교를 하면서 너희들이 예수님을 십자가에 못 박아 죽였다고 지적하고 있습니다.

그런데 이 말씀을 잘 보면 예수님의 죽으심은 하나님의 뜻과 계획에 의한 것이었다는 것을 말하고 있습니다. "그가 하나님께서 정하신 뜻과 미리 아신 대로 내준 바 되었다"고 했습니다. 너희들이 예수님을 죽이기는 했지만 그것은 하나님의 뜻과 계획에 의한 것이었다는 것입니다.

하나님께서 왜 예수님을 십자가에서 죽게 하셨을까요? 하나님께서는 예수님을 십자가에서 죽게 하심으로 이 세상 모든 사람을 살리기 원하셨습니다. 거기에 대해서 이사야 53장 5-6절은 이렇게 말합니다.

"그가 찔림은 우리의 허물 때문이요, 그가 상함은 우리의 죄악 때문이라. 그가 징계를 받으므로 우리는 평화를 누리고 그가 채찍에 맞으므로 우리는 나음을 받았도다. 우리는 다 양 같아서 그릇 행하여 각기 제 길로 갔거늘 여호와께서는 우리 모두의 죄악을 그에게 담당시키셨도다."

하나님은 예수님을 죽게 하심으로 모든 사람들의 죄를 예수님에게 담당시키셨습니다. 이것이 하나님의 뜻이었고 계획이었습니다. 요한일서 4장 9-10절은 이렇게 말합니다.

"하나님의 사랑이 우리에게 이렇게 나타난 바 되었으니 하나님이 자기의 독생자를 세상에 보내심은 그로 말미암아 우리를 살리려 하심이라. 사랑은 여기 있으니 우리가 하나님을 사랑한 것이 아니요, 하나님이 우리를 사랑하사 우리 죄를 속하기 위하여 화목제물로 그 아들을 보내셨음이라."

이 말씀도 역시 예수님께서 우리의 '화목제물'이 되시기 위해서 십자가에서 죽으셨다고 말씀하고 있습니다. 이것이 예수님께서 십자가에서 죽으신 이유입니다. 예수님께서 당신의 죄를 위하여 돌아가신 것을 당신은 알고 있습니까?

구약성경에 보면 사람이 죄를 지으면 짐승을 대신 죽여 죄를 용서받도록 하셨습니다. 하나님께서 그런 제도를 만드신 목적이 무엇인줄 아십니까? 예수님께서 우리 죄를 위해 돌아가실 것을 미리 보여주시기 위함입니다. 그리고 때가 되었을 때 하나님께서는 당신의 아들 예수 그리스도를 이 땅에 보내주시고 십자가에 죽게 하심으로 누구라도 하나님께 나아갈 수 있도록 길을 열어 주신 것입니다. 이것이 예수님의 죽음의 의미입니다. 히브리서 9장 12절은 이렇게 말씀합니다.

"염소와 송아지의 피로 하지 아니하고 오직 자기의 피로 영원한 속죄를 이루사 단번에 성소에 들어가셨느니라."

구약시대에는 염소나 양과 같은 짐승의 피를 통해서 사람들이 하나님께 나아갈 수 있었습니다. 그러나 이제는 예수님께서 흘린 피를 의지하여 누구든지 하나님 앞에 나아갈 수 있게 되었습니다. 그래서 침례 요한은 예수님을 가리켜 "세상 죄를 지고 가는 하나님의 어린 양"
이라고 한 것입니다.

로마서 5장 19절에서 사도 바울은 이런 말씀을 합니다.

"한 사람이 순종하지 아니함으로 많은 사람이 죄인이 된 것 같이
한 사람이 순종하심으로 많은 사람이 의인이 되리라."

'한 사람' 아담 때문에 이 세상 모든 사람이 죄인이 되고 말았지만
또 '한 사람' 예수 그리스도 때문에 모든 사람이 의인이 될 수 있게 되
었습니다. 왜냐하면 그 분께서 우리 모두의 죄 값을 십자가에서 지불
해 주셨기 때문입니다. 이것이 예수님께서 죽으신 이유입니다.

예수님의 이야기는 죽음에서 끝나지 않습니다. 그는 다시 살아나셨
습니다. 베드로는 그것을 강조하고 있습니다.

"하나님께서 그를 사망의 고통에서 풀어 살리셨으니 이는 그가 사
망에 매여 있을 수 없었음이라"(24절).

만일 예수님의 삶이 죽음으로 끝났다면 예수님을 믿을 필요도 없
고, 예수님에 대해 설교할 가치도 없습니다. 그러나 예수님은 살아나
셨기 때문에 베드로가 예수님을 설교하는 것이고, 저 또한 그렇게 전
하는 것입니다.

본문을 보면 베드로는 예수님의 부활에 대해서 두 가지를 말합니
다.

첫째, 예수님의 부활에 대해서는 구약성경에도 기록되어 있다는 것
입니다. 시편 16편 8-11절 말씀을 인용하여 25-28절에서 그렇게 말하
고 있습니다. 여기서 중요한 말씀은 27절입니다.

“이는 내 영혼을 음부에 버리지 아니하시며 주의 거룩한 자로 썩음을 당하지 않게 하실 것임이로다.”

이 말씀은 다윗을 통해 기록한 말씀인데 “주의 거룩한 자로 썩음을 당하지 않게 하실 것”이라고 했습니다. ‘주의 거룩한 자’는 오실 ‘메시야’를 뜻합니다. 죽은 사람이 썩지 않으려면 어떻게 해야 할까요? 살아나는 수밖에 없습니다. 예수님이 오시기 천 년 전에 다윗을 통해서 예수님은 썩지 않고 부활할 것을 말씀하고 있는 것입니다. 30-32a절에서 베드로는 이렇게 설명합니다.

“그는 선지자라. 하나님이 이미 맹세하사 그 자손 중에서 한 사람을 그 위에 앉게 하리라 하심을 알고 미리 본 고로 그리스도의 부활을 말하되 그가 음부에 버림이 되지 않고 그의 육신이 썩음을 당하지 아니하시리라 하더니 이 예수를 하나님이 살리신지라.”

다윗이 예언한 것처럼 하나님께서는 정말 예수 그리스도를 다시 살리셨다는 말씀입니다. 예수님의 부활은 어느 날 갑자기 누가 지어낸 이야기가 아니라 예수님이 탄생하기 천 년 전에 다윗을 통하여 이미 예언된 사실임을 알아야 합니다.

둘째, 예수님의 부활에 대해서는 자신들이 증인이라는 것입니다. 32절을 보겠습니다.

“이 예수를 하나님이 살리신지라. 우리가 다 이 일에 증인이로다.”

오늘날 예수님의 부활을 믿지 않는 사람들이 많습니다. 그분들은 베드로가 한 이 말을 잘 생각해볼 필요가 있습니다.

이 말은 사실 아니면 거짓말입니다. 과연 어느 쪽일까요? 만약 예수님의 제자들이 예수님의 부활을 주장해서 어떤 득을 보았다면 거짓말이라고 생각할 수도 있을 것입니다. 예수의 부활을 빙자하여 호사스런 생활을 했다든지, 부귀영화를 누렸다면 말이지요. 그러나 예수의 부활을 주장하여 그들에게 득 되는 것이 하나도 없었다는 것입니다. 오히려 예수의 부활을 증거한 것 때문에 감옥에 들어가고, 매를 맞았습니다. 그리고 결국에는 죽임을 당했습니다. 이런 것을 보면 그들의 주장은 사실임을 알 수 있습니다.

그렇습니다. 예수님은 정말 살아나셨습니다. 예수님의 제자들이 증인입니다. 오백 명도 더 되는 사람들이 부활하신 예수님을 만났습니다. 당신이 아직 예수님의 부활을 믿지 않고 있다면 당신에게도 믿는 은혜가 있기를 바랍니다. 믿을지 말지는 전적으로 당신이 결정하는 것입니다. 그러나 이 모든 정황으로 미루어 볼 때 믿는 것이 합당하다고 저는 생각합니다.

"예수는 우리가 범죄한 것 때문에 내줌이 되고, 또한 우리를 의롭다 하시기 위하여 살아나셨느니라"(롬 4:25).

예수님은 우리의 죄 때문에 죽으셨지만 그 분은 하나님이셨기에 다시 살아나셨습니다. 그렇기 때문에 예수님은 믿을 가치가 있는 분이고, 설교할 가치가 있는 분이십니다.

부활하신 예수님은 어떻게 되셨을까요? 제자들이 보는 가운데 하늘로 올라가셨습니다. 33절을 보면 "하나님이 오른손으로 예수를 높이셨다"고 했습니다. 이 말씀은 하나님께서 예수님을 높이셔서 그의 오른편에 앉게 하셨다는 말씀입니다. 하나님의 오른편에 앉게 하셨다는 것은 하늘에 하나님의 보좌가 있는데 그 우편에 예수님을 앉게 하셨다는 말씀이 아니라, 하나님의 영광과 권세의 자리에 예수님을 앉게 하셨다는 말씀입니다.

우리가 천국에 가게 되면 우리 주님께서 앉으신 보좌를 보게 될 것입니다. 그런데 천국에서 우리가 볼 수 있는 보좌는 사실 하나 밖에 없습니다. '하나님 우편에 앉으셨다'는 말이 성경에 여러 번 나오지만 하나님은 영이시기 때문에 우리 눈에 보이지 않습니다. '하나님 우편에 앉으셨다'는 말은 '하나님의 모든 영광과 권세를 예수님이 가지셨다'는 말입니다. 그러므로 우리 눈에 보이는 보좌는 하나입니다. 성부 하나님은 의자에 앉아 계시는 분이 아니십니다. 온 세상에 충만하신 분이십니다. 우리가 천국에서 보게 되는 것은 예수 그리스도께서 앉으신 보좌입니다.

34-35절을 보면 베드로는 예수님께서 보좌에 앉으신 것을 말하기 위해 시편 110편 1절을 인용했습니다.

"다윗은 하늘에 올라가지 못하였으나 친히 말하여 이르되 주께서 내 주에게 말씀하시기를 내가 네 원수로 네 발등상이 되게 하기까지 너는 내 우편에 앉아 있으라 하셨도다 하였으니."

'주께서 내 주에게 말씀하시기를'이라는 말씀 안에 '주'라는 단어가 두 번 나옵니다. 앞의 '주'는 '성부 하나님'을 말하는 것이고, 뒤의 '주'는 '메시야'를 말하는 것입니다. 하나님께서 메시야를 하나님 우편에 앉히셨다는 말씀입니다.

그리고 그것에 대한 확실한 증거로 베드로는 예수님께서 성령을 보내주신 것을 말씀하고 있습니다.

"하나님이 오른손으로 예수를 높이시매 그가 약속하신 성령을 아버지께 받아서 너희가 보고 듣는 이것을 부어 주셨느니라"(33절).

예수님께서 하나님 우편 보좌에 앉으셨기 때문에 성령을 보내주셨다는 것입니다. 그러므로 이것이 확실한 증거입니다.

이제 베드로가 설교의 결론을 내리는데, 설교의 결론은 '예수는 주와 그리스도'라는 것입니다.

"그런즉 이스라엘 온 집은 확실히 알지니 너희가 십자가에 못 박은 이 예수를 하나님이 주와 그리스도가 되게 하셨느니라 하니라"(36절).

'주'는 '하나님'이고, '그리스도'는 '메시야'라는 말입니다. 즉, 예수님이 구약성경에서 말하는 메시야이고, 여호와 하나님께서 육신을 입고 오신 분이 바로 예수님이라는 것입니다.

당신은 예수님에 대해서 어떻게 생각하십니까? 사람마다 예수님에 대해서 여러 가지 말을 할 수 있겠지만 예수님에 대한 가장 정확한 답은 '그는 메시야요, 하나님'이라는 것을 믿으시기 바랍니다. 예수님은 하나님이십니다. 그 분이 메시야이십니다.

부활하신 예수님을 도마가 만났을 때 그는 "나의 주님이시요, 나의 하나님이시니이다"라는 위대한 고백을 했습니다(요 20:28). 그 고백이 당신과 저의 고백이기를 바랍니다.

베드로의 설교에 대한 사람들의 반응을 보겠습니다. 37절입니다.

"그들이 이 말을 듣고 마음에 찔려 베드로와 다른 사도들에게 물어 이르되 형제들아 우리가 어찌할꼬 하거늘."

베드로의 설교를 듣고 사람들의 마음이 찔렸습니다. 예수님이 메시야인데 그것을 알지 못하고 예수님을 십자가에 못 박아 죽였기 때문입니다. 그들은 베드로에게 어찌해야 좋을지 물었습니다. 그 때 베드로가 이렇게 대답합니다.

"너희가 회개하여 각각 예수 그리스도의 이름으로 침례를 받고 죄 사함을 받으라"(38a절).

'회개'란 '돌이키는 것'입니다. 잘못된 길에서 돌이키고, 불신앙의 길에서 돌이키는 것입니다. 돌이켜서 바른 길을 가고, 믿음의 길을 가는 것입니다. 지금까지 유대인들은 예수님이 메시야가 아니라고 생각했습니다. 그래서 예수님을 십자가에 못 박아 죽였습니다. 그리고 그렇게 하다 보니 하나님과 점점 멀어질 수밖에 없었습니다. 그래서 베드로가 잘못된 길에서 돌이켜 하나님이 기뻐하시는 길로 나아오고, 불신앙의 길에서 돌이켜 믿음의 길로 들어오라고 그들을 초대하는 것입니다.

또 '예수 그리스도의 이름으로 침례를 받고 죄 사함을 받으라'고 했습니다. 이 말씀을 잘못 이해하면 침례가 죄 사함의 조건처럼 보입니다. 죄 사함을 받기 위해서는 침례를 받아야 하는 것으로 생각할 수 있는데 이 말씀의 의미는 그런 것이 아닙니다. 성경 어디를 봐도 침례가 죄 사함의 조건이라는 말은 없습니다. 성경은 항상 전체적으로 보아야 합니다. 성경을 전체적으로 보면 성경은 절대로 그런 교리를 가르치지 않습니다.

그런데 왜 이렇게 애매모호한 구절이 있는 것일까요? 그 이유는 본문이 기록될 당시만 하더라도 구원과 침례가 동시에 일어나는 경우가 많았기 때문입니다. 구원받은 즉시 사람들이 침례를 받았습니다. 그러다 보니 구원과 회개가 마치 한 사건처럼 취급되기도 했습니다. 그래서 38절 같은 표현도 있게 된 것입니다.

여기에는 침례 요한의 침례도 어느 정도 영향이 있었다고 생각됩니다. 마가복음 1장 4-5절을 보겠습니다.

"침례 요한이 광야에 이르러 죄 사함을 받게 하는 회개의 침례를 전파하니 온 유대 지방과 예루살렘 사람이 다 나아가 자기 죄를 자복하고 요단강에서 그에게 침례를 받더라."

침례 요한이 사람들에게 베푼 침례의 의미는 회개였습니다. 회개한 사람들이 침례를 받았습니다. 그런데 침례 받은 시기를 잘 보면 죄를 자복하고 바로 침례를 받았다고 했습니다. 그러니까 죄의 자복과 침례가 동시에 일어난 것입니다. 이런 이유로 초대 교회 때는 예수님을 영접한 사람들이 바로 침례를 받았습니다.

본문에 나오는 삼천 명의 유대인들도 구원받은 그 날 침례를 받았습니다. 요한복음 8장에 보면 사마리아 사람들이 구원 받는 내용이 나오는데 그들도 구원받은 날 침례를 받았고, 사도행전 16장에 나오는 빌립보 간수와 그의 가족들도 예수님을 영접한 그 날 침례를 받았습니다. 또 사도행전 18장에는 고린도 사람들이 침례 받는 장면이 나오는데 그들도 구원받은 즉시 침례 받는 것을 볼 수 있습니다.

이와 같이 초대 교회 시절에는 구원과 침례가 거의 한 사건처럼 취급되었습니다. 그렇기 때문에 본문과 같이 "각각 예수 그리스도의 이름으로 침례를 받고 죄 사함 받으라"는 말씀이 있을 수 있는 것입니다. 이 말씀에서 '침례'라는 말 대신에 '구원'이라는 말을 넣어도 상관이 없습니다. 그래서 이 말을 들은 삼천 명의 유대인들이 예수님을 주님으로 영접하고 침례를 받게 된 것입니다. 정말 놀라운 역사가 아닐 수 없습니다.

저는 우리 교회에도 이런 역사가 일어났으면 좋겠습니다. 삼천 명까지는 아니라도 삼백 명이라도 죄인들이 회개하고 구원받았으면 정말 좋겠습니다. 그런 일이 일어나려면 믿지 않는 사람들이 전도되어 교회에 나와야 합니다. 교회에 나와야 말씀을 듣는 중에 '내가 죄인이구나! 예수님을 믿어야겠구나!'라고 깨닫고 구원을 받을 것이 아닙니까! 또 구원을 받아야 침례에 순종할 수 있지 않겠습니까! 그렇게 되도록 우리 모두 더욱 전도에 힘씁시다.

오순절 날 구원받고 침례 받은 사람들이 침례 받기 전에 또 다른 종류의 침례를 받았습니다. 바로 '성령침례'입니다. 38b절을 보겠습니다.

"예수 그리스도의 이름으로 침례를 받고 죄 사함을 받으라. 그리하면 성령의 선물을 받으리니"(38b절).

'성령의 선물을 받는다'는 말이 무엇일까요? 성령 받는 것을 말합니다. 그것을 예수님께서는 '성령으로 침례를 베푼다'라고 표현하셨습니다. 이들이 침례를 받기 전에 예수님을 영접한 순간이 있었는데 그 순간 성령이 이들에게 임했습니다.

당신은 예수님에 대해서 어떻게 생각하십니까? 당신은 예수님을 주님으로 모셔 들인 사실이 있습니까? 아직 그런 경험이 없다면 예수님을 당신의 구주로 모셔 들이시기 바랍니다. 예수님은 당신을 위해 돌아가셨습니다. 당신의 죄 때문에 십자가에서 피 흘려 돌아가셨습니다. 그리고 그것으로 끝난 것이 아니라 다시 살아나셨습니다. 그렇기 때문에 그 분은 당신의 구주가 될 수 있고, 우리의 하나님이 될 수 있는 것입니다.

베드로는 마지막 부분에서 이렇게 말했습니다.

"너희가 이 패역한 세대에서 구원을 받으라"(40b절).

오늘 베드로가 당신에게 던지는 메시지입니다. 이 패역한 세대에서 구원을 받아야 합니다. 구원받는 길은 예수 그리스도 한 분 밖에 없

습니다. 예수 그리스도를 믿을 때 죄 사함의 은총이 주어지고, 성령을
선물로 받게 됩니다.

구원은 받았지만 침례를 받지 않으셨다면 꼭 침례를 받으시기 바랍
니다. 침례가 구원의 조건은 아닙니다. 그러나 대단히 중요합니다. 어
느 정도로 중요한가 하면 구원과 거의 동일시될 정도로 중요합니다.
그러므로 아직 침례를 안 받으셨다면 꼭 침례를 받으시기 바랍니다.
마음에 이루어진 구원을 외적으로, 공개적으로 간증하는 것이 침례입
니다.

5. 생동하는 교회

(행 2:42-47)

5. 생동하는 교회 (행 2:42-47)

교회들을 방문해 보면 각 교회마다 풍기는 인상이 있습니다. 어떤 교회는 생동감이 넘치는가 하면 또 어떤 교회는 가라앉아 있습니다. 생동감이 넘치는 교회와 가라앉은 교회, 어느 교회가 성장하겠습니까? 당연히 생동감이 넘치는 교회입니다.

본문은 초대 예루살렘 교회에 대한 설명입니다. 예루살렘 교회는 한마디로 생동감이 넘치는 교회였습니다. 본문의 내용을 보면 초대 교회는 사도들로 말미암아 기사와 표적이 많이 나타났습니다. 또 성도들은 한 마음, 한 뜻이 되어 물건을 서로 통용하고, 어려운 사람들을 돌보았습니다. 이들은 날마다 성전에서도 모이고 집에서도 모였습니다. 모여서 무엇을 했을까요? 하나님을 예배하고, 하나님의 말씀을 배우며, 교제를 했습니다. 본문에 소개된 예루살렘 교회는 누가 보더라도 생동감이 넘치는 교회였습니다. 그렇기 때문에 성장할 수밖에 없었습니다.

"날마다 마음을 같이하여 성전에 모이기를 힘쓰고 집에서 떡을 떼며 기쁨과 순전한 마음으로 음식을 먹고 하나님을 찬미하며 또 온 백성에게 칭송을 받으니 주께서 구원 받는 사람을 날마다 더하게 하시니라"(46-47절).

정말 좋은 교회였지요? 교회를 다니려면 이런 교회를 다녀야 합니다.

어떻게 하면 우리 교회도 생동감이 넘치고 성장하는 교회가 될 수 있을까요? 본문을 통해 배워보기를 원합니다. 본문을 잘 보면 초대 예루살렘 교회는 몇 가지 특징이 있었습니다.

첫째, 말씀에 전념했습니다.

42절을 보면 그들이 사도의 가르침을 받았다고 했습니다. 개역개정판 성경에는 '사도의 가르침을 받아' 그 다음 일들을 한 것처럼 되어 있는데, 헬라어 원어성경의 의미는 그런 것이 아닙니다. 그들이 모여서 한 것 네 가지를 42절에서 말씀하고 있는데, 그들은 모여서 사도의 가르침을 받았고, 서로 교제했고, 떡을 떼었고, 기도하기를 힘썼습니다. 이것이 헬라어 성경에 나타난 의미입니다. 그러므로 번역을 조금 더 정확하게 하면 '그들이 사도의 가르침을 받으며'라고 해야 할 것입니다. 어쨌든 이 예루살렘 교회는 말씀에 전념하는 교회였습니다.

예수님께서 제자들에게 주신 명령 중에서 가장 크고 중요한 명령은 "너희는 가서 모든 민족을 제자로 삼아 아버지와 아들과 성령의 이름으로 침례를 베풀고 내가 너희에게 분부한 모든 것을 가르쳐 지키게 하라"(마 28:19-20a)는 것입니다. 이 명령이 가장 크고 중요하기에 우리는 이것을 주님의 '지상(至上)명령'이라고 합니다. 그런데 이 명령의 마지막 부분에 "내가 너희에게 분부한 모든 것을 가르쳐 지키게 하라"는 말씀이 있습니다. 예수님의 제자들은 이 명령을 받들어 열심히 가르쳤습니다. 그리고 성도들은 열심히 배웠습니다. 초대 교회는 말씀에 전념하는 교회였습니다.

좋은 교회는 이와 같이 말씀에 전념하는 교회입니다. 말씀은 신앙의 기초입니다. 어떤 교회, 어떤 사람들을 보면 말씀이 아닌 자신의 경험이나 체험, 느낌이나 감정에 신앙의 기초를 두는 것을 볼 수 있습니다. 그것은 바람직한 교회, 바람직한 신앙인의 모습이 아닙니다. 신앙의 기초는 항상 말씀이어야 합니다. 좋은 교회는 말씀에 전념하고, 말씀에 매달리고, 말씀을 파고드는 교회입니다. 예루살렘 교회가 바로 그런 교회였습니다.

성경을 보면 데살로니가 교회도 그런 교회였던 것을 알 수 있습니다. 데살로니가전서 2장 13절을 보면 "이러므로 우리가 하나님께 끊임없이 감사함은 너희가 우리에게 들은 바 하나님의 말씀을 받을 때에 사람의 말로 받지 아니하고 하나님의 말씀으로 받음이니 진실로 그러하도다. 이 말씀이 또한 너희 믿는 자 가운데에서 역사하느니라"라고 했습니다. 데살로니가 교회 성도들은 하나님의 말씀을 받을 때 사람의 말로 받지 아니하고 하나님의 말씀으로 받았습니다. 이런 교회가 좋은 교회입니다. 그들이 하나님의 말씀으로 받음으로 그 말씀이 그들 가운데서 역사한 것입니다.

또 사도행전 17장 11절을 보면 베뢰아 사람들도 말씀에 전념한 것을 보게 됩니다. "베뢰아에 있는 사람들은 데살로니가에 있는 사람들보다 더 너그러워서 간절한 마음으로 말씀을 받고 이것이 그러한가 하여 날마다 성경을 상고"했다고 했습니다. 이런 교회가 좋은 교회입니다.

우리 교회도 말씀에 전념하는 교회가 될 수 있기를 소원합니다. 그런 교회가 될 때 안정적인 교회가 되고, 교리적으로 올바른 교회가 될 수 있습니다. 그리고 그런 교회가 될 때 영적으로 생동감이 넘치고, 하나님께서 강하게 역사하시는 놀라운 교회가 될 것입니다.

사도행전 6장 7절은 이렇게 말씀합니다.

"하나님의 말씀이 점점 왕성하여 예루살렘에 있는 제자의 수가 더 심히 많아지고 허다한 제사장의 무리도 이 도에 복종하니라."

초대 교회는 말씀이 점점 더 왕성해 갔습니다. 구원받는 사람들의 수도 더 많아졌습니다.

교회가 제대로 되고, 개인의 믿음도 성장하려면 말씀에 전념해야 합니다. 말씀에 집중할 때 교회는 잘 되고, 부흥하게 되어 있습니다.

둘째, 교제에 힘썼습니다.

"그들이 사도의 가르침을 받아 서로 교제하고"(42a절).

여기서 말하는 '교제'는 성도 상호간의 교제도 포함하지만 하나님과의 교제, 즉 예배의 개념도 포함합니다. 개역개정판 성경에는 '서로 교제했다'고 되어 있는데 헬라어 원어성경에는 '서로'라는 말이 없습니다. 원래 '교제'라는 것은 '서로'라는 말이 없어도 서로 하게 되어 있습니다. 그런데 '서로'라는 말이 들어가니까 성도들 간의 교제만 부각되고, 하나님과의 교제는 약화되는 것 같습니다. 여기서의 '교제'는 성도들 간의 교제뿐 아니라 하나님과의 교제도 포함하는 것입니다.

초대 교회 성도들은 구원받고, 주 안에서 한 형제자매가 되다 보니 교제하는 것이 너무 좋았습니다. 그래서 그들은 날마다 모였습니다. 46-47a절을 보겠습니다.

"날마다 마음을 같이하여 성전에 모이기를 힘쓰고 집에서 떡을 떼며 기쁨과 순전한 마음으로 음식을 먹고 하나님을 찬미하며."

교제하는 것이 얼마나 좋았으면 집에서도 모이고, 성전에서도 모이고, 날마다 모였겠습니까! 모여서 '하나님을 찬미하며', 즉 하나님을 예배하며, 떡을 떼고, 음식을 먹었습니다. 원래 교제할 때에는 음식이 있으면 좋습니다. 우리도 먹으면서 교제를 많이 하는데 그들도 그랬던 것 같습니다. 그리고 그들은 단지 식사만 한 것이 아니라 식사 중에 '주의 만찬'도 함께 했습니다. 오늘날의 교회에서는 식사시간과 주의 만찬 시간이 구분되어 있지만 초대 교회 시절에는 식사와 주의 만찬을 겸해서 했습니다. 예수님께서 제자들과 가진 주의 만찬도 그런 자리에서였습니다. 식사 후에 예수님께서는 제자들에게 떡을 떼어 주시면서, 또 잔을 돌리시면서 주의 만찬을 가르쳐 주셨습니다.

초대 교회 성도들은 이런 모임을 매일 했습니다. 성전에서도 했고, 집에서도 했습니다. 성전에서 모였다는 것은 오늘날 우리 개념으로 하면 주일날 교회에서 모이는 것이고, 집에서 모였다는 것은 구역(목장 또는 셀)모임으로 가정에서 모이는 것입니다. 그러므로 여러분, 주일이 되면 꼭 교회에 나오시고, 구역모임이 있는 날이면 꼭 구역모임에 나가시기 바랍니다. 그렇게 하는 것이 초대 교회의 모습을 닮아가는 것입니다.

주님의 은혜를 생각하면 얼마나 감사합니까! 주님께서 우리로 하여금 주 안에서 한 형제자매가 되게 하고, 교회의 일원이 되게 하신 것을 생각하면 얼마나 감사합니까! 그러므로 우리는 자꾸 모여야 합니다. 모여서 하나님을 예배하고, 교제하고, 음식도 나누고, 주의 만찬도 할 때 믿음도 자라고 교회도 든든히 서갈 줄 믿습니다. 히브리서 10장 24-25절은 이렇게 말씀합니다.

"서로 돌아보아 사랑과 선행을 격려하며 모이기를 폐하는 어떤 사람들의 습관과 같이 하지 말고 오직 권하여 그 날이 가까움을 볼수록 더욱 그리하자."

주님께서 오실 날이 가까워질수록 더 열심히 모이고, 더 열심히 예배드리고, 더 뜨겁게 교제할 수 있어야겠습니다. 특별히 구역모임에 적극적으로 참석하기 바랍니다. 주일예배에서는 옆 사람과 잠깐 인사하는 것 외에는 특별히 깊은 교제를 나눌 수 없습니다. 그러나 소그룹으로 모이는 구역모임에 가면 서로 깊은 대화를 나눌 수도 있고, 서로를 위해서 기도할 수도 있어서 얼마나 좋은지 모릅니다. 그러므로 주일예배뿐 아니라 구역모임에도 적극적으로 참석하기 바랍니다.

셋째, 열심히 기도했습니다.

"그들이 사도의 가르침을 받으며 서로 교제하고 떡을 떼며 오로지 기도하기를 힘쓰니라"(42절).

끝부분을 보면 '기도하기를 힘썼다'고 했습니다. 초대 교회는 정식으로 교회가 시작되기 전부터 기도에 힘썼던 교회입니다. 사도행전 1장 14절을 보면 "오로지 기도에 힘쓰더라"라는 말씀이 있습니다. 그 기도의 열기는 교회가 정식으로 시작된 이후에도 계속되고 있는 것을 볼 수 있습니다. 시간이 갈수록 기도의 열기가 더 뜨거워지고 있습니다. 초대 교회가 부흥할 수 있었던 가장 큰 비결이 기도라고 생각합니다.

한 번 생각해 보십시오. 사람들을 주님께로 인도하는 일을 인력으로 할 수 있습니까? 그것은 인력으로 할 수 없습니다. 하나님께서 도와주셔야 가능합니다. 교회가 모이고, 부흥하고, 성장하는 일은 하나님께서 도와주셔야 하는 것입니다. 그렇기 때문에 초대 교회는 열심히 기도한 것입니다.

"하나님, 우리 교회에 영혼들을 보내주십시오. 오늘도 영혼들이 구원받게 해 주십시오. 하나님 나라가 우리를 통해서 확장되게 해주십시오." 초대 교회 성도들은 날마다 그렇게 기도했습니다. 그렇기 때문에 하나님께서 그들의 기도를 들어주셨고, 그 결과 구원받는 영혼들이 날마다 늘어나 교회가 성장해갈 수 있었던 것입니다.

그러므로 우리도 기도해야 합니다. 기도할 때 하나님의 역사가 나타납니다. 기도하지 않으면 우리 혼자 일하는 것이지만, 기도하면 하나님께서 역사해 주십니다. 그래서 기도해야 하는 것입니다. 예레미야 33장 3절은 이렇게 말씀합니다.

"너는 내게 부르짖으라. 내가 네게 응답하겠고 네가 알지 못하는 크고 은밀한 일을 네게 보이리라."

우리가 부르짖고, 기도하고, 간구하면 하나님께서 우리가 생각지도 못한 일을 일으켜 주시겠다고 약속하고 있습니다. 이 약속의 말씀을 붙들고 하나님께 간절히 기도하는 우리가 됩시다. 그렇게 할 때 전도의 문이 활짝 열려 많은 영혼들이 구원받는 놀라운 역사가 일어나게 될 것입니다.

저는 '기도' 하면 엘리야 선지자가 생각납니다. 엘리야 선지자가 갈멜 산 꼭대기에서 간절히 기도한 것이 열왕기상 18장 41절 이하에 기록되어 있습니다. 엘리야 선지자는 비를 위해서 하나님께 간절히 기도했습니다. 땅에 꿇어 엎드려 머리를 무릎 사이에 넣고 정말 간절히 기도했습니다. 그렇게 일곱 번 간절히 기도했더니 멀리서 손 만한 작은 구름이 나타났고, 잠시 뒤에는 먹구름으로 변하더니 큰 비가 땅에 내리기 시작했습니다. 저는 우리 교회에도 하나님께서 은혜를 비 같이 내려주시기를 소원합니다. 하나님께서 여러분 가정에 복을 폭포수 같이 부어주시기를 소원합니다. 그런 일이 일어나려면 간절한 기도가 있어야 합니다. 엘리야가 갈멜산 위에서 무릎을 꿇고 일곱 번 간절히 기도했던 것처럼 우리도 하나님께 구하고 기도하면 하나님께서는 우리의 가정도, 교회도, 나라도 그렇게 축복해 주실 것입니다.

우리도 초대 교회 성도들을 본받아 간절히 기도할 수 있기를 바랍니다. 특별히 새벽기도회에 많이 나오시기 바랍니다. 언제, 어디서라도 기도할 수 있지만 새벽기도회에 나오면 정말 좋습니다. 기도에 집중이 잘되고, 하루를 훨씬 더 길게 사용할 수 있습니다. 새벽기도 하시는 분들은 새벽기도 오는 것이 얼마나 좋은지 잘 압니다. 더 많은 분들이 새벽기도에 참여했으면 좋겠습니다. 새벽기도회에 부흥이 일어날 때 우리 교회에 폭발적인 부흥이 일어날 것을 저는 믿습니다.

새벽기도 나오는 것은 쉽지 않습니다. 그러나 순종하고 실천해 보면 여러분의 가정이 복을 받고, 자녀들이 잘 될 것입니다. 저는 오랜 기간을 두고 어떤 분들이 기도를 많이 하는지, 어떤 분들이 새벽기도를 열심히 하는지 유심히 관찰하고 있습니다. 십 년 뒤, 이십 년 뒤에 기도를 열심히 하셨던 분들의 예를 가지고 제가 설교할 지도 모르겠습니다. "그 분이 그렇게 열심히 기도하더니 그 자녀들이 잘 된 것 좀 보십시오" 하면서 말이지요. 자녀들이 잘되는 방법이 무엇이겠습니까? 부모의 기도가 있을 때 잘되는 것 아니겠습니까. 가정을 위해, 교회를 위해, 나라를 위해 기도하는 우리가 됩시다.

넷째, 하나님의 능력이 함께 했습니다.

"사람마다 두려워하는데 사도들로 말미암아 기사와 표적이 많이 나타나니"(43절).

'사도들로 말미암아 기사와 표적이 많이 나타났다'고 했는데, 이것은 하나님의 능력이 그들과 함께 했고, 하나님의 능력이 그들을 통해서 나타났기 때문입니다. 그렇다면 오늘날은 하나님의 능력이 어떻게 나타날까요? 오늘날에도 기사와 표적으로 나타날까요?

오늘날은 그런 시대가 아닙니다. 왜냐하면 사도시대는 이미 지나갔기 때문입니다. 오늘날에는 하나님의 말씀을 통해서 하나님의 능력이 나타납니다. 사도시대에는 완성된 성경이 없었습니다. 그러므로 하나님께서는 사람들이 눈으로 보고 믿을 수 있도록 해주시려고 기사와 표적을 주신 것입니다.

오늘날에는 완성된 성경이 있습니다. 그러므로 오늘날에는 성경에 기록된 말씀을 통하여 하나님의 능력이 나타납니다. 말씀을 통해서 영혼이 구원받고, 교회가 성장하며, 하나님의 나라가 확장되는 것입니다.

하나님의 말씀에는 놀라운 능력이 있습니다. 히브리서 4장 12절을 보면 "하나님의 말씀은 살아 있고 활력이 있어 좌우에 날선 어떤 검보다도 예리하여 혼과 영과 및 관절과 골수를 찔러 쪼개기까지 한다"고 했습니다. 하나님의 말씀은 칼보다 더 예리하여 사람의 마음을 찌릅니다. 그렇기 때문에 죄인들이 말씀을 들으면 그 마음에 찔림이 있는 것입니다. 오순절 날 사도 베드로가 설교했을 때 사람들의 반응이 어떠했습니까? 그들의 마음이 찔렸다고 했습니다. 그래서 사도 베드로에게 어떻게 해야 죄를 용서를 받을 수 있을지 물었습니다.

사랑하는 성도 여러분! 저는 우리 교회도 하나님의 말씀이 강하게 역사해서 사람들이 말씀으로 찔림 받고 구원받는 놀라운 역사가 일어났으면 좋겠습니다. 그렇게 될 수 있도록 기도해 주시기 바랍니다. 오늘날에도 하나님의 능력은 나타나는데 기사와 표적을 통해서가 아니라 말씀을 통해서라는 것을 잊지 마십시오.

그런데 기사와 표적을 좋아하는 사람들이 오늘날 매우 많습니다. 하지만 여러분, 한 번 잘 생각해 보십시오. 사람을 구원하는 것이 무엇입니까? 병 고치는 것이 사람을 구원합니까? 귀신 쫓아내면 사람이 구원받는 것입니까? 그런 것도 도움이 될 것입니다. 그러나 사람을 구원하는 것은 결국 말씀의 능력임을 잊어서는 안 됩니다. 말씀을 믿고 받아들일 때 구원의 역사는 일어나는 것입니다.

히브리서 2장 3b-4절을 한번 보겠습니다.

"이 구원은 처음에 주로 말씀하신 바요, 들은 자들이 우리에게 확증한 바니 하나님도 표적들과 기사들과 여러 가지 능력과 및 자기의 뜻을 따라 성령이 나누어 주신 것으로써 그들과 함께 증언하셨느니라."

이 말씀에 의하면 더 중요한 것이 무엇입니까? 말씀입니까, 표적과 기사입니까? 말씀입니다. 표적과 기사는 보조역할을 하는 것입니다. 하나님께서는 말씀에 신빙성을 더해 주시기 위해 표적과 기사를 주신 것입니다.

오늘날은 표적과 기사를 추구해야할 시대가 아니라, 말씀의 능력이 나타나도록 해야 하는 시대임을 잊지 마십시오. 기사 중의 기사, 표적 중의 표적은 사람의 영혼이 거듭나는 것입니다. 사람이 구원받는 것이 가장 큰 기적입니다. 병 고치는 것도 놀라운 기적이고, 귀신 쫓아내는 것도 놀라운 기적이지만 구원받아야 할 자가 구원받아 하나님의 자녀로 변화되는 것보다 더 큰 기적은 없습니다. 이것은 하나님의 말씀을 믿음으로 받아들일 때만이 가능합니다. 기적을 체험했다고 해서 구원받는 것이 아닙니다. 하나님의 말씀을 믿고 받아들일 때 구원의 역사가 일어나는 것입니다. 우리 교회는 말씀이 살아 있고, 말씀의 능력이 나타나는 교회가 되어야 할 것입니다.

다섯째, 주 안에서 온전한 연합을 이루었습니다.

44-45절을 보면 "믿는 사람이 다 함께 있어 모든 물건을 서로 통

용하고 또 재산과 소유를 팔아 각 사람의 필요를 따라 나눠 주었다"
고 했습니다. 이런 것은 온전한 연합 없이는 절대로 할 수 없는 일입
니다. 같이 모여 살고, 재산도 나누어 쓰고, 어려운 사람들을 도와주
는 것은 온전한 연합이 있을 때만 가능합니다. 초대 교회는 주 안에서
온전한 연합을 이루었습니다.

그들이 이렇게 온전한 연합을 이룰 수 있었던 것은 예수님께서 곧
오실 것이라는 믿음이 있었기 때문입니다. 예수님의 제자들은 주님께
서 하늘로 올라가시는 것을 직접 보았고, 다시 오실 것이라는 약속도
직접 들었습니다. 그들은 예수님께서 빠른 시일 안에, 즉 몇 달 뒤 아
니면 몇 년 안에 다시 오실 것이라고 생각했을지 모릅니다. 십 년, 아
니면 늦어도 그들이 살아 있을 동안에 주님이 다시 오실 것이라고 믿
었을 것입니다. 그렇기 때문에 이런 연합이 가능했다고 생각합니다.

오늘날 우리는 그들이 했던 것처럼 그대로 할 수는 없을 것입니다.
그리고 성경이 그렇게 하라고 요구하지도 않습니다. 예루살렘 교회 성
도들도 지속적으로 그렇게 했다고 생각되지는 않습니다. 나중에는 결
국 자신들의 생활로 돌아갔고, 각자의 삶을 살았을 것입니다. 그러나
우리는 그들의 정신만큼은 배워야 합니다. 교회를 위해 자기의 것을
포기할 줄 아는 정신, 어려운 성도를 돕고자 하는 정신, 그 정신을 배
워야 합니다.

우리는 주 안에서 한 몸을 이룬 형제자매요, 한 몸에 붙어 있는 지
체들입니다. 그러므로 우리는 서로 돕고 협력해야 합니다. 그렇게 할
때 우리는 한 방향으로 움직일 수 있고, 주님의 영광을 위해서 큰일도
할 수 있습니다. 초대 교회의 힘은 하나 되는 정신에서 나왔다고도 할
수 있습니다. 우리도 그들의 정신을 본받아 주 안에서 온전한 연합을

이루도록 합시다.

여섯째, 사람들로부터 칭송을 들었습니다.

"하나님을 찬미하며 또 온 백성에게 칭송을 받으니 주께서 구원 받는 사람을 날마다 더하게 하시니라"(47절).

초대 교회 성도들은 '온 백성에게 칭송을 받았다'고 했습니다. 또 43절에는 '사람마다 두려워하는데'라는 표현이 나오는데, 왜 사람들이 초대 교회 성도들을 두려워했을까요? 이것은 존경심과 경외심 때문에 두려워했다는 말입니다. 초대 교회 성도들은 사람들로부터 칭찬을 듣고 존경을 받았습니다.

오늘날 우리나라의 교회들과 그리스도인들은 어떻습니까? 사람들로부터 칭찬을 받고 있습니까? 칭찬받는 사람도 있지만 비난받는 사람이 더 많은 것 같습니다. 오늘날 교회와 그리스도인들이 비난과 조롱의 대상이 되고 있는 듯합니다. 한국 교회와 한국 그리스도인들이 어쩌다가 이렇게 되었는지, 생각하면 정말 마음이 아픕니다. 이런 모습을 보고 하나님께서는 얼마나 마음이 아프실까요. 우리 그리스도인들은 정말 반성을 많이 해야 합니다. 우리가 행동을 잘하고, 본이 되게 살았다면 사람들이 존경을 하겠지요. 그런데 우리가 그렇게 살지를 못했습니다. 이제라도 반성하고 제대로 살아가도록 노력합시다.

어떻게 사는 것이 그리스도인으로서 제대로 살아가는 것일까요? 언행이 일치되는 삶, 본이 되는 삶, 희생하고 손해 보는 삶을 기꺼이 살아야 할 것입니다. 그런 삶을 살 때 사람들이 우리를 존경하고, 칭찬하게 될 것입니다. 전도는 저절로 될 것입니다.

본문 끝부분에 보면 "온 백성에게 칭송을 받으니 주께서 구원 받는 사람을 날마다 더하게 하셨다”는 말씀이 있습니다. 칭찬을 들으면 교회는 저절로 잘될 수밖에 없습니다. 우리 교회가 그런 교회가 되도록 우리 한 사람 한 사람이 노력합시다.

초대 예루살렘 교회를 통해서 우리에게 주시는 교훈을 생각해 보았습니다. 예루살렘 교회는 생동감이 넘쳐나는 정말 좋은 교회였습니다. 우리가 본받아야 할 교회가 바로 이런 교회입니다. 나 자신부터 그들처럼 살고, 교회를 아름답게 세워나가며, 사람들을 주님께로 인도합시다.

6. 예수 그리스도의 이름으로

(행 3:1-4:4)

6. 예수 그리스도의 이름으로 (행 3:1-4:4)

　본문에는 베드로와 요한이 나면서부터 걷지 못하는 사람을 고쳐준 사건이 기록되어 있습니다. 그 일을 계기로 베드로는 설교를 하게 되고, 그의 설교를 통하여 많은 사람들이 예수님을 믿게 됩니다. 본문을 통해 우리에게 주시는 교훈이 무엇인지 생각해 보기 원합니다.

　먼저, 베드로와 요한이 나면서부터 걷지 못하는 사람을 고쳐준 사건부터 보도록 하겠습니다.

　베드로와 요한이 '제 구시 기도시간에' 맞추어 성전으로 가고 있었습니다. '구 시'는 오늘날의 시간으로 '오후 3시'에 해당됩니다. 성전 '미문(아름다운 문)'에 이르렀을 때 구걸하는 한 사람을 만나게 되는데 이 사람은 나면서부터 걷지 못하는 사람이었습니다.

　그런데 베드로와 요한은 도와주고 싶어도 도와줄 돈이 없었습니다. 예수님의 제자들은 돈이 많은 사람들이 아니거든요. 그래서 베드로는 "은과 금은 내게 없지만 내게 있는 것으로 네게 주노니 나사렛 예수 그리스도의 이름으로 일어나 걸으라"라고 하면서 그의 손을 잡고 일으켜 세워주었습니다. 그랬더니 놀라운 일이 일어났습니다. 평생 앉아서만 살아온 이 사람이 자리에서 벌떡 일어났습니다. 8절에 보면 '뛰어서서 걸으며'라고 되어 있습니다. 이것은 억지로 일어난 것이 아니라 "일어나 걸으라"는 말씀 한 마디에 벌떡 일어선 것을 말합니다. 그러더니 걸어다니기 시작하고, 뛰기도 하며, 하나님을 찬양했습니다. 그 모습을 본 사람들이 얼마나 놀랐겠습니까! 10절에 보면 "심히 놀랍게 여기며 놀라니라"라고 기록되어 있습니다.

어떻게 이런 일이 일어났을까요? 이것이 예수 그리스도의 능력입니다. 6절 말씀을 보겠습니다.

"베드로가 이르되 은과 금은 내게 없거니와 내게 있는 이것을 네게 주노니 나사렛 예수 그리스도의 이름으로 일어나 걸으라."

누구의 이름으로 일어나라고 했습니까? '예수 그리스도의 이름으로' 일어나라고 했습니다. 베드로와 요한에게 특별한 능력이 있어서가 아니라 예수님의 능력이 이 사람을 온전케 한 것입니다.

"그 이름을 믿으므로 그 이름이 너희가 보고 아는 이 사람을 성하게 하였나니 예수로 말미암아 난 믿음이 너희 모든 사람 앞에서 이같이 완전히 낫게 하였느니라"(16절).

16절에도 '그 이름'이라는 표현이 두 번 나옵니다. 그러므로 예수 그리스도의 이름이 이 사람을 온전케 한 것입니다. 그러나 예수 그리스도의 이름에 아무리 큰 능력이 있다 해도 믿지 않고 신뢰하지 않으면 기적은 절대로 일어날 수 없습니다. 본문의 기적이 일어날 수 있었던 것은 베드로와 요한에게 예수 그리스도를 믿는 강한 믿음이 있었기 때문이었습니다. 뿐만 아니라 고침을 받은 걸인에게도 믿음이 있었던 것을 볼 수 있습니다. 16절 말씀을 다시 보겠습니다.

"그 이름을 믿으므로 그 이름이 너희가 보고 아는 이 사람을 성하게 하였나니 예수로 말미암아 난 믿음이 너희 모든 사람 앞에서 이같이 완전히 낫게 하였느니라."

여기에 '믿음'이라는 단어가 나오는데 이것이 누구의 믿음을 말하는 것인지 조금 애매한 부분이 없지 않아 있습니다. 베드로와 요한의 믿음을 말하는 것인지, 나면서부터 못 걷게 된 사람의 믿음을 말하는 것인지 판단하기 어려운 면이 있지만 확실한 것은 양쪽 다 이런 믿음이 있었다는 것입니다. 베드로와 요한이 아무리 "예수 그리스도의 이름으로 일어나라"고 해도 이 사람 자체가 불신하고 믿지 않았다면 이런 기적은 일어날 수가 없습니다. 사도행전 14장에서 사도 바울도 본문과 비슷한 기적을 행했는데 거기에 이런 것이 잘 나타나 있습니다.

"루스드라에 발을 쓰지 못하는 한 사람이 앉아 있는데 나면서 걷지 못하게 되어 걸어본 적이 없는 자라. 바울이 말하는 것을 듣거늘 바울이 주목하여 구원받을 만한 믿음이 그에게 있는 것을 보고 큰 소리로 이르되 네 발로 바로 일어서라 하니 그 사람이 일어나 걷는지라"(행 14:8-10).

여기 보면 '구원받을 만한 믿음이 그에게 있는 것을 보고' 일으켜 주었다고 했습니다. 본문에 나오는 사람도 마찬가지입니다. 사도 베드로와 요한이 "예수 그리스도의 이름으로 일어나 걸으라"고 했을 때 이 사람이 순간적으로 그 말씀을 받고, 믿고, 발에 힘을 줬더니 힘이 들어가 벌떡 일어나게 된 것입니다.

오늘날 하나님께서 사람을 구원해 주실 때도 무엇을 보고 구원해 주시는지 아십니까? 믿음을 보고 구원해 주십니다. 누구에 대한 믿음입니까? 예수님에 대한 믿음입니다. 예수님에 대한 믿음이 있을 때 하나님께서는 그 믿음을 보시고 구원해 주시는 것입니다. 에베소서 2장 8절은 이렇게 말씀합니다.

"너희는 그 은혜에 의하여 믿음으로 말미암아 구원을 받았으니 이것은 너희에게서 난 것이 아니요, 하나님의 선물이라."

무엇으로 말미암아 구원을 받았다고 했습니까? '믿음'입니다. 오늘날에도 사람이 구원을 받게 되는 것은 결국 믿음을 통해서입니다. 믿음으로 구원받게 되면 그 마음속에 기쁨이 넘쳐나고 행복이 밀려오게 되는 것입니다.

사랑하는 여러분! 우리도 사람들에게 예수님의 이름으로 생명을 주고, 소망을 주며, 기쁨을 주는 삶을 살아갑시다. 본문에 나오는 이 사람이 고침을 받고 기뻐하는 것을 한 번 보십시오.

"뛰어 서서 걸으며 그들과 함께 성전으로 들어가면서 걷기도 하고 뛰기도 하며 하나님을 찬송하니"(8절).

지금까지 한 번도 서지도, 걷지도 못한 사람입니다. 그런데 어느 날 하나님의 사람들을 만나 예수 그리스도의 능력으로 온전케 되었습니다. 그리하여 걷게 되고, 뛰게 되고, 얼마나 기뻤으면 하나님을 찬양했겠습니까. 오늘날 사람들에게 필요한 것도 이런 것 아니겠습니까?

오늘날 많은 사람들이 돈을 좋아하고, 돈을 추구하며 삽니다. 또 명예를 추구하고, 권세를 추구하고, 쾌락을 추구하는 사람도 많습니다. 그런데 사람에게 진짜 필요한 것은 그런 것이 아닙니다. 사람들에게 정말 필요한 것은 영혼이 구원받고, 하나님 앞에서 기뻐하며 사는 것입니다. 그런데 그것은 예수님만이 해주실 수 있습니다. 돈이 많다고 되는 것이 아닙니다.

본문에 나오는 이 사람이 베드로와 요한으로부터 돈 몇 푼 받았다면 이렇게까지 기뻐하고, 펄쩍펄쩍 뛰면서 하나님을 찬양했겠습니까. 이것은 돈 가지고 되는 것이 아닙니다. 이 사람에게 가장 필요했던 것은 자리에서 일어나는 것이었습니다. 일어나서 걷는 것이었습니다. 그런데 예수님의 능력이 그것을 가능케 해주었습니다.

오늘날의 사람들에게도 이런 은혜와 기적이 필요합니다. 그런데 사람들은 자기에게 무엇이 필요한지조차 모릅니다. 사람들의 가장 큰 필요는 예수님을 만나서 그의 능력으로 삶이 변화되고, 진정한 기쁨과 행복을 맛보며 사는 것입니다.

이제 베드로가 사람들에게 설교한 내용을 살펴보겠습니다. 본문의 사건을 기회로 베드로는 사람들 앞에서 설교를 하게 됩니다. 설교의 내용은 예수님을 소개하는 것입니다.

"베드로가 이것을 보고 백성에게 말하되 이스라엘 사람들아 이 일을 왜 놀랍게 여기느냐? 우리 개인의 권능과 경건으로 이 사람을 걷게 한 것처럼 왜 우리를 주목하느냐?"(12절)

놀라운 기적이 일어났을 때 사람들은 베드로와 요한을 주목하기 시작했습니다. '와! 저 사람들 대단하다. 어떻게 저런 놀라운 기적을 행할 수 있을까!' 그때 베드로가 그 일을 하신 분은 자신들이 아니라 예수 그리스도라고 말하면서 크게 네 가지로 예수님을 소개해 주었습니다.

첫째, 하나님께서 아브라함에게 약속하신 '그 자손'이라고 소개했습니다.

"너희는 선지자들의 자손이요, 또 하나님이 너희 조상과 더불어 세우신 언약의 자손이라. 아브라함에게 이르시기를 땅 위의 모든 족속이 너의 씨로 말미암아 복을 받으리라 하셨으니"(25절).

베드로는 아브라함의 이야기를 들려주면서 하나님께서 아브라함에게 하신 말씀을 상기시켜 주었습니다.

"땅의 모든 족속이 너로 말미암아 복을 얻을 것이라"(창 12:3).

"또 네 씨로 말미암아 천하 만민이 복을 받으리라"(창 22:18).

여기서 '씨'는 '아브라함의 자손'을 말하는데 그의 자손을 통해서 천하 만민이 복을 받게 된다는 것입니다. 이 '씨'가 바로 '오실 메시야'를 일컫는 말입니다. 예수님이 바로 그 '씨'이고, '아브라함의 자손'인 것을 말해주었습니다.

둘째, 모세가 말한 '그 선지자'라고 소개했습니다.

"모세가 말하되 주 하나님이 너희를 위하여 너희 형제 가운데서 나 같은 선지자 하나를 세울 것이니 너희가 무엇이든지 그의 모든 말을 들을 것이라"(22절).

이번에는 '나 같은 선지자 하나를 세울 것'이라고 한 모세의 말을 인용하고 있습니다. 그 선지자는 바로 '오실 메시야' 즉 예수님을 두고 한 말입니다. 이 말씀은 신명기 18장 15절에서 인용한 말씀입니다.

"네 하나님 여호와께서 너희 가운데 네 형제 중에서 너를 위하여 나와 같은 선지자 하나를 일으키시리니 너희는 그의 말을 들을지니라."

요한복음 6장 14절에는 사람들이 예수님을 가리켜 "이는 참으로 세상에 오실 그 선지자라" 하는 말씀이 있습니다.

셋째, 하나님의 '종'이라고 소개했습니다.

"아브라함과 이삭과 야곱의 하나님 곧 우리 조상의 하나님이 그의 종 예수를 영화롭게 하셨느니라"(13a절).

예수님을 '그의 종', 즉 '하나님의 종'이라고 표현했습니다. 26절에도 "하나님이 그 종을 세워 복 주시려고"라는 표현이 나옵니다. 우리는 예수님에 대해서 '하나님의 종'보다 '하나님의 아들'이라는 표현이 더 친숙한데, 왜 베드로는 이스라엘 사람들에게 '하나님의 종'이라는 표현을 썼을까요? 그것은 이사야서에서 오실 메시야를 '하나님의 종'

이라고 표현했기 때문입니다.

"나의 의로운 종이 자기 지식으로 많은 사람을 의롭게 하며 또 그들의 죄악을 친히 담당하리로다"(사 53:11b).

메시야가 사람들의 죄악을 친히 담당할 것인데, 그를 '나의 의로운 종'이라고 표현했습니다. 이런 이유에서 베드로는 예수님을 '하나님의 종'이라고 소개한 것입니다. 이사야서 52장 13절에도 '종'이라는 표현이 나옵니다.

"보라 내 종이 형통하리니 받들어 높이 들려서 지극히 존귀하게 되리라."

이와 같이 이사야서에서는 오실 메시야를 하나님의 '종'으로 묘사하고 있으므로 베드로가 이스라엘 사람들에게 예수님은 이사야서에서 말씀하고 있는 바로 그 '하나님의 종', 즉 '메시야'라고 말하는 것입니다.

넷째, '생명의 주'가 되시는 분이요, '거룩하고 의로운 분'이라고 소개했습니다.

"너희가 거룩하고 의로운 이를 거부하고 도리어 살인한 사람을 놓아주기를 구하여 생명의 주를 죽였도다"(14-15a절).

'생명의 주'는 '생명의 주관자'라는 말입니다. 이것은 하나님께 어울리는 호칭입니다. '생명의 주', '생명의 주관자'는 하나님이시기 때문입니다. 그런데 베드로는 '예수님'을 일컬어 '생명의 주'라고 했습니다. 또 '거룩하고 의로운 분'이라고 했습니다. 이것도 사람에게 해당되는 말이 아닙니다. 구약성경을 읽어보면 하나님에 대해서 '거룩한 분', '의로운 분'이라고 표현한 것이 많이 나옵니다. 결국 베드로가 소개한 예수님은 구약성경이 말하는 그 메시야요, 구약성경의 주인공이 되시는 그 하나님이시라는 것입니다. 그런데 이런 예수님을 이스라엘 사람들은 십자가에 못 박아 죽이고 말았습니다. 그러니 이스라엘 사람들이 얼마나 큰 죄를 범한 것입니까. 그래서 베드로가 이스라엘 사람들을 향하여 한 말이 "회개하고 돌이켜 죄 사함을 받으라"는 것입니다.

"그러므로 너희가 회개하고 돌이켜 너희 죄 없이 함을 받으라"(19a절).

그런데 여러분, '회개하고 죄 용서함을 받으라'는 말은 이스라엘 사람들에게만 해당되는 말일까요? 이스라엘 사람들이 예수님을 못 박아 죽였으니까 그들만 회개하면 되는 것입니까? 아닙니다. 이 말씀은 예수님을 믿지 않는 모든 사람에게 해당되는 말씀입니다. 왜냐하면 하나님의 입장에서 보면 예수님을 십자가에 못 박은 이스라엘 사람들이나 하나님을 믿지 않는 사람들이나 다 똑같은 사람들이기 때문입니다.

죄 중에서 가장 큰 죄가 무엇인지 아십니까? 예수님을 믿지 않는 죄입니다. "죄에 대하여라 함은 그들이 나를 믿지 아니함"(요 16:9)이라고 했습니다. 사람이 멸망하는 이유가 무엇인줄 아십니까? 사람이 구원받지 못하는 이유가 무엇인줄 아십니까? 예수님을 믿지 않기 때문입니다. 그러므로 예수님을 믿지 않는 사람들은 베드로가 한 말을 잘 새겨듣고 회개해야 합니다. '회개'는 예수님에 대한 잘못된 생각을 버리고 예수님을 믿는 것입니다. 예수님을 주님으로 영접하는 것입니다. 예수 그리스도를 십자가에 못 박은 이스라엘 사람들은 당연히 회개해야 합니다. 예수님을 믿지 않는 사람들 또한 회개하고 예수님을 믿어야 합니다.

회개하면 어떤 일이 일어나는지 19절을 보겠습니다.

"그러므로 너희가 회개하고 돌이켜 너희 죄 없이 함을 받으라. 이같이 하면 새롭게 되는 날이 주 앞으로부터 이를 것이요."

회개하면 '죄 없이 함'을 받고, '새롭게 되는 날이 주 앞으로부터 이를 것'이라고 했습니다. 이것은 이스라엘이 민족적으로 새롭게 되는 것을 말합니다. 예수님을 영접하고 죄 사함을 받으면 개인적으로도 물론 새롭게 됩니다. 그러나 이 말씀은 이스라엘이 민족적으로 구원받는 것을 말씀합니다. 그 다음 절을 보면 그것을 확실하게 알 수 있습니다.

"또 주께서 너희를 위하여 예정하신 그리스도 곧 예수를 보내시리니 하나님이 영원 전부터 거룩한 선지자들의 입을 통하여 말씀하신 바 만물을 회복하실 때까지는 하늘이 마땅히 그를 받아 두리라"(20-21절).

이 말씀은 예수님의 재림에 대해서도 말씀하고, 하나님께서 만물을 회복시켜 주실 것에 대해서도 말씀하고 있습니다. 그러므로 19절의 '새롭게 되는 날이 주 앞으로부터 이를 것'이라는 말씀은 이 다음에 예수님께서 오셔서 천하 만물을 새롭게 하실 때 이스라엘 민족을 회복시켜 주실 것이고, 새롭게 해 주실 것이라는 말씀입니다. 당장 이루어질 일이 아니라 예수님께서 재림하시고 난 뒤에 이루어질 일입니다.

예수님께서 이 땅에 재림하시면 천년왕국이 시작됩니다. 그 때 하나님께서 모든 만물을 회복시켜 주십니다. 이사야서에 보면 천년왕국이 되면 사막이 변하여 옥토가 됩니다. 사나운 짐승들이 온순해집니다. 그리고 지금은 이스라엘 사람들이 예수님을 안 믿지만 그 때는 예수님을 믿게 될 것입니다. 예수님께서 다시 오실 때 그들이 회개하게 되고, 천년왕국에 들어가서는 정말 하나님을 신실하게 섬기는 민족이 될 것입니다. 19절 말씀이 그런 의미입니다.

"그러므로 너희가 회개하고 돌이켜 너희 죄 없이 함을 받으라. 이같이 하면 새롭게 되는 날이 주 앞으로부터 이를 것이요."

사도 베드로는 개인적인 구원에 대해서도 말씀하고 있지만 이스라엘의 민족적인 구원에 대해서도 말씀하고 있는 것입니다. 만물이 회복되는 것은 미래의 일이지만 예수님을 영접하게 되면 마음속에 영적인 변화가 일어나게 되는 것입니다.

본문의 걸인을 보십시오. 이 사람이 완전히 새로운 사람이 되지 않았습니까. 예수님의 능력을 체험하기 전에는 비참했습니다. 소망이 없었습니다. 그러나 예수님의 능력을 힘입고 나서 새 삶을 살게 되었습니다. 이 사람이 얼마나 기뻐하고 행복해 합니까! 그 전에는 이렇게 기뻤던 적이 없었습니다. 소망도 없었습니다. 예수님을 만나고 나서 그의 삶이 이렇게 놀랍게 변한 것입니다.

오늘날도 마찬가지입니다. 누구라도 예수님을 만나면 이런 놀라운 변화가 일어납니다. 소망이 없던 마음에 소망이 생깁니다. 행복이 없던 마음에 행복이 찾아옵니다. 이것이 지금도 살아 계시는 예수님께서 일으키는 기적입니다. 세상에서 얻을 수 없는 만족과 기쁨과 행복이 예수 그리스도 안에 있습니다. 이것은 체험해 본 사람만 이해할 수 있습니다. 구원받은 사람들의 간증을 들어보면 이런 간증을 참 많이 합니다. "예수님을 영접하고 구원 받은 날, 온 세상이 새롭게 보였습니다. 걸어가는데 마치 구름 위를 걷는 것처럼 기쁘고 행복했습니다." 그렇습니다. 예수님을 영접하면 이런 변화가 우리 속에서 시작됩니다. 천국은 죽어서만 가는 곳이 아니라 예수님을 영접하는 그 순간 우리 마음에서 시작됩니다. 언젠가는 천년왕국에도 들어가겠지만 예수님을 영접하는 그 순간 우리 마음은 이미 천년왕국입니다. 그래서 모든 것이 새롭게 보이는 것입니다.

당신이 아직 예수님을 믿지 않고 계신다면 꼭 예수님을 믿으시기 바랍니다. 예수님의 능력을 힘입으면 당신의 삶에도 이런 변화와 기적이 일어날 것입니다.

끝으로, 베드로의 설교를 들은 사람들의 반응을 보겠습니다. 베드로의 설교를 들은 사람들의 반응은 크게 둘로 나뉘어졌습니다. 4장 1-4절을 보겠습니다.

"사도들이 백성에게 말할 때에 제사장들과 성전 맡은 자와 사두개인들이 이르러 예수 안에 죽은 자의 부활이 있다고 백성을 가르치고 전함을 싫어하여 그들을 잡으매 날이 이미 저물었으므로 이튿날까지 가두었으나 말씀을 들은 사람 중에 믿는 자가 많으니 남자의 수가 약 오천이나 되었더라."

반응이 크게 둘로 나뉘어졌습니다. 오천 명이나 되는 사람들이 예수님을 믿었습니다. 그러나 사두개인들과 제사장들은 베드로의 설교를 아주 싫어했습니다. 특별히 예수님이 부활했다는 것과 예수님을 믿으면 부활할 수 있다는 내용을 아주 싫어했습니다. 사도행전 23장 8절을 보면 사두개인들은 부활을 믿지 않는 사람들입니다. 그래서 이들이 결국 베드로와 요한을 감옥에 가두고 말았습니다. 참 희한한 일 아닙니까? 눈앞에서 일어난 기적을 보고도 그들은 여전히 예수님을 믿지 않았습니다. 이런 것을 보면 사람의 믿음이라는 것이 얼마나 강한 것인지를 알게 됩니다. 사람이 어떤 것을 믿어버리면 여간해서 바뀌지 않습니다. 사두개인들은 부활이 없다고 믿어버렸기 때문에 부활에 대해서 아무리 이야기를 해도 마음 문을 열지 않는 것입니다.

이런 면에서 생각해보면 예수님을 믿는 것은 쉬우면서도 어려운 것 같습니다. 사실 구원받기 위해서는 예수님을 믿기만 하면 됩니다. 그런데 '믿는 것'이 어떤 사람에게는 상당히 어려운 일 같습니다. 마음만 바꾸면 되는데 그것이 안 됩니다. 예수님 믿는 것이 무엇이 어렵습니까. 돈이 들어갑니까, 특별한 노력이 들어갑니까. 그냥 하나님 말씀대로 믿기만 하면 되는 것입니다. '예수님이 나를 위해 죽으셨고, 죽으신지 삼일 만에 정말 부활하셨구나. 그 분이 하나님이시고, 나의 구세주이시구나!' 하고 받아들이면 그것이 구원입니다. 그런데 많은 사람들이 이것을 못합니다. 나름대로 믿는 것이 있기 때문에 그런 것입니다. 예를 들면, 죽은 사람은 살아날 수 없다는 나름대로의 믿음이 있기 때문에 예수님의 부활이 들어갈 틈이 없는 것입니다.

그런데 여러분, 믿을 때 어떤 역사가 일어나는 줄 아십니까? 구원받는 놀라운 역사가 일어납니다. 영원한 생명이 그 마음속에, 그 삶 가운데 시작됩니다. 당신이 아직 예수님을 알지 못한다면 예수님을 받아들이시고, 구원받으시기 바랍니다. 예수님을 마음속에 영접하면 당신의 삶에 놀라운 변화가 일어납니다. 진정한 기쁨과 행복의 삶이 당신 앞에 펼쳐지게 될 것입니다.

이미 예수님을 영접하셨다면, 예수님의 능력을 다른 사람들에게 소개하고 증거하시기를 바랍니다. 예수님은 지금도 살아계십니다. 그의 이름에 능력이 있습니다. 사람에게 가장 필요한 것이 무엇이겠습니까? 구원받고 영생 얻는 것 아니겠습니까. 그것은 예수님만이 주실 수 있습니다. 예수님을 소개하고 증거하는 삶을 살아갑시다.

7. 말하지 아니할 수 없습니다

(행 4:5-31)

7. 말하지 아니할 수 없습니다 (행 4:5–31)

본문은 베드로와 요한이 나면서부터 걷지 못하는 한 사람을 예수님의 이름으로 고쳐준 사건 이후에 일어난 일을 기록하는 내용입니다. 그 사건이 있고 난 후 종교지도자들 사이에서는 비상이 걸렸습니다. 왜냐하면 베드로와 요한이 그 일을 계기로 부활하신 예수 그리스도를 증거하기 시작했고, 많은 사람들이 예수님을 믿었기 때문입니다. 사도행전 4장 4절에 보면 약 5천 명이, 그것도 남자의 수만 약 5천 명이 믿었다고 기록되어 있습니다. 그러니 그들 입장에서는 보통 심각한 문제가 아닙니다. 이런 식으로 계속 가다가는 온 예루살렘 사람들이 다 예수를 믿을지도 모를 일입니다. 그래서 그들은 베드로와 요한을 잡아 옥에 가두었습니다. 그리고 그 다음날 비상대책회의를 열게 되는데, 그 결론은 이들로 하여금 예수의 이름으로 말하지도, 전하지도 못하게 하자는 것이었습니다. 17–18절을 보겠습니다.

"이것이 민간에 더 퍼지지 못하게 그들을 위협하여 이 후에는 이 이름으로 아무에게도 말하지 말게 하자 하고, 그들을 불러 경고하여 도무지 예수의 이름으로 말하지도 말고 가르치지도 말라 하니."

그런데 이렇게 한다고 해서 이들이 말을 안 하겠습니까? 제가 볼 때 종교 지도자들이 머리가 좀 나쁜 것 같습니다. 이렇게 한다고 해서 말을 안 할 사람들이 아니거든요. 이들로 하여금 예수를 전하지 못하게 하는 방법이 딱 하나 있는데 그것은 예수가 부활하지 않았다는 것을 역으로 증명하면 됩니다. 예를 들면, 죽은 예수의 시신을 보여주면서 "봐라. 예수가 죽었는데 왜 자꾸 살아났다고 하느냐?" 하면서 말이지요. 또, 병자가 고침 받은 것에 대해서도 예수님의 이름으로 고침

받은 것이 아니라 다른 무엇에 의해 고침 받은 것을 증명하면 사도들은 할 말이 없을 것입니다. 그런데 그들은 그렇게 하지 못하고 있습니다. 왜 그런 줄 아십니까? 예수님은 정말 부활했고, 그 병자는 정말 예수님의 능력으로 걷게 되었기 때문입니다.

예수를 전하지 말라는 그들의 경고를 듣고 베드로와 요한이 뭐라고 하는지 20절을 봅시다.

"우리는 보고 들은 것을 말하지 아니할 수 없다 하니."

예수님께서 부활하신 것을 우리가 보았는데 어떻게 증거하지 아니할 수 있겠느냐, 예수님의 이름으로 고침 받은 사람이 있는데 어떻게 침묵할 수 있겠느냐는 말입니다. 19절에 보면 이런 말도 합니다.

"하나님 앞에서 너희의 말을 듣는 것이 하나님의 말씀을 듣는 것보다 옳은가 판단하라."

베드로와 요한이 굉장히 담대하지요? 예전에는 이렇지 않았습니다. 베드로는 어린 여종 앞에서도 예수를 모른다고 부인했던 사람입니다. 그런데 지금은 예수님을 십자가에 못 박아 죽인 종교지도자들 앞에서 당당하게 할 말을 하고 있습니다.

"만일 병자에게 행한 착한 일에 대하여 이 사람이 어떻게 구원을 받았느냐고 오늘 우리에게 질문한다면 너희와 모든 이스라엘 백성들은 알라. 너희가 십자가에 못 박고 하나님이 죽은 자 가운데서 살리신 나사렛 예수 그리스도의 이름으로 이 사람이 건강하게 되어 너희 앞에 섰느니라"(9-10절).

무엇이 이들로 하여금 이토록 담대한 전도자들이 되게 했을까요? 크게 두 가지 때문입니다.

첫째는 이들에게 성령님이 계셨기 때문입니다.

사도행전 1장 8절에서 예수님은 "오직 성령이 너희에게 임하시면 너희가 권능을 받고 예루살렘과 온 유대와 사마리아와 땅 끝까지 이르러 내 증인이 되리라"고 하셨습니다. 베드로와 요한이 담대할 수 있었던 것은 그들에게 성령님이 계셨기 때문입니다. 그런데 성령님을 모셨다고 해서 모든 사람이 다 이렇게 할 수 있는 것은 아닙니다. 성령을 모시고 살지만 입 한 번 제대로 열지 못하고, 전도 한 번 제대로 하지 못하는 그리스도인이 얼마나 많습니까! 이 두 분은 성령님이 그들 마음속에 계셨을 뿐만 아니라 성령으로 충만했기 때문에 예수 그리스도의 이름을 담대하게 전할 수 있었던 것입니다. 8a절과 31절을 보겠습니다.

"이에 베드로가 성령이 충만하여 이르되."

"빌기를 다하매 모인 곳이 진동하더니 무리가 다 성령이 충만하여 담대히 하나님의 말씀을 전하니라."

사랑하는 여러분! 여러분도 담대한 그리스도인이 되고 싶지 않습니까? 승리하며 살고 싶지 않으십니까? 그러려면 성령 충만해야 합니다. 능력 있게 사느냐 못 사느냐, 담대한 그리스도인이 되느냐 못 되느냐는 전적으로 성령 충만한가 그렇지 못한가에 달려있습니다.

사도행전을 강해하면서 '성령 침례'에 대해서 말한 적이 있습니다. '성령 침례'와 '성령 충만'은 다릅니다. '성령 침례'는 예수 그리스도를 주님으로 영접하고 구원받을 때 마음속에 성령이 임하시는 것입니다. 이것은 일회적 사건입니다. 그러나 '성령 충만'은 수시로 받아야 하는 것입니다. 살다 보면 성령님이 우리 안에 계심에도 불구하고 성령 충만하지 못할 때가 있습니다. 그러므로 성령 충만은 수시로 받아야 하는 것입니다. 에베소서 5장 18절은 이렇게 말합니다.

"술 취하지 말라. 이는 방탕한 것이니 오직 성령으로 충만함을 받으라."

어떻게 하면 성령 충만함을 받을 수 있을까요?

첫째, 기도해야 합니다. 초대 교회는 기도하는 교회였습니다(행 1:4, 2:42). 본문 31절에도 "빌기를 다하매 모인 곳이 진동하더니 무리가 다 성령이 충만했다"고 했습니다. 그들은 기도함으로 성령 충만해졌습니다. 그리고 성령 충만해지니까 나가서 또 예수 그리스도의 복음을 담대하게 증거했습니다. 그러므로 우리도 성령 충만해지기를 원한다면 무엇보다 기도에 힘써야 합니다. 기도하지 않으면 성령 충만할 수 없습니다. 기도하면 하나님께서 우리를 도와주시고, 우리 안에 계신 성령님께서 마음껏 활동하십니다.

둘째, 말씀생활을 잘해야 합니다. 성령 충만은 곧 말씀 충만입니다. 말씀 충만한 사람은 성령 충만하게 되어 있습니다. 내 마음이 말씀으로 가득 차 있다고 한 번 생각해 보십시오. 그러면 내 입에서 하나님 말씀이 튀어나올 것입니다. 그리고 그때 내 안에 계신 성령님께서는 강하게 역사해 주십니다. 그러므로 성령 충만해지려면 말씀 생활을 잘해야 하는 것입니다. 말씀을 늘 읽으시고, 묵상하시고, 또 그렇게 살도록 노력하시기 바랍니다.

셋째, 헌신하고 봉사하고 전도하는 삶을 살아야 합니다. 사람이 육체적으로 건강하려면 잘 먹어야 합니다. 그러나 잘 먹는다고 해서 저절로 건강해지는 것은 아닙니다. 또 한 가지 잘해야 하는 것이 있는데 그것은 운동입니다. 잘 먹고 열심히 운동하면 우리의 육체는 건강해집니다. 영적인 생활도 마찬가지입니다. 영적으로 건강하고 성령 충만하려면 헌신하고, 봉사하고, 전도하는 삶을 살아야 합니다. 이런 것이 우리의 영적 운동입니다.

그러므로 기도 열심히 하고, 말씀생활 열심히 하고, 전도·헌신·봉사 열심히 해서 성령 충만하시기 바랍니다. 그래야 승리하는 삶을 살아갈 수 있습니다.

둘째는 이들에게 몇 가지 확신이 있었기 때문입니다.

첫째, 예수님은 메시야요 유일한 구원자라는 하는 확신이 있었습니다. 12절을 보겠습니다.

"다른 이로써는 구원을 받을 수 없나니 천하 사람 중에 구원을 받을 만한 다른 이름을 우리에게 주신 일이 없음이라."

이 말씀은 베드로가 한 말입니다. 베드로는 이 확신이 있었기 때문에 담대하게 예수 그리스도를 전할 수 있었습니다. 베드로는 3년 반 동안 예수님을 따라 다니면서 그가 행하는 기적들을 보았습니다. 그분의 삶 속에 흠이 없는 것도 알고 있었습니다. 예수님이 죽는 것도 보았고, 다시 살아나신 것도 보았습니다. 이런 과정을 통해서 베드로는 예수는 그리스도시요, 살아계시는 하나님이요, 유일한 구원자라는 확신을 갖게 되었습니다.

당신에게는 이 확신이 있습니까? 이 확신이 있어야 합니다. 이 확신이 있느냐 없느냐에 따라 당신의 영원한 운명이 결정됩니다. 그러므로 이 확신은 대단히 중요합니다.

오늘날 우리가 사는 세상은 '종교다원주의' 세상입니다. '종교다원주의'란 '이 세상에는 다양한 종교가 있고, 다른 종교에 대해서도 인정해줄 줄 알아야 한다'는 것입니다. 다른 종교를 인정해 주려면 어떻게 해야 할까요? 자기가 믿는 종교만 옳다고 해서는 안 되겠지요. 그런데 성경을 보면 성경은 절대로 종교다원주의를 용납하지 않습니다.

12절에 '천하 사람 중에 구원받을 만한 이름이 예수 외에는 없다'고 했습니다. 이 말씀 속에 종교다원주의가 비집고 들어갈 틈이 있습니까? 없습니다. 그러므로 종교다원주의는 절대로 성경적이 아닙니다. 어떤 종교라도 진실되게 믿으면 구원받을 수 있다는 생각은 잘못입니다. 하나님께서 주신 유일한 구원의 길은 예수 그리스도 한 분밖에 없음을 믿으시기 바랍니다. 요한복음 14장 6절에서 예수님은 이렇게 말씀하십니다.

"내가 곧 길이요, 진리요, 생명이니 나로 말미암지 않고는 아버지께로 올 자가 없느니라."

디모데전서 2장 5절은 이렇게 말씀합니다.

"하나님은 한 분이시요, 또 하나님과 사람 사이에 중보자도 한 분이시니 곧 사람이신 그리스도 예수라."

그런데 세상은 이렇게 말하는 것을 싫어합니다. 세상은 종교다원주의를 좋아합니다. "기독교에만 구원이 있다. 예수만이 구원주다"라고 하면 세상 사람들은 예수 믿는 사람들이 속이 좁다고 생각합니다. 잘못됐다고 생각합니다. 하지만 성경은 분명히 예수 그리스도 외에는 다른 구원의 길이 없다고 말씀합니다. 세상 사람들은 이것을 기독교의 독선이라고 할지 모르지만 이것은 기독교의 독선이 아니라 하나님의 은혜인 것입니다. 구원이 필요한 인간들에게 하나님께서 구원의 길을 제시해 주셨으니 얼마나 감사한 일입니까! 사람이 구원을 받아야 하는데 하나님께서 구원의 길을 제시해 주지 않았다면 어떻게 되었겠습니까! 그러므로 당신에게 구원이 필요하다면 다른 데서 찾지 마시고,

하나님께서 제시하신 구원의 길인 예수 그리스도를 믿음으로 구원받으시기 바랍니다.

"주 예수를 믿으라. 그리하면 너와 네 집이 구원을 받으리라"(행 16:31).

"하나님이 세상을 이처럼 사랑하사 독생자를 주셨으니 이는 그를 믿는 자마다 멸망하지 않고 영생을 얻게 하려 하심이라"(요 3:16).

예수 외에는 그 어느 누구도 구원자가 아닙니다. 저는 개인적으로 석가모니를 훌륭한 분이라고 생각합니다. 구원을 갈구한 훌륭한 구도자였다는 점이 존경받을 만합니다. 그러나 그 분도 사실은 우리와 똑같은 인간일 뿐 구원자가 될 수는 없습니다. 예수님의 어머니 마리아도 훌륭한 믿음의 사람으로 우리가 존경해야할 분입니다. 그러나 마리아도 구원자가 될 수는 없습니다. 구원자는 오직 예수 그리스도 한 분뿐입니다.

둘째, 사람의 말보다 하나님의 말씀을 우선적으로 들어야 한다는 확신이 있었습니다. 19절을 보겠습니다.

"베드로와 요한이 대답하여 이르되 하나님 앞에서 너희의 말을 듣는 것이 하나님의 말씀을 듣는 것보다 옳은가 판단하라."

누구의 말 듣는 것이 옳습니까? 하나님의 말씀을 듣는 것이 옳은 것 아니겠습니까. 그래서 이들이 지금 예수의 이름을 증거하는 것입니다.

오늘날 많은 그리스도인들이 하나님의 말씀보다 사람의 말을 더 듣습니다. 다 그런 것은 아니지만 어떤 그리스도인들은 하나님의 말씀보다도 사람의 말에 더 신경을 씁니다. 복음을 전하려고 하다가도 누가 뭐라고 하면 입을 닫습니다. 하나님께서 복음을 전하라고 했으면, 그리고 복음을 전하기로 마음을 먹었으면 끝까지 전해야지, 누가 뭐라고 한다고 포기하면 되겠습니까? 그런데 그런 그리스도인들이 참 많습니다. 사도들과 초대 교회 성도들은 그렇지 않았습니다. 그들은 위협과 핍박 속에서도 끝까지 예수님의 이름을 증거했습니다.

사도행전을 읽어보십시오. 위협과 핍박이 멈추지 않고 계속되는 것을 볼 수 있습니다. 그런데도 이들은 복음 전하기를 멈추지 않았습니다. 사람의 말보다 하나님의 말씀을 더 중요하게 생각했기 때문입니다. 사도행전 5장 17-20절을 보겠습니다.

"대제사장과 그와 함께 있는 사람 즉 사두개인의 당파가 다 마음에 시기가 가득하여 일어나서 사도들을 잡아다가 옥에 가두었더니 주의 사자가 밤에 옥문을 열고 끌어내어 이르되 가서 성전에 서서 이 생명의 말씀을 다 백성에게 말하라 하매."

사도들이 복음을 전하지 못하도록 종교지도자들이 그들을 또 감옥에 가두었습니다. 그런데 하나님께서 하나님의 사자를 통해서 "이 생명의 말씀을 다 백성에게 말하라"고 하셨습니다. 이 말씀에 사도들은 순종합니다.

"그들이 듣고 새벽에 성전에 들어가서 가르치더니"(행 5:21a).

새벽이면 잠도 채 깨지 않은 시간인데 하나님께서 하라고 하니까 그 이른 시간에 성전에 나가 하나님의 말씀을 전했습니다. 그러다가 또 붙잡힙니다.

"그들을 끌어다가 공회 앞에 세우니 대제사장이 물어 이르되 우리가 이 이름으로 사람을 가르치지 말라고 엄금하였으되 너희가 너희 가르침을 예루살렘에 가득하게 하니 이 사람의 피를 우리에게로 돌리고자 함이로다. 베드로와 사도들이 대답하여 이르되 사람보다 하나님께 순종하는 것이 마땅하니라"(행 5:27-29).

참 놀랍지 않습니까? 종교지도자들은 어떻게 해서라도 말을 못하게 하려고 하는데 이들은 계속 말을 합니다.

사랑하는 성도 여러분! 우리도 이런 사람이 됩시다. 우리가 이런 사람이 될 때 예수 그리스도의 복음은 우리를 통해 능력 있게 전파될 것입니다. 우리가 전해야 우리가 전하는 복음을 듣고 누군가가 구원받을 것입니다. 하나님의 말씀은 지금 이 순간에도 우리에게 이렇게 명령합니다.

"너는 말씀을 전파하라. 때를 얻든지 못 얻든지 항상 힘쓰라"(딤후 4:2a).

"너희는 온 천하에 다니며 만민에게 복음을 전파하라"(막 16:15).

이 말씀에 순종합시다. 순종할 때 영혼들이 구원받고, 하나님 나라가 확장되며, 우리 마음에는 큰 기쁨이 있을 것입니다.

셋째, 대주재가 되시는 하나님께서 그들과 함께해 주신다는 확신이 있었습니다. 24-26절입니다.

"그들이 듣고 한마음으로 하나님께 소리를 높여 이르되 대주재여 천지와 바다와 그 가운데 만물을 지은 이시요, 또 주의 종 우리 조상 다윗의 입을 통하여 성령으로 말씀하시기를 어찌하여 열방이 분노하며 족속들이 허사를 경영하였는고. 세상의 군왕들이 나서며 관리들이 함께 모여 주와 그의 그리스도를 대적하도다 하신 이로소이다."

베드로와 요한이 풀려나 성도들에게 가서 일어난 일들을 알리고 그들과 함께 기도했습니다. 기도를 할 때 그들은 하나님을 "대주재여!"

라고 불렀습니다. '대주재'라는 말은 '모든 것을 지배 주관하시는 분'
이라는 개념을 담고 있습니다. 이런 하나님을 모시고 있으니 그들은
겁날 것이 없었습니다. 그래서 그들은 담대하게 복음을 전할 수 있었
던 것입니다.

그리고 이 말씀을 잘 보면 종교지도자들이 한 일을 그들은 '허사'
라고 했습니다. 메시야를 십자가에 못 박아 죽인 일이 '허사', 즉 '헛
일'이라는 것입니다.

왜 그 일이 헛일일까요? 그들은 예수를 멸하기 위해서 십자가에 못
박아 죽였지만 하나님께서는 그 일을 오히려 구원을 이루는 방법이
되게 하셨기 때문입니다.

이 세상의 모든 일은 결국 하나님의 뜻대로 되게 되어 있습니다.
27-28절을 보겠습니다.

"과연 헤롯과 본디오 빌라도는 이방인과 이스라엘 백성과 합세하여
하나님께서 기름 부으신 거룩한 종 예수를 거슬러 하나님의 권능과
뜻대로 이루려고 예정하신 그것을 행하려고 이 성에 모였나이다."

여기에 '하나님의 권능과 뜻대로'라는 표현이 나옵니다. 이스라엘
백성들이 예수를 십자가에 못 박아 죽인 것도 결국은 '하나님의 권능
과 뜻'에 의해 이루어졌다는 말씀입니다. 그리고 믿는 사람들을 핍박
한 것도 결국은 하나님의 뜻 안에서 일어난 일이라는 것입니다. 그러
므로 그들은 겁날 것이 없었습니다. 핍박을 받아서 죽게 되면 그것도
하나님의 뜻이고, 또 능력 많으신 하나님께서 보호해주시면 머리카락
하나 상치 않을 것이기 때문에 겁날 것도, 두려워할 것도 없는 것입니
다.

사랑하는 성도 여러분! 우리도 이런 믿음과 확신을 가지고 살아갑

시다. 이 확신만 있으면 세상에 겁날 것이 없습니다. 모든 일은 다 하나님의 손 안에 있습니다. 나에게 일어나는 모든 일이 하나님의 뜻과 섭리에 의해 일어난다는 것을 확신하며 삽시다.

"몸은 죽여도 영혼은 능히 죽이지 못하는 자들을 두려워하지 말고, 오직 몸과 영혼을 능히 지옥에 멸하실 수 있는 이를 두려워하라. 참새 두 마리가 한 앗사리온에 팔리지 않느냐. 그러나 너희 아버지께서 허락하지 아니하시면 그 하나도 땅에 떨어지지 아니하리라. 너희에게는 머리털까지 다 세신 바 되었나니 두려워하지 말라. 너희는 많은 참새보다 귀하니라"(마 10:28-31).

능력 많으신 하나님께서 우리와 함께 계시고, 하나님께서 허락하지 않으면 머리털 하나도 떨어질 수 없으니 겁날 것이 무엇입니까! 또 설령 우리에게 안 좋은 일이 일어난다 해도 그것은 하나님의 뜻 가운데서 일어난 일이니 두려워할 필요가 없는 것입니다.

혹시 핍박당하는 분이 계십니까? 고난 중에 있는 분이 계십니까? 대주재가 되시는 하나님께서 여러분과 함께하고 계심을 잊지 마십시오. 그리고 하나님께 기도하십시오. 핍박이나 고난이 사라지게 해달라고 기도하지 마시고 고난이나 핍박을 잘 극복할 수 있도록 능력과 담대함을 달라고 기도하시기 바랍니다. 사도들이 그렇게 기도했습니다.

"주여, 이제도 그들의 위협함을 굽어 보시옵고, 또 종들로 하여금 담대히 하나님의 말씀을 전하게 하여 주시오며, 손을 내밀어 병을 낫게 하시옵고, 표적과 기사가 거룩한 종 예수의 이름으로 이루어지게 하옵소서 하더라"(행 4:29-30).

핍박과 위협을 당하면서 이들이 한 기도는 고난과 핍박을 잘 극복하여 더 담대하게 전도할 수 있도록 능력을 달라는 것이었습니다. 우리도 이렇게 기도해야 합니다. 필립스 브룩스라는 설교자는 이런 말을 했습니다.

"쉬운 삶을 위하여 기도하지 말라. 더 강한 사람이 되게 해 달라고 기도하라. 능력에 맞는 일을 달라고 기도하지 말라. 일에 맞는 능력을 달라고 기도하라."

고난이 없게 해달라는 기도는 소극적이고 못난 기도입니다. 하나님이 허락하셨다면 고난은 우리에게 오게 되어 있습니다. 또 신앙생활을 열심히, 제대로 하다 보면 핍박도 오게 되어 있습니다. 그러므로 "고난이 없게 해 주세요. 핍박이 오지 않게 해 주세요"라고 기도할 것이 아니라 "하나님, 저로 하여금 고난과 핍박을 이길 수 있도록 해 주십시오"라고 기도해야 할 것입니다. 그렇게 할 때 우리는 승리하는 삶을 살 수 있고, 능력 있게 복음을 전할 수 있을 것입니다.

"빌기를 다하매 모인 곳이 진동하더니 무리가 다 성령이 충만하여 담대히 하나님의 말씀을 전하니라"(31절).

하나님께서 이들의 기도를 들어주셨습니다. 그 증거로 지진을 살짝 보내서 땅을 한 번 흔드셨습니다. 그리고 그들은 성령 충만해져서 또 나가서 하나님의 말씀을 전했습니다.

사랑하는 성도 여러분! 우리도 이런 사람이 되었으면 좋겠습니다. 우리에게도 성령님이 계십니다. 우리에게도 이들이 가졌던 확신이 있습니다. 그러므로 우리도 담대하게 나가서 외쳐야 합니다.

어떤 분들은 전도는 하고 싶은데 성경을 잘 몰라서 못한다고 하고, 또 어떤 분들은 말을 잘 못해서 전도를 못한다고 합니다. 그러나 그것은 잘못된 생각입니다. 하나님을 의지하고 나가면 하나님께서 성령님을 통해서 우리에게 할 말을 가르쳐 주십니다. 누가복음 12장 11-12절에 그런 말씀이 있습니다.

"사람이 너희를 회당이나 위정자나 권세 있는 자 앞에 끌고 가거든 어떻게 무엇으로 대답하며 무엇으로 말할까 염려하지 말라. 마땅히 할 말을 성령이 곧 그 때에 너희에게 가르치시리라"(눅 12:11-12).

그러므로 이 말씀을 믿고 나가서 전하기 바랍니다. 용기를 내어 입을 열어보시기 바랍니다.

지난 주간에 한 구역에 가서 교제를 했습니다. 그 구역에 한 자매님이 계시는데 이 자매님의 전도 스타일은 빙 돌려서 말하지 않고 항상 단도직입적으로 말한다고 합니다. 그러니까 "누구 엄마, 예수 믿어. 예수 안 믿으면 지옥 가. 예수 믿어야 돼." 이런 식으로 하는 것이지요. 그렇게 전도하다 보면 하나님께서 그때그때 할 말을 생각나게 해 주신다는 간증을 했습니다. 성경구절을 그렇게 많이 아는 것도 아닌데 하나님께서 아는 성경구절을 생각나게 해주시고, 무슨 말을 어떻게 해야 할지 가르쳐 주신다는 것입니다. 누가 가르쳐주는 것일까요? 자매님 안에 계시는 성령님께서 가르쳐 주는 것이지요. 우리도 입을 열어 복음을 전하면 성령님께서 가르쳐 주실 것입니다.

베드로와 요한처럼 우리도 담대하고 능력 있게 복음을 전하며 삽시다. 누구를 전도할 것인가를 늘 생각하면서, 용기와 믿음을 가지고 전도합시다. 저와 당신을 통해 누군가가 구원받고, 하나님의 나라가 확장되어지기를 소망합니다.

8. 초대 교회의 명암(明暗)

(행 4:32-5:16)

8. 초대 교회의 명암(明暗) (행 4:32–5:16)

초대 교회는 하나님의 능력이 강하게 나타난 대단한 교회였습니다. 본문 12절을 보면 사도들의 손을 통하여 민간에 표적과 기사가 많이 일어났고, 16절을 보면 수많은 병자들이 사도들에 의해 고침을 받았습니다.

“예루살렘 부근의 수많은 사람들도 모여 병든 사람과 더러운 귀신에게 괴로움 받는 사람을 데리고 와서 다 나음을 얻으니라”(16절).

여기서 중요한 단어는 ‘다’인데 이것은 한 사람도 빠짐없이, 누구라도 사도들에게 나아오면 사도들이 그들을 예수 그리스도의 이름으로 온전케 해주었다는 것입니다. 대단한 능력이 그들을 통해서 나타난 것입니다. 그러니 교회가 성장하지 않을 수 없었습니다. 본문 14절을 보면 믿고 주께로 나아온 남녀의 큰 무리가 교회에 더해진 것을 볼 수 있습니다.

오늘날에도 좋은 교회는 하나님의 능력이 함께하는 교회이고, 그런 교회가 결국 성장합니다. 그렇다고 해서 이적과 기사를 추구하는 교회가 되자는 말씀은 절대로 아닙니다. 지금은 그런 시대가 아닙니다.

하나님께서는 시대에 따라 역사하는 방법이 다릅니다. 어떤 시대에는 이적과 기사를 통해서 역사하시지만, 또 어떤 시대에는 순수하게 말씀만 가지고 역사하십니다. 본문이 기록될 당시는 사도시대였는데 그 때는 하나님께서 이적과 기사로 역사해 주셨습니다. 사도들이 전하는 말에 신빙성을 더해 주시기 위해서 하나님께서 이적과 기사를 허락하신 것입니다. 히브리서 2장 4절에 그런 말씀이 있습니다.

“하나님도 표적들과 기사들과 여러 가지 능력과 및 자기의 뜻을 따라 성령이 나누어 주신 것으로써 그들과 함께 증언하셨느니라."

이 말씀의 시제가 과거형인 것을 주목할 필요가 있습니다. 이것은 히브리서가 기록될 당시만 하더라도 이적과 기사는 이미 멈춘 것을 보여줍니다. 그러나 사도행전 본문 당시에는 하나님께서 사도들을 통해서 많은 이적과 기사를 베풀고 계셨습니다.

하나님께서는 새로운 시대를 여실 때 주로 이적과 기사를 통해 역사하셨습니다. 예를 들면, 율법시대가 시작될 때 하나님께서는 모세에게 이적과 기사를 행할 수 있는 능력을 주셨습니다. 그렇게 하심으로 하나님께서는 모세의 지도력을 세워주셨고, 그의 말에 신빙성을 더해주셨습니다. 선지자들의 시대가 시작될 때도 이적과 기사가 많이 일어난 것을 볼 수 있습니다. 엘리야와 엘리사 선지자가 그 주인공들이었습니다. 또, 교회가 시작되던 사도시대 때도 하나님께서는 예수님과 사도들을 통해서 많은 기적을 행하셨습니다.

이 세 시대 외에는 하나님께서 이적과 기사를 가지고 일하셨다는 기록이 없습니다. 믿음의 조상인 아브라함이 이적기사를 행했다는 것을 들어보셨습니까? 못 들어보셨을 것입니다. 아브라함은 이적기사를 행하지 않았습니다. 또 이사야나 예레미야 선지자 같은 분들도 정말 위대한 하나님의 사람들이었지만 그들이 이적기사를 행했다는 기록도 없습니다. 그러므로 이적과 기사는 성경에 나와 있다고 해서 아무 때나, 누구라도 할 수 있는 것이 아니라는 것입니다.

그런데 오늘날 그런 것을 추구하고, 좋아하는 분들이 참 많이 계십니다. 그러나 오늘날은 사도시대와 같은 그런 기적이 일어나는 시대가 아님을 우리는 알아야 합니다. 본문 16절을 보면 병자들이 사도들에게 나아왔을 때 그들을 다 고쳐주셨다고 했습니다. 오늘날에도 그렇게 할 수 있는 사람이 있습니까? 제가 볼 때 없습니다. 왜냐하면 사도시대는 이미 지나갔고, 오늘 이 시대에는 사도가 없기 때문입니다. 사도들은 사도였기 때문에 할 수 있었던 것이고, 어떤 사람들처럼 그들을 흉내 낸다고 해서 할 수 있는 일은 아닙니다.

그럼에도 불구하고 하나님의 능력은 오늘날에도 나타나야 합니다. 오늘날에는 하나님의 능력이 어떻게 나타나야 할까요? 오늘날에는 하나님의 말씀을 통해서 나타나야 합니다. 하나님께서는 율법시대와 선지자들의 시대와 사도시대를 거쳐서 우리에게 '기록된 하나님의 말씀'을 주셨습니다. 그러므로 오늘날에는 성경 말씀이 전파되어야 하고, 이 말씀을 통해서 하나님의 역사가 나타나야 하는 것입니다. 하나님의 말씀이 증거될 때 죄인들이 회개하고, 구원받고, 삶이 변화되는 역사가 일어납니다. 교회가 부흥하고 성장하는 역사도 말씀의 역사와 함께 일어나는 것입니다.

그러므로 우리는 말씀을 통해서 하나님의 역사가 강하게 나타나는 교회가 되도록 해야 할 것입니다. 그런 교회가 되게 해달라고 간절히 기도하고, 열심히 하나님의 말씀을 외치는 우리가 됩시다.

또한 초대 교회는 성도들 간에 단합이 잘된 교회였습니다. 본문 32, 34-35절을 보겠습니다.

"믿는 무리가 한 마음과 한 뜻이 되어 모든 물건을 서로 통용하고 자기 재물을 조금이라도 자기 것이라 하는 이가 하나도 없더라."

"그 중에 가난한 사람이 없으니 이는 밭과 집 있는 자는 팔아 그 판 것의 값을 가져다가 사도들의 발 앞에 두매 그들이 각 사람의 필요를 따라 나누어 줌이라."

초대 교회 성도들은 물건을 서로 통용할 정도로 매우 친밀했습니다. 이들은 주 안에서 완전히 하나가 되었습니다. 요즘에는 부부 간에도 딴 주머니를 찬다고 하는데 이들은 남남임에도 불구하고 내 것, 네 것 하지 않고 물건을 함께 통용했습니다. 주 안에서 완벽한 조화와 친교를 나눈 것입니다. 어떤 사람들은 이것을 보고 사회주의, 공산주의가 성경해서 나온 것이라고 하기도 하는데, 사회주의가 무엇인줄 아십니까? 사회주의에 대한 정의를 사전에서 찾아보면 "생산수단을 공동 소유로 하여 모든 사람이 평등한 사회의 건설을 목표로 하는 사회 체제"라고 되어 있습니다. 빈부 차이 없이 물건을 서로 통용하는 모습이 사회주의와 비슷한 느낌이 있기는 하지만 그렇다고 해서 사회주의, 공산주의가 성경해서 나온 것은 아닙니다. 왜냐하면 초대 교회 성도들은 누가 시켜서 한 것이 아니라 자진해서 그렇게 한 것이기 때문입니다. 그리고 그 동기가 하나님에 대한 사랑, 형제에 대한 사랑이었기 때문입니다. 거기에 비해 공산주의나 사회주의는 어떻습니까? 원하던 원치 않던 위에서 하라고 하면 해야 하는 것입니다. 그러니까 차원이 다른 이야기입니다.

그 당시 예루살렘에는 사도들이 전하는 복음을 듣고 구원받은 타지방 사람들이 많았습니다. 그들 중 어떤 이들은 고향으로 돌아가지 않고 계속 예루살렘에 머물렀는데, 누군가 도와주지 않으면 당장 살아가기가 막막했습니다. 그래서 그들의 필요를 보고 사람들이 자신의 재물을 팔아 교회로 가지고 와서 도와준 것입니다.

또 그 당시 초대 교회 성도들은 예수님께서 곧 다시 오실 것이라고 생각했던 것 같습니다. 머지않아 주님께서 다시 오실 것이므로 재물 모으고 살 필요 없이 복음을 전하다가 주님께서 오시면 다 같이 하늘

나라로 올라가자고 생각한 것 같습니다. 그래서 그들은 물건을 통용하면서, 어려운 사람들을 돌보며 살았던 것입니다. 그러나 그런 생활이 오래 가지는 않았고, 시간이 흐르면서 다시 원래 생활로 돌아갔다고 생각합니다.

지금까지 말씀 드린 것은 초대 교회의 밝은 면이었습니다. 그러나 초대 교회에는 어두운 면, 아름답지 못한 면도 있었습니다.

본문에 기록된 아나니아와 삽비라 부부의 이야기는 결코 아름다운 이야기가 아닙니다. 원래 교회라는 곳이 밝은 면만 있는 것이 아니고, 이렇게 어두운 면도 있을 수 있다는 것을 먼저 이해해야 합니다. 왜냐하면 교회에는 하나님도 역사하시지만 사탄도 역사하기 때문입니다. 하나님의 교회가 잘되는 것을 사탄은 좋아하지 않습니다. 그래서 교회가 좀 잘된다 싶으면 마귀가 꼭 역사를 합니다. 어떤 때는 외부적으로 역사하고, 어떤 때는 내부적으로 역사합니다. 외부적으로 역사할 때는 핍박을 통해서 역사하고, 내부적으로 역사할 때는 내부에 문제를 일으켜서 역사합니다.

본문의 아나니아와 삽비라 사건은 내부적으로 마귀가 역사하여 일어난 일이고, 본문 다음에 나오는 핍박 사건은 마귀가 외부적으로 역사하여 일어난 일입니다. 또 6장에 보면 교회 안에서 구제하는 것을 놓고 성도들 간에 불평과 원망이 생기는 것을 볼 수 있는데 이것도 결국 마귀가 그렇게 역사를 한 것입니다. 이런 것을 보면 마귀는 굉장히 교활합니다. 밖에서 공격을 해서 안 되면 안으로 역사하여 어떻게 해서든지 교회를 허물려고 합니다. 마귀의 목적은 어떻게 해서라도 교회를 허무는 것임을 우리는 알아야 합니다.

마귀의 역사는 날이 갈수록 더 강해지는 것 같습니다. 우리나라 상황에서는 교회를 외부에서 공격하고 핍박하기보다는 내부적으로 자꾸 문제를 일으켜 교회를 무너지게 하고, 하나님의 일을 못하게 합니다. 예전에 비해, 교회에서 불미스러운 일이 일어났다는 소식이 얼마나 자주 들립니까! 교회에서 불미스러운 일이 일어나면 그만큼 전도하기가 어려워집니다. 교회가 본이 되고 잘해도 전도하기가 어려운데 교회에서 안 좋은 일이 일어나면 전도가 될 리 없습니다. 그것을 마귀가 알고 교회 안에서 사람들의 약점을 이용하여 불미스러운 일을 자꾸 만들어내는 것입니다. 그러므로 우리는 이런 마귀의 계략을 알고 마귀의 제물이 되지 않도록 정말 조심해야 할 것입니다.

초대 교회 안에서 어떤 일이 일어났는지 봅시다.

초대 교회 성도들은 누가 먼저랄 것도 없이 서로 먼저 자신들의 재산을 팔아 교회로 가지고 왔습니다. 교회의 물질적인 필요를 보았기 때문입니다. 바나바 같은 사람은 자기의 밭을 팔아 교회에 헌금했습니다. 4장 36-37절을 보겠습니다.

"구브로에서 난 레위족 사람이 있으니 이름은 요셉이라. 사도들이 일컬어 바나바라(번역하면 위로의 아들이라) 하니 그가 밭이 있으매 팔아 그 값을 가지고 사도들의 발 앞에 두니라."

이제부터 바나바라는 인물이 자주 등장하게 되는데 이 말씀은 바나바가 처음 등장하는 장면입니다. 바나바는 자기의 밭을 팔아서 교회에 바쳤습니다. 하나님의 일에 사용하고 어려운 사람들을 도우려고 그렇게 한 것입니다. 참으로 훌륭한 사람입니다.

바나바의 본래 이름은 요셉입니다. 바나바는 '위로의 아들', '격려의 아들'이라는 뜻인데 사람들을 위로하고 격려하기를 잘하니까 사도들이 그렇게 붙여준 것입니다. 사도행전을 계속 읽어보면 바나바에 대한 기록이 몇 번 나오는데, 이 분은 후에 안디옥 교회의 목회자가 된 분입니다. 그리고 사도 바울을 이끌어준 분이기도 합니다. 이 분이 안디옥 교회에서 담임목사 역할을 하고 있을 때 사도 바울은 그의 조력자였습니다. 그리고 나중에는 사도 바울과 함께 세계 선교 여행을 떠나게 됩니다. 그러니 이 바나바가 얼마나 훌륭한 분인지 이해가 될 것입니다. 그런데 바나바가 이렇게 훌륭한 목사, 선교사가 될 수 있었던 배경에는 그가 일반 성도였을 때 이미 믿음이 있는 사람이었다는 것입니다. 그래서 밭을 팔아 하나님께 드릴 수 있었습니다.

바나바가 그렇게 하는 것을 보고 아나니아와 삽비라 부부는 인간적으로 굉장히 부러웠습니다. 바나바가 밭을 팔아서 교회에 바치니까 사람들이 어떻게 했겠습니까? "와, 바나바 형제 대단하다." "저 사람 정말 믿음 좋다. 하나님께서 크게 축복해주실 거야"라고 하면서 우러러보지 않았겠습니까. 아나니아와 삽비라는 그런 것이 부러워 교회에다 자신들도 땅을 팔아서 바치겠다고 약속을 했습니다. 그런데 실제로 땅을 팔아 큰 돈을 손에 넣고 보니 다 바치기에는 아깝다는 생각이 들었습니다. 그래서 아무도 모르게 일부는 떼어놓고 일부만 드리기로 부부가 합의를 했습니다. 사람들은 몰랐지만 하나님께서는 그들의 부정직을 알고 계셨습니다. 그래서 하나님께서는 베드로에게 그것을 알게 해주셨고, 베드로는 아나니아를 책망하게 됩니다. 5장 1-4절을 보겠습니다.

"아나니아라 하는 사람이 그의 아내 삽비라와 더불어 소유를 팔아 그 값에서 얼마를 감추매 그 아내도 알더라. 얼마만 가져다가 사도들의 발 앞에 두니 베드로가 이르되 아나니아야 어찌하여 사탄이 네 마음에 가득하여 네가 성령을 속이고 땅 값 얼마를 감추었느냐. 땅이 그대로 있을 때에는 네 땅이 아니며 판 후에도 네 마음대로 할 수가 없더냐. 어찌하여 이 일을 네 마음에 두었느냐 사람에게 거짓말한 것이 아니요 하나님께로다.”

이들은 사도들을 속이려 했지만 결국 하나님을 속인 결과가 되고 말았습니다. 드리기로 약속하지 않아도 되었고, 바치지 않아도 되는 일이었습니다. 그러나 드리겠다고 해놓고 거짓말을 했기 때문에 그것이 죄가 된 것입니다. 그 결과 아나니아는 죽임을 당하고 말았습니다.

“아나니아가 이 말을 듣고 엎드러져 혼이 떠나니 이 일을 듣는 사람이 다 크게 두려워하더라. 젊은 사람들이 일어나 시신을 싸서 메고 나가 장사하니라”(5-6절).

세 시간쯤 지나 그의 아내 삽비라가 들어왔습니다. 그런데 삽비라도 하나님을 속이려고 했습니다.

“세 시간쯤 지나 그의 아내가 그 일어난 일을 알지 못하고 들어오니 베드로가 이르되 그 땅 판 값이 이것뿐이냐. 내게 말하라 하니 이르되 예 이것뿐이라 하더라”(7-8절).

뻔히 다 알고 있는데 거짓말을 했습니다. 그래서 삽비라도 죽임을 당하고 말았습니다. 불과 세 시간 차이로 부부가 하나님의 진노로 죽임을 당한 것입니다.

아나니아와 삽비라 부부의 이야기를 통하여 우리가 배울 수 있는 교훈이 무엇일까요?

첫째, 하나님의 일을 할 때는 순수한 마음으로 해야 한다는 것입니다.

바나바는 순수한 마음으로 밭을 팔아 하나님께 바쳤습니다. 다른 사심이 전혀 없었습니다. 하나님의 일을 위해서, 교회의 필요를 생각해서 순수하게 드린 것입니다. 그러나 아나니아와 삽비라 부부는 그렇지 않았습니다. 이들은 사람들로부터 높임 받고, 존경 받기를 원했습니다. 이런 마음을 성경에서는 '헛된 영광'이라고 합니다. 갈라디아서 5장 26절에 그런 표현이 나옵니다. '헛된 영광'을 영어로는 'vainglory'라고 하는데 이것을 사전에서 찾아보면 '자만심', '허영심'이라고 나옵니다. 이것이 바로 아나니아와 삽비라 부부의 첫 번째 문제였습니다.

우리에게는 이런 마음이 없는지 잘 생각해볼 필요가 있습니다. 주의 일을 할 때는 항상 순수한 마음으로 해야 하는데, 사람들로부터 칭찬 받고, 인정받고, 높임 받으려고 한 적은 없습니까? 별로 영적이지도 않으면서 영적인 사람처럼 행세하고, 믿음도 없으면서 믿음 있는 사람처럼 행동하는 것이 '헛된 영광'을 추구하는 마음에서 나오는 것입니다.

빌립보서 2장 3절에 "아무 일에든지 다툼이나 허영으로 하지 말고"라는 말씀이 있습니다. 여기의 '다툼'은 '경쟁의식', '이기심'을 말하는 것입니다. 아나니아와 삽비라 부부에게 이 마음이 있었습니다. 바나바만 칭찬을 받고 높임을 받으니까 그게 싫었던 것입니다. 그래서 인간적인 마음으로, 칭찬이 듣고 싶어서 지키지도 못할 약속을 한 것입니다. 또 여기의 '허영'은 '헛된 영광'을 말하는 것입니다.

여러분! 우리는 봉사를 하고, 헌신을 하고, 물질을 드릴 때 항상 순수한 마음으로 하도록 합시다. 영광은 하나님께서 받으셔야지 내가 받으려 하면 안 됩니다. '누가 알아주지 않아도 주님이 알아주시면 나는 그것으로 만족한다' 하는 마음으로 할 수 있기를 바랍니다.

둘째, 신앙생활을 제대로 하려면 물질에 대한 욕심을 버려야 한다는 것입니다.

아나니아와 삽비라 부부가 소유를 팔아 하나님께 드리겠다고 약속했을 때는 '헛된 영광'을 구하는 마음은 있었어도 하나님께 약속한 돈을 떼어 먹어야겠다는 생각은 없었을 것입니다. 그런데 땅을 팔아 큰 돈을 쥐고 보니 욕심이 생겼습니다. 그래서 결국 일부는 떼어놓고 일부만 드리게 되었습니다. 무엇이 그들의 문제였습니까? 재물의 욕심이 그들의 문제였습니다. 디모데전서 6장 9-10절에 이런 말씀이 있습니다.

"부하려 하는 자들은 시험과 올무와 여러 가지 어리석고 해로운 욕심에 떨어지나니 곧 사람으로 파멸과 멸망에 빠지게 하는 것이라. 돈을 사랑함이 일만 악의 뿌리가 되나니 이것을 탐내는 자들은 미혹을 받아 믿음에서 떠나 많은 근심으로써 자기를 찔렀도다."

이 말씀이 아나니아와 삽비라 부부를 두고 하는 말씀 같지 않습니까? 아나니아와 삽비라 부부는 재물에 대한 욕심 때문에 결국 일을 그르치게 되었고, 벌을 받을 수밖에 없었습니다. 그러므로 우리도 믿음생활을 제대로 하려면 재물에 대한 욕심이 없어야 합니다. 하나님보다 재물을 더 사랑하는 마음을 가지고는 절대로 신앙생활을 잘할 수 없습니다.

십일조를 하기는 해야겠는데, 실천을 하지 못하는 분들이 계십니다. 왜 못하는 줄 아십니까? 재물에 대한 욕심 때문입니다. '이 돈이 적은 돈이 아닌데, 이 돈 같으면 무엇 무엇을 할 수 있을 텐데…' 이런 생각 때문에 십일조를 못하는 것입니다. 선교헌금, 비전헌금(건축헌금)에 동참하지 못하는 분들도 마찬가지입니다. 재물에 대한 욕심 때문입니다. 누가복음 12장 15절에서 예수님이 이런 말씀을 하십니다.

"삼가 모든 탐심을 물리치라. 사람의 생명이 그 소유의 넉넉한 데 있지 아니하니라."

이 말씀을 우리 마음에 새깁시다. 예수님께서는 '탐심을 물리치라'고 하셨습니다. 탐심을 물리치지 않으면 제대로 신앙생활을 할 수 없기 때문입니다. 하나님보다 돈을 더 좋아해서는 절대로 하나님께서 기뻐하시는 신앙생활을 할 수 없습니다.

셋째, 성공적인 신앙생활을 위해서는 부부 각자가 자기의 역할을 잘해야 한다는 것입니다.

아나니아와 삽비라 부부는 하나님을 속이는 데 있어서 마음이 너무나도 잘 맞았습니다. 이럴 때는 부부의 마음이 맞지 않는 편이 오히려 나은데 이들은 나쁜 쪽으로 마음이 너무 잘 맞았습니다. 그렇게 됨으로 이 부부는 자신들의 역할을 제대로 하지 못했습니다.

부부의 역할이 무엇입니까? 남편은 아내를 영적으로 잘 인도하고, 아내는 남편이 하나님을 잘 섬길 수 있도록 돕는 것입니다. 남편이 엉뚱한 길로 가거나 하나님으로부터 멀어지려고 하면 아내가 브레이크 역할을 해서 남편으로 하여금 하나님을 잘 섬기도록 도와주어야 하고, 또 아내의 믿음이 시들해지려고 하면 남편이 격려하고 이끌어 주어서 믿음생활을 잘하도록 도와주어야 하는 것입니다. 이것이 성경이 말하는 부부의 역할입니다. 그런데 아나니아와 삽비라 부부는 그것을 제대로 하지 못했습니다.

오늘날 크리스천 부부들 중에도 그 역할을 제대로 하지 못하는 부부가 참 많습니다. 남편이 "여보, 오늘은 날씨도 좋은데 교회 가지 말고 밖으로 바람이나 쐬러 갑시다" 하면 아내가 "여보, 그래도 그러면 안 되지요. 예배를 드려야지요"라고 해야 하는데, 아내가 뭐라고 합니까? "그럽시다. 오늘은 날씨도 좋으니 놀러나 갑시다." 그럽니다. 또 아내가 "여보, 이번 달은 우리 집 재정이 좀 힘든데 십일조 한 번 건너뜁시다"라고 하면 남편이 뭐라고 해야겠습니까? "그러면 안 되지요. 그래도 하나님께 드려야지요"라고 해야 하는데 남편이 뭐라고 합니까? "당신이 알아서 해요." 그럽니다. 그러면서 부부가 함께 잘못된 길로 갑니다.

어떤 부부는 부부싸움 안 하는 것을 자랑합니다. 그런데 제가 볼 때 부부싸움은 가끔씩 하는 것이 정상입니다. 왜냐하면 부부싸움을 전혀 하지 않는다는 것은 둘 중의 하나이기 때문입니다. 두 사람 다 거의 완벽한 삶을 살든가, 아니면 한 쪽이 브레이크 역할을 하지 않든가.

이 세상에 완벽한 부부는 없습니다. 그래서 때로는 한 쪽이 브레이크 역할을 해주어야 하는 것입니다. 브레이크 역할을 하다 보면 마찰이 생기고, 다툼이 생깁니다. 그렇다고 너무 자주 다투어서는 안 되고, 남편이나 아내가 바른 신앙생활에서 벗어나려고 할 때 한 번씩 제동을 걸어야 하는 것입니다. 그렇게 하는 것이 부부의 바른 역할입니다.

하나님께서 남자와 여자를 부부로 만드신 것은 서로 힘을 합해 하나님을 더 잘 섬기라고 그렇게 하신 것입니다. 그러므로 우리는 그 뜻을 잘 알고 부부가 힘을 합해 하나님을 더 잘 섬길 수 있어야겠습니다.

본문을 통해 초대 교회의 명암에 대해서 생각해 보았습니다. 초대 교회에는 밝은 면도 있었고 그렇지 못한 면도 있었습니다. 밝지 못한 면을 성경에 기록해 놓은 것은 우리로 하여금 교훈을 받도록 하기 위함입니다. 아나니아와 삽비라 같은 사람 되지 마시고, 바나바와 같은 사람이 되어서 우리의 교회를 더욱 아름답고 행복한 곳으로 만드는데 기여하는 우리가 됩시다.

9. 가서 말하라
(행 5:17-42)

9. 가서 말하라 (행 5:17-42)

초대 예루살렘 교회는 대단히 빠른 속도로 성장하는 교회였습니다. 교회가 시작될 때는 성도의 수가 백이십 여명 밖에 되지 않았는데 얼마 되지 않아 만 명이 넘는 큰 교회로 성장한 것을 보게 됩니다. 여자들과 아이들을 포함하면 몇 만 명이 되었을지도 모릅니다. 우리나라에는 대형 교회가 많아서 몇 만 명의 수가 크게 와 닿지 않을 수도 있겠지만 그 당시로서는 획기적인 사건이었습니다.

예수님 믿는 사람들이 많아지자 위협을 느낀 사람들은 대제사장과 사두개인, 바리새인들로 구성된 공회원들이었습니다. 왜냐하면 그들이 예수님을 죽게 한 장본인이기 때문입니다. 예수의 제자들이 많아지면 어떻게 되겠습니까? 자신들에게 어려움이 닥칠 수도 있습니다. 그래서 그들이 이번에는 사도들을 잡아 옥에 가두게 됩니다. 17-18절을 보겠습니다.

"대제사장과 그와 함께 있는 사람 즉 사두개인의 당파가 다 마음에 시기가 가득하여 일어나서 사도들을 잡아다가 옥에 가두었더니."

사도들을 가만히 두면 제자들의 수가 더 늘어날 것 같고, 예루살렘의 모든 사람들이 다 예수의 제자가 될 것 같으니까 이들이 설교나 전도를 못하도록 감옥에 가두어 버린 것입니다. 그런데 다음 날, 문제가 생겼습니다. 감옥 안에 있어야 할 사람들이 사라져 버린 것입니다.

"대제사장과 그와 함께 있는 사람들이 와서 공회와 이스라엘 족속의 원로들을 다 모으고 사람을 옥에 보내어 사도들을 잡아오라 하니 부하들이 가서 옥에서 사도들을 보지 못하고 돌아와 이르되 우리가 보니 옥은 든든하게 잠기고 지키는 사람들이 문에 서 있으되 문을 열고 본즉 그 안에는 한 사람도 없더이다 하니"(21b-23절).

신기한 일이 일어났지요? 밤에 어떤 일이 일어났는가 하면 천사가 사도들을 끌어내 주었습니다. 하나님께서 그런 역사를 일으키셔서 보초들도 모르게 감옥에서 나가게 해 주신 것입니다.

"주의 사자가 밤에 옥문을 열고 끌어내어 이르되"(19절).

끌어내 주면서 뭐하고 했는가 하면 "가서 성전에 서서 이 생명의 말씀을 다 백성에게 말하라"(20절)고 했습니다. 그리고 사도들은 그 말씀에 순종을 합니다.

"그들이 듣고 새벽에 성전에 들어가서 가르치더니"(21a절).

사도들이 성전에 간 시간은 새벽이었습니다. 그들 마음에 열정이 있다 보니 새벽부터 나가서 하나님의 말씀을 전한 것입니다. 대단한 사람들 아닙니까? 감옥에 집어넣으면 들어가고, 하나님께서 나오게 해주시면 나와서 또 복음을 증거하고, 그러면서 그들은 계속 복음을 전했습니다.

사랑하는 여러분! 무엇이 이들로 하여금 이토록 열심히 복음을 전하게 한 줄 아십니까? 바로 성령님이십니다. 사도행전 1장 8절에서 "오직 성령이 너희에게 임하시면 너희가 권능을 받고 예루살렘과 온 유대와 사마리아와 땅 끝까지 이르러 내 증인이 되리라" 하셨는데, 그들에게는 성령의 '권능'이 있었습니다. '권능'은 '파워(power)'를 말합니다. '파워'가 그들에게 있다 보니 가만히 있을 수가 없었습니다. 그래서 하나님의 말씀에 순종하여 새벽같이 나가 복음을 전한 것입니다. 누가 뭐라 해도 신경 쓰지 않고 하나님께서 원하시는 그 일을 담대하게 감당한 것입니다. 감옥에 넣으면 들어가고, 때리면 맞고, 그러다가 하나님께서 기회를 주시면 또 복음을 전했습니다. 이런 것이 제자들의 삶이었습니다. 얼마나 담대한지 모릅니다.

이들에 비해서 대제사장을 비롯한 종교 지도자들은 얼마나 비겁한지 모릅니다. 26-28절 보겠습니다.

"성전 맡은 자가 부하들과 같이 가서 그들을 잡아왔으나 강제로 못함은 백성들이 돌로 칠까 두려워함이더라. 그들을 끌어다가 공회 앞에 세우니 대제사장이 물어 이르되 우리가 이 이름으로 사람을 가르치지 말라고 엄금하였으되 너희가 너희 가르침을 예루살렘에 가득하게 하니 이 사람의 피를 우리에게로 돌리고자 함이로다."

이 사람들이 지금 두려워하는 것이 무엇입니까? 예수님의 죽음에 대한 책임이 자기들에게 돌아올까봐 두려워하고 있습니다. 그런데 이 사람들이 예수님을 죽일 때는 빌라도에게 뭐라고 말했는지 아십니까? "그 사람의 피를 우리와 우리 후손들에게 돌릴지어다"(마 27:25)라고 했습니다. 그런데 지금은 그 피가 자기네들에게 돌아올까봐 두려워하고 있습니다. 참 비겁하지요? 그러나 제자들은 얼마나 당당하고 담대한지 모릅니다.

"베드로와 사도들이 대답하여 이르되 사람보다 하나님께 순종하는 것이 마땅하니라"(29절).

본문의 많은 말씀 중에서 특별히 20절 말씀을 중심으로 우리에게 주시는 교훈이 무엇인지 생각해 보기를 원합니다.

"가서 성전에 서서 이 생명의 말씀을 다 백성에게 말하라"(20절).

여기서 중요한 말은 "가서, 말하라"입니다. 둘 다 명령형입니다. "가라. 그리고 말하라." 이 말씀은 오늘 우리에게 주시는 말씀이기도 합니다.

첫째, 무엇을 전해야 할까요?

'생명의 말씀', 예수 그리스도의 복음을 전해야 합니다.

"가서… 이 생명의 말씀을… 말하라"(20절).

왜 우리가 '생명의 말씀', 예수 그리스도의 복음을 전해야 합니까? 예수 그리스도의 복음만이 사람들을 구원할 수 있고, 사람들에게 영원한 생명을 줄 수 있기 때문입니다. 이 세상에는 좋은 말, 들으면 도움이 되는 말이 많습니다. 그러나 사람을 살리는 말, 사람을 구원으로 인도하는 말은 예수 그리스도의 복음밖에 없습니다. 이것이 우리가 복음을 전해야 하는 이유입니다.

예수님은 어떤 분이십니까? 예수님은 이 세상 모든 사람들의 죄를 위하여 십자가에 달려 죽으시고, 죽으신지 3일 만에 다시 살아나신 분입니다. 그러므로 그분만이 인류의 구세주이고, 저와 여러분의 구주가 되어 주실 수 있는 분이십니다. 본문 30-31절을 읽어보겠습니다.

"너희가 나무에 달아 죽인 예수를 우리 조상의 하나님이 살리시고 이스라엘에게 회개함과 죄 사함을 주시려고 그를 오른손으로 높이사 임금과 구주로 삼으셨느니라."

이 말씀에 의하면 하나님께서 예수님을 다시 살리신 목적이 무엇입니까? '이스라엘에게 회개함과 죄 사함을 주시려고' 그렇게 하셨다고 했습니다. 그러므로 누구라도 자신이 죄인인 것을 알고 회개하면, 예수님을 자신의 구주로 영접하면 죄 사함 받을 수 있고, 영생을 얻을 수 있습니다. 이것을 성경에서는 '구원'이라고 합니다.

예수 그리스도의 복음은 누가 지어낸 이야기가 아닙니다. 예수님은 실제로 우리의 죄를 위해 죽으셨고, 죽으신지 3일 만에 다시 살아나셨습니다. 사도들의 말을 한 번 들어보십시오.

“우리는 이 일에 증인이요, 하나님이 자기에게 순종하는 사람들에게 주신 성령도 그러하니라”(32절).

사도들은 예수님의 죽으심과 부활하심을 직접 보았다고 했습니다. 그러므로 증인이라는 것입니다. 그러나 저와 여러분은 사실 직접 본 것은 아닙니다. 그런데 그것을 어떻게 믿을 수 있습니까? 우리 안에 계시는 성령님께서 우리에게 그런 확신을 주시기 때문입니다. 32절 끝부분에 보면 ‘성령도 그러하니라’라고 말씀하고 있습니다. 성령도 증인이라는 말입니다. 그러니까 제자들이 증인이고, 제자들 안에 있는 성령도 증인이기 때문에 전하지 않을 수 없다는 말입니다.

우리도 마찬가지입니다. 우리는 예수님의 부활을 직접 목격한 사람들은 아닙니다. 그러나 우리 속에 계신 성령님께서 예수님은 우리의 죄를 위해서 죽으시고 다시 살아나신 사실을 증거해 주십니다. 그렇기 때문에 우리가 아는 것이고, 믿는 것이고, 확신할 수 있는 것입니다.

당신은 구원을 받으셨습니까? 당신에게 예수님의 죽음과 부활에 대한 확신이 없다면 당신도 믿음의 결단을 내리시기 바랍니다. 그래서 예수님을 당신의 주님으로 모실 수 있기를 바랍니다. 그렇게 하면 당신에게도 죄 사함의 은총과 하나님의 자녀가 되는 특권이 주어질 것입니다.

이미 구원을 받으셨다면 나가서 예수 그리스도의 복음을 전하시기 바랍니다. 마가복음 16장 15절에서 예수님이 이렇게 말씀하십니다.

“너희는 온 천하에 다니며 만민에게 복음을 전파하라.”

복음이 전파될 때 사람들은 생명을 얻게 될 것입니다. 죄 사함 받는 놀라운 역사가 일어나게 될 것입니다. 그 일을 하면서 살아가는 우리가 됩시다.

둘째, 어디서 전해야 할까요?

사도들은 성전에 가서 말씀을 전했습니다.

"가서 성전에 서서 이 생명의 말씀을 다 백성에게 말하라 하매 그들이 듣고 새벽에 성전에 들어가서 가르치더니"(20-21a절).

왜 성전에 가서 전했을까요? 성전은 사람들이 많이 모이는 곳입니다. 그리고 하나님께 예배드리기 원하고, 하나님을 만나기 원하는 사람들이 모이는 곳입니다. 이런 의미에서 성전은 예수님을 소개하기에 더할 나위 없이 좋은, 최적의 장소라 할 수 있습니다. 성전에 온 사람들에게 "당신은 하나님을 예배하기 위해서 오셨지요? 그렇다면 당신도 예수님을 믿으셔야 합니다. 왜냐하면 그 분이 하나님이시기 때문입니다"라고 전도하는 것이지요. 그래서 하나님께서는 사도들에게 성전에 가서 말씀을 전하라고 하셨고, 그들은 그 말씀에 순종하여 성전에서 하나님이신 예수님을 전했습니다.

또 그들이 어디서 복음을 전했는가 하면 집에서도 전했습니다.

"그들이 날마다 성전에 있든지 집에 있든지 예수는 그리스도라고 가르치기와 전도하기를 그치지 아니하니라"(42절).

그들은 성전에서뿐 아니라 집에서도 전도했습니다. 개역개정판 성경은 번역이 조금 미흡한 데가 있는데 표준새번역이나 우리말성경을 보면 그 의미를 제대로 살려서 번역하고 있습니다. 표준새번역 성경은 "그들은 날마다 성전에서, 그리고 이집 저집에서 쉬지 않고 가르치고, 예수가 그리스도임을 전하였다"라고 되어 있고, 우리말성경은 "그들은 날마다 성전에서 또 집집마다 다니면서 예수께서 그리스도라고 가르치고 선포하기를 쉬지 않았습니다"라고 되어 있습니다. 개역개정판 성경에서 '집에 있든지'라고 한 것을 표준새번역이나 우리말성경에서는 '이집 저집에서', '집집마다 다니면서'라고 했는데 이것이 원래 의미에 더 맞는 번역입니다. 영어 성경에는 'from house to house'라고 되어 있습니다. 그러니까 집집마다 다니면서 복음을 전한 것입니다.

그 당시에는 오늘날처럼 예배당 건물이 없었습니다. (예배당 건물은 AD 4세기경에 생겨났습니다.) 그래서 사람들은 주로 성전이나, 이집 저집 돌아가며 모임을 가졌습니다. 이들은 모일 때마다 하나님을 예배하고, 교제하며, 예수 그리스도의 복음을 전했습니다. 42절의 '전도'라는 말은 '선포', '설교'라는 의미입니다.

오늘날 우리도 이렇게 해야 합니다. 성전에서도 모이고 집에서도 모여야 합니다. '성전' 모임은 '주일예배'라 할 수 있고, '집' 모임은 '구역(셀, 목장)모임'이라 할 수 있습니다. 그러므로 우리는 주일예배를 위해 교회에서 모일 때든지, 구역모임을 위해 집에서 모일 때든지 항상 예수 그리스도의 복음을 선포해야 하는 것입니다.

그러므로 여러분, 주일날 교회 오실 때 혼자 오지 마시고, 믿지 않는 사람들과 함께 오시기 바랍니다. 그래야 복음이 선포될 때 그들이 구원받을 수 있습니다. 또 집에서 구역모임 할 때도 구역 식구끼리만 모이지 마시고 믿지 않는 이웃 사람들을 초청해서 예수 그리스도의 복음을 들려주시기 바랍니다. 이것이 초대 교회 성도들이 사람들에게 복음을 전한 방법입니다. "교회에 한 번 가봅시다"라고 하면 잘 따라오지 않는 사람들도 "우리 집에서 교회 사람들과 재미있는 모임을 갖는데 한 번 가봅시다"라고 하면 사람들이 의외로 잘 따라옵니다. 여러분, 그것이 교회이든 집이든 우리는 영혼들에게 관심을 가지고 그들을 초대하여 예수 그리스도의 복음을 전해야 합니다. 초대 교회가 그렇게 했기 때문에 많은 사람들을 주님께로 인도할 수 있었고, 빠른 시일 내에 큰 교회로 성장할 수 있었던 것입니다. 누가복음 14장 23절에 이런 말씀이 있습니다.

"주인이 종에게 이르되 길과 산울타리 가로 나가서 사람을 강권하여 데려다가 내 집을 채우라."

하나님께서 우리에게 주시는 말씀으로 알고 우리도 그렇게 할 수 있기를 바랍니다.

셋째, 어떻게 전해야 할까요?

여기에 대해서는 두 가지로 말씀드릴 수 있습니다.

첫째는 핍박을 두려워하지 말고 전해야 합니다.

"사도들은 그 이름을 위하여 능욕 받는 일에 합당한 자로 여기심을 기뻐하면서 공회 앞을 떠나니라"(41절).

이 말씀 바로 앞 절인 40절을 보면 사도들이 매를 맞은 기록이 나옵니다. 보통 유대인들은 태형을 할 때 40에 하나 감한 매를 때립니다. 40대를 때리면 죽을지도 모르니까 한 대를 감해서 39대를 때리는 것입니다. 엎어놓고 엉덩이를 때렸을 텐데 말할 수 없이 아팠을 것입니다. 그럼에도 불구하고 사도들은 '기뻐하면서' 나왔다고 했습니다. 매를 맞고 나오면서 뭐가 그렇게 기뻤을까요? 그들은 복음을 위해서 매 맞고, 핍박당하는 것이 얼마나 큰 영광인지를 알았던 것입니다.

오늘날 우리도 복음을 전하다 보면 사람들로부터 핍박을 당할 수 있습니다. 디모데후서 3장 12절에서 말한 것처럼 그리스도 예수 안에서 경건하게 살려고만 해도 핍박당할 수 있습니다. 그런데 하물며 적극적으로 복음을 전한다면 얼마나 큰 핍박을 당할 수 있겠습니까. 그래도 우리는 핍박을 두려워하지 말고 복음을 전해야 합니다. 왜냐하면 그것이 하나님께서 기뻐하시는 일이고, 우리가 해야 할 일이기 때문입니다.

그런데 오늘날 많은 그리스도인들이 어떻게 하는 줄 아십니까? 핍박이 두려워서 복음을 안 전합니다. 입을 딱 다물고 살아갑니다. 핍박이라고 할 것도 없습니다. 사람들이 조금 싫어하고, 조금 반대하니까 그것이 부담되어서 복음을 전하지 않습니다. 그런데 여러분, 그렇게 되면 어떻게 되겠습니까? 더 이상 복음이 확산될 수가 없습니다. 우리 대에서 끝이 나고 맙니다.

초대 교회가 성장할 수 있었던 비결은 매질을 해도 복음을 전하고, 감옥에 집어넣어도 복음을 전하고, 계속해서 복음을 전한 것입니다. 그렇게 한 결과, 교회에 큰 부흥이 일어난 것입니다. 초대 교회 성도들은 사람을 두려워하지 않았습니다. 매 맞는 것, 감옥에 들어가는 것을 두려워하지 않았습니다. 우리도 그들처럼 하나님만 두려워하는 사람이 되어야할 것입니다. 사람은 두려움의 대상이 아닙니다. 우리를 괴롭힐 수 있고, 죽일 수도 있지만 사람은 두려움의 대상이 아닙니다. 마태복음 10장 28절에서 예수님은 이렇게 말씀하셨습니다.

"몸은 죽여도 영혼은 능히 죽이지 못하는 자들을 두려워하지 말고, 오직 몸과 영혼을 능히 지옥에 멸하실 수 있는 이를 두려워하라."

사람을 두려워하지 말고 하나님을 두려워하라고 했습니다. 하나님을 두려워하는 사람은 사람을 두려워하지 않습니다. 우리가 정말 하나님을 두려워하고, 하나님을 의식한다면 핍박이 와도 복음을 전할 것입니다. 사람들이 싫어해도 예수님의 이름을 선포할 것입니다. 본문 29절에서 사도들은 "사람보다 하나님께 순종하는 것이 마땅하니라"

고 했습니다. 그들은 사람을 두려워하지 않았습니다.

사실 예수님 믿는 사람들을 핍박하는 것은 사람이 아니라 그 뒤에서 역사하는 마귀입니다. 사람이 우리를 핍박하는 것처럼 보이지만 엄격히 말하면 마귀가 그들을 통하여 예수님을 믿지 못하게 하고, 신앙 생활을 하지 못하도록 방해하는 것입니다. 마귀는 복음이 전파되는 것을 절대로 원하지 않습니다. 그러나 마귀는 대적하면 결국은 물러가게 되어 있습니다. 베드로전서 5장 9절은 이렇게 말합니다.

"너희는 믿음을 굳건하게 하여 그를 대적하라. 이는 세상에 있는 너희 형제들도 동일한 고난을 당하는 줄을 앎이라."

믿음을 굳건하게 하여 마귀를 대적하라고 했습니다. 이 말씀 속에 '고난'이라는 단어가 나오는데 이 고난은 마귀가 주는 고난입니다. 핍박을 통한 고난이지요. 오늘날에도 마귀는 끊임없이 우리로 하여금 복음을 전하지 못하도록 역사합니다. 그래도 우리는 굴복하면 안 됩니다. 마귀는 대적하라고 했습니다.

어떻게 하는 것이 마귀를 대적하는 것인 줄 아십니까? 우리를 핍박하는 사람들과 싸우는 것이 아닙니다. 핍박을 해도 우리가 할 일을 끝까지 하는 것입니다. 사도들이 그렇게 했습니다. 감옥에 집어넣으면 들어가고, 때리면 맞고, 그러면서도 끊임없이 복음을 전했습니다. 이것이 마귀를 대적하는 것입니다.

우리도 그렇게 할 수 있기를 바랍니다. 예수님은 십자가 위에서 이미 승리하신 분입니다. 그러므로 우리도 승리할 수 있습니다. 아니, 우리는 이미 승리한 자들입니다. 요한복음 16장 33절에서 예수님은 이렇게 말씀합니다.

"세상에서는 너희가 환난을 당하나 담대하라. 내가 세상을 이기었노라.”

우리 주님은 세상을 이긴 분입니다. 사탄의 권세를 누르고 승리하신 분입니다. 그렇기 때문에 우리도 능히 승리할 수 있는 것입니다.

“자녀들아 너희는 하나님께 속하였고 또 그들을 이기었나니 이는 너희 안에 계신 이가 세상에 있는 자보다 크심이라”(요일 4:4).

그들을 이겼다고 말씀하고 있습니다. 악한 영들을 우리가 이미 이겼습니다. 그들은 패배할 수밖에 없습니다. 그러므로 우리는 겁먹지 말고, 담대하게 복음을 전해야 하는 것입니다.

둘째는 열심히, 최선을 다해 전해야 합니다.

“그들이 날마다 성전에 있든지 집에 있든지 예수는 그리스도라고 가르치기와 전도하기를 그치지 아니하니라”(42절).

그들은 날마다 복음을 전했습니다. 날마다 복음을 전하는 것은 쉬운 일이 아닙니다. 그런데도 그들은 날마다 나가서 기쁨 가운데, 성령 충만한 가운데 복음을 전했습니다.

또 사도행전 2장 46절에서는 “날마다 마음을 같이 하여 성전에 모이기를 힘썼다”고 했습니다. 날마다 성전에 모이는 것은 쉬운 일일까요? 그것도 어려운 일입니다. 여러분에게 하루도 빠지지 말고 교회에 나오라고 하면 그렇게 할 수 있겠습니까? 쉽지 않을 것입니다. 그런데 초대 교회 성도들은 그렇게 했다는 것입니다. 대단한 열정이 아닐 수 없습니다. 그들은 정말 열심히, 최선을 다해 복음을 전했습니다. 그러니까 종교 지도자들이 그들을 향해서 이렇게 말합니다.

“너희가 너희 가르침을 예루살렘에 가득하게 하니”(28b절).

얼마나 열심히 복음을 전했으면 이런 말을 했겠습니까! 우리도 복음을 전할 때는 이렇게 열심히, 최선을 다해서 전해야 할 것입니다. 사도 바울 같은 분도 복음을 얼마나 열심히 전했는지 모릅니다. 사도 바울은 복음을 전하기 위해서 많은 산을 넘기도 하고, 많은 물을 건너기도 했습니다. 굶는 날도 많았고, 더위에 시달리고 추위에 떨기도 했습니다. 매도 많이 맞고, 감옥에도 여러 번 들어갔습니다. 위험한 일도 참 많이 당했습니다. 그럼에도 불구하고 그는 복음 전하는 일을 멈추지 않았습니다. 웬 줄 아십니까? 그것이 하나님의 명령이고, 하나님을 기쁘시게 하는 일임을 알았기 때문입니다. 바울은 고린도전서 4장 2절에서 이렇게 말합니다.

"맡은 자들에게 구할 것은 충성이니라."

사랑하는 여러분! 우리는 하나님의 복음을 맡은 자들입니다. 하나님께서 우리에게 복음 전도의 사명을 맡겨주셨습니다. '맡은 자들에게 구할 것은 충성'이라는 것을 잊지 맙시다. 이사야 52장 7절에 참 좋은 말씀이 있습니다.

"좋은 소식을 전하며, 평화를 공포하며, 복된 좋은 소식을 가져오며, 구원을 공포하며, 시온을 향하여 이르기를 네 하나님이 통치하신다 하는 자의 산을 넘는 발이 어찌 그리 아름다운가."

우리도 복음을 위해서 열심히 돌아다니는 발이 되도록 합시다. 예수님의 복음을 열심히 전하는 입이 되도록 합시다.

말씀을 마치면서 다시 한 번 묻습니다. 당신은 구원 받으셨습니까? 구원받지 못 했다면 지금 예수님을 당신의 구주로 모셔 들이시기 바랍니다. 예수 그리스도의 복음은 진리요, 진실입니다. 예수님은 당신의 죄를 위해 돌아가셨고, 다시 살아나셨습니다. 예수님만이 구원자이심니다.

본문에 가말리엘이라는 사람이 나옵니다. 이 분은 예수님을 믿는 사람이 아닙니다. 그럼에도 불구하고 이 분이 상당히 지혜로운 말을 했습니다.

"이 사상과 이 소행이 사람으로부터 났으면 무너질 것이요, 만일 하나님께로부터 났으면 너희가 그들을 무너뜨릴 수 없겠고, 도리어 하나님을 대적하는 자가 될까 하노라"(38-39절).

이 분의 말에 일리가 있지 않습니까? 이 분의 말에 의하면 예수 그리스도의 복음은 결국 진실임이 입증되었습니다. 지금까지 예수 그리스도의 복음을 말살하려는 수많은 시도가 있었습니다. 그럼에도 불구하고 예수 그리스도의 복음은 오늘날까지 건재합니다. 예수 그리스도의 복음이 진리이고 진실이기 때문입니다.

복음에 대한 당신의 반응은 무엇입니까? 믿을 것인지, 거부할 것인지 선택은 당신이 하는 것입니다. 아직까지 예수님을 믿지 않고 있다면 믿음의 결단을 내려서 예수님을 당신의 주님으로, 당신의 하나님으로 모실 수 있기를 바랍니다. 그렇게 할 때 당신의 영원한 숙제가 풀릴 것입니다. 당신의 죄 문제가 해결될 것입니다.

구원받으셨다면 본문 20절의 "가서, 말하라!"는 말씀을 당신의 마음에 품고 살아가시기 바랍니다.

"가서, 말하라!"

10. 집사가 세워지다

(행 6:1-7)

10. 집사가 세워지다 (행 6:1-7)

교회에는 '집사'라는 직분이 있습니다. 원래 '집사'는 교회에만 있는 직분은 아니고, 남의 집에서 (주로 부잣집이겠지요?) 그 집안의 일을 봐 주는 사람을 집사라고 합니다. 오늘날에는 '집사' 하면 대부분 교회의 집사를 먼저 생각하게 됩니다. 그런데 오늘날 우리나라의 교회에서는 집사 직분이 너무 흔해져 버린 것이 아닌가 하는 생각이 듭니다. 어떤 교회들을 보면 그 교회에 출석하는 사람들 대부분이 집사입니다. 그래서 요즘은 '집사'가 직분이 아니라 일반호칭처럼 되어버렸습니다. 사회에서 '사장님'이 일반호칭이 되어 버린 것처럼 말이지요. 그러나 성경을 잘 보면 집사 직분은 절대로 그런 것이 아닙니다.

본문은 예루살렘 교회에서 처음으로 집사가 세워지는 내용을 담고 있습니다. 예루살렘 교회는 아이들, 여자들 다 포함하면 수만 명 되는 큰 교회였습니다. 그런데 집사를 몇 명 세웠습니까? 일곱 명 세웠습니다. 그 큰 교회에서 집사를 일곱 명 세운 것은 오늘날 우리나라의 많은 교회에서 집사 직분을 남발하는 것과 큰 대조가 됩니다.

'집사'는 헬라어로 '디아코노스'입니다. '디아코노스'의 원래 의미는 '일꾼', '종', '하인', '섬기는 자', '사역자'입니다. '디아코노스'라는 말에서 영어의 '디컨(deacon)'이라는 말이 나왔습니다. 영어로 집사를 '디컨'이라고 하는데 발음이 조금 비슷하지 않습니까? '디아코노스'라는 단어는 성경에서 크게 두 가지 의미로 사용되고 있습니다. 일반적인 단어로 '일꾼, 종, 사역자'라는 의미로도 쓰이고, 직분으로서의 '집사'라는 의미로도 쓰입니다.

본문에는 사실 '집사'라는 단어가 안 나옵니다. 그럼에도 불구하고 본문에서 선출된 일곱 사람이 집사인 것에 대해서는 의심의 여지가 없습니다. 어떻게 알 수 있는가 하면 본문에 '디아코노스'와 관련된 단어가 1절에도 나오고 2절에도 나오기 때문입니다. 1절에 보면 '구제'라는 단어가 나오는데 헬라어 성경에는 '디아코니아'라는 단어로 되어 있습니다. 이것은 '봉사', '서비스'라는 의미입니다. 개역개정판 성경에는 '구제'라는 단어 앞에 '1)'이라고 쓰여 있고 아래의 설명에 '헬, 봉사'라고 되어 있습니다. 헬라어로는 '봉사'라는 의미라는 것입니다. 이와 같이 1절의 '구제(디아코니아)'라는 말은 '봉사', '서비스'라는 의미입니다. 그 다음 2절에 보면 '접대'라는 단어가 나오는데 이는 '테이블에서 섬긴다, 봉사한다'는 의미입니다. 여기의 '봉사한다', '섬긴다'라는 말이 헬라어로 '디아코네인'입니다. '디아코니아', '디아코네인'이라는 말에서 '디아코노스(집사)'라는 말이 나오게 된 것입니다. 그러므로 본문에서 선출된 일곱 사람은 결국 '집사'인 것을 알 수 있습니다. 처음부터 '집사'라고 불리어졌는지는 모르겠지만 '집사'로 세워진 최초의 사람들이 바로 이들입니다.

먼저 초대 교회가 집사를 세우게 된 배경을 살펴보겠습니다.

"그 때에 제자가 더 많아졌는데 헬라파 유대인들이 자기의 과부들이 매일의 구제에 빠지므로 히브리파 사람을 원망하니 열두 사도가 모든 제자를 불러 이르되 우리가 하나님의 말씀을 제쳐 놓고 접대를 일삼는 것이 마땅하지 아니하니 형제들아 너희 가운데서 성령과 지혜가 충만하여 칭찬 받는 사람 일곱을 택하라. 우리가 이 일을 그들에게 맡기고 우리는 오로지 기도하는 일과 말씀 사역에 힘쓰리라 하니"(1-4절).

초대 교회는 계속 성장하고 있었습니다. 그러다보니 일손이 부족하여 성도들을 제대로 섬기지 못하는 일이 발생했습니다. 그 당시는 사도들이 봉사하는 일도 하고, 테이블에서 섬기는 일도 하고, 구제하는 일도 하고, 웬만한 일은 다 직접 하던 시절이었습니다. 그런데 열두 사도가 직접 수백 명, 수천 명, 수만 명을 섬기다 보니 제대로 섬길 수가 없었습니다. 그러자 사람들 사이에서 불만의 소리가 터져 나오기 시작했습니다. 특별히 헬라파 유대인들이 그들의 과부들이 도움을 제대로 받지 못하는 것에 대해 원망을 했습니다. "왜 우리 쪽 사람들은 안 돌봐주고 저쪽 히브리파 사람들만 돌봐주느냐"면서 불평과 불만을 늘어놓기 시작한 것이지요.

그리고 사도들은 그런 일을 직접 하다보니 정말 자신들이 해야 할 말씀사역과 기도하는 일을 제대로 할 수가 없었습니다. 그래서 신실한 사람 일곱을 뽑아 그들에게 봉사하고 구제하는 일을 맡기고, 자신들은 자신들의 본업인 말씀 전하고 기도하는 일에 힘쓰겠다고 했습니다. 그렇게 해서 교회는 일곱 사람을 세우게 되었고, 세움을 받은 일곱 사람은 사도들이 하던 봉사와 구제의 일을 감당했습니다.

그러니까 예루살렘 교회의 초대 집사는 교회의 문제 때문에 세워졌다고 할 수 있습니다. 만약 교회 안에 불평과 원망이 없었다면 굳이 집사를 세울 생각을 안 했겠지요. 성도들 가운데서 불평의 소리, 원망의 소리가 나오다 보니 해결할 방법을 강구하다가 결국 집사를 세우게 된 것입니다.

초대 교회는 정말 좋은 교회였고, 성장하는 교회였습니다. 그럼에도 불구하고 교회 안에 문제가 있었습니다. 오늘날의 교회도 마찬가지입니다. 이 세상에 문제없는 교회는 없습니다. 이 세상에 온전한 교회가 어디 있겠습니까. 여러분, 온전한 교회 보셨습니까?

생각해 보니 저는 한 번 본 것 같습니다. 몇 년 전에 강원도 가는 길에 휴게소에 들렀는데 제 차 옆에 차 한 대가 와서 섰습니다. 어느 교회의 승합차였습니다. 그런데 그 차에 '온전한 교회'라고 쓰여 있었습니다. 교회 이름이 '온전한 교회'였습니다. 그 교회 외에는 온전한 교회를 제가 본 적이 없습니다.

여러분, 이 세상에 온전한 교회는 없습니다. 그러니까 교회에는 문제가 있을 수 있다는 것입니다. 중요한 것은 문제가 있을 때 어떻게 풀어가느냐 하는 것입니다. 문제를 잘 풀기만 하면 오히려 전화위복이 될 수 있습니다. 본문의 예루살렘 교회가 바로 그랬습니다. 7절 말씀을 보겠습니다.

"하나님의 말씀이 점점 왕성하여 예루살렘에 있는 제자의 수가 더 심히 많아지고 허다한 제사장의 무리도 이 도에 복종하니라."

1절에서는 교회 안에 원망도 있었고, 헬라파 유대인들과 히브리파 유대인들 간의 당파도 있었습니다. 그런데 집사를 세워 봉사와 구제의 일을 하게 하고, 사도들은 말씀과 기도에 힘쓰다 보니 교회는 더 부흥하고 성장해 가는 것을 성경은 기록하고 있습니다. 교회에 문제가 없을 수는 없습니다. 그러나 문제가 있을 때는 잘 풀어가는 것이 중요합니다. 잘만 풀면 교회는 오히려 전화위복이 될 수 있습니다.

두 번째로 집사의 자격에 대해서 생각해 보겠습니다.

"형제들아 너희 가운데서 성령과 지혜가 충만하여 칭찬 받는 사람 일곱을 택하라"(3a절).

집사가 되려면 '성령과 지혜가 충만'해야 된다고 말씀하고 있습니다. 사람이 성령 충만하지 못하면 아무래도 인간적인 것들, 육신적인 것들이 튀어 나올 수밖에 없습니다. 그러다 보면 교회에 도움이 되는 것이 아니라 교회에 거침돌이 되고, 교회를 허무는 결과를 가져올 수 있습니다. 그러므로 집사를 세울 때는 먼저 성령이 충만한 사람을 세워야 합니다. 성령 충만하지 못하면 '디컨'(deacon, 집사)이 '디먼'(demon)이 될 수 있습니다. '디먼'이 무엇인지 아시지요? '귀신', '사탄의 졸병', '악령'입니다. 또 '집사'가 아니라 '잡사'가 될 수 있습니다. 그렇게 되면 집사를 아니 세운만 못합니다. 그래서 집사를 세울 때는 항상 성령 충만하고, 지혜 충만한 사람을 세워야 하는 것입니다. 이런 사람을 집사로 세워놓으면 교회에 큰 힘과 도움이 됩니다. 집사의 자격에 대해서는 디모데전서 3장 8-13에 더 자세하게 기록되어 있습니다.

"이와 같이 집사들도 정중하고, 일구이언을 하지 아니하고, 술에 인박히지 아니하고, 더러운 이를 탐하지 아니하고, 깨끗한 양심에 믿음의 비밀을 가진 자라야 할지니 이에 이 사람들을 먼저 시험하여 보고, 그 후에 책망할 것이 없으면 집사의 직분을 맡게 할 것이요, 여자들도 이와 같이 정숙하고, 모함하지 아니하며, 절제하며, 모든 일에 충성된 자라야 할지니라. 집사들은 한 아내의 남편이 되어 자녀와 자기 집을 잘 다스리는 자일지니 집사의 직분을 잘한 자들은 아름다운 지위와 그리스도 예수 안에 있는 믿음에 큰 담력을 얻느니라."

집사의 자격 요건을 보니 그 수준이 상당히 높지요? 이 말씀 바로 앞에는 감독(목사)의 자격에 대해서 말씀하고 있는데 그 내용을 보면 집사의 자격과 감독(목사)의 자격 요건이 거의 비슷한 것을 보게 됩니다. 한 가지 다른 점이 있다면 목사(감독)는 가르치기를 잘해야 한다는 것입니다. 그 나머지는 거의 비슷합니다. 왜 이렇게 집사의 자격 요건이 높은 줄 아십니까? 집사의 직분이 그만큼 중요하기 때문입니다.

그런데 오늘날 우리나라 교회들의 집사 수준을 보면 그렇게 높지 않은 것 같습니다. 교회에 출석하는 상당수의 사람들이 집사이다 보니 그럴 수밖에 없겠지요. 상황이 그렇다보니 교회가 욕을 먹고, 예수 믿는 사람들이 손가락질 당하기 일쑤입니다. 그러므로 집사는 아무나 세워서는 안 되고, 정말 성경에서 말하는 자격요건을 갖춘 사람을 세워야 하는 것입니다.

세 번째로 집사의 할 일에 대해서 알아보겠습니다.

"우리가 이 일을 그들에게 맡기고 우리는 오로지 기도하는 일과 말씀 사역에 힘쓰리라 하니"(3b-4절).

집사가 할 일은 교회의 지도자들이 기도하는 일과 말씀 전하는 일에 전념할 수 있도록 곁에서 돕는 것입니다. 예를 들면, 1절에 '구제'라는 단어가 나오고, 2절에 '접대'라는 단어가 나오는데 이런 일들을 집사가 해야 하는 것입니다. 그 일을 위하여 사도들이 집사를 세운 것입니다. '구제'는 '봉사'라는 뜻이고, '접대'는 '테이블에서 섬긴다'는 뜻입니다. 음식을 다루는 상에서 섬기는 것인지, 재정 출납을 다루는 상에서 섬기는 것인지 명확하지 않지만 교회의 지도자들을 돕는 일임에는 틀림이 없습니다. 이런 일 외에도 교회 지도자들의 손이 미치지 못하는 부분을 돕는 것이 집사의 할 일입니다. 이와 같이 교회 지도자들이 말씀 사역을 더 잘하고, 기도생활을 더 열심히 할 수 있도록 돕는 것이 집사가 해야 할 일입니다.

본문이 기록될 당시의 교회 지도자들은 사도들이었습니다. 오늘날의 교회 지도자들은 목회자들입니다. 그래서 집사는 목회자를 잘 도와주어야 하는 것입니다. 목사와 집사의 역할은 가정에서의 남편과 아내의 역할을 생각하면 쉽게 이해할 수 있습니다. 가정에서의 남편 역할이 무엇입니까? 가장으로서 지도자의 역할을 하는 것입니다. 그리고 아내의 역할은 남편을 돕는 것입니다. 그래서 성경은 아내를 '돕는 배필'이라고 했습니다. 이와 같이 교회에서는 목회자가 리더 역할을 해야 하고, 집사가 돕는 역할을 해야 하는 것입니다.

그런데 집사의 역할에 대해서 잘못 오해하고 있는 분들이 간혹 있습니다. 신문이나 TV를 통해 늘 정치세계를 보아서 그런지는 몰라도, 교회를 정치조직으로 생각을 합니다. 그래서 집사는 담임목사를 견제하고 감시하는 역할을 해야 하는 것으로 생각하는 분들이 있는데, 목사와 집사의 관계는 절대로 그런 것이 아닙니다. 교회는 가정과 같은 곳이고, 목사와 집사의 역할은 남편과 아내의 역할과 비슷하다고 보는 것이 가장 성경적입니다.

집사의 역할과 관련해서 한 가지 더 말씀 드릴 것이 있습니다. 집사는 전도하고 구령하는 일도 잘해야 합니다. 전도와 구령은 모든 성도들이 해야 할 일입니다. 그러나 집사는 성도 중에서도 뽑힌 사람들입니다. 그러므로 더 잘해야 하는 것입니다. 집사의 자격 중에 '성령 충만'이 있었는데 성령 충만하면 전도하게 되어있습니다. 사도행전 1장 8절 말씀을 기억하시지요?

"오직 성령이 너희에게 임하시면 너희가 권능을 받고 예루살렘과 온 유대와 사마리아와 땅 끝까지 이르러 내 증인이 되리라."

본문 말씀 다음을 보면 스데반 집사가 전도하고 설교한 후 순교 당하는 장면이 나옵니다. 그리고 그 다음 장에는 빌립 집사가 전도하고 구령하는 이야기가 나옵니다. 집사는 목사를 돕는 역할도 잘해야 하지만 전도하고 구령하는 일도 잘해야 함을 잊지 말아야 합니다.

네 번째로 집사의 수에 대해서 생각해 보겠습니다.

3절에 보면 "성령과 지혜가 충만하여 칭찬 받는 사람 일곱을 택하라"고 하였습니다. 서두에서 말씀 드린 것처럼 예루살렘 교회는 수만 명이 모이는 교회였습니다. 그런데 집사는 일곱 사람이었습니다. 오늘날 우리나라의 교회에는 집사가 너무 많습니다. 어지간하면 다 집사입니다. 왜 집사를 그렇게 많이 세울까요? 다 그런 것은 아니지만 집사의 직분으로 사람을 교회에 묶어두려는 경향도 없지 않아 있는 것 같습니다. 그런데 그런 목적으로 집사를 세운다면 그것은 잘못입니다. 집사는 교회의 필요가 있고, 자격을 갖춘 사람이 있을 때 세우는 것입니다.

또 오늘날 우리나라 교회에 집사가 많은 이유는 대부분의 교회가 장로제도를 채택하기 때문이라고 생각됩니다. 예루살렘 교회의 일곱 집사에 해당되는 사람들이 장로제도를 채택한 교회에서는 장로라고 볼 수 있습니다. 우리 교회(필자가 섬기는 교회)는 장로제도가 없는데, 집사의 수가 전체 성도 수의 10분의 1에도 훨씬 못 미칩니다. 장로제도가 있는 교회에서는 장로의 수 비율이 아마 그와 같을 것입니다. 이처럼 한국의 많은 교회에서는 장로제도를 채택하여 장로를 세우다 보니 집사의 수는 상대적으로 많아질 수밖에 없습니다. 그런데 이것은 성경적이 아닙니다.

성경을 잘 보면 '장로'는 '교회의 지도자'입니다. '목사'의 다른 이름이 '장로'이고, '장로'의 다른 이름이 '목사'입니다. '감독'이라는 직분도 있는데 이것도 장로나 목사의 다른 이름일 뿐입니다. 그러므로 장로, 목사, 감독은 결국 같은 직분입니다. 사도행전 20장에 그런 것이 잘 나타나 있습니다.

"바울이 밀레도에서 사람을 에베소로 보내어 교회 장로들을 청하니"(행 20:17).

바울이 누구를 청했습니까? '교회 장로들'을 청했습니다. 그 다음 28절을 보겠습니다.

"여러분은 자기를 위하여 또는 온 양 떼를 위하여 삼가라. 성령이 그들 가운데 여러분을 감독자로 삼고, 하나님이 자기 피로 사신 교회를 보살피게 하셨느니라."

바울이 장로들에게 한 말입니다. 그런데 중간에 보면 '여러분을 감독자로' 삼았다고 했습니다. 그러니까 '장로'와 '감독'은 같은 사람인 것을 알 수 있습니다. 그리고 '하나님이 자기 피로 사신 교회를 보살피게 하셨느니라'고 했는데 전에 사용하던 개역한글판 성경에는 '교회를 치게 하셨느니라'고 되어 있습니다. '교회를 보살핀다', '교회를 친다'는 말은 '교회(성도)를 목양한다'는 말입니다. '목양한다'는 헬라어 단어에서 '목사'라는 단어가 나왔습니다. 그러므로 '목사', '장로', '감독'은 결국 같은 사람인 것을 알 수 있습니다.

베드로전서 5장 1-3절을 보면 '장로'가 '목사'인 것을 다시 한 번 확인할 수 있고, 디도서 1장 5절과 7절을 보면 '장로'가 '감독'인 것도 다시 한 번 확인할 수 있습니다. 그러므로 소수의 성도를 장로로 세우고, 대다수 성도를 집사로 세우는 것은 결코 성경적이지 않습니다.

끝으로 집사의 선출 방법에 대해 알아보겠습니다.

"온 무리가 이 말을 기뻐하여 믿음과 성령이 충만한 사람 스데반과 또 빌립과 브로고로와 니가노르와 디몬과 바메나와 유대교에 입교했던 안디옥 사람 니골라를 택하여 사도들 앞에 세우니 사도들이 기도하고 그들에게 안수하니라"(5-6절).

여기에 집사를 세운 과정이 간략하게 소개되어 있습니다. 일곱 사람을 뽑았는데 누가 뽑았습니까? 성도들이 뽑았습니다. 성도들이 뽑은 일곱 사람을 사도들이 안수했습니다. 안수는 '일을 맡긴다', '책임을 맡긴다'는 뜻으로 한 것입니다. 이것이 예루살렘 교회가 집사를 선출하고 세운 방법입니다.

우리 교회(필자가 섬기는 교회)에서는 사역자(교역자)들과 집사들과 성도들의 추천을 받아서 담임목사인 제가 교회 앞에 집사 후보들을 세우고, 성도들이 투표를 해서 집사를 뽑습니다. 그리고 집사로 뽑힌 사람들은 한두 달 뒤에 안수를 받습니다. 본문에서는 그 자리에서 바로 안수를 받은 것처럼 기록되어 있는데 시간적인 간격이 있었을 수도 있습니다. 그러나 우리 교회에서는 한두 달의 시간적인 준비가 필요해서 그렇게 합니다.

우리 교회에는 서리집사와 안수집사의 구분도 없습니다. 다른 교회들을 보면 서리집사를 몇 년 하게 하다가 그 중에서 인정받은 사람에게 안수를 주어 안수집사로 세웁니다. 그러나 우리 교회는 두 집사의 구분을 두지 않습니다. 그것이 예루살렘 교회가 보여주는 방식이기 때문입니다.

또한 우리 교회는 여자를 집사로 세우지 않습니다. 남자들만 집사로 세웁니다. 이것도 더 성경적으로 하려고 하다보니 그렇게 하는 것입니다. 본문에서 선출된 일곱 사람은 다 남자였습니다.

‘집사’에 대해서 생각해 보았습니다. ‘집사’라는 말의 의미는 ‘일꾼’, ‘하인’, ‘섬기는 자’, ‘사역자’라고 했습니다. 집사님들은 집사가 무엇인지 다시 한 번 잘 생각하시고, 교회의 일꾼으로서 잘 섬기는 집사님이 되어 주시기를 주님의 이름으로 부탁드립니다.

그리고 성도님들은 집사님들을 존경하시기를 바랍니다. 디모데전서 3장 13절을 보면 “집사의 직분을 잘한 자들은 아름다운 지위를 얻는다”고 했습니다. 집사님들은 ‘아름다운 지위’를 얻으신 분들입니다. 그러므로 성도가 집사를 존경하는 것은 당연한 일입니다. 집사가 아닌 형제님들은 언젠가는 나도 집사가 되어서 우리 교회를 더 성경적이고 아름다운 교회로 세우겠다는 꿈을 가지고 성령 충만, 지혜 충만한 사람으로 자라가시기를 바랍니다.

11. 스데반 집사님

(행 6:8-7:60)

11. 스데반 집사님 (행 6:8-7:60)

스데반 집사님은 예루살렘 교회의 일곱 집사님 중 한 분입니다. 기독교 역사상 최초의 순교자가 되신 분입니다. 우리 생각으로는 첫 순교자가 사도들 중에서 나와야 할 것 같은데 하나님은 일곱 집사 중의 한 사람인 스데반 집사님을 첫 순교자가 되게 하셨습니다. 본문의 말씀을 읽어보면 스데반 집사님은 정말 훌륭한 믿음의 사람이었습니다. 본문을 통해 스데반 집사님이 어떤 분인지, 스데반 집사님을 통해서 우리가 무엇을 배울 수 있는지 생각해보기를 원합니다.

먼저 6장 8절을 보겠습니다.

"스데반이 은혜와 권능이 충만하여 큰 기사와 표적을 민간에 행하니."

사도행전을 공부하면서 지금까지 우리는 주로 사도들이 기사와 표적 행하는 것을 보았습니다. 예를 들면 사도행전 2장 43절에는 "사람마다 두려워하는데 사도들로 말미암아 기사와 표적이 많이 나타나니"라고 기록되어 있고, 5장 12절에는 "사도들의 손을 통하여 민간에 표적과 기사가 많이 일어나매"라고 기록되어 있습니다. 그런데 본문에서는 스데반 집사님이 기사와 표적을 행했고, 사도행전 8장에서는 빌립 집사님이 표적을 행한 것이 나옵니다.

"무리가 빌립의 말도 듣고 행하는 표적도 보고 한마음으로 그가 하는 말을 따르더라"(행 8:6).

스데반 집사나 빌립 집사는 사도가 아닌데도 불구하고 놀라운 일들을 행했습니다. 이런 것을 보고 나도 이렇게 해봐야겠다고 생각하는 분이 혹 있을지 모르겠습니다. 그런데 지금은 그런 시대가 아닙니다. 이 분들은 사도는 아니었지만 사도들로부터 직접 안수를 받고, 세움을 받은 사람들이라는 것을 알아야 합니다. 그리고 이들이 활동하던 시대는 하나님께서 특별하신 방법으로 역사하신 사도시대였습니다. 그래서 이런 일을 할 수 있었던 것입니다.

마가복음 16장 17-18절을 보면 사도가 아닌 사람이라 할지라도 이적과 기사를 행할 수 있는 것처럼 나옵니다.

"믿는 자들에게는 이런 표적이 따르리니 곧 그들이 내 이름으로 귀신을 쫓아내며, 새 방언을 말하며, 뱀을 집어 올리며, 무슨 독을 마실지라도 해를 받지 아니하며, 병든 사람에게 손을 얹은즉 나으리라 하시더라."

그런데 이 말씀도 사실은 사도시대에 국한된 것으로 이해하는 것이 성경적이라 할 수 있습니다. 이 말씀을 보면 '믿는 자들'이 표적과 기사를 행할 수 있다고 말씀합니다. 귀신도 쫓아낼 수 있고, 방언도 할 수 있고, 뱀도 집어 올릴 수 있고, 독을 마셔도 죽지 아니하고, 병든 사람에게 손을 얹으면 낫는다고 했습니다. 그런데 이 말씀을 아무 시대, 아무에게나 적용해서는 안 됩니다.

여러분, 예수를 믿는다고 해서 다 이렇게 할 수 있습니까? 그렇지 않습니다. 오늘날은 그런 시대가 아닙니다. 히브리서 2장 4절을 보면 사도 시대가 끝나갈 즈음에는 이런 표적과 기사 행하는 것이 사실상 끝난 것을 볼 수 있습니다.

스데반 집사님은 표적과 기사를 행할 능력이 있었습니다. 그래서 많은 사람들을 고쳐주고 온전케 해주었는데, 그런 일을 행하면 사람들이 스데반 집사님이 전하는 말을 믿어야 하는데 그렇지가 않습니다. 6

장 9절을 보겠습니다.

"이른 바 자유민들 즉 구레네인, 알렉산드리아인, 길리기아와 아시아에서 온 사람들의 회당에서 어떤 자들이 일어나 스데반과 더불어 논쟁할새."

사람들이 스데반과 논쟁을 했다고 했습니다. 믿고자 하는 마음이 없고, 믿기 싫으니까 예수가 메시야가 아니라고 반박하면서 논쟁을 한 것입니다. 이런 것을 보면 예수님 믿는 일에 반드시 기사와 표적이 필요한 것은 아닙니다. 물론 어떤 사람들에게는 기사와 표적이 도움이 될 수도 있습니다. 그러나 모든 사람에게, 항상 그런 것은 아닙니다. 예수님께서 죽은 나사로를 살렸을 때 어떤 사람들은 그 놀라운 일을 보고 예수님을 믿었습니다. 그러나 어떤 사람들은 여전히 예수님을 믿지 않았고, 오히려 예수님을 죽이려고 하고 살아난 나사로까지 죽이려고 했습니다. 그래서 예수님께서는 "악하고 음란한 세대가 표적을 구하나 요나의 표적 밖에는 보여줄 표적이 없느니라"(마 16:4)라고 하셨습니다. 예수님께서는 죽으시고 다시 살아나실 것을 '요나의 표적'이라고 하셨습니다. 이 세상에서 가장 큰 기적은 '예수님의 부활'입니다. 이보다 더 큰 기적은 없습니다. 그래서 이 기적을 보고도 믿지 않는 사람은 아무리 큰 기적을 보여줘도 절대로 믿지 않는다는 것입니다.

표적 좋아하는 사람, 표적 구하는 사람이 되지 마시고 진짜 기적중의 기적, 표적중의 표적인 예수 그리스도의 죽으심과 부활을 믿는 저와 여러분이 될 수 있기를 바랍니다. 예수님과 예수님의 제자들, 그리고 스데반 집사님이 행한 표적의 목적은 예수님의 부활과 예수님의 하나님 되심을 믿도록 하기 위함이었습니다. 그러므로 다른 표적을 구하려 하지 마시고, 기적중의 기적, 표적중의 표적인 '예수 그리스도의 죽으심과 부활'을 믿을 수 있기를 바랍니다.

계속해서 6장 10절을 보겠습니다.

"스데반이 지혜와 성령으로 말함을 그들이 능히 당하지 못하여."

사람들이 스데반 집사와 논쟁을 벌였지만 그를 당해내지 못합니다. 왜냐하면 스데반 집사님은 성령과 지혜가 충만한 분으로, 성령과 지혜로 말했기 때문입니다. 누가복음 21장 15절에서 예수님은 이런 약속을 하셨습니다.

"내가 너희의 모든 대적이 능히 대항하거나 면박할 수 없는 구변과 지혜를 너희에게 주리라."

그러므로 예수님 믿는 사람들은 나가서 복음 전하는 것을 두려워하지 말아야 합니다. 하나님께서 지혜를 주시고 구변을 주시겠다고 약속하셨기 때문입니다. 그런데 오늘날 많은 그리스도인들이 "나는 말을 잘 못해서…", "나는 성경을 잘 몰라서…"라고 하면서 전도를 잘 안합니다. 그런데 그것은 이유가 될 수 없습니다. 내 안에 계신 성령님을 의지하여 입을 열어 복음을 전하면 하나님께서 도와주시기 때문입니다. 예수님께서 그렇게 하시겠다고 약속하셨습니다. 그러므로 저와 여러분은 성령님의 도우심을 바라보면서 담대하게 입을 열어 예수 그리스도의 복음을 전할 수 있어야겠습니다.

6장 11-14절을 보겠습니다.

"사람들을 매수하여 말하게 하되 이 사람이 모세와 하나님을 모독하는 말을 하는 것을 우리가 들었노라 하게 하고, 백성과 장로와 서기관들을 충동시켜 와서 잡아가지고 공회에 이르러 거짓 증인들을 세우니 이르되 이 사람이 이 거룩한 곳과 율법을 거슬러 말하기를 마지아니하는도다. 그의 말에 이 나사렛 예수가 이곳을 헐고 또 모세가 우리에게 전하여 준 규례를 고치겠다 함을 우리가 들었노라 하거늘.”

스데반을 이기지 못하니까 이번에는 사람들을 매수하여 거짓말로 그를 공격합니다. 그들은 스데반이 “모세와 하나님을 모독했고, 성전과 율법을 거슬러 말하기를 마지아니했다”는 말을 했습니다. 또 “그의 말에 이 나사렛 예수가 이곳을 헐고, 모세가 우리에게 전하여 준 규례를 고치겠다함을 우리가 들었다”는 말도 했는데 다 사실이 아닙니다. 그를 공격하기 위해 꾸며낸 말입니다.

사탄이 하나님의 사람들을 공격하거나 무너지게 할 때 잘 쓰는 도구가 ‘거짓말’인 것을 여러분은 알고 계십니까? 사탄은 거짓말로 하나님의 사람들을 잘 무너지게 합니다. 사도행전 5장에서 우리는 아나니아와 삽비라 부부가 거짓말 때문에 망한 것을 보았습니다. 그들 부부의 마음속에 사탄이 들어가 그들로 하여금 거짓말을 하게 해서 그들로 하여금 망하게 한 것입니다. 사탄은 거짓말쟁이이고, 거짓의 아비인 것을 우리는 잊지 말아야 합니다.

“그는 처음부터 살인한 자요, 진리가 그 속에 없으므로 진리에 서지 못하고 거짓을 말할 때마다 제 것으로 말하나니 이는 그가 거짓말쟁이요, 거짓의 아비가 되었음이라”(요 8:44b).

혹시 여러분 마음속에 거짓말하고 싶은 충동이 일어나면 ‘사탄이 지금 나에게 거짓말하게 하는구나!’ 하는 것을 깨달으시고 거짓말을 멈추시기 바랍니다. 사탄은 오늘날에도 거짓말을 얼마나 잘 사용하는지 모릅니다. 거짓말을 하게 해서, 또는 거짓말을 통하여 하나님의 사람들을 무너뜨리는 것이 사탄의 방법인 것을 잊지 마십시오.

6장 15절을 보겠습니다.

"공회 중에 앉은 사람들이 다 스데반을 주목하여 보니 그 얼굴이 천사의 얼굴과 같더라."

스데반은 지금 사람들로부터 공격을 받고 있는 입장인데, 그 얼굴이 천사의 얼굴과 같다고 했습니다. 모함을 당하고, 공격을 당하고 있는 상황에서 어떻게 천사의 얼굴과 같은 얼굴을 하고 있을 수 있을까요? 스데반 집사님의 마음속에 평안이 있고, 영혼들을 사랑하고 불쌍히 여기는 마음이 있다 보니 그렇게 할 수 있었던 것입니다. 그래서 성령 충만한 사람은 얼굴만 봐도 알 수 있습니다. 누가 성령 충만하고, 누가 성령 충만하지 않은지 얼굴에 다 나타납니다.

교회에서만 천사의 얼굴을 하지 마시고, 집에 가서도 천사의 얼굴을 하고 사시기 바랍니다. 교회에서는 천사의 얼굴인데 집에 가서는 악마의 얼굴로 변하면 곤란합니다. 교회에서 보이는 얼굴을 가정에서도 보이고, 직장에서도 보일 수 있기를 바랍니다.

링컨 대통령이 이런 말을 했습니다. "사람 나이 40이면 자기 얼굴에 책임을 져야한다." 맞는 말입니다. 잘 생기고, 못 생기고를 떠나서 나이 40이 되면 자기 얼굴에 책임을 져야 합니다. 어린아이들을 한 번 보십시오. 다 예쁘고 사랑스럽지 않습니까? 그런데 나이가 들어 40쯤 되면 얼굴 모양과 인상이 천차만별로 변합니다. 어릴 때는 다 예뻤는데 40이 되면 얼굴이 다 다릅니다. 어떤 이는 40이 되어도 여전히 아름답고 좋은 인상을 가지고 있지만 어떤 이는 얼굴이 점점 굳어져 흉한 얼굴로 변합니다. 누가 얼굴을 그렇게 변하게 하는 것일까요? 자기 자신입니다. 아름다운 생각을 하고, 마음에 기쁨과 평안이 있으면 얼굴이 환하고 밝습니다. 그러나 늘 고민하고, 마음속에 미움과 욕심이 있으면 얼굴이 일그러지게 되어 있습니다. 그러므로 사람은 자기 얼굴에 책임을 져야 한다는 것을 잊지 마시고, 그리스도인답게 아름다운 얼굴을 만드시기 바랍니다. 그리스도인이라고 하면서 늘 인상 쓰고, 찡그리고 있다면 뭔가 문제가 있는 것입니다. 성령 충만한 사람이 아닙니다. 성령님이 내 안에 계시고, 성령으로 충만하다보면 인상이 좋을 수밖에 없습니다. 그래서 예수님 잘 믿는 사람들을 보면 대체로 인상이 좋습니다.

여러분은 "인상이 참 좋으십니다"라는 말을 들어보셨습니까? 그런 말을 들을 수 있어야 합니다. 그러나 "인상이 참 좋습니다"라는 말 듣는 것으로 만족할 것이 아니라 스데반 집사님처럼 '천사의 얼굴 같습니다'라는 말을 들을 수 있어야겠습니다.

7장 1-50절은 스데반 집사님이 공회 앞에서 말하는 내용입니다. 그 내용은 아브라함부터 시작해서 모세, 솔로몬에 이르기까지의 이스라엘 역사입니다. 내용을 읽어보면 스데반 집사님은 정말 성경을 잘 알고 있는 분이라는 것을 알 수 있습니다. 원래 유대인들은 성경을 잘 압니다. 예수님 믿는 우리도 성경을 모르는 편은 아닙니다. 그런데 스데반 집사님을 보면 이 분은 정말 '성경 박사' 같다는 생각이 듭니다. 성경을 거의 외우다시피 하고, 실제로 구약성경을 인용하기도 하는데, 7장 42-43절의 말씀은 아모스 5장 25-27절을 인용한 것이고, 49-50절의 말씀은 이사야 66장 1-2절을 인용한 것입니다. 머릿속에 구약성경이 꽉 차 있다 보니 줄줄 나오는 것입니다. 스데반 집사님을 보면서 우리도 성경을 더 열심히 공부하고, 더 많이 알아야겠다는 생각이 들었습니다.

여러분! 책 중의 책이 무슨 책일까요? 성경책입니다. 이 세상에서 가장 위대한 책 한 권을 뽑으라면 그 책은 당연히 성경책입니다. 이 세상에 성경을 따라갈 책은 없습니다. 성경을 통하여 우리는 하나님에 대해 배우고, 어떻게 살아야 할지를 배웁니다. 뿐만 아니라 성경을 통하여 우리는 사람이 어떻게 구원 받을 수 있는지도 배웁니다. 그러므로 사람은 성경을 읽어야 합니다.

성경을 읽다 보면 또 다른 유익이 있는데 그것은 성경을 읽으면 사람이 똑똑해진다는 것입니다. 이 세상에서 제일 똑똑하고, 머리 좋은 민족이 어느 민족입니까? 유태인입니다. 유태인은 전 세계 인구의 0.25% 밖에 안 되는데도 노벨상의 30%를 휩씁니다. 그들이 그렇게 우수한 이유가 무엇인줄 아십니까? 성경을 많이 읽기 때문입니다. 어릴 때부터 그들은 성경과 성경과 관련된 책을 얼마나 많이 읽는지 모릅니다. 그러다보니 그들의 머리는 빨리 깨입니다. 머리가 깨인 상태에서 공부를 하니 이해력도 빠르고 창의력도 뛰어날 수밖에 없습니다. 성경이 아니라도 좋은 책만 많이 읽어도 사람은 똑똑해지고 머리가 좋아지게 되어 있습니다.

미국의 명문 '시카고대학(University of Chicago)'은 미국의 갑부 존 록펠러가 세운 대학입니다. 그런데 이 학교는 처음부터 명문대학은 아니었습니다. 처음에는 주로 공부 못하는 학생들이 오는 학교였는데 1929년 로버트 허친스가 총장으로 오면서부터 좋아지기 시작했습니다. 그는 '시카고 플랜(Chicago Plan)'을 만들어 세계의 위대한 고전 100권을 선정하여 학생들에게 무조건 읽도록 했습니다. 그러자 학생들이 책을 읽기 시작했고, 학생들의 머리가 깨이기 시작했고, 그 결과 이 학교를 통해 많은 노벨상 수상자들이 나오게 되었습니다. 이와 같이 좋은 책만 많이 읽어도 머리는 좋아지게 되어 있습니다. 책 중에서도 특히 인문학 서적을 많이 읽어야 합니다. 이공계라 해도 인문학 서적을 많이 읽을 필요가 있습니다. 그런데 이 '시카고 플랜' 도서목록 중에 성경이 들어가 있는데, 성경 66권 중에서 '마태복음', '전도서', '욥기' 3권이 들어가 있습니다. 지금은 도서목록이 144권으로 늘어났는데 거기에는 성경의 '로마서'와 '고린도전서'가 추가되었습니다. 우리나라의 카이스트와 서울대에도 권장도서 100권의 목록이 있는데 거기에는 애석하게도 성경이 들어가 있지 않습니다. 종교편향 논란에 휩싸일까봐 그러는 것 같은데 꼭 읽어야 할 성경이 들어가 있지 않은 것이 매우 안타깝습니다.

제가 하고 싶은 말은 이것입니다. 여러분, 성경을 읽으십시오. 성경을 읽으면 여러분은 이 세상에서는 얻을 수 없는 지혜를 얻게 됩니다. 정말 지혜로운 사람이 될 것입니다. 여러분의 자녀들이 이 세상에서 성공하고, 훌륭한 사람이 되기를 원한다면 성경을 읽게 하십시오.

스데반 집사님의 설교 결론을 보겠습니다. 51-53절입니다.

"목이 곧고 마음과 귀에 할례를 받지 못한 사람들아, 너희도 너희 조상과 같이 항상 성령을 거스르는도다. 너희 조상들이 선지자들 중의 누구를 박해하지 아니하였느냐. 의인이 오시리라 예고한 자들을 그들이 죽였고, 이제 너희는 그 의인을 잡아준 자요, 살인한 자가 되나니, 너희는 천사가 전한 율법을 받고도 지키지 아니하였도다 하니라."

이스라엘은 하나님의 복을 받은 민족이지만 예수 그리스도를 십자가에 못 박아 죽임으로 하나님을 거역한 민족이 되었기에 회개해야 한다는 것이 스데반 집사님의 결론입니다. 52절에는 '의인'이라는 단어가 두 번 나옵니다. 여기서 말하는 '의인'은 예수님입니다.

스데반 집사님의 설교를 들은 사람들의 반응이 어떠했을까요? 54절을 보겠습니다.

"그들이 이 말을 듣고 마음에 찔려 그를 향하여 이를 갈거늘."

마음에 찔림이 있으면 회개를 해야 하는데 그들은 회개를 하는 것이 아니라 스데반에 대해서 이를 갈았다고 했습니다. 그리고 잠시 후에 보면 스데반 집사님을 돌로 쳐 죽이고 맙니다. 이렇게 해서 그들은 한 번 더 성령을 거스르게 됩니다.

여러분! 이 세상에서 제일 큰 죄가 뭔지 아십니까? 이 세상에서 제일 큰 죄는 성령을 거스르는 죄입니다. 그보다 큰 죄는 없습니다. 아무리 큰 잘못을 해도 용서받을 수 있습니다. 그러나 하나님의 성령을 거역하면 절대로 용서받을 수 없습니다. 마태복음 12장 31-32절은 이렇게 말씀합니다.

"그러므로 내가 너희에게 이르노니 사람에 대한 모든 죄와 모독은 사하심을 얻되 성령을 모독하는 것은 사하심을 얻지 못하겠고, 또 누구든지 말로 인자를 거역하면 사하심을 얻되 누구든지 말로 성령을 거역하면 이 세상과 오는 세상에서도 사하심을 얻지 못하리라."

그러므로 성령께서 여러분의 마음에 감동을 주시고 예수님을 믿도록 역사하시면 그것을 받아들여야 합니다. 성령께서 역사하시는데도 계속 뿌리치고 거역하면 용서받을 수 없습니다. 결국 형벌을 당하게 될 것입니다.

"은혜의 성령을 욕되게 하는 자가 당연히 받을 형벌은 얼마나 더 무겁겠느냐. 너희는 생각하라"(히 10:29b).

스데반 집사님이 순교하는 모습은 55-60절에 기록되어 있습니다.

"스데반이 성령 충만하여 하늘을 우러러 주목하여 하나님의 영광과 및 예수께서 하나님 우편에 서신 것을 보고 말하되 보라 하늘이 열리고 인자가 하나님 우편에 서신 것을 보노라 한대 그들이 큰 소리를 지르며 귀를 막고 일제히 그에게 달려들어 성 밖으로 내치고 돌로 칠새 증인들이 옷을 벗어 사울이라 하는 청년의 발 앞에 두니라. 그들이 돌로 스데반을 치니 스데반이 부르짖어 이르되 주 예수여 내 영혼을 받으시옵소서 하고 무릎을 꿇고 크게 불러 이르되 주여 이 죄를 그들에게 돌리지 마옵소서. 이 말을 하고 자니라."

결국 스데반 집사님은 돌에 맞아 순교했습니다. 순교하기 전에 그는 하나님의 영광과 예수님께서 하나님 우편에 서 계신 것을 보았습니다. 성경 다른 곳을 보면 예수님은 하나님 우편에 앉아 계십니다.

"인자가 권능자의 우편에 앉은 것과 하늘 구름을 타고 오는 것을 너희가 보리라"(막 14:62).

"주 예수께서 말씀을 마치신 후에 하늘로 올려지사 하나님 우편에 앉으시니라"(막 16:19).

그런데 본문에서는 예수님이 서 계십니다. 왜 서 계실까요? 스데반이 돌에 맞아 죽는 그 상황에 우리 주님이 가만히 앉아 계실 수가 없었던 것입니다. 스데반과 함께 하기를 원하셨던 것입니다. 스데반을 응원하는 것이지요. 그리고 스데반의 영혼을 받아주시려고 서 계시는 것입니다. 그 모습을 본 스데반 집사님은 죽는 것을 두려워하지 않고 기꺼이 돌에 맞아 순교했습니다. 스데반 집사님은 순교하며 이렇게 말했습니다.

"주 예수여, 내 영혼을 받으시옵소서…. 주여, 이 죄를 그들에게 돌리지 마옵소서"(59-60절).

예수님께서 운명하시기 전에 하신 말씀과 비슷합니다. 예수님도 운명하시기 전에 "아버지, 저들을 사하여 주옵소서. 자기들이 하는 일을 알지 못함이니이다…. 아버지, 내 영혼을 아버지 손에 부탁하나이다"(눅 23:34, 46)라고 하셨습니다. 이런 것을 보면 스데반은 정말 주님을 철저하게 닮은 분임을 알 수 있습니다.

사랑하는 여러분, 여러분은 어떤 모습으로 죽기를 원하십니까?

우리도 언젠가는 다 죽습니다. "아, 죽기 싫어"라고 하면서 죽으시겠습니까? 그렇게 죽으면 안 되겠지요. 스데반과 같이 "하나님, 내 영혼을 받아주십시오"라고 하면서 편안하게 눈감을 수 있어야겠습니다. 영혼에 대한 사랑과 연민을 품은 채 눈감을 수 있었으면 좋겠습니다. 스데반이 하나님께 "저들의 죄를 저들에게 돌리지 마옵소서"라고 할 수 있었던 것은 그들에 대한 사랑과 연민이 있었기 때문입니다. 우리도 영혼들을 사랑하고, 연민의 정을 끝까지 품고 있다가 죽을 때 그런 상태에서 눈 감을 수 있어야겠습니다.

스데반 집사님은 사도가 아니었지만 사도 이상의 삶을 살다간 분이었습니다. 요한계시록 2장 10절에 보면 "네가 죽도록 충성하라. 그리하면 내가 생명의 관을 네게 주리라"라는 말씀이 있습니다. 스데반 집사님은 육신의 생명은 잃었지만 영원한 생명의 면류관을 얻었습니다. '스데반'이라는 이름의 의미가 '면류관'입니다. 그의 부모님이 커서 면류관 받는 사람이 되라고 그렇게 지어 주신 것 같습니다.

사랑하는 여러분! 여러분은 지금 어떻게 살고 있습니까? 지금처럼 계속 그렇게 살아도 되겠습니까? 한 번 잘 생각해보십시오. 혹시 나 자신만을 위해서 사는 것은 아닌지 돌아보십시오. 하나님을 위해서, 그리고 예수 그리스도의 복음을 위해서 살아가는 저와 당신이 되기를 주님의 이름으로 축복합니다. 그렇게 사는 삶이 가장 보람 있고, 행복한 삶입니다.

"내가 진실로 진실로 너희에게 이르노니 한 알의 밀이 땅에 떨어져 죽지 아니하면 한 알 그대로 있고, 죽으면 많은 열매를 맺느니라. 자기의 생명을 사랑하는 자는 잃어버릴 것이요, 이 세상에서 자기의 생명을 미워하는 자는 영생하도록 보전하리라. 사람이 나를 섬기려면 나를 따르라. 나 있는 곳에 나를 섬기는 자도 거기 있으리니 사람이 나를 섬기면 내 아버지께서 그를 귀히 여기시리라"(요 12:24-26).

12. 사마리아에도 복음이

(행 8:1-25)

12. 사마리아에도 복음이 (행 8:1-25)

본문은 사마리아 지역에 복음이 전파되는 내용입니다. 복음이 사마리아 지역에 전파되게 된 계기는 예루살렘 교회에 일어난 핍박 때문이었습니다. 예루살렘 교회에 일어난 핍박의 중심에는 사울이라는 사람이 있었습니다.

"사울이 교회를 잔멸할새 각 집에 들어가 남녀를 끌어다가 옥에 넘기니라"(3절).

사울에 대해서는 사도행전 7장에서 잠시 본 적이 있습니다. 스데반 집사님이 돌에 맞아 숨지는 그 현장에 사울이라는 청년이 있었습니다.

"성 밖으로 내치고 돌로 칠새 증인들이 옷을 벗어 사울이라 하는 청년의 발 앞에 두니라"(행 7:58).

사람들이 스데반 집사님을 돌로 쳐 죽일 때 옷을 벗어 사울이라는 청년의 발 앞에 둔 것을 보면 사울이 스데반의 죽음과도 관련이 있는 것을 알 수 있습니다. 어쩌면 그가 스데반 집사님을 죽이는데 앞장 선 사람인지도 모릅니다. 본문 3절을 보면 그런 생각이 강하게 듭니다. 그런데 나중에 이 사람이 어떻게 되는 줄 아십니까? 예수님을 믿게 되고, 사도가 됩니다. 그가 바로 우리가 너무나 잘 알고 있는 사도 바울입니다. 본문의 상황에서는 아직 예수님을 믿지 않을 때입니다. 믿지 않는 정도가 아니라 아주 못된 박해자 노릇을 하고 있습니다. 그가 주동이 되어 예루살렘 교회를 핍박하자 그곳의 성도들은 흩어질 수밖에 없었습니다.

"그 날에 예루살렘에 있는 교회에 큰 박해가 있어 사도 외에는 다 유대와 사마리아 모든 땅으로 흩어지니라"(행 8:1b).

어디로 흩어졌는가 하면 '유대와 사마리아 모든 땅으로' 흩어졌습니다. 그리고 흩어진 사람들이 무엇을 했는가 하면 조용히 숨어 지낸 것이 아니라 또 복음을 전했습니다.

"그 흩어진 사람들이 두루 다니며 복음의 말씀을 전할새"(4절).

유대에 가서도 복음을 전하고, 사마리아에 가서도 복음을 전했습니다. 이런 것을 볼 때 생각나는 구절이 없습니까? 사도행전 1장 8절 말씀이 생각나지요.

"오직 성령이 너희에게 임하시면 너희가 권능을 받고 예루살렘과 온 유대와 사마리아와 땅 끝까지 이르러 내 증인이 되리라."

이 말씀에 예루살렘, 유대, 사마리아가 나옵니다. 그런데 본문 1절 하반절에도 이 세 지역이 그대로 나오고 있습니다.

"예루살렘에 있는 교회에 큰 박해가 있어 사도 외에는 다 유대와 사마리아 모든 땅으로 흩어지니라."

결국 하나님께서는 예루살렘 교회에 핍박을 허락하셔서 성도들을 흩어지게 하셨고, 흩어진 성도들이 유대와 사마리아에 복음을 전하도록 한 것입니다. "예루살렘과 온 유대와 사마리아 땅 끝까지 이르러 내 증인이 되라" 하셨는데 예루살렘 교회 성도들이 가지 않으니까 결국 그들에게 핍박을 허락하셨고, 그 핍박 때문에 그들은 사마리아에 가서 복음을 전하게 된 것입니다.

하나님께서 일하시는 방법이 독특하지 않습니까? 누가 이런 방법을 생각했겠습니까! 사탄은 하나님의 교회를 멸할 목적으로 예루살렘 교회를 핍박했지만 하나님께서는 그것을 오히려 복음이 확산되는 계기로 사용하신 것입니다. 하나님의 계획, 하나님의 지혜가 얼마나 놀라운지요! 그래서 로마서 11장 33절은 이렇게 말씀합니다.

"깊도다, 하나님의 지혜와 지식의 풍성함이여. 그의 판단은 헤아리지 못할 것이며, 그의 길은 찾지 못할 것이로다."

예수님의 죽음도 마찬가지입니다. 사탄은 예수님께서 구속 사업을 이루지 못하도록 하기 위해 그를 십자가에 못 박아 죽였습니다. 그러나 하나님께서는 예수님의 죽음을 오히려 사람들을 구원하는 수단으로 사용하셨습니다. 이런 것이 하나님의 계획이고 섭리입니다. 얼마나 놀라운지 모릅니다.

그렇다면 오늘날 우리에게 일어나는 안 좋은 일도 하나님께서는 선한 목적으로 사용하실 수 있을까요, 없을까요? 사용하실 수 있습니다. 우리가 볼 때 고난과 시련은 안 좋은 일입니다. 그러나 하나님께서는 그런 것도 얼마든지 전화위복(轉禍爲福) 되게 해주실 수 있는 분이십니다. 그러므로 우리는 쉽게 원망하거나 불평해서는 안 됩니다. 어려운 일이나 힘든 일, 고난이 온다 해도 너무 부정적으로 생각하지 말아야겠습니다. 하나님의 뜻이 어디에 있는지 우리가 다 알 수 없기 때문입니다. 로마서 8장 28절은 이렇게 말씀합니다.

"우리가 알거니와 하나님을 사랑하는 자, 곧 그의 뜻대로 부르심을 입은 자들에게는 모든 것이 합력하여 선을 이루느니라."

우리가 보기에 안 좋은 일이라 할지라도 하나님은 그것을 선으로 바꾸실 수 있는 분이십니다. 그러므로 쉽게 낙심하거나 좌절하지 마십시오. 하나님은 모든 것을 합력하여 선을 이루시는 분입니다. 중요한 것은 내가 '하나님을 사랑하는 자'인가, 내가 '하나님의 뜻대로 부르심을 입은 자'인가 하는 것이지 나에게 어떤 일이 일어났느냐가 아닙니다.

예루살렘 교회에 일어난 핍박이 계기가 되어 사마리아 지방에 복음이 전파되는데, 그 일을 위해서 하나님께서는 빌립 집사님을 귀하게 사용하셨습니다. 5-8절을 보겠습니다.

"빌립이 사마리아 성에 내려가 그리스도를 백성에게 전파하니 무리가 빌립의 말도 듣고, 행하는 표적도 보고, 한마음으로 그가 하는 말을 따르더라. 많은 사람에게 붙었던 더러운 귀신들이 크게 소리를 지르며 나가고, 또 많은 중풍병자와 못 걷는 사람이 나으니 그 성에 큰 기쁨이 있더라."

빌립은 예루살렘 교회의 일곱 집사님 중 한 사람입니다. 사도행전 6장에 일곱 집사님의 이름이 나오는데 제일 먼저 나오는 분이 스데반 집사님이고, 그 다음으로 나오는 분이 빌립 집사님입니다.

빌립 집사님이 핍박을 피해 사마리아에 가서 복음을 전했는데, 아주 놀라운 역사가 일어났습니다. 사마리아 성이 '기쁨'으로 충만케 되었다고 했습니다. 사마리아 사람들은 이방인과 유대인들 사이에서 태어난 혼혈 민족으로 사람들로부터 늘 손가락질 당하고, 무시 당하며 살아온 사람들입니다. 유대인들은 사마리아 사람들을 사람 취급도 하지 않았습니다. 그런 그들에게 기쁠 일이 무엇이 있었겠습니까. 그런데 그 성이 '큰 기쁨'의 성이 되었다는 것입니다.

그들에게 무슨 일이 일어난 것일까요? 빌립 집사님이 하나님의 인도하심을 따라 그곳에서 복음을 전하자 그들이 구원받고 변화되어 이렇게 큰 기쁨을 누리게 된 것입니다. 빌립 집사님은 사마리아로 내려가면서 '왜 하나님께서 우리에게 핍박을 허락하셨을까?' 의문을 품었을지도 모릅니다. 그러나 모든 의문을 다 내려놓고 하나님께서 이곳까지 오게 하셨으니 이곳에서 복음을 전해야겠다는 마음으로 복음을 전했을 때 그곳의 사람들이 예수님을 믿고, 구원을 받고, 그들의 삶이 기쁨의 삶으로 변한 것입니다.

사랑하는 여러분! 우리도 빌립 집사님처럼 어디를 가든지 항상 예수님의 이름을 선포하고, 예수 그리스도의 복음을 전하는 사람이 되어야겠습니다. 그것이 하나님께서 우리를 이 땅에 살게 하신 목적이고, 우리를 이곳저곳으로 보내시는 목적입니다. 4절 말씀을 다시 보겠습니다.

"그 흩어진 사람들이 두루 다니며 복음의 말씀을 전할 새."

개역개정판 성경에는 4절이 미완성 문장으로 끝났는데, 헬라어 성경으로 보면 4절 끝에 마침표가 있습니다. 완벽한 한 문장으로 되어 있습니다. 그러므로 4절은 끝부분을 '전할 새'라고 할 것이 아니라, '전하더라'라고 했으면 더 좋은 번역이 되었겠다는 생각이 듭니다.

"그 흩어진 사람들이 두루 다니며 복음의 말씀을 전하더라."

사랑하는 여러분! 우리도 어디를 가든지 복음을 전합시다. 학교에 가서도 복음을 전하고, 직장에서도 복음을 전하고, 이웃 사람들을 만나도 복음을 전합시다. 저와 여러분은 하나님께서 우리가 있는 그 곳에 보낸 선교사입니다. 여러분이 어떤 학교에 소속되어 있다면 여러분은 하나님께서 그 학교에 보낸 선교사입니다. 어느 직장에 소속되어 있다면 여러분은 하나님께서 그 직장에 보낸 선교사입니다. 그 학교가 내 마음에 안 들 수도 있고, 그 직장이 내 마음에 안 들 수도 있습니다. 빌립도 어쩌면 사마리아로 가게 된 것에 대해 안 좋아했을지 모릅니다. 유대인들은 원래 사마리아로 가는 것을 좋아하지 않습니다. 그런데도 그는 가서 복음을 전했습니다.

하나님께서 당신을 어디로 보내든지, 당신이 어디에 있게 되든지 항상 복음을 전하시기 바랍니다. 그렇게 할 때 당신이 있는 그 곳이 기쁨의 도성이 될 것입니다.

본문에서 사마리아 성이 복음 때문에 얼마나 기뻐하고 있습니까! 당신이 학교에서 복음을 전하고, 직장에서 복음을 전하면 그곳 사람들이 예수님을 발견하고 구원 받는 기쁨을 누리게 될 것입니다. 복음에는 사람을 기쁘게 하는 놀라운 힘이 있습니다. 사람들은 '어떻게 하면 내가 좀 더 기쁠 수 있을까? 어떻게 하면 내가 좀 더 행복해질 수 있을까?'를 늘 생각합니다. 그런데 세상에는 정말 기쁘고 행복한 일이 별로 없습니다. 진정한 행복과 참된 기쁨은 예수 그리스도 안에 있습니다.

예수님께서 이 땅에 태어나셨을 때 천사가 양 지키는 목자들에게 한 말이 무엇입니까? "보라. 내가 온 백성에게 미칠 큰 기쁨의 좋은 소식을 너희에게 전하노라"(눅 2:10b) 하는 것이었습니다. '큰 기쁨의 좋은 소식'을 전한다고 했습니다. 이 세상에 예수 그리스도의 복음보다 더 기쁜 소식은 없습니다. '복음(福音)'을 왜 복음이라고 합니까? 말 그대로 '복된 소식', '기쁜 소식'이기 때문에 그렇습니다. 행복하지 못한 사람들, 참 기쁨을 갈구하는 사람들에게 예수 그리스도의 복음을 전하는 우리가 됩시다.

사마리아에 복음이 증거되고, 놀라운 역사가 일어나게 되는데 그 성에 시몬이라는 사람이 살고 있었습니다.

"그 성에 시몬이라 하는 사람이 전부터 있어 마술을 행하여 사마리아 백성을 놀라게 하며 자칭 큰 자라 하니 낮은 사람부터 높은 사람까지 다 따르며 이르되 이 사람은 크다 일컫는 하나님의 능력이라 하더라. 오랫동안 그 마술에 놀랐으므로 그들이 따르더니”(9-11절).

시몬은 마술을 하는 사람입니다. 여기서 말하는 마술은 눈속임으로 하는 마술일 수도 있고, 악령의 힘을 빌어서 하는 마술일 수도 있습니다. ‘마술(魔術)’의 ‘마(魔)’자는 ‘마귀(魔鬼)’의 ‘마(魔)’자와 같습니다.

제가 몇 년 전에 TV에서 본 내용인데, 동남아 어느 나라에서 어떤 사람이 희한한 일을 하고 있었습니다. 이 사람은 아무런 의료기기 없이 맨손으로 사람을 수술하여 뱃속에 있는 걸 꺼내는 것이었습니다. 정말 신기했습니다. 그 사람은 그것이 속임수가 아니라 진짜라고 했습니다. 그것을 옆에서 지켜보고 있는 사람들도 그렇게 믿고 있었습니다. 그런데 우리나라 어느 방송국에서 취재를 가서 고성능 카메라로 이쪽저쪽에서 찍어보니 눈속임인 것이 드러났습니다. 사람을 눕혀놓고 손으로 배를 만지니까 갑자기 배에서 피가 나오고, 암 덩어리가 나왔는데 그것이 다 속임수였습니다.

본문에 나오는 시몬도 그런 식으로 마술을 했는지, 아니면 악령의 힘을 빌려 진짜 놀라운 일을 했는지 모르겠습니다. 악령의 힘으로 했다면 무당 같은 사람이라고 이해하면 되겠지요. 무당 중에는 엉터리도 있지만 진짜 악령의 힘으로 놀라운 일을 하는 사람도 있습니다. 그래서 어떤 무당은 맨발로 작두에 올라가기도 하는 것입니다. 보통 사람이 그렇게 하면 큰일 나겠지요. 그러나 그들은 악령의 힘으로 하기 때문에 작두에 올라가도 끄떡없는 것입니다. 시몬도 어쩌면 악령의 힘으로 진짜 놀라운 일을 했을 것입니다. 그러니까 사람들이 놀랍게 여기면서 그를 따랐던 것입니다. 10절에 보면 사람들이 그를 일컬어 “크다 일컫는 하나님의 능력이라”고 했습니다.

그런데 빌립이 사마리아에 와서 진짜 하나님의 능력으로 표적도 행하고, 이적도 행하니까 사람들이 빌립을 따르고 그가 전하는 말을 듣기 시작했습니다. 그 결과 많은 사람들이 예수님을 믿었고 침례를 받았습니다. 그러니 시몬의 입장에서는 굉장한 낭패입니다. 그래서 시몬이 어떻게 했는가 하면 자기도 예수님 믿고, 침례 받고, 빌립을 따라다니기 시작했습니다. 12-13절을 보겠습니다.

"빌립이 하나님 나라와 및 예수 그리스도의 이름에 관하여 전도함을 그들이 믿고 남녀가 다 침례를 받으니 시몬도 믿고 침례를 받은 후에 전심으로 빌립을 따라다니며 그 나타나는 표적과 큰 능력을 보고 놀라니라."

그런데 시몬은 진짜로 예수님을 믿고 구원받은 것이 아닙니다. 23절을 보면 알 수 있습니다.

"내가 보니 너는 악독이 가득하며 불의에 매인 바 되었도다."

이 말은 베드로가 시몬에게 한 말인데, 믿는 사람에게 해당되는 말이 아니라 믿지 않는 사람에게나 해당되는 말입니다. 21절에서는 이렇게 말합니다.

"하나님 앞에서 네 마음이 바르지 못하니 이 도에는 네가 관계도 없고 분깃 될 것도 없느니라."

이 말씀을 보아도 시몬이 구원받지 못한 사람인 것을 알 수 있습니다. 그런데 시몬은 믿는다고 믿었습니다. 침례도 받았습니다. 그리고 빌립 집사를 열심히 따라 다녔습니다. 그런데 그가 구원받지 못했다는 것입니다. 왜 그럴까요? 그의 믿음은 온전한 믿음, 제대로 된 믿음이 아니었기 때문입니다. 구원과는 관계없는 믿음을 가지고 있었기 때문입니다. 믿는다고 해서, 교회에 다닌다고 해서 다 구원받은 것이 아니라는 사실을 잊지 마십시오. 요한복음 2장 23-25절에 이런 말씀이 있습니다.

"유월절에 예수께서 예루살렘에 계시니 많은 사람이 그의 행하시는 표적을 보고 그의 이름을 믿었으나 예수는 그의 몸을 그들에게 의탁하지 아니하셨으니 이는 친히 모든 사람을 아심이요, 또 사람에 대하여 누구의 증언도 받으실 필요가 없었으니 이는 그가 친히 사람의 속에 있는 것을 아셨음이니라."

많은 사람들이 예수님이 행하시는 표적을 보고 믿었다고 했습니다. 그런데 이 사람들이 정말 구원받은 것 같지는 않습니다. "그의 행하시는 표적을 보고 그의 이름을 믿었으나 예수님은 당신의 몸을 그들에게 맡기지 않으셨다"고 했습니다. 이 사람들은 믿는다고 믿었지만 구원받은 사람들이 아니기 때문에 예수님께서 그들과 거리를 둔 것입니다.

이런 사람들 중에 가장 대표되는 사람이 니고데모일 것입니다. 방금 읽은 말씀 다음에 나오는 요한복음 3장을 보면 니고데모 이야기가 나옵니다. 니고데모는 훌륭한 종교인입니다. 예수님에 대해서도 잘 알고 있었습니다. 그런데 예수님께서 니고데모에게 하신 말씀을 보면 그는 구원받지 못한 사람입니다. 예수님은 그에게 "네가 물과 성령으로 거듭나지 아니하면 하나님 나라를 볼 수 없느니라"라고 하셨습니다.

오늘날에도 니고데모와 같은 사람이 많습니다. 열심히 교회 다니고, 신실해 보이기도 하고, 예수님에 대해서도 잘 알고 있지만 구원의 체험은 없습니다. 그런 사람은 자신의 믿음을 점검해 보고 올바른 믿음을 가져야 할 것입니다.

다시 시몬의 이야기로 돌아가면, 그의 문제는 그가 표적에 근거한 믿음을 가지고 있었다는 것입니다. 이것이 그의 문제였습니다. 시몬의

관심사는 빌립이 전하는 메시지나 빌립이 소개하는 예수님이 아니었습
니다. 빌립이 행하는 표적이었습니다. 그것이 그의 관심사였습니다. 13
절을 다시 보겠습니다.

“시몬도 믿고 침례를 받은 후에 전심으로 빌립을 따라다니며 그 나
타나는 표적과 큰 능력을 보고 놀라니라.”

시몬이 열심히 빌립을 따라 다닌 것은 그가 행하는 표적을 보면서
‘어떻게 하면 나도 저렇게 할 수 있을까’에 대한 관심이었습니다.
18-19절도 보겠습니다.

“시몬이 사도들의 안수로 성령 받는 것을 보고 돈을 드려 이르되
이 권능을 내게도 주어 누구든지 내가 안수하는 사람은 성령을 받게
하여 주소서 하니.”

시몬은 베드로에게 돈을 주면서 자기도 손을 얹어 안수하면 사람들
이 성령을 받을 수 있도록 해달라고 했습니다. 철저하게 표적에 근거
한 믿음을 그가 가지고 있었습니다. 표적에 근거한 믿음은 좋은 믿음
이 아닙니다. 올바른 믿음도 아닙니다. 요한복음 4장 48절에서 예수님
은 이런 말씀을 하셨습니다.

“너희는 표적과 기사를 보지 못하면 도무지 믿지 아니하리라.”

예수님께서 하신 말씀은 이렇게도 표현할 수 있을 것입니다. “너희
는 표적과 기사를 보면 믿을 것이다.” 이 사람들의 문제는 표적에 근
거한 잘못된 믿음을 가지고 있었다는 것입니다.

옳은 믿음이 무엇인 줄 아십니까? 말씀에 근거한 믿음입니다. 그런
믿음이 진짜입니다. 그러므로 우리는 표적을 구하는 사람이 아니라
말씀을 추구하는 사람이 되어야 할 것입니다. 만약 표적에 근거한 믿
음이 올바른 믿음이 될 수 있다면 하나님께서는 오늘날에도 많은 표

적과 기사가 나타나도록 하셨을 것입니다. 그러나 오늘날에는 그렇게 하지 않으십니다. 그 이유가 무엇인 줄 아십니까? 잘못하면 사람들이 표적에 근거한 잘못된 믿음을 가질까 봐 그렇게 하신 것입니다. 그래서 표적과 기사를 어느 시점에서 끝나게 하신 것입니다. 그러므로 결국은 하나님의 말씀이라는 것을 알아야 합니다. 마태복음 7장 21-23절을 보겠습니다.

"나더러 주여 주여 하는 자마다 다 천국에 들어갈 것이 아니요, 다만 하늘에 계신 내 아버지의 뜻대로 행하는 자라야 들어가리라. 그 날에 많은 사람이 나더러 이르되 주여 주여 우리가 주의 이름으로 선지자 노릇하며, 주의 이름으로 귀신을 쫓아내며, 주의 이름으로 많은 권능을 행하지 아니 하였나이까 하리니 그 때에 내가 그들에게 밝히 말하되 내가 너희를 도무지 알지 못하니 불법을 행하는 자들아 내게서 떠나가라 하리라."

예수님을 믿는다고 믿었고, 많은 권능과 능력을 행한 사람들이 결국은 구원받지 못한 사람들로 드러나는 것을 볼 수 있습니다. 이 사람들의 문제도 말씀에 근거한 믿음이 아니라 표적에 근거한 믿음을 가졌던 것입니다. 예수님 앞에서 사람들이 하는 말을 잘 들어보십시오. 그들은 주의 이름으로 이런 표적, 저런 표적 행한 것을 말하고 있습니다. 그들의 관심사는 표적입니다. 표적이면 다 되는 줄 알았습니다. 그런데 예수님은 그들을 도무지 모른다고 말씀합니다.

표적에 근거한 믿음은 위험합니다. 표적을 너무 좋아하지 마십시오. 우리가 붙들어야 할 것은 하나님의 말씀입니다.

예수님께서는 '천국에 들어가려면 내 아버지의 뜻대로 행해야 한다'고 하셨습니다. 아버지의 뜻대로 행하는 것이 무엇일까요? 예수 그리스도를 제대로 믿는 것을 말합니다. 요한복음 6장 40a절에 그렇게 말씀하고 있지요.

"내 아버지의 뜻은 아들을 보고 믿는 자마다 영생을 얻는 이것이니."

예수님을 진심으로 믿는 것이 우리를 하나님께로 인도하는 것이고, 천국으로 인도하는 것입니다.

그러면 진심으로 믿는다는 것은 무엇이겠습니까? 진심으로 믿는다는 것은 머리로 아는 것, 지적으로 동의하는 것 이상의 것을 의미합니다. 오늘날 많은 사람들이 예수님에 대해서 알고 있습니다. 머리로 이해하고 있고, 지적으로 동의합니다. 그런데도 그 중에 구원받지 못한 사람들이 있을 수 있습니다.

진심으로 믿는다는 것은 전인격적으로 믿는 것을 말합니다. 전인격적으로 믿는다는 것은 지·정·의가 총동원된 믿음을 말합니다. 머리로도 알고, 마음으로도 믿고, 행동까지도 할 수 있는 것이 진짜 믿음입니다. 머리로는 알고 있는데 몸은 전혀 거기에 부합된 삶을 살지 않는다면 그것을 진짜 믿음이라고 할 수 있겠습니까? 그것은 진짜 믿음이 아닙니다. 진짜 믿는다면 마음도 함께 해야 하는 것이고, 행동도 믿는 바대로 살아야 하는 것입니다. 그것이 진짜 믿음입니다. 예수님에 대해서 적어도 그런 믿음이 있을 때 그것이 진짜 믿음이고, 그 믿음이 그 사람을 구원하는 것입니다.

당신은 어떻습니까? 당신은 지금 예수님을 제대로 믿고 있습니까? 제대로 믿으셔야 합니다. 엉뚱한 데 관심 가지시면 안 됩니다. 오늘날 교회 다니는 사람들 중에는 엉뚱한 데 관심을 가진 사람들이 굉장히 많습니다. 말씀에 관심을 가져야 하는데 병 고치는 데 관심을 가집니다. 병 고치기 위해서 교회에 나옵니다. 그러다가 병이 나으면 정말 다행인데 안 나으면 어떻게 할 것입니까? 저는 그런 사람들의 이야기를 많이 들었습니다. 교회에 큰 기대를 가지고 병 고치러 왔는데 병을 못 고쳤습니다. 그래서 지금까지 예수님을 안 믿고 있습니다.

또 어떤 사람은 복 받기 위해서 교회에 오는데 그것도 잘못된 믿음입니다. 물론 예수님 믿으면 복 받습니다. 그러나 자신이 기대했던 복이 안 올 수도 있습니다. 자신이 기대했던 복과 하나님께서 주시는 복이 다를 수 있기 때문입니다. 그러므로 병 고침이나 물질적인 복 때문에 신앙생활을 해서는 안 됩니다. 또 어떤 사람은 성령체험에만 관심이 있고 말씀에는 별로 관심이 없습니다. 뭔가 보기를 원하고, 불 받고 성령받기를 원하는데 그것도 바른 믿음이 아닙니다. 말씀에 근거한 믿음만이 올바른 믿음임을 아시기 바랍니다.

이제 사마리아 사람들이 성령 받는 것을 보겠습니다.

"예루살렘에 있는 사도들이 사마리아도 하나님의 말씀을 받았다 함을 듣고 베드로와 요한을 보내매 그들이 내려가서 그들을 위하여 성령 받기를 기도하니 이는 아직 한 사람에게도 성령 내리신 일이 없고, 오직 주 예수의 이름으로 침례만 받을 뿐이더라. 이에 두 사도가 그들에게 안수하매 성령을 받는지라"(14-17절).

사마리아 사람들이 성령 받는 것은 오늘날 저와 여러분이 성령 받은 것과는 조금 다른 것을 보게 됩니다. 이들은 어떻게 성령을 받았습니까? 베드로와 요한 두 사도가 이들에게 와서 성령받기를 위해서 기도하고, 안수했을 때 성령을 받았습니다. 그런데 우리는 이런 방식으로 성령을 받지 않았습니다. 우리는 예수 그리스도를 나의 주님으로 영접하고 구원받았을 때 성령을 받았습니다. 그것이 오늘날 하나님께서 성령을 주시는 방법입니다. 사도행전 19장 2절을 보면 바울이 에베소에 있는 어떤 사람들에게 이렇게 질문합니다.

"너희가 믿을 때에 성령을 받았느냐?"

이 질문에 의하면 성령은 언제 받는 것입니까? 믿을 때 받는 것입니다. 에베소서 1장 13절은 이렇게 말씀합니다.

"그 안에서 너희도 진리의 말씀 곧 너희의 구원의 복음을 듣고 그 안에서 또한 믿어 약속의 성령으로 인치심을 받았으니."

이 말씀도 성령 받는 것을 말씀하고 있는데, '복음을 듣고… 믿어 약속의 성령으로 인치심을 받았다' 즉 '성령을 받았다'고 말씀하고 있습니다. 그러므로 오늘날에는 사마리아 사람들처럼 안수 받고 성령 받는 것이 아니라, 예수님을 마음속에 영접하고 구원받을 때 받는 것입니다.

그럼 왜 사마리아 사람들은 안수를 통해서, 기도를 통해서 성령을 받았을까요?

본문의 상황은 사마리아 사람들이 처음으로 성령을 받는 상황입니다. 그러므로 하나님께서는 사람들로 하여금 가시적으로 성령 받는 것을 알 수 있도록 하기 위해 안수를 하고, 어떤 현상을 그들에게 보여 주신 것입니다. 어떤 현상이 나타났는지 본문에는 기록되어 있지 않습니다. 그러나 17절을 보면 분명히 어떤 가시적 현상이 있었던 것이 확실합니다. "이에 두 사도가 그들에게 안수하매 성령을 받는지라"라고 했습니다. 성령을 받을 때 눈에 보이는 어떤 현상이 있었기 때문에 사도행전을 기록한 누가가 이렇게 기록한 것 아니겠습니까.

그리고 그들이 구원받은 시점과 성령 받은 시점도 서로 다른 것을 보게 됩니다. 빌립이 와서 복음을 전했을 때 그들이 믿고 구원을 받았습니다. 그리고 조금 뒤에 두 사도가 왔을 때 그들이 성령을 받았습니다. 하나님께서 왜 이렇게 하셨는가 하면, 사마리아 사람들에게 이런 방식으로 성령을 주시지 않았다면 유대인들이 사마리아 사람들이 성령 받은 것을 절대로 인정하지 않았을 것입니다. 그래서 유대인들이 직접 보고 알 수 있도록 그렇게 하신 것입니다. 너희들만 성령 받은 것이 아니라 이들도 성령 받았다는 것을 보여주신 것이지요.

사도행전 10장에는 이방인 고넬료와 그의 가족들이 말씀을 받을 때에 성령 받는 것이 기록되어 있습니다. 거기서도 가시적인 현상과 함께 주시는데 그 이유도 역시 이방인들이 성령 받은 것을 알도록 해주시기 위함입니다. 그러므로 유대인들도 그렇고, 사마리아인들도 그렇고, 이방인들도 그렇고 이들에게 처음으로 성령을 주셨을 때에는 가시적인 현상과 함께 주셨다는 것을 알아야 합니다.

그러나 그 이후부터는 예수님을 영접하고 구원받을 때 성령을 주십니다. 그렇기 때문에 이런 말씀이 있는 것입니다.

"누구든지 그리스도의 영이 없으면 그리스도의 사람이 아니라"(롬 8:9b).

"성령으로 아니하고는 누구든지 예수를 주시라 할 수 없느니라"(고전 12:3b).

이런 말씀들을 보면 확실히 구원받은 사람은 누구나 다 성령을 모시고 있는 것을 알 수 있습니다.

오늘날 어떤 사람들은 구원받는 것과 성령 받는 것을 다른 사건으로 이해하는데, 그것은 성경을 잘못 이해하는 것입니다. 물론 사도행전에는 그렇게 보이는 말씀도 있습니다. 그러나 사도행전은 과도기적인 책임을 잊지 말아야 합니다. 사도행전 이후에는 누구라도 예수 그리스도를 영접하고 구원받을 때 성령 받는 것이 성경 전체의 가르침이라는 것을 잘 이해하기 바랍니다.

사마리아에 어떻게 복음이 전파되었는지 살펴보았습니다. 결국 핍박 때문에 사마리아에 복음이 전해졌습니다. 사도행전 1장 8절 말씀은 오늘날 우리에게 있어서도 여전히 현재진행형으로 실행되어야 할 말씀이라는 것을 잊지 맙시다.

"오직 성령이 너희에게 임하시면 너희가 권능을 받고 예루살렘과 온 유대와 사마리아와 땅 끝까지 이르러 내 증인이 되리라."

우리의 사마리아는 어디일까요? 우리는 우리의 사마리아로 가야 합니다. 우리의 사마리아는 우리 마음에 안 드는 사람일 수 있습니다. 유대인들에게 사마리아 사람들이 그런 존재였습니다. 우리에게도, 알고는 있는데 먼저 다가가기는 싫은 사람이 있습니다. 그 사람이 우리의 사마리아입니다. 그러나 하나님께서 가라고 하시면 그 사람에게도 가서 복음을 전해야 합니다.

우리의 예루살렘인 우리 가족부터 시작해서 우리 친구들에게도 복음을 전하고, 친척들에게도 복음을 전하고, 마음에 안 드는 사람이라 할지라도 가서 복음을 전해야 할 것입니다. 그것이 하나님께서 우리로 하여금 이 땅에 살게 하신 목적입니다.

13. 구령자가 됩시다

(행 8:26-40)

13. 구령자가 됩시다 (행 8:26-40)

하나님께서 성도에게 가장 바라시는 것 두 가지는 '예배'와 '전도'입니다. 하나님께서 우리를 구원해주신 목적이 무엇이겠습니까? 하나님을 예배하고, 믿지 않는 사람들에게 복음을 전하라고 우리를 구원해주셨습니다. 그래서 예배와 전도는 성도의 삶에 있어서 가장 중요한 두 가지 요소라 할 수 있습니다.

좋은 그리스도인, 훌륭한 그리스도인이 어떤 사람이겠습니까? 예배 잘 드리고, 전도 열심히 하는 사람입니다. 그래서 성도로 하여금 성도 되게 하고, 성도의 삶을 지탱해주는 두 가지가 예배와 전도라고 할 수 있습니다. 사람은 두 다리가 튼튼해야 잘 서 있을 수 있고, 잘 걸어다닐 수 있습니다. 그것처럼 성도의 삶에 있어서 두 다리와 같은 역할을 하는 것이 예배와 전도입니다. 우리가 양육받고 훈련받는 목적도 결국은 이 두 가지를 잘하기 위해서입니다.

개인뿐 아니라 교회에 있어서도 제일 중요한 두 가지 사역이 예배와 전도입니다. 그래서 저는 이 둘을 '교회의 두 기둥'이라고 부릅니다. 옛날 솔로몬 왕의 성전에는 야긴과 보아스라는 두 개의 기둥이 있었습니다. 오늘날 교회의 두 기둥은 예배와 전도라 할 수 있습니다. 왜냐하면 이 둘이 결국은 교회의 본질이고, 교회의 사명이기 때문입니다.

어떤 교회가 좋은 교회인가 하면 예배와 전도 이 두 가지를 잘하는 교회가 좋은 교회입니다. 초대 예루살렘 교회가 그런 교회였습니다. 초대 예루살렘 교회는 예배와 전도를 참 잘했습니다. 그들은 모이면 하나님께 예배드리고, 흩어지면 전도하는 삶을 살았습니다. 그래서 초대 교회 성도들은 모두가 다 신실한 예배자였고, 전도자였습니다. 그들 중의 한 명이 바로 본문에 나오는 빌립 집사입니다.

본문은 빌립 집사님이 에디오피아 내시에게 복음을 전하는 내용입니다. 사도행전 8장은 전체가 다 빌립 집사님을 중심으로 이야기가 전개됩니다. 8장 5-8절은 빌립 집사님이 사마리아 사람들에게 복음을 전하는 내용입니다. 그가 사마리아 성에 가서 복음을 전했더니 그곳 사람들이 회개하고 예수님을 믿어 그 성이 기쁨의 성이 되었습니다. 이것은 대중을 상대로 복음을 전한 내용입니다. 본문은 한 개인을 상대로 전도하고 구령한 내용을 기록하고 있습니다. 본문을 통해 빌립이 어떻게 전도를 했고, 구령을 했는지 살펴보면서 우리도 배우기를 원합니다.

먼저 26-31절을 보겠습니다.
"주의 사자가 빌립에게 말하여 이르되 일어나서 남쪽으로 향하여 예루살렘에서 가사로 내려가는 길까지 가라 하니 그 길은 광야라. 일어나 가서 보니 에디오피아 사람 곧 에디오피아 여왕 간다게의 모든 국고를 맡은 관리인 내시가 예배하러 예루살렘에 왔다가 돌아가는데 수레를 타고 선지자 이사야의 글을 읽더라. 성령이 빌립더러 이르시되 이 수레로 가까이 나아가라 하시거늘 빌립이 달려가서 선지자 이사야의 글 읽는 것을 듣고 말하되 읽는 것을 깨닫느냐? 대답하되 지도해 주는 사람이 없으니 어찌 깨달을 수 있느냐 하고 빌립을 청하여 수레에 올라 같이 앉으라 하니라."

빌립이 에디오피아 내시가 만나는 장면입니다. 두 사람이 어떻게 만나게 되었습니까? 하나님의 사자가 빌립에게 "일어나서 남쪽으로 향하여 예루살렘에서 가사로 내려가는 길까지 가라”고 하셨습니다. ‘가사’는 오늘날 ‘가자’라고 알려진 지역입니다. 그 곳으로 가라는 것입니다. 그 길은 사람들이 잘 다니지 않는 광야길입니다. 그런데 하나님의 사자, 즉 하나님의 천사가 나타나서 빌립에게 그곳으로 가라는 것입니다. 빌립이 처음에는 왜 하나님께서 자신을 광야길로 가라고 하시는지 이해를 못했을 것입니다. 그래도 하나님께서 가라고 하시니 갔습니다. 가서 보니 예루살렘에서 예배를 드리고 자기 나라로 돌아가는 에디오피아 내시가 있었습니다. 우리는 ‘내시’ 하면 조금 안 좋은 선입견을 가지고 있는데 이분은 그런 종류의 내시 같지는 않습니다. 이분은 신분이 높은 분이었습니다. 여왕의 모든 국고를 관리하는 사람이라고 했으니까 우리나라로 치면 재정기획부 장관쯤 되는 것 같습니다. 그런데 이분이 고향으로 내려가면서 마차에서 성경 이사야서를 읽고 있었습니다. 그 모습을 빌립이 보았습니다. 그러자 이번에는 성령님께서 빌립에게 “수레로 가까이 나아가라”고 하십니다.

“성령이 빌립더러 이르시되 이 수레로 가까이 나아가라 하시거늘”(29절).

이번에도 빌립이 순종을 합니다. 그렇게 해서 두 사람이 만나게 되었고, 빌립은 에디오피아 내시에게 복음을 전하게 됩니다.

여기서 우리가 배울 수 있는 교훈이 있습니다. 우리도 전도하기 원하고 구령하기 원한다면 하나님의 음성에 민감해야 하고, 성령님의 인도하심에 순종할 줄 알아야 한다는 것입니다. 하나님께서는 빌립에게 두 번 말씀하셨습니다. 첫 번째는 하나님의 천사를 통해서 말씀하셨고, 두 번째는 성령님을 통해서 말씀하셨습니다. 두 번 다 빌립이 그 음성에 순종함으로 에디오피아 내시를 주님께로 인도할 수 있었습니다.

사랑하는 여러분! 하나님께서는 오늘날 우리에게도 어디에 가서 전도하라, 누구에게 전도하라는 말씀을 끊임없이 하고 계시다는 것을 아십니까? 하나님은 오늘날 우리에게도 그렇게 말씀하고 계십니다. 그런데 우리가 그 말씀을 놓치고 살 때가 얼마나 많은지 모릅니다. 어떤 때는 하나님께서 감동을 주시고 도전을 주시는데도 애써 외면하고 무시해 버립니다. 그래서 전도하지 않는 경우가 참 많습니다.

전도를 잘하고, 영혼들을 얻기 위해서는 하나님의 음성에 민감해야 하고, 성령의 인도하심에 순종할 줄 알아야 합니다. 그렇게 할 때 우리는 지금보다 훨씬 더 많은 영혼들을 얻게 될 것입니다.

택시를 탔을 때 성령님께서 택시 기사님에게 전도지를 주고, 복음을 전하라고 하면 그렇게 하시기 바랍니다. 비행기를 탔을 때 옆 사람에게 복음을 전해야 할 것인가, 말아야 할 것인가 갈등할 때가 있을 것입니다. 그런 갈등이 있다는 것은 성령님께서 감동을 주시고 역사하시는데도 거부하고 있기 때문입니다. 성령님께서 역사하시면 무조건 순종할 수 있기를 바랍니다. 지하철을 탔을 때도 마찬가지입니다. 옆에 앉은 사람에게 하나님께서 복음을 전하라고 감동을 주시면 전도지를 꺼내서 주시고, 잠깐이라도 예수님을 소개하시기 바랍니다. 친구들을 만났을 때도 지체하지 마시고 성령님의 인도하심에 따를 수 있기를 바랍니다. 이웃집 누구에게 가서 복음을 전하라고 하시면 그 음성에 순종하는 우리가 됩시다. 그래야 전도가 이루어집니다.

데살로니가전서 5장 19절에 "성령을 소멸하지 말라"는 말씀이 있습니다. 성령의 역사를 거스르지 말고, 성령의 역사를 모른 척 하지 말라는 말씀입니다. 성령님께서 역사하시는데도 불구하고 애써 외면하고 거부하면 결국은 준비된 영혼을 놓치게 됩니다.

성령님께서 역사하시는데도 복음을 전하지 않는 것은 부정적인 생각, 두려움이 있기 때문입니다. '내가 해봐야 안 될 것이다', '이 사람은 받아들이지 않을 것이다' 하는 부정적인 생각, 반대나 핍박을 두려워하는 마음. 그러나 복음을 전하기 위해서는 그런 생각, 그런 두려움을 극복해야 합니다.

사실 본문의 빌립 집사도 상황적으로 보면 하나님의 음성을 따르기에 그렇게 좋은 상황이 아니었습니다. 하나님께서는 그에게 가라고 한 길은 광야길이었습니다. 가는 길은 멀고, 날씨는 덥고, 모든 상황이 좋지 않았습니다. 그런데도 그는 순종했습니다. 또 성령님께서 감동을 주셔서 접근하라고 한 사람은 한 나라의 장관입니다. 수행원들도 있었을 것입니다. 그런 분에게 다가가서 예수님을 소개하고 복음을 전한다는 것은 적잖은 부담일 수 있습니다. 그럼에도 불구하고 순종하는 마음으로 다가갔더니 의외로 호의적인 반응을 보입니다. 31절 끝부분에 보면 이분이 빌립 집사에게 수레에 올라와 앉으라고 초대합니다. 그렇게 해서 자연스럽게 대화가 이루어지게 됩니다.

우리가 부정적인 생각이나 두려움 때문에 말을 못 붙이는 사람들 중에도 이런 사람이 있을 수 있습니다. 하나님께서 우리에게 부담을 주시고 감동을 주실 때는 그 사람의 마음을 어느 정도 열리게 해놓고 그렇게 하신다는 것을 잊지 말아야 합니다. 그러므로 우리가 용기를 내어 입을 열면 그들이 의외로 잘 받아들일 수 있음을 알아야 합니다.

전도 잘하는 분들은 왜 전도를 잘하는 줄 아십니까? 성령님의 음성에 민감하기 때문입니다. 성령님께서 하라고 하시면 그 분들은 바로 가서 전합니다. 그런데 전도를 못하는 분들은 성령님께서 마음에 감동을 주시고 역사를 하시는데도 하지 않습니다.

구원받은 사람이라면 어떤 상황 속에서 전도를 해야 하나, 말아야 하나 하는 갈등을 해보셨을 것입니다. 그런 갈등조차 없었다면 구원받지 못하셨기 때문일 것입니다. 정말 구원받은 사람이라면 성령님의 감동을 다 느끼고 살아갑니다. 그런데 문제는 순종을 잘 안한다는 것입니다. 그러나 전도 잘하는 사람들은 하나님의 음성에 민감하고, 성령님께서 역사하시면 지체하지 않고 가서 말을 걸고 전도지를 건넵니다. 그러니까 전도가 이루어지는 것입니다.

사랑하는 성도 여러분! 우리도 그런 사람이 되었으면 좋겠습니다. 하나님의 음성에 민감하고 성령님의 인도하심을 따를 줄 아는 사람이 되시기를 주님의 이름으로 축복합니다.

32-35절을 보겠습니다.

"읽는 성경 구절은 이것이니 일렀으되 그가 도살자에게로 가는 양과 같이 끌려갔고, 털 깎는 자 앞에 있는 어린 양이 조용함과 같이 그의 입을 열지 아니하였도다. 그가 굴욕을 당했을 때 공정한 재판도 받지 못하였으니 누가 그의 세대를 말하리요. 그의 생명이 땅에서 빼앗김이로다 하였거늘 그 내시가 빌립에게 말하되 청컨대 내가 묻노니 선지자가 이 말한 것이 누구를 가리킴이냐? 자기를 가리킴이냐 타인을 가리킴이냐? 빌립이 입을 열어 이 글에서 시작하여 예수를 가르쳐 복음을 전하니."

빌립이 내시를 만나보니 그가 하나님의 말씀을 읽고 있었습니다. 이사야 53장을 읽고 있었는데 이해를 잘 못하고 있었습니다. 그래서 내시가 빌립에게 이 말씀이 누구에 대한 말씀인지 질문을 하게 되고, 빌립은 설명을 해주면서 예수님을 소개해 주었습니다. 이렇게 해서 에디오피아 내시가 예수님을 영접하고 구원을 받게 됩니다.

그런데 에디오피아 내시가 하나님의 말씀에 대해서 질문했을 때 빌립이 성경을 몰라서 대답을 못했다면 어떻게 되었을까요? 그래도 구령할 수 있었을까요?

여기서 우리는 전도와 관련하여 두 번째 교훈을 배울 수 있습니다. 그것은 좋은 전도자, 좋은 구령자가 되기 위해서는 하나님의 말씀으로 준비가 되어 있어야 한다는 것입니다. 그렇다고 성경박사 수준이 되어야 한다는 말은 아닙니다. 그래도 어느 정도는 준비가 되어 있어야 복음을 전할 수 있습니다. 베드로전서 3장 15절에 보면 "너희 속에 있는 소망에 관한 이유를 묻는 자에게는 대답할 것을 항상 준비하라" 고 했습니다. 복음은 전하고 싶은데 준비가 안 되어 있고, 말씀을 알지 못하면 제대로 구령할 수 없습니다. 그래서 항상 준비하고 있어야 하는 것입니다.

여러분은 어떻습니까? 말씀으로 잘 준비되어 있습니까? 꼭 알아야 할 말씀들은 알고 있어야 하고, 설명해줄 수 있어야 훌륭한 전도자가 될 수 있고, 구령자가 될 수 있습니다.

좋은 구령자가 되기 위해서는 두 가지만 잘 알고 설명해주면 됩니다.

첫째는, 내가 지금 구령하려는 그 사람이 죄인인 것을 설명해 주어야 합니다. 죄인인 것을 모르면 예수님을 믿을 필요성도 알지 못하고, 영접할 수도 없습니다. 죄에 대해서는 말로만 하면 잘 안 받아들이는 경우가 많습니다. 자기는 착하게 살고 있는데 자꾸 죄인이라고 하면 기분 나빠할 수 있습니다. 그럴 때는 로마서 1장 28-31절의 말씀을 보여주는 것이 좋습니다.

"또한 그들이 마음에 하나님 두기를 싫어하매 하나님께서 그들을 그 상실한 마음대로 내버려 두사 합당하지 못한 일을 하게 하셨으니 곧 모든 불의, 추악, 탐욕, 악의가 가득한 자요, 시기, 살인, 분쟁, 사기, 악독이 가득한 자요, 수군수군하는 자요, 비방하는 자요, 하나님께서 미워하시는 자요, 능욕하는 자요, 교만한 자요, 자랑하는 자요, 악을 도모하는 자요, 부모를 거역하는 자요, 우매한 자요, 배약하는 자요, 무정한 자요, 무자비한 자라."

이 말씀을 보여주면 웬만한 사람은 자신이 죄인인 것을 인정합니다. 이 말씀에 비추어보면 죄인 아닌 사람이 어디 있겠습니까! 사람들 마음속에는 불의, 추악, 탐욕이 다 있습니다. 그러므로 죄인 아닌 사람은 한 사람도 없다는 것, 그리고 당신도 죄인이라는 것을 먼저 알려주어야 합니다. 그리고 죄의 결과까지도 알려주면 좋겠지요. 죄의 결과는 무엇입니까? 사망이요, 영원한 지옥의 형벌입니다. 그것을 설명해 주어야 합니다. 로마서 5장 12절에 죄의 결과에 대한 말씀이 있습니다.

"그러므로 한 사람으로 말미암아 죄가 세상에 들어오고, 죄로 말미암아 사망이 들어왔나니 이와 같이 모든 사람이 죄를 지었으므로 사망이 모든 사람에게 이르렀느니라."

죄의 결과가 무엇입니까? 사망입니다. 죄 때문에 사람이 죽게 되었다는 것입니다. 말씀을 보여주면 긍정하지 않을 수 없습니다. 죽지 않는 사람이 어디 있겠습니까! 사람이 죽는 것은 죄 때문에 그렇다는 것입니다. 히브리서 9장 27절에는 "한 번 죽는 것은 사람에게 정해진 것이요, 그 후에는 심판이 있으리니" 하는 말씀이 있습니다. 사람은 죽을 것이고, 죽은 후에는 심판을 받게 되는데 그것이 죄 때문이라는 것입니다. 그것을 설명해주어야 합니다. 지옥형벌에 대해서는 요한계시록 20장에 나와 있습니다.

"또 내가 보니 죽은 자들이 큰 자나 작은 자나 그 보좌 앞에 서 있는데 책들이 펴 있고 또 다른 책이 펴졌으니 곧 생명책이라. 죽은 자들이 자기 행위를 따라 책들에 기록된 대로 심판을 받으니 바다가 그 가운데에서 죽은 자들을 내주고, 또 사망과 음부도 그 가운데에서 죽은 자들을 내주매 각 사람이 자기의 행위대로 심판을 받고 사망과 음부도 불못에 던져지니 이것은 둘째 사망 곧 불못이라"(계 20:12-14).

'불못'이 소위 말하는 지옥입니다. 그러므로 구령대상자에게 가장 먼저 당신은 죄인이고, 죄의 결과는 사망, 심판, 지옥의 영원한 형벌이라는 것을 알려주어야 합니다.

둘째는, 예수님께서 당신의 모든 죄 문제를 해결해주셨다는 것을 알려주어야 합니다. 여기에 대한 말씀으로는 이사야서 말씀이 좋습니다.

"그가 찔림은 우리의 허물 때문이요, 그가 상함은 우리의 죄악 때문이라. 그가 징계를 받음으로 우리는 평화를 누리고, 그가 채찍에 맞음으로 우리는 나음을 받았도다. 우리는 다 양 같아서 그릇 행하여 각기 제 길로 갔거늘 여호와께서는 우리 모두의 죄악을 그에게 담당시키셨도다"(사 53:5-6).

예수님께서 사람의 죄 때문에 고난당하시고 죽은 것이 이 말씀에 잘 나와 있습니다. 이런 말씀을 펼쳐서 보여주는 것입니다. 그리고 로마서 4장 25절도 참 좋습니다.

"예수는 우리가 범죄한 것 때문에 내줌이 되고 또한 우리를 의롭다 하시기 위하여 살아나셨느니라.”

사람을 구령하기 위해서는 이 두 가지를 반드시 알려주어야 합니다. 첫째는 당신이 죄인이라는 것과 둘째는 예수님께서 당신의 모든 죄 문제를 십자가에서 해결해 주셨다는 것입니다.

어떻습니까? 구령하는 것이 쉽지 않습니까? 전혀 어려운 것이 아닙니다. 두 가지만 알려주고 깨닫게 해주면 됩니다. 본문에서 빌립 집사가 한 것도 결국 그것입니다. 35절을 다시 보겠습니다.

“빌립이 입을 열어 이 글에서 시작하여 예수를 가르쳐 복음을 전하니.”

빌립이 이사야 53장의 말씀을 가지고 예수님께서 바로 당신을 위하여 고난당하시고 죽으셨다는 말을 하면서 복음을 전한 것입니다. 그렇게 했더니 이 사람이 예수님을 영접했습니다. 전도와 구령은 절대로 어려운 것이 아닙니다. 두 가지를 잘 알려주고, 깨닫게 하고, 믿게 하면 그것이 전도이고 구령입니다. 여러분도 그렇게 할 수 있기를 바랍니다.

36-39절을 계속 보겠습니다.

“길 가다가 물 있는 곳에 이르러 그 내시가 말하되 보라 물이 있으니 내가 침례를 받음에 무슨 거리낌이 있느냐? (37절 없음) 이에 명하여 수레를 멈추고 빌립과 내시가 둘 다 물에 내려가 빌립이 침례를 베풀고 둘이 물에서 올라올새 주의 영이 빌립을 이끌어간지라. 내시는 기쁘게 길을 가므로 그를 다시 보지 못하니라.”

이 분이 결국 예수님을 믿었습니다. 예수님을 믿었을 뿐 아니라 침례까지 받았습니다. 본문에서 에디오피아 내시가 받은 것은 세례가 아니라 침례라는 것을 잘 보셔야 합니다. 만약 이분이 세례를 받았다면 굳이 물 있는 곳에서 마차를 세울 필요가 없습니다. 마차에서 내려 물 있는 곳까지 갈 필요도 없었습니다. 그런데 이분은 물 있는 곳에 이르러 마차를 멈추게 했습니다. 그리고 마차에서 내려 빌립과 함께 물 있는 곳으로 내려갔습니다. 왜 그렇게 했겠습니까? 침례를 받으려니까 그렇게 할 수밖에 없었던 것입니다. 우리나라의 많은 교회들이 침례가 아닌 세례를 베풀고 있는데, 원래 성경이 말하는 것은 침례입니다.

예수님도 요단강에서 침례를 받으셨습니다. 만약 침례 요한이 침례가 아니라 세례를 베풀었다면 요단강에서 할 필요가 없었겠지요.

침례를 안 받았다면 꼭 침례를 받으시기 바랍니다. 세례를 받았어도 침례가 성경적인 것을 알게 되었다면 침례를 받으시기 바랍니다.

세례는 성경에서 온 것이 아닙니다. 성경을 잘못 이해한 것에서 왔습니다. 천주교에서는 성경을 잘못 이해하여, 사람이 구원받으려면 침례를 받아야 하는 것으로 생각했습니다. 침례를 받지 않으면 천국에 못가는 것으로 생각했습니다. 그래서 아기가 태어나면 무조건 침례부터 베풀었고, 노인이나 병자에게도 무조건 침례를 베풀었습니다. 그런데 아기들에게 침례를 베풀고, 노인들이나 병약한 자들에게 침례를 베풀자니 어려운 점이 있었습니다. 그래서 침례 대신 세례를 베풀게 된 것입니다. 세례는 성경에서 온 것이 아니라, 성경을 잘못 이해한 것에서 온 것임을 아시기 바랍니다.

오늘날 많은 교회에서 베풀고 있는 유아세례도 잘못된 것입니다. 침례는 구원받은 사람이 자신의 믿음을 고백하는 의식입니다. 그런데 천주교에서는 침례를 잘못 이해하여 천국에 가는 수단으로 이해했고, 이런 잘못된 믿음 때문에 유아세례도 나오게 된 것입니다. 성경적인 것을 추구하는 교회에서는 유아세례의 전통도 사라져야 할 것입니다. 우리나라의 교회들이 잘못된 전통을 버리고, 성경적인 교회가 되어갈 수 있도록 기도해주시기를 바랍니다.

우리나라 대부분의 성경에는 침례가 아닌 '세례'로 되어 있는데, 이것은 번역상의 잘못이고, 침례가 맞는 것입니다. 침례를 받는 시기로는 구원받은 즉시가 가장 좋습니다. 성경을 읽어보면 사람들이 구원받은 즉시 침례에 순종한 것을 볼 수 있습니다. 본문의 에디오피아 내시도 구원받은 그 날 바로 침례를 받았습니다. 우리나라의 많은 교회에서는 출석 6개월이나 1년 후 학습문답을 거쳐 세례를 베푸는데, 이것도 잘못된 전통입니다. 성경을 잘 보면 침례는 누구라도 구원받은 사실만 분명하면 받을 수 있는 것입니다.

37절이 있어야 할 자리에는 "(없음)"이라고 되어 있습니다. 성경 아래쪽의 설명을 보면 "어떤 사본에, 37절 '빌립이 이르되 네가 마음을 온전히 하여 믿으면 가하니라. 대답하여 이르되 내가 예수 그리스도께서 하나님의 아들인 줄 믿노라'가 있음"이라고 되어 있습니다. 여기의 '어떤 사본'은 나중에 나온 사본, 즉 신빙성이 조금 떨어지는 사본에 37절 말씀이 있다는 것입니다. 이런 이유에서 개역개정판은 아예 37절을 빼놓았습니다. 원본에는 37절 말씀이 없었을 가능성이 높습니다. 그런데 나중에 나온 사본에 37절이 들어가 있습니다. 어떻게 들어가게 되었을까요? 누군가가 첨가했을 것입니다. 성경을 옮겨 적다가 '여기에는 이 말씀이 있어야 될 것 같은데…'라는 생각으로 첨가한 것입니다. 제 생각에도 원본에는 37절이 없는 것이 맞습니다. 왜냐하면 더 먼저 나온 사본, 더 신빙성 있는 사본에는 이 말씀이 빠져 있기 때문입니다. 그러나 37절 말씀이 성경적인 내용임에는 틀림이 없습니다. 그래서 37절에서 말한 것처럼 누구라도 예수 그리스도께서 하나님의 아들인 것을 진심으로 믿으면 그 사람은 구원받은 것이고, 침례 받을 자격이 있는 것입니다.

침례는 구원받은 즉시 받는 것이 제일 좋습니다. 구원은 받았지만 아직 침례를 받지 않으셨다면 빠른 시일 내에 꼭 침례를 받으시기 바랍니다. 로마서 10장 9절에 이런 말씀이 있습니다.

"네가 만일 네 입으로 예수를 주로 시인하며 또 하나님께서 그를 죽은 자 가운데서 살리신 것을 네 마음에 믿으면 구원을 받으리라."

이 말씀은 구원의 기준을 잘 보여주고 있습니다. 내가 구원을 받았는지, 안 받았는지 잘 모르겠으면 이 말씀을 잘 묵상해 보시기 바랍니다. 이 말씀에 부합되면 구원을 받은 것이고, 그렇지 않으면 구원을 받지 못한 것입니다. 그리고 구원을 받았다면 지체하지 말고 침례에 순종하시기 바랍니다. 침례는 구원받은 사람임을 나타내는 중요한 의식입니다. 또한 구원받은 그리스도인으로서 바르게, 열심히 살겠다는 서약이기도 합니다. 그러므로 침례는 대단히 중요합니다.

침례는 결혼식에 비유할 수 있습니다. 사정상 결혼식을 못하고 사는 분들도 계시지만 대부분의 사람은 결혼식을 하고 부부로서의 삶을 시작합니다. 그런데 결혼이라는 것은 두 사람이 평생 함께 살기로 약속하고 동사무소에 가서 혼인신고만 하면 합법적인 부부로, 결혼한 것으로 인정받을 수 있습니다. 굳이 결혼식을 하지 않아도 됩니다. 그런데 대부분의 사람들은 결혼식을 합니다. 왜 그렇습니까? 그만큼 중요하기 때문입니다. 결혼식은 사람들 앞에서 두 사람이 부부가 된 것을 알리는 의식입니다. 평생 함께 살겠다는 약속이기도 합니다. 침례가 바로 그와 같습니다. 침례 안 받았어도, 구원받았다면 천국 가는 데는 문제가 없습니다. 그러나 침례를 받으므로 구원받은 것을 사람들에게 나타내 보이고, 그리스도인으로 신실하게 살겠다고 약속하는 것입니다. 침례가 그만큼 중요하기 때문에 예수님께서도 지상명령을 하시면서 언급해 놓으신 것입니다.

"그러므로 너희는 가서 모든 민족을 제자로 삼아 아버지와 아들과 성령의 이름으로 침례를 베풀고"(마 28:19).

사랑하는 여러분! 우리도 빌립 집사님처럼 복음을 전하며, 사람들에게 침례 베푸는 사역을 하면서 살아갑시다. 이 세상에서 가장 보람있고 가치있는 일이 무엇이겠습니까? 죽어가는 영혼들에게 복음을 전하고, 그들로 구원받게 해서 천국가게 하는 것 아니겠습니까! 이 일을 우리가 합시다.

성경에서는 빌립과 에디오피아 내시가 다시 만나지 못했습니다. 본문에서의 만남이 처음이자 마지막이었습니다.

"둘이 물에서 올라올새 주의 영이 빌립을 이끌어간지라. 내시는 기쁘게 길을 가므로 그를 다시 보지 못하니라"(행 8:39).

그런데 이 두 사람이 후에 어디서 만나는 줄 아십니까? 천국에서입니다. 천국에서 두 사람이 다시 만났을 때 얼마나 감격스러웠겠습니까! 에디오피아 내시는 머리 숙여 빌립 집사에게 감사했을 것입니다. 빌립 때문에 천국에 오게 되었으니까요.

당신은 천국에서 이렇게 반갑게 만날 사람이 있습니까? 당신 때문에 예수님을 알게 된 사람, 구원받게 된 사람이 천국에 있을까요? 당신에게도 있기를 바랍니다. 그들이 당신에게 기쁨이 될 것입니다.

"우리의 소망이나 기쁨이나 자랑의 면류관이 무엇이냐. 그가 강림하실 때 우리 주 예수 앞에 너희가 아니냐"(살전 2:19).

바울은 자신이 전도한 데살로니가 성도들을 생각할 때 너무나 기뻤습니다. 그래서 그들을 자신의 기쁨이요, 면류관이요, 소망이라고 했습니다.

나에게는 과연 천국에서 기쁨 중에 만날 사람들이 있는지 생각해 보면서 우리도 빌립 집사님처럼 구령자가 되도록 힘씁시다. 빌립 집사는 사마리아 지역에서 많은 사람을 주님께로 인도하는 귀한 사역을 했습니다. 그렇게 큰 사역은 우리가 못한다 해도, 빌립이 에디오피아 내시에게 복음을 전한 것처럼 우리도 마음만 먹으면 한 사람에게 복음 전하는 일은 얼마든지 할 수 있습니다. 그 일을 우리가 하면서 삽시다.

14. 사울이 변하여 새사람 되다
(행 9:1-22)

14. 사울이 변하여 새사람 되다 (행 9:1-22)

인류 역사에 있어서 가장 큰 영향을 끼친 분은 예수 그리스도입니다. 그는 인류의 역사를 BC와 AD로 나눈 분입니다. BC는 Before Christ, 즉 주전(主前)이라는 뜻이고, AD는 Anno Domini라는 라틴 말로 주후(主後)라는 뜻입니다. 인류의 역사가 예수 그리스도의 탄생을 중심으로 기원전(BC)과 기원후(AD)로 나누어진 것입니다. 그만큼 예수 그리스도는 인류 역사에 큰 영향을 끼쳤습니다.

그러면 예수님 다음으로 인류 역사에 큰 영향을 끼친 분은 누구일까요? 이것에 대해서는 사람마다 의견이 다를 수 있는데 저는 개인적으로 사도 바울이라고 생각합니다.

기독교가 인류 역사에 끼친 영향을 한 번 생각해 보십시오. 이 세상에 기독교보다 더 큰 영향을 끼친 사상이나 철학, 종교가 있습니까? 없습니다. 우리나라만 하더라도 기독교가 얼마나 큰 영향을 미쳤는지 모릅니다. 우리나라의 개화기 때 외국 선교사들이 이 땅에 들어와 학교와 병원, 교회를 세웠기 때문에 우리나라가 그만큼 빨리 개화될 수 있었던 것은 아무도 부인할 수 없습니다. 일본 강점기 때 독립운동을 주도했던 사람들도 주로 기독교인들이었습니다. 우리나라뿐 아니라 세계를 돌아보아도 기독교가 끼친 영향은 대단합니다. 지금 세계에서 제일 부강한 나라는 미국입니다. 미국은 기독교정신에 의해서 세워진 나라입니다. 미국이 오늘날의 미국이 될 수 있었던 것도 기독교를 떠나서는 생각할 수가 없습니다.

기독교가 온 세계에 퍼져 나가는데 가장 큰 역할을 한 사람이 바로 사도 바울입니다. 바울은 신약성경의 절반을 기록했습니다. 수많은 지역에 처음으로 복음을 전했고, 세계 여러 곳에 교회를 세웠습니다. 지금 우리는 사도행전을 공부하고 있는데 사도행전 13-28장이 다 사도 바울이 온 세계를 돌아다니며 복음을 전한 기록입니다. 그러므로 기독교의 역사를 논할 때 사도 바울을 빼놓을 수가 없습니다. 이런 이유에서 예수님 다음으로 인류 역사에 큰 영향을 끼친 사람은 사도 바울이라고 할 수 있습니다.

사도 바울은 처음부터 예수님을 잘 믿던 사람이 아니었습니다. 오히려 그 반대였습니다. 그는 초대 교회를 박해하던 악명 높은 박해자였습니다. 기독교 역사 가운데 최초의 순교자였던 스데반 집사가 돌에 맞아 순교할 때 그 현장에 있었던 사람이 사울이었습니다. 사울은 사도 바울의 옛 이름입니다.

사울은 정말 지독한 박해자였습니다. 사도행전 8장 3절을 보면 초대 교회를 박해하는 일에 가장 앞장섰던 사람이 바로 사울이었던 것을 보게 됩니다. 그런 그가 어떻게 예수님을 믿게 되었고, 위대한 복음 전도자가 될 수 있었을까요? 그에 대한 답을 우리는 본문에서 발견할 수 있습니다.

사울은 다메섹에 있는 그리스도인들을 잡아 예루살렘으로 끌고 가기 위해 다메섹으로 가고 있었습니다.

"사울이 주의 제자들에 대하여 여전히 위협과 살기가 등등하여 대제사장에게 가서 다메섹 여러 회당에 가져갈 공문을 청하니 이는 만일 그 도를 따르는 사람을 만나면 남녀를 막론하고 결박하여 예루살렘으로 잡아오려 함이라"(1-2절).

다메섹을 향하는 사울은 위협과 살기가 등등했습니다. 그런 그가 다메섹에 가까이 왔을 때 갑자기 환한 빛이 그를 비추기 시작했습니다.

"사울이 길을 가다가 다메섹에 가까이 이르더니 홀연히 하늘로부터 빛이 그를 둘러 비추는지라. 땅에 엎드려져 들으매 소리가 있어 이르시되 사울아 사울아, 네가 어찌하여 나를 박해하느냐 하시거늘 대답하되 주여 누구시니이까? 이르시되 나는 네가 박해하는 예수라"(3-5절).

지금까지 사울은 예수가 죽었다고 생각했습니다. 예수가 살아났다는 말을 듣기는 했지만 누군가가 지어낸 것이라고 생각했습니다. 그런데 죽었다고 생각한 예수가 지금 자기 앞에 빛 가운데 서계십니다. 그리고 말씀을 하십니다. 이 경험을 통해 사울은 고꾸라졌고, 결국 예수님을 자신의 구주로 믿게 됩니다. 믿었을 뿐만 아니라 예수 그리스도의 복음을 위해서 자신의 삶을 드리게 됩니다.

여기서 우리가 한 가지 생각해볼 것이 있습니다. 왜 하나님께서는 이 못된 박해자에게 은혜를 베풀어 주셨을까요? 우리 생각 같아서는 사울에게는 하나님의 은혜보다 벌이 필요한 것 같지 않습니까? 스데반 집사를 죽이는데 앞장섰던 인물이고, 하나님의 사람들을 잡아 가두고 죽이는 일을 한 못된 사울인데 왜 하나님께서는 그를 벌하지 않고 오히려 은혜를 베풀어주셨을까요? 거기에 대해서 우리는 세 가지 이유를 생각해 볼 수 있습니다.

첫째, 사울은 '이방인과 임금들과 이스라엘 자손들에게' 복음을 전하기에 가장 적합한 인물이었습니다.

"주께서 이르시되 가라 이 사람은 내 이름을 이방인과 임금들과 이스라엘 자손들에게 전하기 위하여 택한 나의 그릇이라"(15절).

하나님께서 사울을 불러 구원해주신 이유는 이방인과 임금들과 유대인들에게 복음을 전하기 위함이라고 하셨습니다. 이방인들에게 복음을 전하기 위해서는 이방인의 배경을 가진 사람이 유리할 것입니다. 그런데 예수님의 제자 중에는 그런 사람이 없었습니다. 베드로나 요한 같은 사람은 이방인의 배경이 전혀 없습니다. 그러나 사울은 로마 시민권을 가지고 있었고, 헬라어와 라틴어에도 능통했습니다. 그러므로 이방인들에게 복음을 전하기에는 사울이 적격자였던 것입니다.

또한 임금들에게 복음을 전하기 위해서는 세상적인 학식이 많을수록 유리할 것입니다. 그런데 예수님의 제자들 중에는 그런 인물도 없었습니다. 그들은 주로 갈릴리 호수에서 고기를 잡던 사람으로 공부를 많이 한 사람들이 아닙니다. 그런데 사울은 공부를 많이 한 사람입니다. 베스도 총독이 바울에게 "바울아, 네가 미쳤도다. 네 많은 학문이 너를 미치게 한다"(행 26:24)고 한 것을 보면 그가 얼마나 공부를 많이 한 사람인지 알 수 있습니다. 공부를 많이 하지 못한 어부 출신의 다른 제자들은 왕들 앞에서 복음을 전하기에는 역부족이었지만, 사울은 공부를 많이 했기 때문에 세상의 권세자들 앞에서도 유력하게 설교를 할 수 있었습니다. 이런 이유 때문에 하나님께서 사울을 택했던 것입니다.

또 사울은 유대인의 배경도 가지고 있었기 때문에 이스라엘 자손들 앞에서도 복음을 전하기에 유력했습니다. 빌립보서 3장 5절을 보면 사도 바울은 자신의 출신 배경에 대해서 이렇게 말합니다.

"나는 팔일 만에 할례를 받고 이스라엘 족속이요, 베냐민 지파요, 히브리인 중의 히브리인이요, 율법으로는 바리새인이요."

사울은 로마 시민권을 가지고 있었지만 히브리인 중의 히브리인이었고, 바리새인 중의 바리새인이었습니다. 그러니 유대인들에게 얼마나 능력있게 복음을 전할 수 있었겠습니까. 이런 이유로 하나님께서는 다른 사람이 아닌 사울을 불러 구원하셨고, 큰일을 맡기신 것입니다.

둘째, 사울은 고난을 당하면서도 끝까지 감사한 마음으로 충성스럽게 복음을 전할 사람인 것을 주님께서 아셨습니다.

"그가 내 이름을 위하여 얼마나 고난을 받아야 할 것을 내가 그에게 보이리라 하시니"(16절).

박해자 사울이 변하여 전도자의 삶을 살아갈 때 그의 삶 속에 많은 '고난'이 있을 것을 말씀하는 내용입니다. 실제로 바울의 삶을 보면 그의 삶 가운데 복음 때문에 많은 고난이 있었던 것을 보게 됩니다.

"내가 수고를 넘치도록 하고, 옥에 갇히기도 더 많이 하고, 매도 수없이 맞고, 여러 번 죽을 뻔하였으니 유대인들에게 사십에서 하나 감한 매를 다섯 번 맞았으며, 세 번 태장으로 맞고, 한 번 돌로 맞고, 세 번 파선하고, 일주야를 깊은 바다에서 지냈으며, 여러 번 여행하면서 강의 위험과 강도의 위험과 동족의 위험과 이방인의 위험과 시내의 위험과 광야의 위험과 바다의 위험과 거짓 형제 중의 위험을 당하고, 또 수고하며 애쓰고 여러 번 자지 못하고 주리며 목마르고 여러 번 굶고 춥고 헐벗었노라"(고후 11:23b-27).

바울은 그의 말대로 '수고를 넘치도록' 했습니다. 그럼에도 불구하고 그는 불평이 없었습니다. 왜 그런 줄 아십니까? 예수님을 믿기 전에 한 일이 있기 때문입니다. 디모데전서에 나오는 바울의 고백을 들어 보십시오.

"나를 능하게 하신 그리스도 예수 우리 주께 내가 감사함은 나를 충성되이 여겨 내게 직분을 맡기심이니 내가 전에는 비방자요, 박해자요, 폭행자였으나 도리어 긍휼을 입은 것은 내가 믿지 아니할 때에 알지 못하고 행하였음이라. 우리 주의 은혜가 그리스도 예수 안에 있는 믿음과 사랑과 함께 넘치도록 풍성하였도다. 미쁘다 모든 사람이 받을 만한 이 말이여, 그리스도 예수께서 죄인을 구원하시려고 세상에 임하셨다 하였도다. 죄인 중에 내가 괴수니라"(딤전 1:12-15).

사도 바울은 '죄인 중에 내가 괴수'라고 했습니다. 그런데 이 말은 사실입니다. 예수님을 믿기 전에 바울은 예수 믿는 사람들에게 정말 몹쓸 짓을 많이 했습니다. 그런 자신을 하나님께서 불러 구원해주신 것을 생각하면 바울은 그저 감사할 수밖에 없었습니다. 복음 전하다가 매를 맞아도 감사, 감옥에 들어가도 감사, 그저 감사할 수밖에 없었습니다.

어렸을 때부터 신앙생활을 잘한 사람이 고난의 길을 가게 되었다면 쉽게 견뎌내지 못할 것입니다. 그런 사람은 자신이 어렸을 때부터 얼마나 주님을 잘 섬겼는지, 얼마나 주님을 위해서 잘 살아왔는지 늘 주장하지 않겠습니까. 그러므로 그런 사람은 고난이 오면 금방 포기해 버리기가 쉽습니다. 그러나 사도 바울은 과거에 말할 수 없는 잘못을 했기 때문에 힘이 들어도 그 길을 끝까지 가는 것입니다. 매를 맞아도 복음을 전하는 것입니다. 이런 이유 때문에 하나님께서는 사울을 택하여 구원해주시고 전도자로 삼아주신 것입니다.

셋째, 사울은 하나님을 향한 열심과 열정이 있었던 사람입니다.

사울이 교회를 박해한 이유가 무엇인줄 아십니까? 하나님께 대한 열심과 열정 때문이었습니다.

"열심으로는 교회를 박해하고, 율법의 의로는 흠이 없는 자라"(빌

3:6).

사울은 하나님을 뜨겁게 사랑한 사람이었습니다. 그런 그가 율법적인 관점으로 예수 믿는 사람들을 보니 잘못된 것으로 보였습니다. 그래서 그는 정말 순수한 마음으로 예수 믿는 사람들을 잡아 죽이고 박해하는 일을 했던 것입니다. 그의 이런 열심과 열정을 보시고 하나님께서 그를 구원해 주신 것입니다. 그 결과 그는 동일한 열심과 열정을 가지고 예수 그리스도의 복음을 전하는 사람이 되었습니다. 이것이 하나님께서 그를 구원하신 또 다른 이유입니다.

"사울이 다메섹에 있는 제자들과 함께 며칠 있을새 즉시로 각 회당에서 예수가 하나님의 아들이심을 전파하니"(19b-20절).

구원받은 지 며칠이 안 되어 사울은 예수가 하나님의 아들이신 것을 전파했습니다. 이런 것이 그의 열심이요, 열정입니다. 왜 하나님께서 그를 택하셨는지 이해가 될 것입니다.

지금까지 말씀드린 것은 인간적인 측면에서 생각해본 것이고, 하나님께서 사울을 구원해주신 이유를 한 마디로 하면 '하나님의 은혜'라고 할 수 있습니다. 하나님께서 하시고자 하면 사울이 아닌 다른 사람을 못 택하셨겠습니까? 당연히 하실 수 있습니다. 그런데도 하나님은 죄 많은 사울을 택하셔서 구원해주시고, 전도자로 삼아주셨습니다. 이것은 전적으로 하나님의 은혜요, 사랑입니다. 바울도 그 점을 잘 알고 있었습니다. 그래서 그가 나중에 뭐라고 고백하는가 하면 "내가 나 된 것은 하나님의 은혜로 된 것"(고전 15:10)이라고 했습니다.

저와 여러분이 구원받은 것도 전적으로 하나님의 은혜인 것을 알고 계십니까? 우리가 구원받은 것은 다른 사람들보다 나아서 구원받은 것이 아니라는 것을 잊어서는 안 됩니다. 거룩하신 하나님의 시각으로 보면 사람은 다 누추하고 더러운 죄인일 뿐입니다. 더한 사람도 덜한 사람도 없습니다. 그러므로 하나님의 은혜가 아니고서는 우리의 구원을 설명할 길이 없습니다. 이것이 우리가 복음을 전해야 하는 이유이고, 하나님을 위해서 살아야 하는 이유입니다.

하나님께서 사울을 회심시켜 전도자로 세우는 과정에서 귀하게 쓰신 사람이 있는데 그는 바로 아나니아입니다.

"아나니아가 떠나 그 집에 들어가서 그에게 안수하여 이르되 형제 사울아 주 곧 네가 오는 길에서 나타나셨던 예수께서 나를 보내어 너로 다시 보게 하시고 성령으로 충만하게 하신다 하니 즉시 사울의 눈에서 비늘 같은 것이 벗어져 다시 보게 된지라 일어나 침례를 받고 음식을 먹으매 강건하여지니라"(17-19a절).

주님의 명령에 순종하여 사울을 찾아가 처음으로 '형제'라고 불러준 사람이 아나니아였습니다. 그에게 안수해주며 눈을 뜨게 해준 사람도 아나니아였습니다. 그에게 침례를 베풀어준 사람도 아나니아였습니다. 사울은 아나니아를 평생 잊을 수 없었을 것입니다.

아나니아의 입장에서는 어땠을까요? 위대한 사도 바울에게 사역할 수 있었던 것이 큰 영광으로 느껴졌을 것입니다. 그러나 처음에는 부담이 되었을지도 모릅니다. 가서 사역하기를 원치 않았을지도 모릅니다. 그런데 사울이 변하여 바울이 되고, 위대한 일 하는 것을 보았을 때 얼마나 기뻤겠습니까! 바울을 생각할 때마다 그에게는 하나님께 감사하는 마음이 있었을 것입니다.

그런데 왜 하나님께서는 많은 사람들 중에서 아나니아를 선택하여 사용하셨을까요? 여기에 대해서 우리는 세 가지 이유를 생각해볼 수 있습니다.

첫째, 아나니아는 사울에 대해서 잘 알고 있었습니다.

"아나니아가 대답하되 주여 이 사람에 대하여 내가 여러 사람에게 들사온즉 그가 예루살렘에서 주의 성도에게 적지 않은 해를 끼쳤다 하더니 여기서도 주의 이름을 부르는 모든 사람을 결박할 권한을 대제사장들에게서 받았나이다 하거늘"(13-14절).

아나니아가 사울이 한 일에 대해서 잘 알고 있었기 때문에 하나님께서 그를 쓰셨다고 생각됩니다. 전혀 모르는 사람보다는 잘 아는 사람이 쓰시기에 더 좋을 테니까요.

둘째, 아나니아는 사울이 있는 곳에서 멀지 않은 곳에 있었습니다.

"그 때에 다메섹에 아나니아라 하는 제자가 있더니 주께서 환상 중에 불러 이르시되 아나니아야 하시거늘 대답하되 주여 내가 여기 있나이다 하니 주께서 이르시되 일어나 직가라 하는 거리로 가서 유다의 집에서 다소 사람 사울이라 하는 사람을 찾으라. 그가 기도하는 중이니라"(10-11절).

사울이 사람들에게 이끌려 다메섹의 유다라는 사람의 집에 와 있을 때 아나니아도 다메섹에 살고 있었습니다. 만약 아나니아가 다른 먼 도시에 살고 있었다면 하나님께서 아나니아에게 가라고 하지 않으셨을 것입니다. 아나니아가 가까운 곳에 있었기 때문에 하나님께서 그를 쓰신 것입니다.

셋째, 아나니아는 하나님의 말씀에 순종할 줄 아는 믿음의 사람이었습니다.

하나님께서 아나니아에게 하라고 하신 일은 그렇게 쉬운 일이 아닙니다. 하나님의 교회를 멸절시키려고 한 악명 높은 박해자 사울을 찾아가 안수하고, 친구가 되어주라는 것은 썩 유쾌한 일이 아니었을 것입니다. 여러분이 잘 아는 사람에게 악을 행한 못된 사람에게 가서 좋은 친구가 되어주라고 하면 되어줄 수 있겠습니까? 쉽지 않을 것입니다. 그런데 아나니아는 하나님께서 하라고 하신대로 순종했습니다.

"주께서 이르시되 가라"(15a절).

"아나니아가 떠나"(17a절).

하나님께서 가라고 하시니까 아나니아가 갔습니다. 아나니아는 순종을 잘하는 믿음의 사람이었기에 하나님께서 쓰신 것입니다.

오늘날에도 하나님께서 누구를 구원하고자 할 때, 또는 세우고자 할 때 어떤 사람을 쓰시는 줄 아십니까? 그 사람 가까이 있는 사람을 쓰십니다. 그 사람을 잘 아는 사람을 쓰십니다. 그리고 하나님의 말씀에 순종할 자세가 되어 있는 사람을 쓰십니다.

당신의 가정에 예수님을 믿지 않는 가족이 있다면 그들의 구원을 위해서 하나님은 누구를 쓰시기 원하는 줄 아십니까? 바로 당신입니다. 당신의 믿지 않는 가족과 제일 가까이 있는 사람이 당신이고, 그들에 대해서 제일 잘 아는 사람도 당신이기 때문입니다. 당신에게 순종하고자 하는 마음만 있으면 하나님께서는 당신을 쓰셔서 당신의 믿지 않는 가족을 구원하실 것입니다.

믿지 않는 직장동료나 친구, 이웃에 대해서도 마찬가지입니다. 우리에게 순종하고자 하는 마음만 있으면 하나님께서는 다른 사람이 아닌 저와 당신을 쓰신다는 사실을 잊지 맙시다.

하나님의 말씀에 순종할 때 역사는 일어납니다. 아나니아가 하나님 말씀에 순종하여 사울을 찾아갔을 때 놀라운 역사가 일어났습니다.

사울의 눈이 뜨여지고, 못된 박해자였던 그가 침례를 받고, 놀라운 하나님의 사람으로 변화되었습니다.

박해자 사울이 전도자 바울로 변화될 줄 누가 알았겠습니까! 아나니아가 알았겠습니까? 몰랐습니다. 아나니아가 순종했기 때문에 사울이 바울될 수 있었던 것입니다.

우리가 복음을 전해야 할 사람들 중에도 사울과 같은 사람이 있을 수 있다는 것을 잊지 맙시다. 우리가 교제해 주어야 할 사람들 중에도 사울과 같은 사람이 있을 수 있습니다. 그러므로 하나님께서 우리에게 부담을 주시고 도전을 주시면 내가 원하든 원치 않든 우리는 찾아가야 하고, 복음을 전해야 하는 것입니다. 하나님의 음성이 당신의 마음에 들려올 때, 누구에게 가서 복음을 전하라고 도전을 주실 때, 마음에 안 드는 사람이라 할지라도 찾아가십시오. 후에 그 사람이 바울이 될지 누가 압니까.

당신이 아직 예수님을 믿지 않고 계신다면 꼭 예수님을 믿으시기 바랍니다. 예수님은 지금도 살아 계십니다. 사울은 부활하신 예수 그리스도를 만나 변화되었습니다. 박해자 사울이 변화된 것은 예수님의 부활이 아니고는 달리 설명할 길이 없습니다. 부활하신 예수님은 지금도 살아계십니다. 당신을 만나주실 수 있고, 만나기를 원하고 계십니다. 아직 예수님을 만난 경험이 없고, 구원받은 경험이 없다면 오늘 예수님을 만나 구원받으시기 바랍니다.

하나님께서 사울에게 베풀어주신 그 은혜가 당신에게도 있기를 기원합니다.

15. 위대한 하나님의 사람들
(행 9:23-43)

15. 위대한 하나님의 사람들 (행 9:23-43)

초대 교회는 성장하는 교회였습니다. 본문 31절을 보면 "그리하여 온 유대와 갈릴리와 사마리아 교회가 평안하여 든든히 서 가고 주를 경외함과 성령의 위로로 진행하여 수가 더 많아지니라"고 했습니다. 예루살렘에서 시작된 교회의 영역이 '온 유대와 갈릴리와 사마리아'까지 확장되었고, 교회는 "평안하여 든든히 서 갔고, 수도 더 많아졌다"고 했습니다.

그 당시에는 핍박도 많았는데 초대 교회가 이렇게 성장해갈 수 있었던 비결이 무엇일까요? 첫째는 하나님의 은혜였고, 둘째는 교회를 위해 수고하고 애쓰는 사람들이 많았기 때문입니다. 본문에 나오는 몇 사람을 통해서 이들이 어떻게 초대 교회의 부흥과 성장에 기여했는지 살펴보면서 우리에게 주시는 교훈을 생각해보기 원합니다.

첫 번째로 살펴볼 사람은 사울입니다.

사울은 유명한 박해자로 예수 믿는 사람들을 잡아 가두고 죽이던 일을 했던 사람입니다. 그런데 이 사람이 다메섹으로 가는 길에 부활하신 예수 그리스도를 만나 회심을 하게 되고 구원을 받게 됩니다. 그리고 구원받은 후에는 놀라운 복음전도자로 쓰임 받게 됩니다. 유대인들은 이런 사울을 가만 두려고 하지를 않습니다.

"여러 날이 지나매 유대인들이 사울 죽이기를 공모하더니"(23절).

"또 주 예수의 이름으로 담대히 말하고 헬라파 유대인들과 함께 말하며 변론하니 그 사람들이 죽이려고 힘쓰거늘"(29절).

유대인들은 어떻게 해서라도 사울을 잡아 죽이려고 했습니다. 예전에는 사울도 이들과 함께 예수 믿는 사람들을 핍박하고 죽이는 일을 했는데, 이제는 이들이 사울을 죽이려고 하는 것입니다. 사울이 얼마나 열심히 복음을 전했으면 이들이 사울을 죽이려고 했겠습니까!

초대 교회는 사울의 회심과 사역을 통하여 더 빠르게 성장했습니다. 사울을 보면서 이런 생각을 한 번 해보았습니다. '오늘날 우리나라에도, 우리 교회에도 사울 같은 사람 한 사람만 있으면 정말 좋겠다! 그러면 그가 나가서 목숨 걸고 복음을 전할 텐데…'

사실 사울과 같은 인물은 쉽게 나올 수 있는 인물이 아닙니다. 그러면 어떻게 해야 할까요? 그런 사람이 나올 때까지 마냥 기다려야 할까요? 그건 아니지요. 사울이 백 사람의 몫을 할 수 있었다면 우리는 백 사람이 뭉쳐서 그런 일을 하면 되는 것입니다. 아니 그렇게 해야 합니다.

예수님은 사도행전 1장 8절에서 "오직 성령이 너희에게 임하시면 너희가 권능을 받고 예루살렘과 온 유대와 사마리아와 땅 끝까지 이르러 내 증인이 되리라" 하셨습니다. 이 말씀은 오늘날 우리에게도 해당되는 말씀임을 잊지 맙시다. 사울 같은 사람만 복음을 전해야 하는 것이 아니라 누구라도 나가서 복음을 전해야 하는 것입니다. 마태복음 28장 19-20a절에서는 "너희는 가서 모든 민족을 제자로 삼아 아버지와 아들과 성령의 이름으로 침례를 베풀고 내가 너희에게 분부한 모든 것을 가르쳐 지키게 하라" 하셨습니다.

사랑하는 성도 여러분! 우리도 복음을 전하며 삽시다. 예수 그리스도의 명령을 심각하게 받아들이고, 나가서 복음을 전합시다. 복음을 전하다보면 핍박을 받을 수도 있습니다. 반대에 부딪칠 수도 있습니다. 그래도 우리는 그 일을 해야 합니다. 우리가 하지 않으면 누가 그 일을 하겠습니까! 우리가 전도하지 않으면 영혼들은 계속 죽어갈 것이고, 지옥을 향해 떨어질 것입니다. 고린도전서 9장 16절에서 사도 바울은 이런 말을 했습니다.

"내가 복음을 전할지라도 자랑할 것이 없음은 내가 부득불 할 일임이라. 만일 복음을 전하지 아니하면 내게 화가 있을 것이로다."

사도 바울의 마음속에는 복음을 전하지 않고는 견딜 수 없는 뜨거운 열정이 있었습니다. 예레미야 선지자에게도 그런 열정이 있었습니다.

"내가 다시는 여호와를 선포하지 아니하며 그의 이름으로 말하지 아니하리라 하면 나의 마음이 불붙는 것 같아서 골수에 사무치니 답답하여 견딜 수 없나이다"(렘 20:9).

사랑하는 여러분! 바울과 예레미야가 가졌던 그 뜨거운 열정을 우리도 가질 수 있기를 바랍니다. 그런 열정이 있어야 나가서 전도하게 되는 것입니다. 바울로 하여금 나가서 전도하도록 만든 것은 그의 열정이었습니다. 영혼에 대한 열정, 복음에 대한 불타는 열정이 그의 마음속에 있었기에 그는 쉬지 않고, 죽음의 위협 속에서도 복음을 전했습니다. 바울이 사도행전 20장 24절에서 한 고백을 한 번 들어보십시오.

"내가 달려갈 길과 주 예수께 받은 사명 곧 하나님의 은혜의 복음을 증언하는 일을 마치려 함에는 나의 생명조차 조금도 귀한 것으로 여기지 아니하노라."

우리도 바울처럼 복음을 위해서는 재물도, 시간도, 목숨도 아깝지 않다는 각오로 복음을 전합시다.

사도 바울이 왜 위대한 사도입니까? 왜 위대한 그리스도인입니까?

복음에 대한 열정, 영혼을 향한 뜨거운 열정이 있었기 때문입니다. 디모데후서 4장 1-2a절에서 그는 우리에게 이렇게 말씀합니다.

"하나님 앞과 살아 있는 자와 죽은 자를 심판하실 그리스도 예수 앞에서 그가 나타나실 것과 그의 나라를 두고 엄히 명하노니 너는 말씀을 전파하라. 때를 얻든지 못 얻든지 항상 힘쓰라."

사도 바울이 우리에게 하는 명령입니다. 이 말씀을 마음속 깊이 새기고 우리도 뜨거운 열정을 가지고 영혼들을 찾아 나섭시다.

두 번째로 살펴볼 사람은 바나바입니다.

바나바는 사울을 사도들에게 소개해준 사람입니다. 어느 날 사울이 예루살렘 교회에 나타났습니다. 그런데 아무도 그에게 다가가려고 하지를 않았습니다. 왜냐하면 사도들과 성도들은 그가 얼마나 악명 높은 박해자였는지를 잘 알고 있었기 때문입니다. '혹시 우리를 정탐하러 온 것은 아닐까? 우리를 잡아가기 위해 예수 믿는 사람으로 가장해서 교회에 들어와 앉아 있는 것은 아닐까?' 하는 생각을 하면서 아무도 그에게 다가가지를 않습니다. 그때 그의 곁에 다가간 사람이 바나바였습니다.

"사울이 예루살렘에 가서 제자들을 사귀고자 하나 다 두려워하여 그가 제자 됨을 믿지 아니하니 바나바가 데리고 사도들에게 가서 그가 길에서 어떻게 주를 보았는지와 주께서 그에게 말씀하신 일과 다메섹에서 그가 어떻게 예수의 이름으로 담대히 말하였는지를 전하니라"(26-27절).

바나바는 사도도 아니고, 집사도 아닙니다. 그런데도 사울에게 먼저 다가가주었고, 교제해주었으며, 친구가 되어주었습니다. 정말 귀한 사람입니다.

그가 왜 그렇게 한 줄 아십니까? 그의 마음속에 그리스도의 사랑이 있었기 때문입니다. 여러분, 사랑이 무엇입니까? 사랑은 친절하게 대해주는 것입니다. 고린도전서 13장에서 "사랑은 온유하며"라고 했는데, 거기서 '온유'는 친절을 의미합니다. 그리스도의 사랑이 바나바의 마음속에 충만하다보니 먼저 다가가고, 친절을 베풀며, 친구가 되어준 것입니다.

사랑하는 여러분! 교회에는 바나바 같은 사람이 많아야 합니다. 교회에 새로운 사람이 오면 먼저 다가가 주십시오. 먼저 다가가서 인사하고, 교제하며, 친구가 되어주십시오. 새로 온 사람이 교회에 와서 적응하는 것은 절대로 쉽지 않습니다. 여러분이 어느 단체에 가서 적응하는 것이 쉬운 일이겠습니까? 전혀 모르는 사람들 사이에 앉아 있어야 하고, 모르는 노래를 따라 부르는 것이 얼마나 어려운 일이겠습니까. 그럴 때 옆에 같이 앉아주고, 도와주고, 교제해주면 얼마나 고마워하겠습니까. 금방 교회에 정착할 것입니다. 우리 모두 바나바가 되도록 합시다.

'바나바'라는 이름의 의미는 '격려의 아들', '위로의 아들'입니다. 바나바의 본래 이름은 요셉이었습니다. 그런데 그가 격려 잘하고, 위로 잘하는 것을 보고 사도들이 그를 바나바라고 부르기 시작했습니다. 사도행전 4장 36-37절을 보겠습니다.

"구브로에서 난 레위족 사람이 있으니 이름은 요셉이라. 사도들이 일컬어 바나바라(번역하면 위로의 아들이라) 하니 그가 밭이 있으매 팔아 그 값을 가지고 사도들의 발 앞에 두니라."

바나바는 참으로 훌륭한 그리스도인이었습니다. 친절하고 격려를 잘할 뿐만 아니라 드리는 것까지 잘했습니다. 이런 사람이 교회에 있었으니 초대 교회가 성장하지 않을 수 없었던 것입니다.

목사가 앞에서 아무리 웃는 얼굴로 "여러분, 잘 오셨습니다. 환영합니다. 사랑합니다" 해도 그것은 말로 하는 인사일 뿐이고, 정말로 친절을 느끼려면 누군가가 찾아가 주어야 합니다. 따뜻하게 교제해주어야 합니다. 그런데 목사가 일일이 그렇게 할 수는 없지 않습니까. 그 역할은 성도가 해야 하는 것입니다. 여러분 마음속에 그리스도의 사랑이 있다면 그 사랑을 친절로 나타내시기 바랍니다. 새로운 사람이 교회에 오면 먼저 찾아가시기 바랍니다. '다른 사람이 하겠지!'라고 생각하면 아무도 안 할 수 있습니다. 하나님의 사람은 친절합니다. 친절을 베풀 줄 아는 것. 위대한 하나님의 사람들이 하는 일입니다.

세 번째로 살펴볼 사람은 다비다입니다.

다비다는 그렇게 알려진 사람이 아닙니다. 다비다가 어떤 사람인지 36절을 보겠습니다.

"욥바에 다비다라 하는 여제자가 있으니 그 이름을 번역하면 도르가라. 선행과 구제하는 일이 심히 많더니."

다비다는 '선행과 구제'하는 일을 심히 많이 했다고 소개하고 있습니다. 그런데 이 분이 그만 병이 들어서 죽고 말았습니다. 사실 이런 분은 좀 오래 살아야 하는데, 나쁜 사람은 오래 살고 좋은 사람은 빨리 죽는 경우가 종종 있습니다. 이 분이 죽으니까 이 분으로부터 도움을 받은 많은 사람들이 찾아와 슬퍼했습니다. 39절을 보겠습니다.

"베드로가 일어나 그들과 함께 가서 이르매 그들이 데리고 다락방에 올라가니 모든 과부가 베드로 곁에 서서 울며 도르가가 그들과 함께 있을 때에 지은 속옷과 겉옷을 다 내보이거늘.”

다비다는 과부들에게 겉옷과 속옷을 만들어주는 선행을 많이 베푼 사람입니다. 당시 과부들은 경제적으로 가장 어려운 사람들이었습니다. 요즘은 옷이 흔한 세상이지만 그 당시에는 겉옷과 속옷이 굉장히 귀했습니다. 예수님께서 십자가에 달려 돌아가셨을 때 예수님의 겉옷을 놓고 군병들이 서로 가지려고 제비뽑기한 것을 보아도 알 수 있습니다. 겉옷은 밤에 잘 때 덮고 자는 이불 역할을 하기도 했습니다. 값도 굉장히 비쌌을 것입니다. 그러니 혼자 사는 가난한 여인들이 옷을 해 입을만한 여력이 있었겠습니까. 그 때 다비다가 그들에게 옷 만들어 주는 일을 한 것입니다. 그러니까 다비다로부터 사랑받았던 과부들이 찾아와 슬퍼하고 그녀를 그리워하며 통곡하는 것입니다.

사람은 살았을 때는 잘 모릅니다. 죽은 후에 그가 얼마나 잘 살았는지 나타나게 됩니다. 다비다는 살았을 때는 눈에 안 띄는 사람이었는지도 모릅니다. 그런데 죽고 나니까 그렇게 많은 사람들이 그녀를 그리워하고, 그녀의 죽음을 안타까워했다는 사실입니다.

「그 청년 바보 의사」라는 책이 있습니다. 그 책의 주인공은 안수현이라는 의사인데, 그는 33세의 젊은 나이에 병으로 세상을 떠나고 말았습니다. 그런데 이 젊은 의사가 세상을 떠났을 때 몇 사람이 와서 그의 죽음을 슬퍼하고 애도했는지 아십니까? 4천명입니다. 저나 여러분이 죽으면 몇 명이나 올 것 같습니까? 400명만 와도 잘 산 인생일 것입니다. 그 책에 보면 이런 내용이 나옵니다.

“그의 영정사진이 걸리기 전부터 장례식장은 물밀 듯 밀려오는 조문객으로 들어설 곳이 없었습니다. 수현형제 쾌차를 위해 인터넷을 뜨겁게 달구며 금식기도와 중보기도를 해왔던 사람들이 황망한 얼굴로 모여 들었습니다. 도저히 믿을 수 없어 한 걸음에 달려왔다가 빈소에서 주저앉아 통곡하는 청년들도 있었습니다. 어떤 계산도 깔리지 않은 순전한 슬픔, 그 한 가지로 4천명이 넘는 그의 우정들이 몰려들었습니다. 그 안에는 병원 청소하시는 분, 식당 아줌마, 침대 미는 도우미, 매점 앞에서 구두 닦는 분도 계셨습니다. 그 한 분, 한 분에게는 수현 형제가 은밀하게 베푼 사랑의 이야기가 들어있었습니다. 구두 닦는 분은 자신에게 항상 허리 굽혀 공손하게 인사하는 의사는 그 청년이 평생 처음이라고 했습니다."

우리가 하나님의 자녀라면 안수현씨처럼, 그리고 다비다처럼 선행과 구제를 많이 하는 삶을 살아야 할 것입니다. 가톨릭은 분명히 비성경적인 요소가 많은 단체임에도 불구하고 이런 일을 아주 잘합니다. 그런데 성경적이라고 주장하는 복음주의자들, 우리들이 이것을 잘 못하고 있습니다. 여러분, 성경이 무엇을 가르치고 있는지 그것을 놓치면 안 됩니다. 성경은 구제와 선행을 가르치고 있습니다.

잠언 14장 31절을 보면 "가난한 사람을 학대하는 자는 그를 지으신 이를 멸시하는 자요, 궁핍한 사람을 불쌍히 여기는 자는 주를 공경하는 자니라"고 했습니다. 야고보서 1장 27절에는 "하나님 아버지 앞에서 정결하고 더러움이 없는 경건은 곧 고아와 과부를 그 환난 중에 돌보는 것"이라고 했습니다. 성경책 끼고 주일날 거룩한 모습으로 왔다갔다 하는 것이 경건이 아니라 어려운 사람들을 돌봐주는 것, 가난한 사람들을 도와주는 것, 구제하는 것, 선행하는 것이 경건이라는 것입니다. 갈라디아서 6장 10절은 이렇게 말씀합니다.

"그러므로 우리는 기회 있는 대로 모든 이에게 착한 일을 하되 더욱 믿음의 가정들에게 할지니라."

어려운 사람들을 돌아볼 줄 아는 사람이 됩시다. 그것이 성경의 가르침입니다. 초대 교회 성도들은 믿지 않는 사람들로부터도 칭찬을 많이 들었는데 그 이유 중 하나가 다비다와 같은 성도들이 많았기 때문입니다. 선행하고 구제하는 사람들이 많다보니 믿지 않는 사람들이 예수 믿는 사람들을 칭찬했던 것입니다. 오늘날 교회가 해야 할 일이 이런 일이라고 생각합니다. 이것은 돈이 많고 적음을 떠나서 누구라도 하고자 하면 할 수 있습니다. "구제하십시오. 선행을 베푸십시오" 하면 "나도 그러고 싶은데 내 코가 석자라서… 나중에 돈 생기면 하겠습니다" 하는 분들이 계십니다. 그런데 그렇지 않습니다. 마음만 있으면 얼마든지 할 수 있습니다.

본문에 나오는 다비다가 부자였을까요? 제가 보기에는 아닙니다. 어쩌면 다비다도 과부들 중의 한 사람이었는지 모릅니다. 과부들과 어울려 지내면서 봉사하며 산 사람일 것입니다. 돈이 없어도 가지고 있는 기술과 재능만으로도 얼마든지 사람들을 도울 수 있고, 행복하게 해줄 수 있습니다. 다비다는 바느질을 잘 했던 것 같습니다. 그러니까 그 은사를 가지고 섬긴 것입니다. 어제 조선일보 1면에 국민들의 추천을 통하여 큰 상을 받게 된 사람들의 사진이 크게 실렸습니다. 그 기사를 읽어보니 그들 중에는 어렵고 가난한 사람도 있었습니다.

51세 된 강경환이라는 분은 13세 때 지뢰사고를 당하여 양손이 없습니다. 손이 없는 팔로 염전에서 막노동을 하며 살아가는 사람입니다. 그런데도 어렵게 모은 돈으로 자기보다 더 어려운 독거노인들, 소년소녀 가장들의 집에 옷가지와 먹을 것을 갖다주는 착한 일을 많이 하여 이번에 큰 상을 받았습니다. 또 황금찬 할머니는 87세인데 일본 강점기 때 일본 사람들에게 끌려가 강제노역을 하고 위안부생활을 했던 분입니다. 이분은 광복 후 한국에 돌아와 식모살이를 하면서 어렵게 살았습니다. 나이가 많아져서는 빈 병과 폐휴지를 모아 고물상에 팔아 생활을 했습니다. 그런데 이분이 평생 모은 1억원을 장학금으로 내놓았습니다. 이분들은 우리보다 훨씬 더 어렵게 사는 분들입니다. 그런데도 이렇게 좋은 일을 했습니다. 저는 이런 일을 그리스도인들이 해야 한다고 생각합니다. 이분들이 그리스도인인지 아닌지는 모르지만 그리스도인들이야말로 이런 좋은 일을 하면서 살아야 하는 것입니다.

나에게 없는 것, 내가 못하는 것 생각하지 마시고, 나에게 있는 것, 내가 잘할 수 있는 것을 생각하셔서 그것이 물질이든 재능이든 기술이든, 그것을 가지고 어려운 사람들을 도와주시기 바랍니다. 그렇게 할 때 하나님께서 영광 받으실 것입니다. 많은 사람들이 주님을 알게 되고 구원받는 놀라운 역사가 일어나게 될 것입니다.

마지막 네 번째로 살펴볼 사람은 베드로입니다.

베드로는 예수님의 수제자로 초대 교회에서 가장 중요한 지도자입니다. 예루살렘 교회의 부흥과 성장을 말할 때 우리는 그를 빼놓을 수 없습니다. 베드로는 본문에서 정말 놀라운 기적 두 가지를 행했습니다. 33-34절을 보겠습니다.

"거기서 애니아라 하는 사람을 만나매 그는 중풍병으로 침상 위에 누운 지 여덟 해라. 베드로가 이르되 애니아야 예수 그리스도께서 너를 낫게 하시니 일어나 네 자리를 정돈하라 한대 곧 일어나니."

애니아는 8년 동안 중풍병으로 꼼짝 못하고 누워있는 사람입니다. 의학적으로 일으킬 방법이 없는 사람입니다. 그런데 베드로가 말 한 마디로 이 병든 애니아를 일으켰습니다. 8년 동안 꼼짝 못하고 누워있던 애니아가 그 자리에서 벌떡 일어나 움직이기 시작한 것입니다. 정말 놀라운 기적이 아닐 수 없습니다.

또 40절에 보면 베드로가 죽은 사람도 살립니다.

"베드로가 사람을 다 내보내고 무릎을 꿇고 기도하고 돌이켜 시체를 향하여 이르되 다비다야 일어나라 하니 그가 눈을 떠 베드로를 보고 일어나 앉는지라."

이번에는 베드로가 죽은 다비다를 살렸습니다. 이것은 보통 기적이 아닙니다. 기적도 놀랍지만 베드로의 믿음도 대단히 놀랍습니다. 웬만한 사람 같으면 죽은 사람을 향하여 "일어나라" 할 수 있겠습니까? 못합니다. 다른 제자들도 그렇게 못했습니다. 그런데 베드로는 그렇게 할 수 있는 믿음이 있었습니다. 그래서 어떤 분들은 이런 베드로를 보고 엄청난 도전을 받습니다. '나도 베드로와 같은 믿음이 있어서 죽은 사람 한 번 살려 봤으면 좋겠다. 죽은 사람까지는 아니라도 암환자에게 기도하고 안수해서 한 번 일으켜 봤으면 좋겠다.' 목사님들 중에 이런 생각하는 분들이 간혹 계십니다. 그런데 이런 일은 믿음만 있다고 되는 게 아닙니다. 믿음도 있어야 하지만 그렇게 할 수 있는 능력이 있어야 합니다. 베드로에게는 그런 능력이 있었습니다.

마태복음 10장 1절을 보면 "예수께서 그의 열두 제자를 부르사 더러운 귀신을 쫓아내며 모든 병과 모든 약한 것을 고치는 권능을 주시니라"고 했습니다. 예수님께서는 베드로를 비롯한 열두 명의 제자들에게 그런 권능을 주셨습니다. 그런 권능이 있었기에, 그리고 믿음이 있었기에 베드로는 위대한 기적을 행할 수 있었던 것입니다.

그런데 왜 하나님께서 베드로로 하여금 그런 일을 할 수 있는 능력을 주신 줄 아십니까? 그것은 복음을 능력 있게 전하도록 하기 위함이었습니다. 요한복음 20장 30-31절을 보면 그런 것을 알 수 있습니다.

"예수께서 제자들 앞에서 이 책에 기록되지 아니한 다른 표적도 많이 행하셨으나 오직 이것을 기록함은 너희로 예수께서 하나님의 아들 그리스도이심을 믿게 하려 함이요, 또 너희로 믿고 그 이름을 힘입어 생명을 얻게 하려 함이니라."

예수님께서 기적을 행하신 목적과 이런 기적들을 성경에 기록해 놓은 목적은 예수님께서 하나님의 아들 그리스도이심을 믿고 생명을 얻게 하기 위함이라고 하셨습니다. 이 목적을 위하여 예수님께서는 제자들에게도 기적을 행할 수 있는 능력을 주신 것입니다. 본문을 잘 보면 본문도 무엇을 강조하는지 알 수 있습니다.

"룻다와 사론에 사는 사람들이 다 그를 보고 주께로 돌아오니라"(35절).

성경은 기적만 기록하고 있지 않습니다. 기적 때문에 많은 사람들이 예수님을 믿은 것을 강조하고 있습니다.

"온 욥바 사람이 알고 많은 사람이 주를 믿더라"(42절).

성경은 베드로가 죽은 다비다를 살린 것으로 끝내지 않습니다. 그것을 통하여 많은 사람들이 예수님을 믿게 된 것을 기록하고 있습니다. 그러므로 우리는 사람들로 하여금 예수님을 믿게 하려는 것이 하나님의 의도이고, 성경의 목적이라는 것을 놓쳐서는 안 됩니다.

그러니까 이런 기적을 보고 '나도 이런 일 한 번 해봐야 되겠다'는 도전은 안 받아도 괜찮습니다. 이런 일은 우리가 할 수 있는 일이 아닙니다. 이런 일을 할 수 있다고 주장하는 사람도 가끔 있기는 한데

다 거짓말이고 엉터리입니다. 진짜 말 한 마디로 죽은 사람을 벌떡 일으켜 세울 수 있는 사람이 있습니까? 가끔 기독교계통의 TV를 보면 하반신 불구자를 일으킨다고 억지로 막 일어나게 하는 장면을 보게 되는데 베드로는 그런 식으로 일으킨 게 아닙니다. 말씀 한 마디 하니까 곧 일어났습니다. 이렇게 할 수 있는 사람이 오늘날 있습니까? 죽은 사람을 살릴 수 있는 사람이 있습니까? 없습니다. 기적을 행할 수 있는 능력은 아무 시대, 아무에게나 주신 것이 아니라 사도시대에 사도들에게 주셨다는 것을 알아야 합니다.

그러므로 우리는 기적 행한 것 자체에 도전을 받을 것이 아니라 '나도 열심히 복음을 전해서 많은 사람들을 주님께로 인도해야겠다'는 도전을 받아야 할 것입니다. 예수님께서 오신 목적이 무엇입니까? 병고치기 위해서 오셨습니까? 기적 행하기 위해서 오셨습니까? 아닙니다. 잃어버린 영혼들을 구원하시기 위해 오셨습니다.

"인자가 온 것은 잃어버린 자를 찾아 구원하려 함이니라"(눅 19:10).

기적 중에서 가장 큰 기적은 죄로 인하여 죽을 수밖에 없는 영혼이 복음을 듣고 다시 살아나는 것임을 잊지 마십시오. 병든 사람을 고치는 것도 큰 기적입니다. 그런데 병든 사람을 고쳐주어도 또 병에 걸릴 수 있고, 언젠가는 결국 죽습니다. 죽은 사람 살리는 것도 대단한 기적입니다. 그런데 죽은 사람을 살려준다 해도 언젠가 또 죽습니다. 그러나 죄로 인하여 죽어가는 영혼에게 복음을 전해서 거듭나게 하면 그 사람은 영원히 살 수 있습니다. 그러므로 오늘날 우리가 추구해야 할 기적이 무엇인지 잘 생각하면서 영혼들에게 복음 전하는 일에 더 시간을 드리고, 정성을 드리고, 노력을 드릴 수 있기를 바랍니다. 본문에서 베드로가 죽은 사람도 살렸고, 병든 사람도 일으켰지만 베드로가 주로 한 일은 복음전도였습니다.

"그 때에 베드로가 사방으로 두루 다니다가 룻다에 사는 성도들에게도 내려갔더니"(32절).

베드로가 '사방으로 두루' 다닌 것은 복음을 전하기 위해서였습니다. 병을 고치려고 다닌 것이 아닙니다. 사도행전을 기록한 누가가 사방으로 두루 다녔다면 그는 의사였으므로 병을 고쳐주려고 두루 다녔을 수 있습니다. 그러나 베드로가 사방으로 두루 다닌 것은 예수님의 명령에 순종하여 복음을 전하기 위해서였습니다. 사도행전 2장 40절에 나와 있는 베드로의 설교 핵심만 봐도 알 수 있습니다. "너희가 이 패역한 세대에서 구원을 받으라" 하는 것이 그의 설교의 핵심이었습니다.

우리는 베드로처럼 병든 사람을 기적적으로 일으킬 수 있는 능력은 없지만 "병든 자를 위하여 기도하라" 하셨으니 기도할 수 있습니다. 그리고 복음을 전하여 구원받게 하는 일을 할 수 있습니다. 그것 때문에 하나님께서 우리를 이 땅에 살게 해주신 것이고, 구원받게 해주신 것입니다. 그 일을 하면서 살아가는 우리가 됩시다.

본문을 통해서 초대 교회의 성장에 기여했던 사울, 바나바, 다비다, 베드로 네 사람을 살펴보았습니다. 이들은 정말 위대한 하나님의 사람들이었습니다. 이런 분들이 있었기에 초대 교회는 성장할 수 있었습니다.

하나님께서는 21세기에 이곳에도 교회를 세워주셨고, 우리로 하여금 교회의 지체가 되도록 하셨습니다. 그렇다면 우리도 하나님께서 세우신 교회에 어떻게 해서라도 기여하고, 교회가 부흥하는데 한 역할을 해야 할 것입니다. 사울이나 베드로 같은 역할은 우리가 감당하기 어려울지도 모릅니다. 그러나 바나바나 다비다 같은 역할은 마음만 먹으면 충분히 할 수 있습니다.

교회를 위하여 내가 할 수 있는 일이 무엇일까를 늘 생각하면서 주님의 뜻을 이루고, 교회를 세워가는 당신이 되기를 주님의 이름으로 축복합니다.

16. 관습과 편견의 벽을 넘어

(행 10:1-35)

16. 관습과 편견의 벽을 넘어 (행 10:1-35)

본문은 고넬료라는 사람의 이야기입니다. 고넬료는 구원받은 이방인들 중에서 가장 먼저 성령을 받은 사람입니다. 물론 고넬료보다 먼저 예수님을 믿고 구원받은 이방인들이 있을 수 있습니다. 그러나 이방인들 중에서 가장 먼저 성령을 받은 사람은 고넬료와 그 집 안에 모여 있던 그의 가족, 친구들이었습니다.

사도행전의 핵심구절은 "오직 성령이 너희에게 임하시면 너희가 권능을 받고 예루살렘과 온 유대와 사마리아와 땅 끝까지 이르러 내 증인이 되리라"(행 1:8)는 말씀입니다. 사도행전의 내용 전개는 이 말씀에 기록된 순서대로 되어가는 것을 볼 수 있습니다. 먼저는 유대인들에게 복음이 전파되고, 그 다음에는 사마리아 사람들, 마지막으로는 '땅 끝'에 해당되는 이방사람들입니다. 그래서 사도행전 2장에는 유대인들이 성령 받는 사건이 기록되어 있고, 8장에는 사마리아 사람들, 10장에는 이방사람인 고넬료와 그의 가족들이 성령 받는 사건이 기록되어 있습니다.

이 일을 위해서 하나님께서는 사도 베드로를 귀하게 쓰셨습니다. 왜 다른 사람이 아닌 베드로였을까요? 그것은 마태복음 16장 19절 말씀 때문입니다. 예수님께서는 베드로에게 '천국 열쇠'를 주겠다고 하셨습니다. 천국 열쇠가 무엇입니까? '복음'을 말합니다. 복음은 천국의 문을 여는 열쇠입니다. 이 약속 때문에 유대인들에게 공식적으로 제일 먼저 복음을 전한 사람이 베드로였고, 사마리아 사람들로 하여금 성령을 받도록 해준 사람도 베드로였습니다. 그리고 본문에서 이방 사람들에게 예수 그리스도의 복음을 전하고 그들로 하여금 성령을 받게 해준 사람도 역시 베드로였습니다.

본문은 크게 세 가지를 말하고 있습니다. 첫째, 고넬료는 어떤 사람인가? 둘째, 고넬료는 어떻게 베드로를 만나게 되었는가? 셋째, 고넬료는 어떤 태도로 베드로의 말씀을 들었는가?

먼저 고넬료가 어떤 사람인지 보겠습니다.

"가이사랴에 고넬료라 하는 사람이 있으니 이달리야 부대라 하는 군대의 백부장이라. 그가 경건하여 온 집안과 더불어 하나님을 경외하며 백성을 많이 구제하고 하나님께 항상 기도하더니"(1-2절).

고넬료의 직업은 로마 군대의 백부장입니다. 백부장은 백 명의 군사를 거느린 로마의 장교를 말합니다. 또한 그는 하나님을 경외하는 경건한 사람이었습니다. 정복 국가의 군인이 어떻게 식민지 국가 사람들이 섬기는 하나님을 믿게 되었는지 알 수 없습니다. 그러나 이 사람은 로마 군인이었음에도 불구하고 이스라엘 사람들이 섬기는 하나님을 섬기고 있었습니다. 22a절에서는 고넬료의 하인들이 고넬료에 대해서 '의인'이라고 말했습니다.

"그들이 대답하되 백부장 고넬료는 의인이요, 하나님을 경외하는 사람이라."

고넬료를 보니 구약성경의 욥이 생각납니다. 욥기 1장 1b절은 욥에 대해서 이렇게 말씀합니다. .

"그 사람은 온전하고 정직하여 하나님을 경외하며 악에서 떠난 자더라."

욥에 대한 설명과 고넬료에 대한 설명이 상당히 흡사합니다.

그러면 여러분에게 질문을 하나 드려보겠습니다. 고넬료는 구원을 받은 사람일까요, 안 받은 사람일까요? 대답하기가 쉽지 않을 것입니다. 4절을 보면 하나님께서 이 사람의 기도와 구제를 받으셨다고 했는데, 이런 말씀을 보면 구원받은 사람임에 틀림없습니다. 그런데 사도행전 11장 14절을 보면 조금 의문이 생깁니다.

"그가 너와 네 온 집이 구원받을 말씀을 네게 이르리라."

이 표현을 보면 고넬료는 구원받은 사람이 아닙니다.

그러므로 고넬료에 대해서는 두 가지 중 하나로 이해할 수 있습니다. 구원받은 사람으로 우리가 본받아야 할 사람으로 이해할 수도 있고, 아니면 나름대로 신앙생활을 한다고 했지만 여전히 구원받지 못한 사람으로 이해할 수도 있습니다. 고넬료에 대해서 어떻게 이해하는 것이 바른 이해이겠습니까? 구원받은 사람으로 이해하자니 11장 14절 말씀이 마음에 걸리고, 구원받지 못한 사람으로 보자니 괜히 고넬료에게 미안한 생각이 들고, 그렇지 않습니까?

고넬료에 대해서 제대로 이해하려면 먼저 그가 살았던 시대적 배경을 이해할 필요가 있습니다. 고넬료는 구약시대 사람입니까, 신약시대 사람입니까?

예수님 시대 이후에 등장하고 있으므로 신약시대 사람이라 할 수 있습니다. 그런데 고넬료는 구약과 신약의 중간시대 사람으로 보는 것이 정확할 것입니다. 왜냐하면 '사도행전'이라는 책 자체가 구약과 신약 중간의 과도기적인 책이기 때문입니다. 사도행전에 기록된 여러 사건들이 일어날 때 신약성경은 아직 완성되지 않았습니다. 신약성경이 기록되고 있던 시기였으므로 그때는 구약성경밖에 없었습니다. 그런 것을 감안해서 본다면 고넬료는 구약의 개념으로는 구원받은 사람이고, 신약의 개념으로는 구원받지 못한 사람입니다. 왜냐하면 신약의 구원 개념 속에는 예수 그리스도의 죽으심과 부활에 대한 개념이 반드시 들어가 있어야 하기 때문입니다. 그런데 고넬료는 그것을 잘 모르고 있었습니다. 그렇기 때문에 하나님께서 베드로로 하여금 그에게 가서 예수님에 대해서 정확하게 설명해 주라는 것입니다.

그러므로 고넬료에 대해서 "이 사람은 신앙심은 있었지만 구원은 받지 못했습니다"라고 말한다면 그것은 성경을 제대로 보는 것이 아닙니다. 만약 고넬료를 그런 식으로 몰아붙인다면 구약의 욥도 마찬가지일 것입니다. 욥이 예수님에 대해서 정확히 알았나요? 몰랐습니다. 그러니까 구약과 신약의 구원의 개념이 다를 수 있다는 것입니다. 구원은 구약시대에도, 신약시대에도 믿음으로 받습니다. 이것은 불변의 진리입니다. 그런데 믿음의 내용은 구약시대와 신약시대가 다릅니다. 구약시대 사람들은 예수님을 모른 채 믿음으로 구원받았습니다. 하나님을 믿고, 하나님의 말씀대로 행함으로 구원받은 것입니다. 그런데 신약시대에 와서는 예수님에 대해서 정확하게 이해하고, 예수님에 대한 믿음이 있어야 구원을 받습니다. 그러니까 어느 시대를 막론하고 구원의 방법은 항상 믿음입니다. 구약시대 사람도 믿음으로 구원받고, 신약시대 사람도 믿음으로 구원받습니다. 하지만 믿음의 내용은 시대마다 차이가 날 수 있다는 것입니다.

고넬료를 통해서 우리가 배울 수 있는 교훈이 무엇입니까? 고넬료의 경건을 우리도 배워야 합니다. 이분의 경건은 크게 두 가지로 나타났는데 구제와 기도입니다.

"백성을 많이 구제하고 하나님께 항상 기도하더니"(2b절).

경건은 추상적인 개념이 아니라 행동으로 나타날 수 있는 것입니다.

고넬료의 경우에는 그것이 기도와 구제로 나타났습니다.

"하나님 아버지 앞에서 정결하고 더러움이 없는 경건은 곧 고아와 과부를 그 환난 중에 돌보고 또 자기를 지켜 세속에 물들지 아니하는 그것이니라"(약 1:27).

야고보서의 말씀처럼 고넬료가 그러한 삶을 살았습니다. 우리도 고넬료 같은 사람이 되면 좋겠습니다. 하나님께 예배 잘 드리고, 기도 열심히 하고, 물질을 드릴 줄도 알고, 어려운 사람을 보면 그냥 지나치지 않는 그런 사람 말입니다. 그런 사람이 경건한 사람입니다.

또 고넬료는 신앙생활을 할 때 혼자 하지 않고, 온 가족이 함께한 것을 볼 수 있습니다.

"그가 경건하여 온 집안과 더불어 하나님을 경외하며"(2a절).

요즘은 혼자 신앙생활하는 분들도 많이 계시는데 원래 신앙생활은 온 가족이 함께해야 하는 것입니다. 여러분 가족 중에 아직 믿지 않는 분이 계시면 어떻게 해서라도 믿도록 전도하시기 바랍니다. 그것이 성경의 가르침입니다. 사도행전 16장 31절에 "주 예수를 믿으라. 그리하면 너와 네 집이 구원을 받으리라" 하셨습니다. 나만 믿으면 내 가족은 저절로 구원받게 되는 것이 아니라, 내가 전도해야 내 가족이 믿고 구원받게 되는 것입니다. 이것이 정상적인 신앙생활입니다. 이런 의미에서 저는 이웃전도보다 더 중요한 것이 가족전도라고 생각합니다. 이웃은 전도했는데 내 가족은 전도하지 못해서 지옥에 떨어진다면 그것처럼 가슴 아픈 일이 어디 있겠습니까. 그렇다고 이웃전도는 완전히 포기하고 가족전도만 하라는 말씀은 아닙니다. 이웃전도도 해야 하지만 우선순위는 가족전도라는 것입니다. 가족에게 우선순위를 두고 친구도 전도하고, 이웃도 전도해야 하는 것입니다.

“이튿날 가이사랴에 들어가니 고넬료가 그의 친척과 가까운 친구들을 모아 기다리더니”(24절).

고넬료가 베드로로부터 전해질 하나님의 말씀을 기대하면서 친척과 친구들을 다 불러 모았습니다. 우리도 이렇게 해야 합니다. 가족을 먼저 전도하고, 그 다음에 친척, 친구들을 전도해야 하는 것입니다. 이것이 예루살렘에서부터 시작하여 온 유대와 사마리아와 땅 끝까지 전도하는 것인 줄 믿습니다. 사도행전 1장 8절의 말씀을 생활 가운데 실천하는 우리가 됩시다.

두 번째로, 고넬료가 어떻게 베드로를 만나게 되었는지 보겠습니다.

“하루는 제 구시쯤 되어 환상 중에 밝히 보매 하나님의 사자가 들어와 이르되 고넬료야 하니 고넬료가 주목하여 보고 두려워 이르되 주여 무슨 일이니이까? 천사가 이르되 네 기도와 구제가 하나님 앞에 상달되어 기억하신 바가 되었으니 네가 지금 사람들을 욥바에 보내어 베드로라 하는 시몬을 청하라. 그는 무두장이 시몬의 집에 유숙하니 그 집은 해변에 있다 하더라. 마침 말하던 천사가 떠나매 고넬료가 집 안 하인 둘과 부하 가운데 경건한 사람 하나를 불러 이 일을 다 이르고 욥바로 보내니라”(3-8절).

하나님께서 ‘제 구시쯤’ 고넬료에게 환상을 보여주셨는데, ‘구 시’는 오후 3시로, 기도하는 시간입니다. 사도행전 3장 1절에 보면 “제 구시 기도시간에 베드로와 요한이 성전에 올라갈새”라는 표현이 있습니다. 고넬료가 기도시간에 기도를 열심히 하고 있을 때 하나님께서 환상을 보여주셨습니다. 욥바에 있는 베드로를 불러 하나님의 말씀을 들으라는 환상이었습니다. 이렇게 해서 고넬료가 사람을 보내게 되고, 베드로가 고넬료의 집에 오게 됩니다. 가이사랴에서 욥바까지의 거리는 약 50km로, 이틀 정도 소요됩니다.

고넬료가 환상을 본 다음 날 베드로에게도 하나님께서 환상을 보여주셨습니다. 그 환상에 대해서는 9-16절에 나와 있습니다.

"이튿날 그들이 길을 가다가 그 성에 가까이 갔을 그 때에 베드로가 기도하려고 지붕에 올라가니 그 시각은 제 육시더라. 그가 시장하여 먹고자 하매 사람들이 준비할 때에 황홀한 중에 하늘이 열리며 한 그릇이 내려오는 것을 보니 큰 보자기 같고 네 귀를 매어 땅에 드리웠더라. 그 안에는 땅에 있는 각종 네 발 가진 짐승과 기는 것과 공중에 나는 것들이 있더라. 또 소리가 있으되 베드로야 일어나 잡아먹어라 하거늘 베드로가 이르되 주여 그럴 수 없나이다 속되고 깨끗하지 아니한 것을 내가 결코 먹지 아니하였나이다 한대 또 두 번째 소리가 있으되 하나님께서 깨끗하게 하신 것을 네가 속되다 하지 말라 하더라. 이런 일이 세 번 있은 후 그 그릇이 곧 하늘로 올려져 가니라."

하나님께서 베드로에게 보여주신 환상은, 하늘에서 큰 보자기가 내려오는데 거기에 부정한 짐승들이 들어 있고, 하나님께서는 그것을 잡아먹으라고 하십니다. 원래 유대인들은 레위기 11장 말씀에 의해서 부정한 짐승은 먹지 않습니다. 그런데 하나님께서 잡아먹으라고 하십니다. 이것이 무슨 의미인지 베드로가 고민하고 있을 때 고넬료가 보낸 사람들이 도착합니다. 그때 베드로가 왜 하나님께서 그런 환상을 보여주셨는지를 깨닫게 됩니다.

"베드로가 본 바 환상이 무슨 뜻인지 속으로 의아해 하더니 마침 고넬료가 보낸 사람들이 시몬의 집을 찾아 문 밖에 서서 불러 묻되 베드로라 하는 시몬이 여기 유숙하느냐 하거늘 베드로가 그 환상에 대하여 생각할 때에 성령께서 그에게 말씀하시되 두 사람이 너를 찾으니 일어나 내려가 의심하지 말고 함께 가라 내가 그들을 보내었느니라 하시니"(17-20절).

베드로는 하나님께서 보여주신 환상이 이방인이라고 해서 꺼려하지 말고 가서 교제해주라는 말씀임을 깨닫고 따라가게 됩니다. 그리하여 고넬료를 만나게 됩니다. 베드로가 고넬료를 만나서 어떤 말을 하는지 34-35절을 보겠습니다.

"베드로가 입을 열어 말하되 내가 참으로 하나님은 사람의 외모를 보지 아니하시고 각 나라 중 하나님을 경외하며 의를 행하는 사람은 다 받으시는 줄 깨달았도다."

베드로가 정말 놀라운 것을 깨달았습니다. 하나님은 사람을 외모로 보시지 않고, 사람에 대한 편견이 없으시다는 것입니다. 지금까지 베드로는 유대인으로서 이방사람들에 대해 편견이 있었습니다. 그런데 하나님은 그렇지 않으시다는 것을 깨닫게 된 것입니다. 우리에게도 이런 깨달음이 있어야 할 것입니다. 우리도 다른 사람들에 대해서 얼마나 많은 편견이 있는지 모릅니다. "저 사람은 전라도 사람이래. 저 사람은 경상도 사람이래" 하는 출신 지방에 따른 편견도 있고, "저 사람은 학벌이 좋으니까 유능할거야. 저 사람은 학벌이 없으니까 일을 못할 거야" 하는 학벌에 대한 편견도 있습니다. 또 나이에 대한 편견도 있습니다. "저 사람은 나이가 많아서 일을 잘 못할 거야. 저 사람은 나이가 적고 경험이 없어서 잘 못할 거야." 다 편견입니다.

외모에 대한 편견도 있습니다. 요즘은 남자도 성형을 하지 않으면 취직이 잘 안 되는 시대가 되어버렸습니다. 얼굴 못생긴 것도 억울한데, 일자리까지 안주면 어떻게 합니까. 또 예쁜 여자를 보면 어떻게 생각합니까? '저 여자는 마음도 예쁠 거야'라고 생각합니다. 얼굴이 예쁘면 마음도 예쁘고, 다 예쁜 것입니까? 반드시 그런 건 아니지요. 그렇다고 얼굴 예쁜 것이 나쁘다는 것은 아닙니다. 얼굴 예쁘고, 잘생겼으면 좋아하고 얼굴 좀 못생겼고 내 스타일이 아니면 괜히 싫어하고 미워하는 것도 사람에 대한 편견입니다.

나라에 대한 편견도 있습니다. 우리나라 사람들은 일본사람을 안 좋아하는 경향이 있는데 일본사람 중에도 좋은 사람이 많습니다. 그들이 우리에게 나쁜 짓을 한 것은 사실이지만 일본 사람들이 다 나쁜 것은 아닙니다. 또 흑인을 비하하거나 무시하는 편견도 있습니다. 믿지 않는 사람들은 사람에 대해서 이런 저런 편견을 가지고 있다 할지라도 그리스도인들은 사람에 대한 편견을 버려야 할 것입니다. 사람을 차별하지 마십시오. 지방에 대한 편견이든, 학벌에 대한 편견이든, 외모에 대한 편견이든 그리스도인은 편견을 가지면 안 됩니다.

베드로는 관습과 편견의 벽을 뛰어 넘었기에 이방인 고넬료의 집에 찾아갈 수 있었습니다. 정말 잘한 일입니다. 우리도 이런 베드로를 본받아야 합니다. 사람은 관습이나 편견에 젖어 자기모순에 빠질 때가 참 많습니다. 베드로도 처음에는 그랬습니다. 하나님께서 부정한 짐승들을 보여주시면서 잡아먹으라고 했을 때 베드로가 뭐라고 했습니까? 결코 먹지 않겠다고 했습니다. 하나님이 먹으라고 하는데도 안 먹겠다는 것입니다. 관습이 얼마나 무서운 것인지 모릅니다. 그리고 28a절에서는 이런 말도 합니다.

"유대인으로서 이방인과 교제하며 가까이 하는 것이 위법인 줄은 너희도 알거니와."

유대인이 이방인을 가까이 하거나 교제하면 위법이라는 것입니다. 맞는 말입니다. 그런데 베드로는 시몬이라는 무두장이의 집에 머물고 있었습니다(6절). '무두장이'는 가죽제품을 만드는 사람입니다. 가죽으로 가방도 만들고, 벨트도 만드는 사람인데 그 일을 하는 사람은 부정한 사람입니다. 구약성경에 보면 죽은 짐승은 만지지 말라고 했는데, 가죽을 만지는 것은 곧 죽은 짐승을 만지는 것과 같은 것이기 때문입니다. 그러므로 유대인의 시각으로 보면 그것은 부정한 직업이고, 그런 직업을 가진 사람은 가까이 하지 않는 것이 좋습니다. 그런데 베드로는 무두장이의 집에 머물고 있었습니다. 율법에 의하면 그것도 분명 위법입니다. 그런데 베드로가 그 위법은 행하면서도 부정한 짐승에 대해서는 철저한 것을 보게 됩니다. 이것이 얼마나 큰 모순입니까. 그런데 사람들이 그런 경우가 참 많다는 것입니다. 저와 여러분은 혹시 그런 모순 속에 빠져 있지 않은지 돌아보고, 우리는 관습이나 편견을 넘어서는 사람이 되어야 할 것입니다.

끝으로, 고넬료가 어떤 태도로 베드로의 말씀을 들었는지 보겠습니다.

"내가 곧 당신에게 사람을 보내었는데 오셨으니 잘하였나이다. 이제 우리는 주께서 당신에게 명하신 모든 것을 듣고자 하여 다 하나님 앞에 있나이다"(33절).

고넬료는 베드로 앞에 있는 것을 '하나님 앞에' 있는 것으로 표현했습니다. 우리도 하나님께 예배를 드리거나 하나님의 말씀을 들을 때 이런 태도를 가져야 합니다. 하나님은 우리 눈에 안 보입니다. 그러나 우리가 예배드릴 때 하나님이 우리 앞에 계시다는 것을 알아야 합니다. 하나님 앞에서 내가 말씀을 듣고 있고, 예배를 드리고 있다는 것을 철저하게 인식할 필요가 있습니다.

하나님께 대한 태도가 철저하다 보니 고넬료는 베드로를 맞이할 때도 최고의 경의를 표한 것을 볼 수 있습니다.

"마침 베드로가 들어올 때에 고넬료가 맞아 발 앞에 엎드리어 절하니"(25절).

고넬료가 베드로의 발 앞에 엎드려 절했다고 했습니다. 여기서 말하는 '절'은 우리가 보통 하는 그런 절의 개념이 아니라 예배의 개념입니다. 그래서 영어 킹제임스성경이나 NASB성경을 보면 'worship(예배)'이라는 단어를 썼습니다.

고넬료가 베드로에게 예배의 태도를 취하니까 베드로가 어떻게 했습니까? 26절에 보면 화들짝 놀라면서 "그러지 마십시오. 나는 하나님이 아닙니다. 나는 당신과 똑같은 사람일 뿐입니다"라고 하면서 일으켜 세웁니다.

고넬료가 베드로가 사람인 것을 몰라서 그렇게 했겠습니까? 하나님께 대한 태도가 워낙 철저하다보니 하나님의 사람에 대해서도 그런 태도를 보인 것입니다. 우리도 예배드릴 때 고넬료와 같은 태도를 가져야 할 것입니다. 예배드리러 나올 때는 복장도 신경을 쓰면 좋겠습니다. 만약 여러분이 대통령의 초청을 받아 청와대에 간다고 생각해보십시오. 그냥 아무렇게나 하고 가겠습니까? 기본적인 예의는 갖춰서 가지 않겠습니까? 우리가 예배드리러 나올 때는 하나님 앞에 나오는 것입니다. 그러므로 예배드리러 나올 때는 '하나님을 만나러 간다, 하나님 앞에 서기 위해 간다'는 인식을 가지고 나오시기 바랍니다.

　본문을 통해 고넬료에 대해서 생각해 보았습니다. 왜 하나님께서 많은 사람 중 고넬료를 택하여 이방인으로서는 처음으로 성령을 받게 하셨는지 조금 이해가 되지 않습니까? 그는 정말 훌륭하고 경건한 하나님의 사람이었습니다. 본문에 나타난 베드로의 순종 또한 얼마나 아름답습니까! 고넬료와 같이 경건하고, 베드로와 같이 순종할 줄 아는 그리스도인이 됩시다.

17. 이방인에게도 생명 얻는 회개를
(행 10:36-11:18)

17. 이방인에게도 생명 얻는 회개를 (행 10:36-11:18)

본문은 대단히 중요한 말씀입니다. 왜냐하면 이방인들이 처음으로 성령을 받는 사건을 다루는 내용이기 때문입니다. 본문은 '이방인들의 오순절 사건'이라고 할 수도 있습니다. 유대인들이 성령을 받은 사건은 사도행전 2장에 기록되어 있습니다. 오순절 날 하나님께서는 유대인들에게 성령을 보내주셨습니다. 사마리아 사람들이 성령 받은 사건은 사도행전 8장에 나옵니다. 그러나 지금까지 이방인들에게는 하나님께서 성령을 보내주시지 않으셨습니다. 본문에서 처음으로 이방사람들에게도 성령을 보내주십니다. 이방인으로서 처음 성령을 받은 사람들은 고넬료와 그의 가족들, 친척들, 친구들입니다. 참으로 복 받은 사람들입니다.

본문은 크게 세 부분으로 나누어집니다. 먼저 10장 36-43절은 베드로가 고넬료의 집에서 설교한 내용입니다. 44-48절은 고넬료와 그와 함께 있던 사람들에게 성령이 임하시는 장면입니다. 그리고 11장 1-18절은 이방인들이 성령 받은 것에 대해 유대인들이 보인 반응입니다.

먼저, 베드로가 설교한 내용부터 보도록 하겠습니다.

"만유의 주 되신 예수 그리스도로 말미암아 화평의 복음을 전하사 이스라엘 자손들에게 보내신 말씀 곧 요한이 그 침례를 반포한 후에 갈릴리에서 시작하여 온 유대에 두루 전파된 그것을 너희도 알거니와 하나님이 나사렛 예수에게 성령과 능력을 기름 붓듯 하셨으매 그가 두루 다니시며 선한 일을 행하시고 마귀에게 눌린 모든 사람을 고치

섰으니 이는 하나님이 함께 하셨음이라"(36-38절).

베드로가 예수님에 대해서 설명을 하는데 크게 네 가지로 합니다.

첫째는 예수님을 하나님의 평화의 메신저로 소개합니다.

"만유의 주 되신 예수 그리스도로 말미암아 화평의 복음을 전하사"(36a절).

여기서 '화평'은 하나님과 사람 사이의 화평을 말합니다. 사람은 죄로 인하여 하나님과 원수가 되었습니다. 그 결과 하나님의 진노 가운데 살 수밖에 없었습니다. 그런데 하나님께서 사람들을 사랑하셔서 사람들과 평화조약을 맺기 원하셨습니다. 그래서 예수님을 이 땅에 보내주신 것입니다. 예수님은 하나님의 평화의 메신저로 이 땅에 오신 분입니다.

둘째는 예수님을 만유의 주로 소개합니다.

36절을 다시 보면 '만유의 주 되신 예수 그리스도'라는 표현이 있습니다. '만유의 주'는 '모든 것의 주인이 되시는 분, 모든 사람의 주님이 되시는 분'이라는 뜻입니다. 하나님 말고 우주만물의 주인 되시는 분이 어디 있겠습니까! 우주만물의 주인은 오직 하나님 한 분뿐이십니다. 모든 사람의 주님이 되시는 분도 하나님 한 분밖에 안 계십니다. 그런데 예수님이 '만유의 주'라는 것입니다. 베드로는 지금 예수님이 하나님이라고 말하고 있습니다.

셋째는 예수님을 하나님께서 성령과 능력으로 기름 부어주신 분이라고 소개합니다.

"하나님이 나사렛 예수에게 성령과 능력을 기름 붓듯 하셨으매"(38a절).

이 말씀은 예수님이 메시야, 그리스도라는 말씀입니다. 메시야는 히브리어이고 그리스도는 헬라어인데 의미는 '기름부음을 받은 자'라는 뜻입니다. 구약시대에는 왕이나 선지자, 제사장이 되려면 기름부음을 받아야 했습니다. 기름부음을 받는 의미는 '이 사람은 하나님께서 특별히 세우신 사람'이라는 뜻입니다. 그래서 왕이나 선지자, 제사장은 반드시 기름부음을 받아야 했습니다. 기름부음을 위해 사용되었던 기름은 감람유(올리브기름)에 여러 가지 향품을 넣은 것입니다. 그것을 만드는 방법에 대해서는 출애굽기 30장에 소개되어 있습니다. 그런데 예수님은 무엇으로 기름부음을 받으셨는가 하면 '성령과 능력'으로 기름부음을 받으셨습니다. "하나님이 나사렛 예수에게 성령과 능력을 기름 붓듯 하셨다" 하는 말씀은 예수님이 곧 메시야, 그리스도라는 말입니다.

넷째는 예수님을 하나님께서 함께 하시는 분이라고 소개합니다.

"그가 두루 다니시며 선한 일을 행하시고 마귀에게 눌린 모든 사람을 고치셨으니 이는 하나님이 함께 하셨음이라"(38b절).

예수님께서 이 땅에 계실 때 많은 기적을 행하셨습니다. 수많은 병자들과 귀신들린 자들을 고쳐주셨고, 죽은 사람도 살려주셨고, 풍랑이는 바다도 말씀으로 잠잠케 하셨습니다. 예수님은 어떻게 그런 일들을 행하실 수 있었을까요? 그것은 예수님이 하나님께서 함께 하시는 분이셨기 때문입니다.

계속해서 39-41절의 말씀을 보겠습니다.

"우리는 유대인의 땅과 예루살렘에서 그가 행하신 모든 일에 증인이라. 그를 그들이 나무에 달아 죽였으나 하나님이 사흘 만에 다시 살리사 나타내시되 모든 백성에게 하신 것이 아니요, 오직 미리 택하신 증인 곧 죽은 자 가운데서 부활하신 후 그를 모시고 음식을 먹은 우리에게 하신 것이라.”

베드로를 비롯한 예수님의 제자들은 자신들이 예수님께서 하신 모든 일의 증인이라고 했습니다. 부활하신 예수님과 식사도 했다고 했습니다. 그러므로 예수님의 부활은 믿을 수 있다는 것입니다.

42절을 보겠습니다.

“우리에게 명하사 백성에게 전도하되 하나님이 살아 있는 자와 죽은 자의 재판장으로 정하신 자가 곧 이 사람인 것을 증언하게 하셨고.”

예수님은 모든 산 자와 죽은 자의 심판주가 되실 분이라는 것을 말씀하고 있습니다. 사람들은 죽으면 그것으로 끝이라고 생각합니다. 그런데 성경을 보면 그렇지가 않습니다. 한 번 죽는 것은 사람에게 정해진 것이지만 그 후에는 심판이 있다고 말씀합니다. 하나님께서는 언젠가 산 자와 죽은 자를 심판하시는데, 그 때 심판하실 심판주가 바로 예수님이라는 것입니다.

하나님께서는 심판하시는 모든 권세를 예수님께 맡기셨습니다. 요한계시록 20장에 보면 ‘흰 보좌 심판’이 나오는데, 흰 보좌에 앉아서 심판하시는 분이 사실은 성부 하나님이 아니라 성자 하나님, 예수 그리스도이십니다. 성부 하나님은 보좌에, 어떤 의자에 앉아계시는 분이 아닙니다. 영으로 존재하는 분이고, 천지에 충만하신 분입니다. 하나님께서는 심판하시는 모든 권세를 그 아들 예수 그리스도에게 넘기셨습니다. 그래서 산 자와 죽은 자를 심판하실 분이 바로 예수님이라는 것을 베드로가 지금 말하는 것입니다.

그 다음 43절을 보겠습니다.

"그에 대하여 모든 선지자도 증언하되 그를 믿는 사람들이 다 그의 이름을 힘입어 죄 사함을 받는다 하였느니라."

이번에는 또 어떤 말씀을 하는가 하면 예수 그리스도 안에 죄 사함이 있고, 구원이 있다는 것입니다. 사람이 죽는 이유, 죽은 뒤에 심판을 받는 이유가 무엇일까요? 죄 때문입니다. 사람이 아무리 착해도 하나님 보시기에 죄인 아닌 사람은 한 사람도 없습니다. 그래서 사람에게는 죄 사함이 필요한 것이고, 구원이 필요한 것입니다. 그런데 사람이 죄 사함 받고 구원받을 수 있는 유일한 길이 예수님 믿는 길 밖에 없다는 것입니다. 그것을 지금 베드로가 고넬료와 그의 가족들, 그의 친구들 앞에서 설교하고 있는 것입니다.

지금까지 살펴본 이런 내용으로 베드로가 설교를 하자 고넬료와 그와 함께 있던 사람들이 말씀을 받아들였습니다. 믿었습니다. 그러자 성령이 그들에게 임했습니다.

고넬료와 그와 함께 한 사람들에게 성령이 임하는 내용을 보도록 하겠습니다.

"베드로가 이 말을 할 때에 성령이 말씀 듣는 모든 사람에게 내려오시니"(44절).

베드로의 설교를 들은 사람들이 '믿었다, 받아들였다'는 표현은 없지만 성령이 그들에게 임한 것을 보면 그들이 믿은 것이 틀림없습니다. 말씀을 듣다가 그들이 '예수님이 메시야로구나! 그 분이 하나님이로구나! 그 분이 나를 위해 십자가에서 죽으셨고, 다시 살아나셨구나!' 하는 것을 깨닫고 믿게 된 것입니다. 그 순간 구원의 역사가 일어나면서 하나님께서 성령을 선물로 내려주신 것입니다. 이것이 소위 말하는 '성령 침례'라는 것입니다.

본문 11장 15-16절에 보면 이런 말씀이 있습니다.

"내가 말을 시작할 때에 성령이 그들에게 임하시기를 처음 우리에게 하신 것과 같이 하는지라. 내가 주의 말씀에 요한은 물로 침례를 베풀었으나 너희는 성령으로 침례를 받으리라 하신 것이 생각났노라."

베드로가 설교를 하면서 보니 그들 마음속에 구원이 이루어졌습니다. 그리고 그 순간 성령이 임하시는 것이 눈에 보였는데 그때 베드로는 "성령으로 침례를 받으리라"는 주님의 말씀이 생각났다는 것입니다. 사도행전 2장에는 유대인들이 성령 받는 장면이 기록되어 있는데, 그때는 가시적인 현상과 함께 성령이 사람들에게 주어졌습니다. 강한 바람소리 같은 것이 들렸고, 불의 혀처럼 갈라지는 것이 보였습니다. 그런데 고넬료와 그의 가족들, 그의 친구들에게 성령님이 임했을 때는 구체적으로 어떤 현상이 있었는지 기록되어 있지 않습니다. 틀림없이 어떤 가시적인 현상과 함께 성령이 임했을 것입니다. 그러니까 성령이 그들에게 임한 것을 알 수 있었지요. 본문에서 한 가지 확실하게 말하는 것은 그들이 성령을 받은 후에 방언을 했다는 것입니다.

"베드로와 함께 온 할례 받은 신자들이 이방인들에게도 성령 부어 주심으로 말미암아 놀라니 이는 방언을 말하며 하나님 높임을 들음이러라"(45-46절).

방언은 외국말입니다. 전혀 배운 적이 없는 외국말을 그들이 하기 시작한 것입니다. 그 현장에 베드로를 비롯하여 몇 명의 유대인 형제들이 있었습니다. 그들은 그 모습을 보고 깜짝 놀랐습니다. 하나님께서 이방인들에게까지 성령을 주실 줄은 몰랐기 때문입니다.

여기서 한 가지 주의해야 할 것이 있습니다. 오늘날에는 성령을 받을 때 본문에서 일어난 일이라든지 사도행전 2장에서 유대인들이 성령 받을 때 일어난 일들을 기대해서는 안 된다는 것입니다. 왜 그런가 하면 사도행전 2장에서 유대인들이 성령을 받은 것은 유대인들이 처음으로 성령을 받은 것이고, 본문에서 고넬료와 그의 친구들이 성령을 받은 것은 이방인들이 처음으로 성령을 받은 것이기 때문입니다. 처음 성령을 주셨을 때는 가시적인 현상과 함께 주셨습니다. 바람소리 같은 것도 들렸고, 불의 혀 같은 것도 보였습니다. 그렇게 함으로 성령이 그들에게 임한 것을 알게 해주셨습니다. 그러나 그 이후로는 이런 가시적인 현상을 동반해서 성령을 주시지 않았다는 것입니다. 또 성령을 주시는 시점도 예수님을 영접하고 구원받는 순간에 주신다는 것을 알아야 합니다.

그런데 오늘날 어떤 사람들은 구원받는 것과 성령 받는 것을 따로 생각해서, 구원은 받았다고 하면서도 성령 받기 위해 여기저기 쫓아다니는 것을 봅니다. 사도행전 2장이나 10장에 기록된 말씀을 보고 성령을 받기 위해서는 불을 받거나 바람소리 같은 것을 들어야 한다고 생각하는 것입니다. 그런데 지금은 그런 시대가 아닙니다. 하나님께서 처음으로 성령을 주실 때는 사람들이 알 수 있도록 하기 위하여 가시적인 현상과 함께 주셨지만, 지금은 그렇지 않습니다.

오늘날은 구원받는 사건과 성령 받는 사건이 같은 시점에 일어나는 것을 사도행전을 강해하면서 이미 말씀드린 바 있습니다. 그리고 그 증거로 로마서 8장 9절과 고린도전서 12장 3절을 소개해 드렸습니다.

"누구든지 그리스도의 영이 없으면 그리스도의 사람이 아니라"(롬 8:9b).

“성령으로 아니하고는 누구든지 예수를 주시라 할 수 없느니라”(고전 12:3b).

이 말씀들을 잘 살펴보면 구원받은 사람들의 마음속에는 성령님이 계시는 것을 알 수 있습니다. 성령님이 언제 임하시는가 하면 예수님을 영접할 때, 즉 구원받을 때 임하십니다. 고넬료의 경우에도 구원받을 때 성령이 임했습니다. 그러므로 오늘날에는 성령을 따로 받아야 하는 것으로 생각하면 안 됩니다.

고넬료와 그의 가족, 친구들은 성령을 받고 나서 물로 침례를 받았습니다.

“이에 베드로가 이르되 이 사람들이 우리와 같이 성령을 받았으니 누가 능히 물로 침례 베풂을 금하리요 하고 명하여 예수 그리스도의 이름으로 침례를 베풀라 하니라”(47-48a절).

성경을 잘 보면 침례에는 성령침례와 물침례, 두 종류가 있습니다. 고넬료는 이 두 종류의 침례를 다 받은 것입니다.

오늘날에는 성령침례와 물침례 중 어떤 것을 먼저 받게 될까요? 성령침례입니다. 구원받을 때 성령침례가 이루어지니까요. 그러고 나서 물로 침례를 받게 됩니다. 그런데 사도행전에는 성령침례와 물침례의 순서가 뒤바뀐 경우가 두 번 나옵니다. 사도행전 8장을 보겠습니다.

“빌립이 하나님 나라와 및 예수 그리스도의 이름에 관하여 전도함을 그들이 믿고 남녀가 다 침례를 받으니”(행 8:12).

“이에 두 사도가 그들에게 안수하매 성령을 받는지라”(행 8:17).

사마리아 사람들의 경우에는 물침례를 먼저 받고, 성령침례를 받았습니다.

또 사도행전 19장 4-7절을 보겠습니다.

"바울이 이르되 요한이 회개의 침례를 베풀며 백성에게 말하되 내 뒤에 오시는 이를 믿으라 하였으니 이는 곧 예수라 하거늘 그들이 듣고 주 예수의 이름으로 침례를 받으니 바울이 그들에게 안수하매 성령이 그들에게 임하시므로 방언도 하고 예언도 하니 모두 열두 사람쯤 되니라."

여기서도 물침례를 먼저 받고, 성령침례를 받았습니다. 오늘날의 순서와 바뀐 것을 보게 됩니다. 왜 이런 현상이 나타났을까요? 사도행전은 과도기적인 책이기 때문에 그렇습니다. 그러므로 사도행전만 보고 그대로 따라한다든지 어떤 교리를 세운다든지 하는 것은 바람직하지 않습니다. 사도행전이 잘못된 책이기 때문이 아니라 과도기적인 성격을 갖는 책이기 때문입니다. 오늘날의 은사주의자들이나 오순절신학을 추구하는 사람들의 문제가 무엇인가 하면 그들은 사도행전만 보고 자신들의 신학을 정립했다는 것입니다. 그러니까 그들은 구원받은 사람도 성령을 따로 받아야 하는 것으로 생각합니다. 사도행전은 과도기적인 책이기 때문에 이런 경우, 저런 경우가 나오지만 성경을 전체적으로 잘 보면 은사주의자들이 생각하는 것처럼 그렇지가 않습니다. 구원받을 때 성령을 받고, 그 후에 물침례를 받는 것이 오늘날의 순서라는 것을 아시기 바랍니다.

끝으로, 이방인들이 성령 받은 것에 대해 유대인들이 보인 반응을 보겠습니다.

"유대에 있는 사도들과 형제들이 이방인들도 하나님의 말씀을 받았다 함을 들었더니 베드로가 예루살렘에 올라갔을 때에 할례자들이 비난하여 이르되 네가 무할례자의 집에 들어가 함께 먹었다 하니"(1-3절).

이방인들이 성령 받은 것에 대해 유대인들이 기뻐해야 할 것 같은데 그렇지가 않습니다. 유대인들이 아직도 이방인들에 대한 편견으로부터 벗어나지 못한 것입니다. 복음은 유대인들을 위한 것이고, 성령도 유대인들만 받는 것이라고 생각하는 것입니다. 복음과 성령은 이방인들을 위해서도 주신 것인데 유대인들이 그것을 이해하지 못하고 있습니다. 그러다보니 베드로를 비난합니다.

거기에 대해 베드로가 설명하는 내용이 4-17절에 나옵니다. 하나님께서 자기에게 환상을 보여주셨고, 그 환상 때문에 결국은 고넬료의 집에 가서 설교를 하게 되었으며, 그 결과 그들이 믿게 되었고 성령도 받게 되었다는 것을 말해주었습니다. 그랬더니 베드로를 비난하던 유대인들이 잠잠해지더니 하나님께 영광을 돌렸습니다.

"그런즉 하나님이 우리가 주 예수 그리스도를 믿을 때에 주신 것과 같은 선물을 그들에게도 주셨으니 내가 누구이기에 하나님을 능히 막겠느냐 하더라. 그들이 이 말을 듣고 잠잠하여 하나님께 영광을 돌려 이르되 그러면 하나님께서 이방인에게도 생명 얻는 회개를 주셨도다 하니라"(17-18절).

이 말씀을 묵상하면서 이런 생각을 해보았습니다. '유대인들이 베드로를 비난할 때 베드로가 화가 나서 그들과 싸웠다면 어떻게 되었을까?' 만약 그랬다면 18절의 말씀은 기록될 수가 없었겠지요. 사실 베드로는 성질이 매우 급한 사람입니다. 누가 비난을 하면 가만히 있을 수 없는 사람인데 베드로가 많이 성숙해진 것을 보게 됩니다. 그러니까 참고 설명을 해준 것이지요. 그랬더니 그들이 이해하게 되었고, 하나님을 찬양하게 되었습니다.

베드로를 통하여 우리가 배울 수 있는 것이 있습니다. 우리도 살다 보면 사람들로부터 비난당할 때가 있습니다. 잘못을 해서 비난을 받는다면 할 말이 없겠지만 잘못한 것도 없는데 비난을 받는다면 마음이 어떨까요? 억울하고 속상할 것입니다. 하지만 이럴 때 흥분하거나 화내지 말고, 차분히 설명을 한다면 사람들을 이해시킬 수 있고, 하나님의 의를 이룰 수 있습니다. 야고보서 1장 19-20절을 보면 "성내기를 더디 하라"고 하면서 "사람의 성내는 것이 하나님의 의를 이루지 못한다"고 했습니다. 베드로가 사람들의 비난을 잘 참으며 설명해주니까 하나님께서 영광 받으시는 일이 일어나게 된 것입니다.

마지막으로 하나만 더 생각해 보겠습니다. 18절을 보면 유대인들이 베드로에게 "하나님께서 이방인에게도 생명 얻는 회개를 주셨도다"라는 말을 했습니다.

여러분! 회개가 무엇이고, 믿음이 무엇일까요? 그리고 회개와 믿음, 이 둘의 관계는 무엇일까요?

본문을 잘 보면 회개와 믿음은 결국 같은 것임을 알 수 있습니다. 유대인들은 본문 18절에서 '회개'라는 말을 썼습니다. 그런데 베드로는 회개라는 말 대신에 '믿음'이라는 말을 계속 쓰고 있는 것을 보게 됩니다.

"그런즉 하나님이 우리가 주 예수 그리스도를 믿을 때에"(17a절).

"그를 믿는 사람들이 다 그의 이름을 힘입어 죄 사함을 받는다 하였느니라"(43b절).

이와 같이 '회개'와 '믿음'은 서로 대체 가능한 표현이라는 것을 알아야 합니다. 회개와 믿음은 동전의 양면과도 같습니다. 앞면으로도 동전을 설명할 수 있고, 뒷면으로도 설명할 수 있습니다. 어느 쪽으로 설명해도 결국은 같은 동전입니다. 이처럼 회개와 믿음은 결국 같이 가는 것이고, 이 둘은 서로를 포함하는 것입니다.

회개가 무엇입니까? 불신앙에서 신앙으로 돌아서는 것입니다. 회개 없이는 절대로 믿을 수가 없습니다. 그러므로 회개와 믿음 이 두 용어 중에서 어느 것을 쓰더라도 상관없습니다. 어느 하나만 쓴다고 해서 균형을 잃는 것이 아닙니다.

신약성경 중에서 복음에 대해 제일 잘 설명하는 책 중의 하나가 요한복음입니다. 그런데 요한복음에는 '회개'라는 단어가 한 번도 안 나옵니다. 오직 '믿음'에 대해서만 강조할 뿐입니다. 요한복음이 균형을 잃은 것입니까? 아닙니다. 믿음의 개념 속에 회개의 개념이 포함되어 있기 때문입니다.

당신은 구원받으셨습니까? 구원받으셨다면 당신의 마음속에도 성령님이 계십니다. 이미 성령침례를 받은 것입니다. 항상 성령님의 음성에 민감하고, 성령님의 인도하심을 따르는 그리스도인이 되십시오.

18. 안디옥 교회 이야기
(행 11:19-30)

18. 안디옥 교회 이야기 (행 11:19-30)

초기 기독교의 역사를 말할 때 빼놓을 수 없는 두 교회가 있습니다. 예루살렘 교회와 안디옥 교회입니다. 예루살렘 교회가 왜 중요한지에 대해서는 굳이 설명하지 않아도 잘 아실 것입니다. 예루살렘 교회 다음으로 중요한 교회가 어떤 교회인가 하면 바로 안디옥 교회입니다. 왜냐하면 이 안디옥 교회를 통하여 바울과 바나바가 해외선교사로 파송되었고, 세계 곳곳에 복음이 전파되었기 때문입니다. 예루살렘 교회가 안디옥 교회를 낳았다고 할 것 같으면, 안디옥 교회를 통해서는 신약성경에 나오는 대다수의 교회들이 생겨났다고 볼 수 있습니다. 그래서 안디옥 교회가 중요합니다.

본문을 통해 안디옥 교회가 어떻게 시작되었고, 어떻게 성장했는지 살펴보면서 우리에게 주시는 교훈을 생각해 보겠습니다.

먼저, 안디옥 교회의 시작에 대해서 살펴보겠습니다.

"그 때에 스데반의 일로 일어난 환난으로 말미암아 흩어진 자들이 베니게와 구브로와 안디옥까지 이르러 유대인에게만 말씀을 전하는데 그 중에 구브로와 구레네 몇 사람이 안디옥에 이르러 헬라인에게도 말하여 주 예수를 전파하니 주의 손이 그들과 함께 하시매 수많은 사람들이 믿고 주께 돌아오더라"(19-21절).

안디옥 교회는 예루살렘에서 일어난 핍박 때문에 안디옥으로 간 성도들이 그곳에서 열심히 복음을 전해 세워진 교회입니다. 핍박을 피해 안디옥으로 갔으면 그곳에서 조용히 살만도 한데 그들은 더 열심히 복음을 전하며 살았습니다.

왜 그렇게 했을까요? 전도가 그들의 사명이고, 복음 전하는 것이 그들의 삶의 목적이었기 때문입니다. 그들은 예수님께서 말씀하신 "가서 복음을 전하라"는 명령을 잊을 수가 없었습니다. 어쩔 수 없는 상황이 되어서 안디옥까지 오기는 왔지만 복음 전하는 일을 멈출 수는 없었습니다.

사랑하는 여러분! 여러분의 삶의 목적은 무엇입니까? 여러분은 왜 사십니까? 출세하고 성공하기 위해서 사십니까? 돈을 많이 벌기 위해서 사십니까? 아니면 자식들을 잘 키우기 위해서 사십니까? 물론 그런 것도 다 중요합니다. 그러나 저는 여러분의 삶의 목적이 복음전도이기를 바랍니다. 예수님이 삶의 목적이고, 의미이고, 가치가 되기를 바랍니다. 사도 바울은 빌립보서 1장 20b절에서 이런 고백을 했습니다.

"살든지 죽든지 내 몸에서 그리스도가 존귀하게 되게 하려 하나니."

우리도 이런 마음으로 살았으면 좋겠습니다. 어떻게 해서든지 내 삶을 통해서 예수 그리스도가 높임을 받고, 예수 그리스도가 나타나는 삶이 되어야 합니다. 사도행전 20장 24절의 바울의 고백이 우리의 고백이 될 수 있기를 바랍니다.

"내가 달려갈 길과 주 예수께 받은 사명 곧 하나님의 은혜의 복음을 증언하는 일을 마치려 함에는 나의 생명조차 조금도 귀한 것으로 여기지 아니하노라."

본문을 계속 보면, 안디옥으로 간 대부분의 사람들은 유대인에게만 복음을 전했습니다. 그런데 그들 중 '몇 사람'이 이방인들에게도 복음을 전하기 시작했습니다. 그 결과 수많은 이방인들이 구원받는 놀라운 역사가 일어나게 됩니다.

"그 때에 스데반의 일로 일어난 환난으로 말미암아 흩어진 자들이 베니게와 구브로와 안디옥까지 이르러 유대인에게만 말씀을 전하는데 그 중에 구브로와 구레네 몇 사람이 안디옥에 이르러 헬라인에게도 말하여 주 예수를 전파하니 주의 손이 그들과 함께 하시매 수많은 사람들이 믿고 주께 돌아오더라"(19-21절).

이방인들에게 예수 그리스도를 증거한 이 '몇 사람'이 정말 귀한 사람들입니다. 이들은 이방인에 대한 편견이 없었습니다. 하나님께서는 이방인들도 사랑하시고, 이방인들도 구원받아야 한다는 것을 알았습니다. 그래서 이방인들에게도 가서 복음을 전했는데, 그렇게 하다보니 많은 이방인들이 구원받는 역사가 일어났고, 그 결과로 안디옥 지역에 또 하나의 교회가 생겨나게 된 것입니다.

사랑하는 여러분! 우리도 이 '몇 사람'과 같은 사람이 됩시다. 교회가 시작되고, 부흥하는 데는 많은 사람이 필요한 것이 아닙니다. 제대로 헌신된 '몇 사람'만 있으면, 사람에 대한 편견 없이 복음을 전할 수 있는 '몇 사람'만 있으면 교회는 얼마든지 부흥할 수 있습니다. 저와 여러분이 그 '몇 사람'이 되도록 합시다.

안디옥 교회의 몇 사람이 나가서 복음을 전했을 때 주의 손이 그들과 함께 해주셨습니다.

"주 예수를 전파하니 주의 손이 그들과 함께 하시매"(20b-21a절).

전도라는 것이 이런 것입니다. 우리가 아무리 전도를 해도 하나님이 도와주시지 않으면 영혼이 구원받을 수 없습니다. 영혼이 구원받고 교회에 더해지기 위해서는 하나님께서 도와주셔야 합니다. 하나님께서 어떤 사람을 도와주실까요? 전도하는 사람을 도와주십니다. 언제 도와주실까요? 전도할 때 도와주십니다. 우리도 이 몇 사람처럼 나가서 담대하게 전도합시다. 그렇게 할 때 하나님께서 우리를 도와주시고, 많은 영혼들을 우리에게 붙여주실 것입니다.

"주의 손이 그들과 함께 하시매 수많은 사람들이 믿고 주께 돌아오더라"(21절).

참으로 놀라운 일입니다. 몇 사람이 복음을 전한 결과 수많은 사람들이 믿고 주께 돌아왔다고 했습니다. 이렇게 해서 안디옥 교회가 생겨나게 되었습니다.

21절의 말씀을 가지고 '믿음'과 '회개'에 대해서 한 번 더 말씀드리겠습니다. 21절의 '믿고'는 '믿음'을 강조하는 것입니다. '돌아오더라'는 '회개'를 강조하는 것입니다. 그러므로 '믿고, 돌아왔다'는 말씀 속에 '믿음'과 '회개'가 함께 포함되어 있는 것을 볼 수 있습니다. 21절을 조금 더 정확하게 번역하면 '믿은 사람들은 주께 돌아왔다'가 될 것입니다. 영어성경에는 그렇게 되어 있습니다. "Those who believed turned to the Lord." 'believed'는 '믿음'을 말하는 것이고, 'turned'는 '회개'를 말하는 것입니다. 이런 말씀만 보아도 '믿음'과 '회개'는 항상 함께 하는 것임을 알 수 있습니다.

두 번째로, 안디옥 교회의 성장에 대해서 보겠습니다.

"예루살렘 교회가 이 사람들의 소문을 듣고 바나바를 안디옥까지 보내니 그가 이르러 하나님의 은혜를 보고 기뻐하여 모든 사람에게 굳건한 마음으로 주와 함께 머물러 있으라 권하니 바나바는 착한 사람이요, 성령과 믿음이 충만한 사람이라. 이에 큰 무리가 주께 더하여지더라"(22-24절).

안디옥에서 많은 이방인들이 구원받고 교회에 더해졌다는 소식을 듣고 예루살렘 교회는 바나바를 안디옥 교회의 목회자로 파송하게 됩니다. 바나바는 '착한 사람이요, 성령과 믿음이 충만한 사람'이라고 했습니다. '착한 사람'이라 함은 그가 인격적으로 훌륭하다는 뜻이고, '성령과 믿음이 충만한 사람'이란 그가 영적으로 훌륭한 사람이라는 뜻입니다. 한 마디로 바나바는 인격과 영성이 훌륭한 사람이었습니다. 이런 모습이 우리가 추구해야 할 모습이 아니겠습니까! 인격과 영성을 갖춘 그리스도인 말이지요.

그런데 어떤 분들을 보면 인격은 좋은데 영적으로는 부족한 분들이 계십니다. 이런 분들은 사람은 좋은데 믿음생활을 제대로 안하는 분들입니다. 또 어떤 분들은 영성은 있는데 인격적으로 부족한 분들도 계십니다. 이런 분들은 믿음 좋다는 말은 듣지만 사람들에게 욕을 잘 먹습니다. 인격과 영성은 둘 다 중요합니다. 그러므로 우리는 두 가지 면을 다 연마해야 할 것입니다. 영성의 중요성에 대해서는 굳이 강조를 안 해도 여러분이 잘 아신다고 생각합니다. 그런데 인격의 중요성에 대해서는 무시하고 지낼 때가 참 많은 것 같습니다. 믿음만 좋으면 된다, 성령충만하면 된다고 생각하는데 성경을 잘 보면 그렇지가 않습니다. 영성도 중요하지만 인격도 중요합니다. 이런 이유에서 성경은 인격적인 면을 굉장히 많이 강조하고 있는 것을 볼 수 있습니다.

베드로후서 1장 4절을 보면 하나님은 우리가 '신성한 성품에 참여하는 자'가 되기를 원한다는 말씀이 있습니다. '신성한 성품'이라는 것이 결국 인격적인 것입니다. 또 갈라디아서 5장 22-23절에는 '성령의 열매'가 나오는데 성령의 열매를 하나하나 살펴보면 다 인격과 관련된 것입니다. 이런 의미에서 성령의 열매는 인격적인 열매라 할 수 있습니다. 그러므로 우리는 믿음도 있어야 하고, 성령충만해야 하지만 동시에 인격적이어야 한다는 것입니다.

당신은 직장에서 어떤 평판을 듣고 계십니까? "저 사람은 정말 좋은 사람이야, 착한 사람이야, 괜찮은 사람이야." 이런 평판을 듣고 계십니까? 이런 평판을 들으셔야 합니다. 그래야 전도도 됩니다. "저 사람은 교회 다니는데 참 못됐어." 이런 말 듣는다면 아무리 전도하려고 해도 전도가 안 됩니다. 24절 말씀을 다시 한 번 보겠습니다.

"바나바는 착한 사람이요, 성령과 믿음이 충만한 사람이라. 이에 큰 무리가 주께 더하여지더라."

'이에' 라는 말이 중요합니다. '바나바는 착한 사람이요, 성령과 믿음이 충만한 사람'이어서 많은 사람이 바나바를 보고 예수님을 믿었다는 말씀입니다. 사람이 착하면 누구라도 칭찬합니다. 또 칭찬받다 보면 전도는 저절로 됩니다.

우리도 인격과 영성을 함께 겸비한 사람이 됩시다. 저는 사람을 볼 때, 직원을 채용하거나 사람들과 교제할 때 무엇을 제일 먼저 보는지 아십니까? 영성도 보지만 인격을 먼저 봅니다. 영성은 나중에라도 좋아질 수 있지만 인격과 성품은 여간해서 바뀌지 않는 것을 알기 때문입니다. 사랑하는 여러분! 우리도 바나바 목사님처럼 인격이 된 사람, 그러면서 영성을 갖춘 사람, 성령충만하고 믿음충만한 사람이 되도록 노력합시다.

이제 바나바가 안디옥으로 가서 어떻게 사역을 하는지 보겠습니다.

"그가 이르러 하나님의 은혜를 보고 기뻐하여 모든 사람에게 굳건한 마음으로 주와 함께 머물러 있으라 권하니"(23절).

바나바는 '모든 사람에게 굳건한 마음으로 주와 함께 머물러 있으라'고 권했습니다. 이 말씀을 묵상하다가 '목회란 무엇인가?'에 대한 답을 새롭게 발견했습니다. 이 말씀을 근거로 '목회'를 정의하면 '사람들로 하여금 굳건한 마음으로 주와 함께 머물러 있게 하는 것'입니다. '신앙생활'은 무엇입니까? '굳건한 마음으로 주와 함께 머물러 있는 것'입니다.

여러분, 굳건한 마음으로 주와 함께 머물러 있는 사람이 되십시오. 그리고 주위에 흔들리는 사람들이 있다면 붙잡아주십시오. 그것이 사역입니다. 그것이 우리가 해야 할 일입니다.

바나바 목사님이 열심히 사역을 하니까 교회가 계속 성장했습니다. 그래서 다소에 있는 사울을 데려오게 됩니다.

"바나바가 사울을 찾으러 다소에 가서 만나매 안디옥에 데리고 와서 둘이 교회에 일 년간 모여 있어 큰 무리를 가르쳤고, 제자들이 안디옥에서 비로소 그리스도인이라 일컬음을 받게 되었더라"(25-26절).

이 말씀을 보면 아시겠지만 사울로 하여금 사역할 수 있도록 발판을 마련해준 사람이 바나바입니다. 지금까지 사울은 무명의 인사였습니다. 고향에서 조용히 지내고 있는, 드러나지 않은 사람이었습니다. 그런데 바나바가 사울을 데리고 와서 함께 사역을 했습니다.

사울이 예루살렘 교회에 처음 나타났을 때 그에게 다가가 주고 그로 하여금 예루살렘 교회에 잘 정착하도록 도와준 사람도 바나바였습니다. 사울에게는 바나바가 정말 잊을 수 없는 사람입니다. 자기로 하여금 예루살렘 교회에 정착하도록 도와주었고, 사역할 수 있도록 이끌어준 사람이 바나바였기 때문입니다.

바나바를 생각하면 이분이 얼마나 귀한 분인지 모릅니다. 바나바가 없었다면 우리가 알고 있는 사도 바울이 과연 존재할 수 있었을까 하는 생각이 들 정도입니다. 우리는 바나바를 보고 배워야 합니다. 바나바 목사님처럼 우리도 사람들을 끌어주고, 세워주고, 키워주는 사람이 되어야 할 것입니다. 세상에서 가장 보람 있고 가치 있는 일 중의 하나가 사람을 끌어주고 키워주는 일입니다. 예수님께서도 이 세상에 계실 때 주로 하신 일이 제자들을 키우는 일이었습니다. 예수님은 건물 같은 것에 신경 쓰지 않으셨습니다. 프로그램 개발에도 관심 없으셨습니다. 예수님이 유일하게 관심을 가지고 시간과 열정을 투자한 것이 사람 키우는 일이었습니다. 예수님이 키운 열한 사람이 놀랍게 사역한 것을 우리는 잘 알고 있습니다.

여러분, 우리도 그 일을 합시다. 우리가 할 수 있는 최고의 투자는 사람에게 하는 것입니다. 사람을 잘 키워서 그 사람이 나중에 훌륭한 하나님의 사람으로 자란다고 생각해보십시오. 얼마나 귀한 일입니까. 그런 일을 우리가 했으면 좋겠습니다.

바나바와 사울이 안디옥에서 열심히 목회를 한 결과 교회는 크게 부흥했습니다. 그리고 사람들은 그 곳에서 처음으로 '그리스도인'이라는 소리를 들었습니다.

"제자들이 안디옥에서 비로소 그리스도인이라 일컬음을 받게 되었더라"(26b절).

오늘날에는 '그리스도인'이라는 말이 보편화되었습니다. '그리스도인'은 '그리스도에게 속한 사람', '그리스도를 따르는 사람', '그리스도를 닮은 사람'이라는 뜻입니다. 그런데 이 호칭은 제자들 스스로가 붙인 것이 아니라 교회 밖의 사람들이 붙여준 것입니다. 왜 그런 이름을 붙여주었을까요? 예수 믿는 사람들을 보니 유대교를 믿는 사람들과 다릅니다. 하나님을 믿지 않는 사람들과도 다릅니다. 그래서 그들을 '그리스도인', '그리스도를 따르는 사람', '그리스도를 닮은 사람'이라고 부르기 시작한 것입니다.

믿지 않는 사람들이 우리를 보면 우리는 그들과 얼마나 달라 보일까요? 믿지 않는 우리의 가족이 우리를 보면 우리는 그들과 달라 보일까요? 달라 보이는 것이 정상입니다. 믿는 사람은 믿지 않는 사람과 뭐가 달라도 달라야 합니다. 말 하는 것, 행동하는 것, 살아가는 모습, 가치관, 인생관 등 모든 것이 달라야 합니다. 신앙생활을 하면서도 신앙생활하지 않는 사람들과 다를 것이 없다면 신앙생활을 제대로 하는 것이 아닙니다. 이왕 신앙생활 하는 것, 뭐가 달라도 다른 삶을 살 수 있기를 바랍니다. "저 사람은 예수를 믿어서 그런지 참 착하다, 저 사람은 정말 정직하다, 저 사람은 믿을 수 있는 사람이다, 저 사람은 법 없이도 살 사람이다." 이런 소리를 들을 수 있어야 합니다.

잘못된 행실로 어느 날 한 병사가 알렉산더대왕 앞에 끌려왔습니다. 알렉산더대왕이 그에게 묻습니다. "네 이름이 무엇이냐?" 그가 대답합니다. "제 이름은 알렉산더입니다." 그때 알렉산더대왕이 호통을 쳤습니다. "네 행실을 바꾸든지 네 이름을 바꾸어라."

사랑하는 여러분! 우리는 그리스도인입니다. 그리스도인이면 그리스도인답게 생활해야 함을 잊지 맙시다.

끝으로, 안디옥 교회의 선행에 대해서 보겠습니다.

"그 때에 선지자들이 예루살렘에서 안디옥에 이르니 그 중에 아가보라 하는 한 사람이 일어나 성령으로 말하되 천하에 큰 흉년이 들리라 하더니 글라우디오 때에 그렇게 되니라. 제자들이 각각 그 힘대로 유대에 사는 형제들에게 부조를 보내기로 작정하고 이를 실행하여 바나바와 사울의 손으로 장로들에게 보내니라(27-30절).

'천하에 큰 흉년'이 들었다고 했습니다. 그래서 안디옥 교회 성도들은 예루살렘 교회와 유대에 있는 형제들을 위해서 모금을 하게 됩니다. 천하에 흉년이 들었으면 안디옥 교회 성도들도 어려웠을 텐데 그들은 자기들보다 더 어려운 예루살렘 교회 성도들을 위하여 모금을 하고, 전달을 하게 됩니다. 이런 것이 그리스도 안에 있는 사랑 아니겠습니까. 그리스도의 사랑이 그들 마음속에 있었기 때문에 그들은 자기들에게 복음을 전해준 예루살렘 교회에 감사하는 마음으로 이렇게 섬기는 것입니다.

로마서 15장 27b절에 이런 말씀이 있습니다.

"만일 이방인들이 그들의 영적인 것을 나눠 가졌으면 육적인 것으로 그들을 섬기는 것이 마땅하니라."

이 말씀을 안디옥 교회가 그대로 실천하고 있는 것입니다. 안디옥 교회는 예루살렘 교회와 유대에 있는 형제들로부터 영적인 도움을 받았습니다. 그런데 이번에는 그들이 물질로 예루살렘 교회와 유대에 있는 형제들을 돕습니다. 얼마나 아름다운 광경입니까. 안디옥 교회는 형제들을 사랑할 줄 알고, 은혜를 갚을 줄 아는 교회였습니다.

우리 교회도 이런 교회가 되었으면 좋겠습니다. 은혜를 입었으면 갚을 줄 아는 교회가 되어야 합니다. 그런 교회가 되려면 구제를 많이 하고, 선교를 많이 해야 할 것입니다. 그렇게 하는 것이 우리가 진 사랑의 빚을 또 다른 사람들에게 갚는 것입니다. 개인도 은혜를 입었으면 갚을 줄 아는 사람이 되어야 합니다.

안디옥 교회 성도들은 헌금을 '각각 그 힘대로' 했다고 했습니다 (29절). '그 힘대로' 했다는 것은 그들의 형편과 능력 범위 내에서 최선을 다했다는 말입니다. 또 '각각'이라는 말을 통해 우리는 안디옥 교회의 모든 성도들이 다 참여한 것을 알 수 있습니다. 헌금을 할 때는 이렇게 해야 합니다. 어떤 사람은 참여하고 어떤 사람은 참여하지 않는 것보다 모든 성도가 다 참여하는 것이 바람직합니다.

헌금을 드릴 때는 형편에 맞게, 능력대로 드릴 수 있기를 바랍니다. 돈이 없는데 무리하면서까지 할 필요는 없습니다. 그러나 할 능력이 있는데도 불구하고 하지 않는다면 그것은 잘못입니다. 능력이 되는 대로, 힘닿는 대로, 최선을 다해 헌금생활을 하는 우리가 됩시다. 고린도후서 8장 3절에 보면 1세기 때의 성도들은 헌금을 할 때 "힘대로 할뿐 아니라 힘에 지나도록 자원하여 했다"고 했습니다. 우리도 헌금을 할 때 이렇게 하도록 합시다. 능력이 닿는 범위 내에서 최선을 다해 주님께 드릴 수 있어야 합니다.

안디옥 교회는 모은 헌금을 '바나바와 사울의 손으로 (예루살렘 교회의) 장로들에게' 보냈습니다(30절). 여기서 '장로들'은 예루살렘 교회의 지도자들을 말합니다. 그 당시 예루살렘 교회의 지도자들은 대부분이 사도였습니다. 베드로, 요한 같은 분들이 그 교회의 장로들이었습니다. 베드로전서 5장 1절에 보면 베드로는 자기 자신을 일컬어 '장로'라고 소개하고 있고, 요한2서 1장 1절에 보면 사도 요한도 자기 자신을 일컬어 '장로'라고 표현하고 있습니다. 그러므로 여기 나오는 장로는 오늘날 장로교회의 장로 개념이 아니라 당시 교회의 지도자들을 말하는 것입니다. 오늘날 교회의 장로는 교회의 목회자라 할 수 있습니다. 사도행전 20장 17절과 28절, 디도서 1장 5절과 7절을 보면 장로와 목사와 감독은 결국 같은 직분인 것을 알 수 있습니다.

안디옥 교회의 시작과 성장, 그리고 선행에 대해서 살펴보았습니다. 안디옥 교회는 정말 좋은 교회였습니다. 오늘날 모든 교회가 본받아야 할 교회입니다. 우리도 열심히 전도하고, 구제하고, 선교해서 안디옥 교회와 같은 교회가 되도록 합시다.

19. 교회는 간절히 기도하더라

(행 12:1-24)

사도행전을 읽어보면 그 시기에는 하나님도 강하게 역사하셨지만 사탄도 강하게 역사했던 것을 볼 수 있습니다. 그래서 사도행전은 하나님께서 하신 일에 대한 기록이기도 하지만 또한 사탄이 한 일에 대한 기록이라는 생각도 듭니다. 본문에서 사탄은 야고보 사도를 죽입니다. 사도행전 7장에서는 스데반 집사를 죽였습니다. 왜 사탄이 이런 일을 계속 하는 것일까요? 교회를 무너지게 하려는 것입니다. 그럼에도 불구하고 초대 교회는 계속 성장해갔습니다. 본문 마지막 절인 24절을 보면 "하나님의 말씀은 흥왕하여 더하더라"라고 말씀하고 있습니다. 비록 사탄이 교회를 멸하기 위해 사람을 죽이고, 많은 방해를 했지만 하나님의 교회는 든든히 서가고 있었습니다. 그 이유는 사탄도 강하게 역사했지만 하나님은 더 강하게 역사하셨기 때문입니다. 이것이 초대 교회의 역사입니다.

본문을 통해서 초대 교회에 어떤 일이 있었고, 교회는 어떻게 반응했는지를 살펴보면서 우리에게 주시는 교훈을 생각해보겠습니다.

먼저 1절을 보겠습니다.

"그 때에 헤롯왕이 손을 들어 교회 중에서 몇 사람을 해하려 하여."

여기서 '그 때'는 안디옥 교회가 한창 성장해가고 있을 그 때를 말합니다. 그 때에 사탄이 헤롯왕을 통해서 예루살렘 교회를 핍박하게 됩니다. 본문에 나오는 헤롯은 헤롯 아그립바1세입니다. 이 사람은 아기 예수님을 죽이려고 했던 헤롯왕의 손자입니다. 그는 교회에 속한 몇 사람을 죽이려고 했습니다. 몇 사람만 죽이면 교회가 무너질 것이라고 생각했습니다. 그래서 야고보를 죽이게 됩니다.

"요한의 형제 야고보를 칼로 죽이니"(2절).

성경에는 여러 명의 야고보가 나오는데 본문에 나오는 야고보는 '요한의 형제 야고보'라고 했습니다. 예수님의 열두 제자 중 한 사람입니다. 열두 제자 중에서도 예수님께서 특별히 가까이 했던 세 사람이 베드로, 야고보, 요한이었는데 그 야고보를 헤롯이 죽인 것입니다. 이렇게 해서 야고보는 예수님의 열두 제자 중에서 가장 먼저 순교당한 사람이 되었습니다. 기독교 역사 전체를 놓고 볼 때는 두 번째 순교자입니다. 첫 번째 순교자는 스데반 집사이고, 두 번째 순교자가 바로 야고보 사도입니다.

야고보의 순교를 보면서 야고보와 요한 두 형제가 어느 날 예수님을 찾아와 청탁하던 내용이 생각납니다. "주님께서 영광의 자리에 앉으실 때에 우리 두 형제로 하여금 한 사람은 주의 우편에, 한 사람은 주의 좌편에 앉게 해 주십시오"라고 했습니다. 그러자 예수님께서 "너희는 지금 너희가 무슨 말을 하는지도 모르고 말을 하는구나"라고 하시면서 이런 질문을 하셨습니다.

"너희는 내가 마시는 잔을 마실 수 있느냐?"

그들은 멋모르고 그렇게 할 수 있다고 했습니다. 그런데 여러분, 예수님이 마실 그 잔이 무슨 잔이었습니까? 고난의 잔, 죽음의 잔이었습니다. 그 대화 때문에 그랬는지는 몰라도 야고보는 예수님의 열 두 사도 중에서 제일 먼저 순교당한 사람이 되었습니다.

헤롯이 야고보를 죽이자 유대인들은 무척 좋아했습니다. 그러자 헤롯은 이제 베드로 사도까지 죽이려고 합니다.

"유대인들이 이 일을 기뻐하는 것을 보고 베드로도 잡으려 할새 때는 무교절 기간이라. 잡으매 옥에 가두어 군인 넷씩인 네 패에게 맡겨 지키고 유월절 후에 백성 앞에 끌어내고자 하더라”(3-4절).

베드로가 감옥에 갇혔습니다. 군인 네 사람이 한 팀을 이루어 네 팀이 돌아가면서 베드로를 지킵니다. 전에 사도들이 감옥에서 갑자기 사라진 일도 있었기 때문에 이번에는 절대로 놓치지 않겠다는 마음으로 철저하게 지킵니다.

그런데 베드로가 감옥에서 무엇을 한줄 아십니까? 편안하게 잠을 자고 있었습니다.

“헤롯이 잡아 내려고 하는 그 전날 밤에 베드로가 두 군인 틈에서 두 쇠사슬에 매여 누워 자는데 파수꾼들이 문 밖에서 옥을 지키더니”(6절).

베드로의 양쪽에서 두 군인이 쇠사슬로 묶어놓고 지키고 있고, 앞뒤에도 군인들이 철저하게 지키고 있었던 것이 분명합니다. 그런데 베드로는 그 상황에서 잠을 자고 있습니다. 여러분이 볼 때 지금 베드로가 잠잘 상황입니까? 잠잘 상황이 아닙니다. 왜냐하면 날이 밝으면 베드로도 야고보처럼 처형을 당할 것이기 때문입니다. 그런데도 베드로가 태평스럽게 잠을 자고 있는 것을 보면 베드로는 참 흥미로운 사람이라는 생각이 듭니다. 이런 베드로가 저는 참 마음에 듭니다.

베드로가 이렇게 편안하게 잠을 잘 수 있었던 이유가 무엇인줄 아십니까? 그것은 베드로에게 믿음이 있었기 때문입니다. 헤롯이 아무리 나를 죽이려고 해도 하나님께서 허락하지 않으면 헤롯은 절대로 나를 죽일 수 없다는 믿음이 그에게 있었습니다. 또한 예수님께서 그에게 하신 말씀도 기억하고 있었을 것입니다.

“네가 젊어서는 스스로 띠 띠고 원하는 곳으로 다녔거니와 늙어서는 네 팔을 벌리리니 남이 네게 띠 띠우고 원하지 아니하는 곳으로 데려가리라”(요 21:18).

이 말씀에 의하면 베드로는 언제, 어떻게 죽습니까? 늙어서, 팔을 벌리고, 즉 십자가형을 당해 죽는다는 것입니다. 중요한 것은 베드로가 젊어서 죽지 않고 늙어서 죽는다는 것입니다. 베드로는 아직 늙지 않았고, 헤롯이 죽이려고 해도 아직은 죽지 않는다는 것을 베드로는 철저하게 믿고 있었던 것입니다.

그리고 전에 베드로가 옥에 갇혔을 때 하나님께서 천사를 통해 구해주신 일도 있었습니다. 베드로는 그 경험도 기억하고 있었을 것입니다. 지난번에도 구해주신 하나님께서 이번에도 틀림없이 구해주실 것이라는 믿음이 그에게 있었던 것입니다.

옛날에는 베드로가 이런 사람이 아니었습니다. 풍랑이 이는 바다 위에서 얼마나 두려워했습니까. 그런데 시간이 가면서 베드로에게 믿음이 생긴 것입니다. 예수님이 배 안에서 태평스럽게 주무시는 모습도 그는 생생하게 기억하고 있었습니다. 그러면서 주님을 본받게 되었고, 믿음 있는 사람이 된 것입니다. 그래서 그는 모든 것을 하나님께 맡기고 정말 평안한 마음으로 잠을 잘 수가 있었던 것입니다.

베드로의 이런 점을 우리도 배워야 할 것입니다. 우리는 별 것도 아닌 일을 가지고 잠 못 자고, 고민하고, 괴로워할 때가 얼마나 많습니까. 그런데 그럴 필요가 없습니다. 우리가 가진 문제라고 해봐야 결국 돈 문제, 부부문제, 자녀문제 등인데 베드로의 문제에 비하면 아무것도 아닙니다. 베드로를 보니까 별것도 아닌 것 가지고 고민하고, 괴로워할 필요가 없겠다는 생각이 들지 않습니까? 그렇습니다. 그럴 필요가 없습니다. 고민하고 염려해서 해결될 문제라면 밤을 새워서라도 그렇게 해야 합니다. 그런데 그렇게 한다고 해서 문제가 해결되는 것이 아닙니다. 괜히 잠만 못자고, 먹지 못하고, 몸만 축납니다. 그럴 바에야 베드로처럼 하는 것이 좋습니다. 하나님께 모든 것을 맡기고 평안하게 사는 것입니다. 베드로가 베드로전서 5장 7절에서 뭐라고 했는가 하면 "너희 염려를 다 주께 맡기라. 이는 그가 너희를 돌보심이라"고 했습니다. 베드로는 경험을 통해서 이런 말씀을 하는 것입니다.

여러분의 삶 가운데 어려움이 있고 시련이 있습니까? 그래서 잠도 잘 안 오고, 밥맛도 없고, 염려가 되십니까? 본문의 베드로를 통해서 배우시기 바랍니다. 주님께 맡겨야 합니다. 고민한다고 해결되는 것이 아닙니다. 주님께 맡기고 편안하게 기다리면 때가 되었을 때 하나님께서 놀라운 방법으로 해결해주실 것입니다.

베드로에게 어떤 일이 일어나는지 보겠습니다.

"홀연히 주의 사자가 나타나매 옥중에 광채가 빛나며 또 베드로의 옆구리를 쳐 깨워 이르되 급히 일어나라 하니 쇠사슬이 그 손에서 벗어지더라"(7절).

그날 밤에 놀라운 일이 일어났습니다. 하나님께서 천사를 보내셔서 베드로를 묶고 있던 쇠사슬이 풀어지게 해주셨습니다. 그런데 천사가 어떻게 나타났는가 하면 '홀연히' 나타났다고 했습니다. 전혀 예상치 않은 상태에서 나타난 것입니다. 또한 헤롯이 베드로를 죽이려고 한 전날 밤에 나타났다고 했습니다.

"헤롯이 잡아내려고 하는 그 전날 밤에"(6a절).

날이 밝으면 베드로는 처형되는데 그날 밤에 하나님의 사자가 나타난 것입니다.

하나님께서 우리를 도와주실 때도 이런 식으로 도와주실 때가 참 많습니다. 도와주실 것 같으면 미리미리 도와주시면 얼마나 좋습니까. 그런데 그렇게 잘 안하십니다. 주로 마지막 순간에 잘 도와주십니다.

오래 전에 미국으로 유학가기 위해서 비자를 받으려고 했던 때가 기억납니다. 그 때는 비자 받는 것이 정말 쉽지 않았습니다. 미국에는 가야 하는데 비자는 안 나오고, 비자가 안 나오면 비행기 티켓도 날아가고, 유학계획에도 차질이 생깁니다. 그런데 언제 비자가 나온 줄 아십니까? 미국으로 떠나는 날 비자가 나왔습니다. 그래서 오전에 비자를 받고 오후에 출국했습니다. 비자 인터뷰를 위해서 기다리고 있는데 얼마나 마음이 초조하고 불안하던지, 간절히 기도하는 수밖에 없었습니다. 그리고 하나님께서는 제 기도를 들어주셨습니다.

하나님께서는 이런 식으로 일 하실 때가 참 많습니다. 왜 그리시는 줄 아십니까? 우리로 하여금 더 간절히 기도하도록 하시기 위해서, 우리로 하여금 더 하나님을 의지하도록 하시기 위해서입니다. 그리고 기도가 응답되었을 때 그것이 확실한 기도의 응답이라는 것을 알도록 하시기 위해서입니다. 우리 하나님은 드라마틱한 하나님이십니다. 반전에 능하신 분입니다.

아브라함이 하나님의 명령에 순종하여 이삭을 모리아 산위에서 바치려고 했을 때 언제 반전이 일어났습니까? 마지막 순간에 일어났습니다. 아브라함이 칼을 들고 이삭을 찌르려고 하는 순간에 하나님께서 "아브라함아, 아브라함아, 내가 네 믿음을 보았다. 그 아이에게 손대지 마라" 하시면서 마지막 순간에 아브라함 부자에게 큰 기쁨을 주셨습니다. 얼마나 극적인 하나님이십니까. 또 요셉을 애굽의 총리로 세우실 때도 승진에 승진을 거듭하게 하셔서 총리가 되게 하신 것이 아닙니다. 노예로 팔려가게 만들고, 죄수가 되게 하시고, 계속 아래로 떨어지게 하시더니 어느 날 갑자기 총리가 되게 하셨습니다. 얼마나 멋진 반전입니까. 또 에스더서를 읽어보면 거기에도 멋진 반전이 나옵니다. 하만이라는 사람이 유대 민족을 말살하기 위해서 모략을 꾸밉니다. 하만이 기세가 등등하여 이스라엘의 지도자 모르드개를 매달아 죽이려고 높은 장대를 준비합니다. 그런데 그 장대에 결국 누가 달립니까? 하만 자신이 달리게 됩니다.

하나님께서는 오늘날 우리의 삶 가운데도 이런 식으로 역사하신다는 것을 잊지 마십시오. 그러므로 미리 걱정할 필요가 없습니다. 마지막 순간까지 기다려볼 필요가 있습니다. 고린도전서에 이런 말씀이 있습니다.

"시험 당할 즈음에 또한 피할 길을 내사 너희로 능히 감당하게 하시느니라"(고전 10:13b).

시험 당할 즈음에, 마지막 순간에 피할 길을 주신다는 것입니다. 이런 분이 우리 하나님이십니다. 그러므로 쉽게 포기하거나 미리부터 걱정하지 말고 하나님을 바라보는 우리가 됩시다. 염려할 필요 없습니다. 염려 대신 기도합시다.

본문에서 멋진 반전, 멋진 기적이 일어날 수 있었던 것도 성도들의 기도가 있었기 때문에 가능했습니다.

"이에 베드로는 옥에 갇혔고 교회는 그를 위하여 간절히 하나님께 기도하더라"(5절).

교회가 하나님께 기도했습니다. 그것도 간절히 기도했다고 했습니다.

당신의 삶에 어려움이 있고, 위기가 있고, 시련이 있다면 초대 교회 성도들처럼 간절히 기도하시기를 바랍니다. 기도하면 하나님께서 도와 주실 것입니다. 예레미야 29장 12절은 이렇게 말씀합니다.

"너희가 내게 부르짖으며 내게 와서 기도하면 내가 너희들의 기도를 들을 것이요."

기도하면 들을 것이라고 하셨습니다. 예레미야 33장 3절은 이렇게 말씀합니다.

"너는 내게 부르짖으라. 내가 네게 응답하겠고 네가 알지 못하는 크고 은밀한 일을 네게 보이리라."

이 말씀을 믿으시고, 어려움이 있고 힘든 일이 있을 때 염려 대신 기도할 수 있기를 바랍니다. 기도하면 하나님께서 들어주십니다. 그런데 언제 잘 들어주시는가 하면 마지막 순간에 잘 들어주십니다. 미리 들어주시면 그 다음부터는 기도를 안할 것 아닙니까. 그리고 교만해질 것 아닙니까. 그래서 하나님은 마지막 순간까지 끌고가십니다. 그러다가 마지막 순간에 들어주십니다. 그러므로 우리는 마지막 순간까지 포기해서는 안 되는 것입니다. 몇 번 기도하고 나서 아무런 응답이 없다고 '에이, 하나님의 뜻이 아닌가보다'라고 생각하지 말라는 것입니다. 마지막 순간까지 최선을 다해서 하나님께 매달리고 기도해야 하는 것입니다.

누가복음 18장에 보면 예수님께서 들려주신 '과부와 재판장의 비유'가 나옵니다. 그 비유를 통해서 우리에게 주시는 교훈이 무엇입니까? 포기하지 말고 기도하라, 끝까지 기도하라, 간절히 기도하라는 것입니다. 본문에서 베드로에게 기적이 일어날 수 있었던 것도 성도들의 그런 기도가 있었기 때문이라는 것을 잊어서는 안 됩니다.

"깨닫고 마가라 하는 요한의 어머니 마리아의 집에 가니 여러 사람이 거기에 모여 기도하고 있더라"(12절).

이 말씀은 사도 베드로가 옥에서 나온 이후의 상황입니다. 베드로가 옥에서 나온 것을 모르는 성도들은 모여서 계속 기도하고 있었습니다. 이들의 기도가 있었기에 하나님께서는 베드로의 옥문을 열어주셨고, 그로 하여금 자유하게 해주셨습니다.

우리도 이렇게 해야 합니다. 어려운 일이 있을 때, 개인적으로도 기도하시기 바랍니다. 교회적으로도 모여서 기도할 수 있기를 바랍니다. 그렇게 할 때 기적이 일어나는 것입니다.

성도들이 간절히 기도했을 때 베드로의 쇠사슬이 풀렸습니다. 닫힌 문이 열렸습니다.

"쇠사슬이 그 손에서 벗어지더라"(7b절).

"이에 첫째와 둘째 파수를 지나 시내로 통한 쇠문에 이르니 문이 저절로 열리는지라"(10절).

여러분이 기도할 때 이런 역사가 있기를 바랍니다. 당신을 묶고 있던 쇠사슬이 풀어지고, 당신을 막고 있는 문이 활짝 열리기를 바랍니다. 기도할 때 그런 역사가 일어날 것입니다.

그런데 본문에 보면 어이없는 일이 하나 나옵니다. 무엇인가 하면, 성도들이 간절히 기도해서 옥문이 열리고 베드로가 나왔는데 성도들이 그 사실을 믿지 않았다는 것입니다.

"베드로가 대문을 두드린대 로데라 하는 여자 아이가 영접하러 나왔다가 베드로의 음성인 줄 알고 기뻐하여 문을 미처 열지 못하고 달려 들어가 말하되 베드로가 대문 밖에 섰더라 하니, 그들이 말하되 네가 미쳤다 하나 여자 아이는 힘써 말하되 참말이라 하니 그들이 말하되 그러면 그의 천사라 하더라. 베드로가 문 두드리기를 그치지 아니하니 그들이 문을 열어 베드로를 보고 놀라는지라"(13-16절).

기도를 했으면 응답해 주실 것을 믿고 결과를 기대해야 하는데, 이 사람들은 기도만 했지 전혀 기대를 하지 않았습니다. 그럼에도 불구하고 하나님께서 이들의 기도를 들어주신 것을 보면 하나님은 참으로 은혜로운 분입니다.

우리도 이럴 때가 참 많은 것 같지 않습니까? 기도를 하기는 하지만 큰 기대 없이 그냥 기도합니다. 기도를 하면서도 '기도한다고 될까?' 생각합니다. 기도를 하면서도 해결은 자기가 하려고 합니다. 우리가 그럴 때가 참 많다는 것입니다. 그리고 하나님께서 도와주셔서 기도한대로 이루어지면 어떻게 생각합니까? 기도해서 그렇게 되었다기보다 때가 되어서, 또는 어떻게 하다 보니 그렇게 되었다고 생각합니다. 이런 것은 바른 기도의 자세가 아닙니다. 마가복음 11장 24절에서 예수님이 이런 말씀을 하십니다.

"무엇이든지 기도하고 구하는 것은 받은 줄로 믿으라. 그리하면 너희에게 그대로 되리라."

그러므로 기도할 때는 하나님께서 내 기도를 틀림없이 들어주실 것을 믿고 기도해야 합니다. 그렇게 할 때 하나님께서 들어주시겠다고 약속하고 계십니다. 그 면에서 있어서는 본문의 베드로가 좋은 본을 보여주고 있습니다. 본문의 베드로는 감옥에서 잠을 자고 있었습니다. 그런데 베드로가 잠들기 전에 무엇을 한줄 아십니까? 기도를 했습니다. 베드로는 신실한 하나님의 사람이었거든요. 신실한 하나님의 사람으로서 그는 잠들기 전에 틀림없이 기도했을 것입니다. "하나님, 헤롯이 내일 저를 죽이려고 합니다. 그러나 주님께서 저에게 하신 말씀을 제가 기억합니다. 하나님께서 저를 살려주실 것이고, 저로 하여금 이곳에서 나가게 해주실 것을 제가 믿습니다." 이런 기도를 드리고 그가 잠을 청했습니다. 그러니까 평안하게 잠을 잘 수 있었던 것입니다. 빌립보서 4장 6-7절은 우리에게 이렇게 말씀합니다.

"아무 것도 염려하지 말고, 다만 모든 일에 기도와 간구로 너희 구할 것을 감사함으로 하나님께 아뢰라. 그리하면 모든 지각에 뛰어난 하나님의 평강이 그리스도 예수 안에서 너희 마음과 생각을 지키시리라."

이것이 바로 베드로가 한 일입니다. 베드로는 염려하지 않았고, 하나님께 기도했습니다. 그렇게 했더니 그의 마음속에 하나님의 평강이 찾아왔고, 편안하게 잠들 수 있었습니다.

어려움이 있고 시련이 있으면 하나님께 기도하고, 하나님께 맡기시기 바랍니다. 하나님께서 내 기도를 들어주실 것을 믿고 편안하게 잠도 자고, 할 일도 하시기를 바랍니다. 하나님께서 역사하실 것입니다. 놀라운 일이 일어나게 해주실 것입니다.

본문에는 로데라는 여자아이가 나옵니다. 이 아이도 우리에게 좋은 본을 보여주고 있습니다. 베드로가 문을 두드리니까 로데라는 아이가 나왔습니다. 베드로인 것을 알고 로데는 너무 기뻐서 문 열어 주는 것도 잊고 안으로 들어가 사람들에게 알렸습니다.

"베드로가 대문을 두드린대 로데라 하는 여자 아이가 영접하러 나왔다가 베드로의 음성인 줄 알고 기뻐하여 문을 미처 열지 못하고 달려 들어가 말하되 베드로가 대문 밖에 섰더라 하니"(13-14절).

로데라는 아이의 반응이 어떠했습니까? 기뻐했다고 했지요. 왜냐하면 하나님께서 자기들의 기도를 들어주셨기 때문입니다. 그런데 다른 사람들의 반응은 어떠했는줄 아십니까? 베드로를 보고 놀랐습니다.

"베드로가 문 두드리기를 그치지 아니하니 그들이 문을 열어 베드로를 보고 놀라는지라"(16절).

왜 놀랐을까요? 기대를 하지 않았기 때문입니다. 기도는 했지만 하나님께서 정말 자신들의 기도를 들어주시리라고는 생각지 못한 것입니다. 그러니 놀랄 수밖에요.

기도할 때는 하나님께서 내 기도를 들어주실 것이라는 믿음과 확신을 가지고 기도해야 함을 잊지 마십시오. 그것이 성경적인 기도의 자세입니다.

"내 이름으로 무엇이든지 내게 구하면 내가 행하리라"(요 14:14).

"지금까지는 너희가 내 이름으로 아무 것도 구하지 아니하였으나 구하라. 그리하면 받으리니 너희 기쁨이 충만하리라"(요 16:24).

예수님께서 하신 이 말씀을 믿고, 믿음을 가지고 기도하시기 바랍니다. 그렇게 할 때 하나님께서 들어주시고 응답해주실 것입니다. 성경을 보면 많은 믿음의 사람들이 그렇게 기도함으로 응답받은 것을 볼 수 있습니다.

한나는 아기를 갖고 싶었습니다. 그래서 날마다 하나님께 아기를 달라고 기도했습니다. 그러던 어느 날, 아기를 주실 것이라는 확신을 얻게 됩니다. 그리고 그날 이후로는 얼굴에 다시는 근심 빛이 없었다고 성경은 기록하고 있습니다.

다니엘과 그의 세 친구도 대단한 사람들입니다. 하나님을 계속 섬기면 풀무 불에 넣고, 사자 굴에 넣겠다고 하는데도 이들은 하나님 섬기는 것을 포기하지 않고, 하나님께 기도하는 것을 멈추지 않습니다. 무엇이 그들로 하여금 그렇게 하도록 했을까요? 하나님을 신뢰하는 믿음입니다. 하나님께 기도하면 하나님께서 들으시고 응답해 주실 것을 그들이 믿었던 것입니다.

다윗이 골리앗을 향해 나아갈 때도 기도하는 마음으로 나아갔습니다. “하나님, 하나님의 이름을 모독하는 저 인간을 내가 처치하겠습니다. 나를 도와주십시오. 도와주실 것을 믿습니다.” 그때 하나님께서 그의 기도를 들어주셨고, 그를 도와주셨습니다.

요셉이 억울하게 팔려가고, 억울하게 죄수가 되었을 때 그는 누구를 원망하거나 미워하지 않았습니다. 왜 그렇습니까? 하나님께서 언젠가는 자신의 꿈과 기도를 이루어주실 것을 믿었기 때문입니다.

사랑하는 여러분! 우리도 기도할 때 믿음을 가지고, 간절히 기도합시다. 그렇게 할 때 우리의 기도가 하나님께 상달되고, 하나님께서 우리의 기도를 이루어주실 것입니다.

최근에 저는 오른쪽 뒷머리가 많이 아팠습니다. 계속 주물러도 안 되고, 내 머리 속에 뭐가 있나, 병원에 한 번 가봐야 하는 것 아닌가 하는 생각이 계속 들었습니다. 기도를 해도 나아지지가 않았습니다. 어젯밤까지만 해도 많이 아팠습니다. 그런데 오늘 아침에 말끔히 나았습니다. 제 아내가 어젯밤에 저를 위해서 간절히 기도해주었기 때문입니다. 이런 것이 기도의 역사입니다. 기도하면 하나님이 들어주십니다. 초대 교회는 어려움도 있었고 시련도 있었지만 믿음으로, 기도로 나아갔을 때 하나님께서는 그들에게 승리를 주셨습니다. 24절을 보겠습니다.

“하나님의 말씀은 흥왕하여 더하더라.”

우리 교회도 이런 교회가 되면 좋겠습니다. 어려움이 있고 시련이 있어도 결국은 하나님의 도움으로 승리하는 교회가 되어야 하는 것입니다. 그런 교회가 되려면 기도가 살아있어야 합니다.

초대 교회를 멸하려던 헤롯은 어떻게 되는 줄 아십니까? 하나님의 벌을 받아 죽습니다.

"헤롯이 날을 택하여 왕복을 입고 단상에 앉아 백성에게 연설하니 백성들이 크게 부르되 이것은 신의 소리요 사람의 소리가 아니라 하거늘 헤롯이 영광을 하나님께로 돌리지 아니하므로 주의 사자가 곧 치니 벌레에게 먹혀 죽으니라"(21-23절).

사도 야고보를 죽였고, 베드로를 죽이려 했고, 교회를 멸하려고 했던 그는 결국 죽고 말았습니다. 유대의 역사가 요세푸스는 그 날의 상황을 이렇게 설명하고 있습니다. 그 날 헤롯은 은으로 만든 옷을 입고 청중들 앞에 나타났다고 합니다. 은으로 만든 옷이니까 햇빛에 얼마나 휘황찬란하게 빛났겠습니까. 멀리서 보면 그의 주위가 환했을 것입니다. 그의 말을 듣고 있던 청중들은 왕에게 아부하기 위해 "당신의 말씀은 신의 말씀입니다. 당신이 신이십니다"라며 칭송을 했고, 헤롯은 그들의 말을 부인하지 않았습니다. 결국 하나님께서 헤롯을 치셨고, 5일 동안 심하게 고통을 당하다가 죽었다고 합니다.

교회를 멸하려고 했던 자의 말로가 이것입니다. 그런데 하나님의 교회는 어떻게 되었습니까? 계속 부흥하고 성장했습니다.

오늘날에도 마귀 사탄은 하나님의 교회를 멸하기 위해 여러 가지 방법으로 공격합니다. 그러나 하나님의 교회는 결국 승리하게 되어 있습니다. 왜냐하면 하나님께서 교회와 함께 하시고, 교회의 머리가 되시는 우리 주님께서 마귀와의 싸움에서 이기셨기 때문입니다. 주님께서는 우리에게 승리를 약속해 주셨습니다.

우리의 삶 속에 기도가 있고, 살아 역사하는 믿음이 있는 한 반드시 승리할 것입니다. 기도로, 믿음으로 승리하는 우리가 됩시다.

20. 성령의 보내심을 받아
(사도행전 12:25-13:12)

20. 성령의 보내심을 받아 (행 12:25-13:12)

본문은 안디옥 교회가 바울과 바나바를 선교사로 파송하는 내용입니다. 사도행전은 전체가 28장인데 본문은 사도행전에서 전환점과 같은 역할을 한다고 할 수 있습니다. 왜냐하면 사도행전 1-12장은 예루살렘 교회가 중심이고, 핵심인물은 사도 베드로입니다. 그리고 사도행전 13-28장은 안디옥 교회가 중심이고, 핵심인물은 사도 바울입니다. 사도행전 13-28장의 내용은 사도 바울이 안디옥 교회의 파송을 받아 여러 지역을 다니며 복음을 전하는 내용인데, 본문이 바로 바나바와 바울이 안디옥 교회의 파송을 받고 떠나는 내용이기 때문입니다.

바울과 바나바가 어떻게 안디옥 교회의 파송을 받게 되었는지, 그리고 이들은 어디로 가서 복음을 전했는지를 살펴보면서 주님께서 우리에게 주시는 교훈을 생각해보겠습니다.

먼저 1절을 보겠습니다.

"안디옥 교회에 선지자들과 교사들이 있으니 곧 바나바와 니게르라 하는 시므온과 구레네 사람 루기오와 분봉 왕 헤롯의 젖동생 마나엔과 및 사울이라."

이 말씀은 안디옥 교회에 있던 선지자들과 교사들을 소개하는 내용입니다. 하나님께로부터 말씀을 받아, 전하고 가르치는 사람들이 선지자들, 교사들입니다. 오늘날로 하면 교회의 목사, 사역자들이라 할 수 있습니다.

안디옥 교회에는 다섯 명의 선지자와 교사들이 있었는데 첫 번째로 소개되고 있는 사람이 '바나바'입니다. 바나바는 안디옥 교회에서 부흥이 일어났을 때 예루살렘 교회가 목회자로 파송한 사람입니다. 그러니까 바나바는 안디옥 교회의 담임목사라고 보시면 됩니다.

두 번째로 소개된 사람은 '니게르라 하는 시므온'입니다. '니게르'는 라틴어로 '검다'는 뜻입니다. '니게르'에서 나온 영어단어가 '니그로(Negro)'입니다. 흑인을 니그로라고 하는데, 흑인들은 이 말을 무척 싫어합니다. 흑인을 비하하는 말이기 때문입니다. '니게르'라는 말의 의미를 생각해볼 때 시므온은 아프리카 출신의 흑인일 가능성이 높습니다.

세 번째로 소개된 사람은 '구레네 사람 루기오'입니다. '구레네'는 아프리카 북쪽에 있는 도시로, 오늘날의 리비아에 속해 있는 도시입니다.

네 번째로 '분봉 왕 헤롯의 젖동생 마나엔'이라는 사람이 소개되어 있습니다. '젖동생'은 '같은 젖을 먹고 자란 동생'이라는 뜻입니다. 분봉왕 헤롯과 마나엔은 같은 유모의 젖을 먹고 자란 것 같습니다. 분봉 왕 헤롯은 침례 요한을 죽인 사람입니다. 또 예수님을 잠시 심문하기도 했습니다. 아이러니한 것은 같은 젖을 먹고 자란 두 사람 중 한 사람은 예수님을 대적하는 사람이 되었고, 또 한 사람은 예수님의 제자가 되어 안디옥 교회의 지도자가 되었다는 것입니다.

마지막 다섯 번째로 소개된 사람은 '사울'입니다. 사울은 사도 바울로 우리가 너무나 잘 알고 있는 바로 그 분입니다. 그런데 그의 이름이 제일 끝에 나오는 것이 조금 독특합니다. 성경에서는 이름의 순서로 중요성을 말해주는 경우가 많습니다. 이름이 먼저 나오면 더 중요한 사람이고, 뒤에 나오면 덜 중요한 사람입니다. 안디옥 교회의 지도자 중에서 제일 중요한 사람은 이름이 제일 먼저 나온 바나바라고 할 수 있습니다. 그리고 사울은 이름이 제일 끝에 나온 것을 보아 이 때까지만 해도 안디옥 교회에서 그렇게 중요한 인물이 아니었던 것을 알 수 있습니다. 그런데 본문을 기점으로 해서 사울이 중요한 인물로 부상하게 됩니다. 그리고 이름도 사울에서 바울로 바뀌게 됩니다.

"바울이라고 하는 사울이 성령이 충만하여 그를 주목하고"(9절).

바울이라는 이름이 성경에 처음 나오는 장면입니다. 여기서부터 사울이 바울로 불리게 됩니다. '사울'이라는 이름은 히브리식 이름입니다. 그의 아버지가 이스라엘의 초대 왕 사울의 이름을 따서 붙여준 것 같습니다. '사울'은 '구하다'라는 의미입니다. '바울'은 헬라식 이름인데 '작은 자'라는 뜻입니다. 아무래도 이방인들을 위해서 사역을 하려면 유대식 이름보다는 이방인들에게 더 잘 통할 수 있는 헬라식 이름이 좋습니다. 그래서 히브리식 이름인 '사울'에서 헬라식 이름인 '바울'로 바꾼 것이 아닌가 생각됩니다.

안디옥 교회의 다섯 지도자들을 살펴보니 그들의 출신지역, 배경, 심지어 피부색도 다른 것을 보게 됩니다. 이것은 무엇을 말해줍니까? 안디옥 교회는 출신지역과 배경, 문화와 인종을 초월하는 교회였다는 것입니다. 다시 말씀드리면 안디옥 교회는 열려있는 교회였고, 개방적인 교회였습니다.

오늘날 어떤 교회들을 보면 그렇지 못한 것을 보게 됩니다. 미국에는 백인들만 모여서 예배드리는 교회도 있고, 흑인들만 모여서 예배드리는 교회도 있습니다. 피부색이 다른 사람을 못 들어오게 하는 것은 아니지만 교회의 분위기가 그렇게 돌아갑니다. 우리나라에는 사회적으로 지위가 높은 분들이 모여 예배드리는 교회가 있고, 사회적으로 지위가 낮은 사람들이 모여 예배드리는 교회가 있습니다. 사회적으로 지위가 높은 분들이 주로 모이는 교회에 지위가 낮은 사람이 가면 적응하기가 쉽지 않습니다. 지위가 낮은 사람들이 모이는 교회에 지위가 높은 사람이 가도 마찬가지입니다. 또 우리나라에는 탈북자들끼리 모여 예배드리는 교회도 있고, 젊은 사람들만 모여서 예배드리는 교회도 있습니다. 왜 교회에 이런 현상이 나타나는 것일까요? 문화 차이 또는 사람에 대한 차별 때문이라고 할 수 있겠지요.

그런데 교회는 이런 모습이면 안 됩니다. 교회는 누구라도 들어올 수 있어야 하고, 어울릴 수 있어야 하며, 주 안에서 하나가 될 수 있어야 합니다. 그런 교회가 좋은 교회입니다. 저는 우리 교회가 그런 교회가 되었으면 좋겠습니다. 부자들만 오거나 가난한 사람들만 오는 교회를 원치 않습니다. 가난한 사람, 부자, 많이 배운 사람, 많이 배우지 못한 사람, 신분이 높은 사람, 낮은 사람 할 것 없이 누구라도 들어올 수 있는 교회, 들어와도 아무런 차별을 느끼지 못하는 교회, 그런 교회가 되었으면 좋겠습니다. 출신 지역이 달라도, 지지하는 정당이 달라도 주 안에서 하나 될 수 있는 교회, 그런 교회를 세워나갑시다.

계속해서 2절을 보겠습니다.

"주를 섬겨 금식할 때에 성령이 이르시되 내가 불러 시키는 일을 위하여 바나바와 사울을 따로 세우라 하시니."

성령께서 안디옥 교회 성도들에게 "내가 불러 시키는 일을 위하여 바나바와 사울을 따로 세우라" 하셨는데 이것은 '바나바와 사울을 해외 선교사로 파송하라'는 말씀입니다. 성령님의 이 음성을 들었을 때 안디옥 교회 성도들은 굉장히 당황스러웠을 것입니다. 바나바는 안디옥 교회의 담임목사이고, 사울은 안디옥 교회의 여러 부목사 중에서 가장 장래가 촉망되는 부목사입니다. 그런데 바나바와 사울을 해외 선교사로 파송하라니 얼마나 황당했겠습니까. 더군다나 안디옥 교회는 지금 이들의 리더십 아래 급성장하고 있었습니다.

그런데 안디옥 교회가 성령님의 말씀을 따릅니다.

"이에 금식하며 기도하고 두 사람에게 안수하여 보내니라"(3절).

안디옥 교회는 정말 훌륭한 교회입니다. 훌륭한 교회, 좋은 교회는 성령님의 말씀을 따르는 교회입니다. '금식하며 기도했다'고 했는데 이것은 자신들이 성령님의 음성을 제대로 들었는지, 혹시 잘못 들은 것은 아닌지 그것을 분명하게 하기 위함입니다. 기도해본 결과 성령님의 음성이 확실합니다. 그래서 두 사람을 파송하게 됩니다. 성령님의 음성을 따른 안디옥 교회는 정말 훌륭한 교회입니다.

이것은 개인도 마찬가지입니다. 어떤 그리스도인이 훌륭한 그리스도인인줄 아십니까? 성령님의 인도하심을 따르는 그리스도인이 훌륭한 그리스도인입니다. 그러므로 우리는 매 순간마다, 어떤 중요한 결정을 내릴 때마다 내 뜻대로 할 것이 아니라 하나님께 충분히 기도하고 성령님의 인도하심을 따라야 합니다. 배우자를 선택할 때도 내 임의로 결정하지 말고, 충분히 기도한 후에 성령님께서 확신을 주는 사람으로 결정하시기 바랍니다. 직장이나 직업을 선택할 때도 마찬가지입니다. 단지 보수가 많은 직장이나 직업이 아닌, 하나님께서 원하시는 직장, 직업이 무엇일까를 충분히 기도해본 후에 성령님께서 확신을 주시는 쪽으로 선택해야 하는 것입니다. 선교지나 사역지를 결정할 때도 마찬가지입니다. 충분히 기도하고, 하나님께서 내가 가서 섬기기를 원하시는 곳에 가서 섬겨야 합니다. 외형적으로 좋아 보인다고해서 선택하면 안 됩니다. 성령님께서 부담을 주시고 가라고 하시는 곳에 가서 선교도 하고 사역도 해야 하는 것입니다.

성령님의 인도하심을 잘 따르려면 우선적으로 해야 할 것이 있습니다. 그것은 바로 예배생활입니다. 안디옥 교회가 성령님의 음성을 듣고 바나바와 사울을 선교사로 파송하게 되는데, 그들이 예배드릴 때 성령님의 음성을 들었다는 것을 잊어서는 안 됩니다. 2절에 "주를 섬겨 금식할 때에 성령이 이르시되"라고 되어 있습니다. 여기서 '섬긴다'는 '예배한다'의 뜻입니다. 표준새번역 성경에는 "그들이 주께 예배를 드리며 금식하고 있을 때에"라고 번역되어 있습니다. NIV 영어성경에도 'worship(예배)'이라는 단어를 써서 번역해 놓았습니다.

예배드리는 것은 하나님을 섬기는 것입니다. 하나님을 섬길 수 있는 최고의 방법이 예배드리는 것입니다. '주를 섬긴다'는 것은 단지 '주님께 봉사'하는 정도가 아니라 예배드리는 것을 말합니다. 안디옥 교회는 금식을 하면서 간절한 마음으로 하나님께 예배드리고 있을 때 성령님의 말씀을 들었던 것입니다.

이사야 선지자도 언제 하나님의 부르심을 받았는가 하면 하나님께 예배할 때 부르심을 받았습니다. 이사야 6장 1-8절을 잘 보면 그런 것을 알 수 있습니다. 오늘날에도 하나님은 언제 사람들을 부르시고, 사람들에게 말씀하시는가 하면 예배할 때입니다. 특별히 하나님의 말씀이 선포될 때 그렇게 잘하십니다. 그래서 예배가 중요한 것입니다. 예배가 그냥 중요한 것이 아닙니다. 예배를 통해서 하나님을 만나고, 하나님의 음성을 들을 수 있기 때문에 예배가 중요한 것입니다. 그러므로 우리는 예배를 소중하게 생각해야 합니다. 어떤 일이 있어도 주일예배는 폐하지 마십시오. 우리는 예배를 통해서 하나님의 뜻이 무엇인지 알 수 있습니다. 하나님께서는 예배 잘 드리는 사람을 사랑하십니다. 요한복음 4장 23절에서도 하나님은 예배하는 자들을 찾고 계신다고 말씀하고 있습니다.

목회자로서 저도 개인적으로 예배 잘 드리는 사람을 좋아합니다. 헌금 많이 하는 사람보다도 예배 잘 드리는 사람이 더 좋고, 봉사 많이 하는 사람보다도 예배 잘 드리는 사람이 더 좋습니다. 이것은 저의 개인적인 목회경험으로 하는 말입니다. 제일 맘에 안 드는 사람은 예배 잘 안 드리는 사람, 예배시간에 딴짓하는 사람입니다. 목회자인 제 눈에도 그렇게 보인다면 하나님의 눈에도 그렇게 보이지 않겠습니까? 성공적인 인생을 살기 원하고, 하나님께 복 받는 인생이 되기 원한다면 무엇보다도 예배생활을 잘하시기 바랍니다. 예배의 성공이 곧 인생의 성공입니다.

4절을 보겠습니다.

"두 사람이 성령의 보내심을 받아 실루기아에 내려가 거기서 배 타고 구브로에 가서."

바울과 바나바가 성령님의 보내심을 받고 제일 먼저 간 곳은 '구브로'라는 섬입니다. 안디옥에서 실루기아로 가 그곳에서 배를 타고 구브로라는 섬으로 갔습니다.

〈지도1〉을 보면 우측 하단에 예루살렘이 있고, 북쪽으로 안디옥이 있습니다. 안디옥 교회가 바로 그곳에 있었습니다. 바나바와 바울이 파송되어 처음 찾아간 곳은 지중해 동쪽 끝에 있는 구브로 섬입니다. 오늘날에는 키프로스라는 이름으로 불리어지고 있는 섬나라(키프로스 공화국)입니다.

사도행전 4장 36절을 보면 구브로는 바나바의 고향이기도 합니다.

〈지도1〉

바나바 목사님의 마음속에는 늘 고향 사람들에 대한 부담이 있었던 것 같습니다. '언젠가는 내 고향 구브로 사람들에게 복음을 전해야 할텐데… 그들도 예수님을 믿어야 할텐데…' 하는 부담을 가지고 있다가 때가 되어 선교사로 나가게 되었을 때 제일 먼저 찾아간 곳이 바로 자기의 고향, 구브로였습니다.

당신은 당신의 고향 사람들에 대해서 어떤 마음을 가지고 있습니까? 당신의 가장 가까운 고향 사람은 당신의 가족, 친척, 친구들이라 할 수 있는데 당신은 그들에 대해서 부담감이 있습니까? 그 부담감이 있어야 합니다. 바나바는 그 부담감이 있었기 때문에 제일 먼저 고향 사람들을 찾아간 것입니다. 안드레도 예수님을 만나고 나서 제일 먼저 자기의 가장 가까운 혈육인 베드로에게 예수님 만난 소식을 전했습니다. 빌립도 자기 친구 나다나엘에게 제일 먼저 복음을 전했습니다. 저의 아버님인 강인규 목사님도 구원받고, 목회를 시작하면서 제일 먼저 자신의 고향에 가서 교회를 개척했습니다. 바나바도 그런 마음이었을 것입니다. '내 고향 구브로, 거기에는 내 친척도 있고, 친구도 있고, 내가 사랑하는 사람들이 많이 있는데 그곳에 가서 복음을 전해야겠다.' 이런 마음으로 구브로를 찾아간 것입니다. 그리고 전혀 모르는 곳에 가서 복음을 전하는 것보다 아는 곳에 가서 복음을 전하면 유리한 점도 있을 것입니다.

이렇게 해서 바나바와 바울은 구브로에 가서 복음을 전하게 되는데, 그 곳에서 두 사람을 만나게 됩니다. 6-7절입니다.

"온 섬 가운데로 지나서 바보에 이르러 바예수라 하는 유대인 거짓 선지자인 마술사를 만나니 그가 총독 서기오 바울과 함께 있으니 서기오 바울은 지혜 있는 사람이라. 바나바와 사울을 불러 하나님의 말씀을 듣고자 하더라."

바나바와 바울이 만난 두 사람은 '바예수'와 '서기오 바울'이라는 사람입니다. 바예수는 '유대인 거짓 선지자인 마술사'라고 했습니다. '마술사'는 오늘날처럼 사람들을 즐겁게 해주기 위해 오락차원에서 마술을 하는 사람이 아니라 악령의 힘으로 놀라운 능력을 행하는 사람을 말합니다. 오늘날로 하면 무당, 박수라고 할 수 있습니다. 그리고 서기오 바울은 구브로 섬의 총독입니다. 그런데 서기오 바울이 하나님의 말씀에 관심이 있어서 하나님의 말씀을 들으려고 하면 바예수가 계속 방해를 하는 것입니다.

"이 마술사 엘루마는 (이 이름을 번역하면 마술사라) 그들을 대적하여 총독으로 믿지 못하게 힘쓰니"(8절).

바예수는 이미 말씀 드렸듯이 마귀에 의해서 쓰임 받는 사람입니다. 그래서 바울이 그를 강하게 책망합니다.

"바울이라고 하는 사울이 성령이 충만하여 그를 주목하고 이르되 모든 거짓과 악행이 가득한 자요, 마귀의 자식이요, 모든 의의 원수여 주의 바른 길을 굽게 하기를 그치지 아니하겠느냐"(9-10절).

바울이 아주 호되게 책망을 했지요? '바예수'는 '예수의 아들'이라는 뜻입니다. 이름의 의미는 얼마나 좋습니까? 그런데 그가 하는 행동은 '예수의 아들'이 아닌 '마귀의 자식' 행동입니다. 그래서 바울이 "너는 마귀의 자식이다. 의의 원수다"라고 책망을 했습니다. 그리고 바울은 그를 저주해서 한동안 앞을 보지 못하게 했습니다.

"보라 이제 주의 손이 네 위에 있으니 네가 맹인이 되어 얼마 동안 해를 보지 못하리라 하니 즉시 안개와 어둠이 그를 덮어 인도할 사람을 두루 구하는지라"(11절).

죽을 때까지 못 보게 만든 것이 아니고, '얼마 동안'이라고 했으니까 일시적으로 못 보게 만든 것입니다. 사도 바울의 저주 한 마디에 이 사람은 그 자리에서 앞을 못 보는 사람이 되고 말았습니다. 이런 능력을 누가 주셨을까요? 하나님께서 주셨습니다. 사도이기 때문에 특별하게 주신 것입니다. 이 기적이 사도 바울이 행한 최초의 기적입니다. 그리고 이것을 본 서기오 바울은 예수님을 믿게 되었습니다.

"이에 총독이 그렇게 된 것을 보고 믿으며 주의 가르치심을 놀랍게 여기니라"(12절).

전부터 하나님의 말씀에 관심이 있었고, 믿고자 하는 마음이 있었는데 놀라운 일을 보자 믿지 않을 수 없었습니다. '이 사람들은 정말 하나님의 사람들이로구나. 이들이 전하는 말씀을 내가 믿어야겠구나!'

그렇게 생각하고 믿은 것입니다.

서기오 바울에 대해서 조금 더 살펴보기를 원합니다. 7a절에 보면 이 사람을 '지혜 있는 사람'이라고 했습니다.

"그가 총독 서기오 바울과 함께 있으니 서기오 바울은 지혜 있는 사람이라."

'지혜 있다'는 말은 '총명하다, 지성적이다'라는 뜻입니다. 영어성경에서는 'intelligent'라는 단어를 써서 번역했습니다. 그런데 제가 봐도 서기오 바울은 똑똑하고 지혜로운 사람입니다. 왜냐하면 그가 하나님의 말씀을 들으려고 했기 때문입니다. 총명하고 지성적이니까 하나님의 말씀을 들으려고 한 것입니다. 7절 말씀을 다시 보겠습니다.

"그가 총독 서기오 바울과 함께 있으니 서기오 바울은 지혜 있는 사람이라. 바나바와 사울을 불러 하나님의 말씀을 듣고자 하더라."

똑똑한 사람은 하나님의 말씀을 들으려고 합니다. 하나님에 대해서 관심이 있습니다. 호세아 4장 6절에 보면 "내 백성이 지식이 없으므로 망하는도다" 하는 말씀이 있습니다. 여기서 말하는 '지식'은 하나님에 대한 지식, 하나님의 말씀에 대한 지식입니다. 이 지식이 없는 사람은 결국 망할 수밖에 없습니다. 그래서 지혜로운 사람은 하나님의 말씀을 들으려고 합니다. 하나님의 말씀을 듣는 사람이 결국 지혜로운 사람입니다. 그러나 어리석은 사람은 하나님 말씀에 관심이 없습니다. 하나님의 말씀을 들으려고도 안합니다. 그러다가 결국 멸망하는 것입니다.

"미련한 자는 자기 행위를 바른 줄로 여기나 지혜로운 자는 권고를 듣느니라"(잠 12:15).

"슬기로운 자는 재앙을 보면 숨어 피하여도 어리석은 자는 나가다가 해를 받느니라"(잠 22:3).

당신은 지혜로운 사람입니까, 어리석은 사람입니까? 지혜로운 사람이 되셔서 하나님의 말씀을 항상 들으시기 바랍니다. 당신이 아직 예수님을 믿지 않는 분이라면 본문의 서기오 바울이 예수님을 믿은 것처럼 당신도 꼭 예수님을 믿으시기 바랍니다. 그렇게 하는 사람이 진짜 똑똑하고 지혜로운 사람입니다.

이미 믿으셨다면 성령님의 인도하심을 따르는 삶을 사시기 바랍니다. 본문에서 바울과 바나바가 기꺼이 선교사로 나갈 수 있었던 것은 그들이 성령님의 음성을 들었고, 성령님의 음성에 순종했기 때문입니다. 본문에는 성령과 관련된 표현이 세 번 나옵니다. '성령이 이르시되'(2절), '성령의 보내심을 받아'(4절), '성령이 충만하여'(9절). 성령님은 오늘날 우리에게도 말씀하십니다. 뭐라고 말씀하시는지 잘 들으시기를 바랍니다. 항상 성령님의 음성에 민감하고, 성령님의 말씀에 순종하는 삶을 살아갑시다.

21. 바울이 전하는 복음

(행 13:13-43)

21. 바울이 전하는 복음 (행 13:13-43)

본문은 바울이 비시디아 안디옥에서 복음을 전하는 내용입니다. 비시디아 안디옥은 바울과 바나바를 파송한 안디옥 교회가 있었던 수리아 안디옥과는 다른 곳입니다.

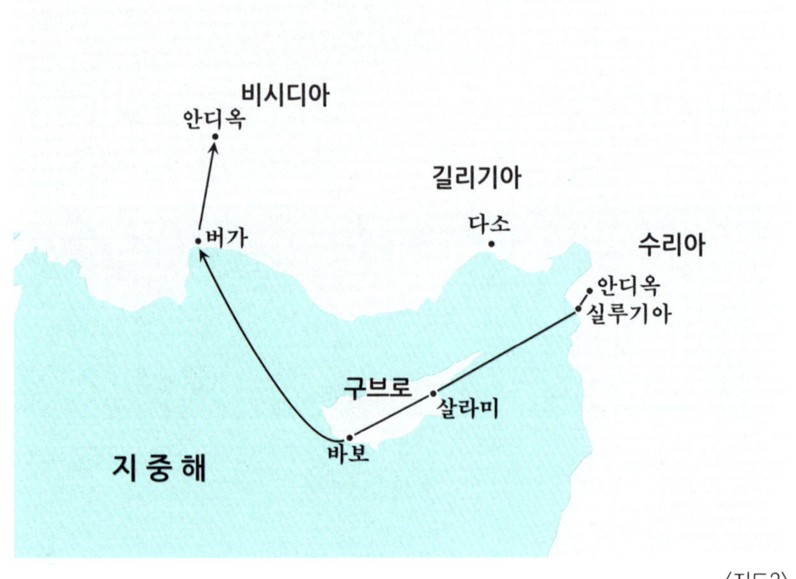

〈지도2〉

〈지도2〉에서 바울과 바나바를 파송했던 수리아 안디옥은 우편에 있습니다.

지난 시간에 우리는 바울과 바나바가 수리아에 있는 안디옥 교회의 파송을 받아 제일 먼저 구브로 섬에 와서 하나님의 말씀을 전한 것을 살펴보았습니다. 본문에서는 바울과 바나바가 구브로를 떠나 버가를 거쳐 비시디아에 있는 안디옥까지 오게 됩니다(지도2 참조). 비시디아 안디옥에 와서 복음을 전하는데, 어디서 복음을 전했는가 하면 회당에서 전했습니다.

"그들은 버가에서 더 나아가 비시디아 안디옥에 이르러 안식일에 회당에 들어가 앉으니라"(14절).

구브로에서 복음을 전할 때도 회당에서 주로 복음을 전한 것을 볼 수 있습니다.

"살라미에 이르러 하나님의 말씀을 유대인의 여러 회당에서 전할새"(행 13:5).

회당에서 복음을 전하면 여러 면에서 유익이 있습니다. 회당에 모이는 사람들은 적어도 구약성경을 믿는 사람들입니다. 구약성경을 전혀 모르는 사람들보다 구약성경을 알고, 믿고 있는 사람들에게 예수님을 소개하는 것이 훨씬 더 수월합니다. 또 회당에는 유대인들만 모이는 것이 아니라 이방인들도 모입니다. 그러므로 회당은 이방인들에게 복음을 전할 수 있는 좋은 기회의 장소이기도 했습니다. 그 당시에 이미 유대인들은 세계 곳곳에 흩어져 살았던 것 같습니다. 유대인들이 있는 곳에는 항상 회당이 있습니다. 그래서 구브로에도 회당이 있었고, 비시디아 안디옥에도 있었습니다. 그리고 바울은 주로 회당에 가서 하나님의 말씀을 전했습니다.

바울이 회당에서 설교를 시작하면서 "이스라엘 사람들과 및 하나님을 경외하는 사람들아 들으라"(16b절) 하면서 말문을 엽니다. '이스라엘 사람들'은 말 그대로 이스라엘 사람들, 유대인들을 말합니다. '하나님을 경외하는 사람들'은 하나님을 경외하는 이방사람들을 말하는 것입니다. 회당이라고 해서 유대인들만 그 자리에 있었던 것은 아니고, 유대인들의 신앙에 관심 있는 이방인들도 그 자리에 많이 있었던 것을 알 수 있습니다. 그래서 "이스라엘 사람들아, 그리고 하나님을 경외하는 이방 사람들아"라고 하면서 설교를 시작한 것입니다.

위대한 설교자 바울이 과연 어떤 설교를 했을까요? 본문에 기록된 바울의 설교는 사도행전에 기록된 그의 첫 번째 설교입니다. 물론 그 전에도 바울은 설교를 했습니다. 하지만 글로 기록된 설교로는 본문의 설교가 처음입니다. 명 설교자 바울은 과연 어떤 설교를 했을까요? 굉장히 기대가 되고 궁금합니다.

바울의 첫 설교 내용을 살펴보면서 우리에게 주시는 교훈을 생각해 보겠습니다. 그의 설교가 조금 어렵게 느껴질 수도 있고, 딱딱하게 느껴질 수도 있습니다. 그러나 잘 들으면 큰 유익이 있을 것입니다.

먼저 바울은 구약성경에 기록된 이스라엘의 역사를 설명합니다. 17-23절을 보겠습니다.

"이 이스라엘 백성의 하나님이 우리 조상들을 택하시고 애굽 땅에서 나그네 된 그 백성을 높여 큰 권능으로 인도하여 내사 광야에서 약 사십 년간 그들의 소행을 참으시고 가나안 땅 일곱 족속을 멸하사 그 땅을 기업으로 주시기까지 약 사백오십 년간이라. 그 후에 선지자 사무엘 때까지 사사를 주셨더니 그 후에 그들이 왕을 구하거늘 하나님이 베냐민 지파 사람 기스의 아들 사울을 사십 년간 주셨다가 폐하시고 다윗을 왕으로 세우시고 증언하여 이르시되 내가 이새의 아들 다윗을 만나니 내 마음에 맞는 사람이라. 내 뜻을 다 이루리라 하시더니 하나님이 약속하신 대로 이 사람의 후손에서 이스라엘을 위하여 구주를 세우셨으니 곧 예수라."

설교 서두에서 이스라엘의 역사를 설명한 이유가 무엇입니까? 하나님께서 이스라엘을 통하여 메시야를 보내주셨다는 것을 말하려는 것입니다. 23절을 다시 보십시오.

"하나님이 약속하신 대로 이 사람의 후손에서 이스라엘을 위하여 구주를 세우셨으니 곧 예수라."

특별히 누구의 혈통을 통해 메시야를 보내주셨다고 말씀합니까? 다윗의 혈통입니다. 여기서 '이 사람'은 다윗입니다. 하나님께서 다윗의 혈통을 통하여 메시야를 보내시겠다는 말씀은 구약성경 사무엘하 7장 16절에 기록되어 있습니다.

"네 집과 네 나라가 내 앞에서 영원히 보전되고 네 왕위가 영원히 견고하리라."

하나님께서 다윗에게 '네 왕위가 영원히 견고할 것'이라고 하셨습니다. 이 말씀은 '네 혈통을 통해서 영원한 왕, 메시야가 탄생할 것'이라는 말씀입니다. 그런데 왜 하나님은 다윗을 택하셔서 이스라엘의 2대 왕으로 세우시고, 그의 후손 중에서 메시야가 나오게 하셨을까요? 그 이유가 22b절에 나옵니다.

"내가 이새의 아들 다윗을 만나니 내 마음에 맞는 사람이라. 내 뜻을 다 이루리라."

그렇습니다. 다윗은 하나님의 '마음에 맞는 사람'이었기 때문입니다. 그 당시 어느 누구보다도 신실하고, 하나님을 사랑한 사람이 바로 다윗이었습니다.

사랑하는 여러분! 우리도 다윗과 같이 하나님의 '마음에 맞는 사람'이 됩시다. 사람의 마음에 맞는 것도 중요하지만 그보다 더 중요한 것은 하나님의 마음에 맞는 사람, 하나님의 마음에 드는 사람이 되는 것입니다. 그런 사람이 하나님의 복을 받고, 그런 사람이 결국 성공하는 것입니다.

때가 되어 하나님께서 메시야를 이 땅에 보내주셨을 때 이스라엘 사람들은 그를 알아보지 못했습니다. 26-27절을 보겠습니다.

"형제들아 아브라함의 후손과 너희 중 하나님을 경외하는 사람들아, 이 구원의 말씀을 우리에게 보내셨거늘 예루살렘에 사는 자들과 그들 관리들이 예수와 및 안식일마다 외우는 바 선지자들의 말을 알지 못하므로 예수를 정죄하여 선지자들의 말을 응하게 하였도다."

이스라엘 사람들은 구약성경을 잘 아는 사람들입니다. 구약성경을 줄줄 외울 정도입니다. 그들이 구약성경을 조금만 더 잘 보고, 예수님을 조금만 더 잘 관찰했더라면 얼마든지 예수님을 메시야로 알아볼 수 있었습니다. 그런데 그들은 그렇게 하지 않았습니다. 결국 빌라도의 힘을 빌려 예수님을 십자가에 못 박아 죽이고 말았습니다. 구약성경에는 예수님이 그렇게 되실 것까지도 기록되어 있습니다. 바울이 그것을 설명해줍니다.

"예수를 정죄하여 선지자들의 말을 응하게 하였도다. 죽일 죄를 하나도 찾지 못하였으나 빌라도에게 죽여 달라 하였으니 성경에 그를 가리켜 기록한 말씀을 다 응하게 한 것이라"(27b-29a절).

예수님이 고난 당하실 것, 처참하게 죽임 당하실 것이 구약성경에 다 기록되어 있다는 것입니다. 예수님의 고난과 죽음, 장사에 대해서는 이사야 53장에 잘 기록되어 있습니다.

"그는 실로 우리의 질고를 지고 우리의 슬픔을 당하였거늘 우리는 생각하기를 그는 징벌을 받아 하나님께 맞으며 고난을 당한다 하였노라"(사 53:4).

"그가 곤욕을 당하여 괴로울 때에도 그의 입을 열지 아니하였음이여 마치 도수장으로 끌려 가는 어린 양과 털 깎는 자 앞에서 잠잠한 양 같이 그의 입을 열지 아니하였도다”(사 53:7).

“그는 강포를 행하지 아니하였고 그의 입에 거짓이 없었으나 그의 무덤이 악인들과 함께 있었으며 그가 죽은 후에 부자와 함께 있었도다”(사 53:9).

이 말씀들은 예수님께서 오시기 700년 전, 이사야 선지자를 통해서 기록되었습니다. 예수님께서 이 땅에 오시기도 전에, 그것도 무려 700여 년 전에 ‘메시야가 이 땅에 와서 고난을 당할 것이고, 죽게 될 것이며, 죽은 뒤에는 부자의 묘실에 안치될 것’이라는 말씀이 구약성경에 기록되어 있다는 것이 놀랍지 않습니까?

더 놀라운 것은 예수님이 죽음으로 끝나지 아니하고 다시 살아나셨다는 것입니다. 이것이 진짜 중요합니다. 이것이 예수님이 다른 모든 사람들과 결정적으로 다른 점입니다. 고난 당하는 것은 누구나 할 수 있습니다. 죽는 것도 누구나 할 수 있습니다. 그러나 예수님은 거기서 끝이 아니라 다시 살아나셨다는 것입니다. 사도 바울이 바로 그것을 전하고 있습니다. 29b-30절을 보겠습니다.

“후에 나무에서 내려다가 무덤에 두었으나 하나님이 죽은 자 가운데서 그를 살리신지라.”

하나님께서 그를 살리셨다고 말씀하고 있습니다. 죽은 사람이 다시 살아나는 것은 불가능한 일입니다. 과학적으로 있을 수 없는 일입니다. 그러나 하나님은 과학을 초월하시는 분입니다. 하나님께는 불가능한 일이 없습니다. 그 하나님께서 예수님을 다시 살리셨다고 바울은 증거하고 있습니다. 그리고 많은 증인들도 있는 것을 말합니다.

“갈릴리로부터 예루살렘에 함께 올라간 사람들에게 여러 날 보이셨으니 그들이 이제 백성 앞에서 그의 증인이라”(31절).

'그들이… 증인이라'는 말을 헬라어로 보면 현재형입니다. 이것은
사도 바울이 이 말을 하는 순간에도 그 증인들이 살아있는 것을 말
합니다. 사실 바울 자신도 부활하신 주님을 만난 사람입니다. 부활하
신 주님을 만났기에 박해자에서 전도자로 돌아설 수 있었습니다. 예
수님의 부활은 누가 지어낸 것이 아닙니다. 실제적으로 일어난 일입니
다. 그것을 지금 사도 바울은 이스라엘 사람들 앞에서, 그리고 이방
사람들 앞에서 설교하고 있습니다.

32-35절을 계속 보겠습니다.

"우리도 조상들에게 주신 약속을 너희에게 전파하노니 곧 하나님이
예수를 일으키사 우리 자녀들에게 이 약속을 이루게 하셨다 함이라.
시편 둘째 편에 기록한 바와 같이 너는 내 아들이라 오늘 너를 낳았다
하셨고 또 하나님께서 죽은 자 가운데서 그를 일으키사 다시 썩음을
당하지 않게 하실 것을 가르쳐 이르시되 내가 다윗의 거룩하고 미쁜
은사를 너희에게 주리라 하셨으며 또 다른 시편에 일렀으되 주의 거룩
한 자로 썩음을 당하지 않게 하시리라 하셨느니라."

이 말씀의 의미는 무엇입니까? 예수님의 부활은 하나님의 '약속'이
고, 구약성경에도 기록된 사실이라는 것입니다. 32절과 33절의 '약속'
은 예수님의 부활에 대한 약속을 말합니다. 그리고 바울은 구약성경
에 있는 말씀을 인용하여 그것을 설명합니다.

첫 번째로 바울은 시편 2편 7b절의 "너는 내 아들이라. 오늘 내가
너를 낳았도다"는 말씀을 가지고 예수님의 부활을 설명합니다(33절).
이 말씀은 누가 누구에게 하시는 말씀입니까? 하나님께서 메시야에게
하시는 말씀입니다. 이 말씀에는 예수님의 부활에 대한 직접적인 언급

은 없습니다. 그런데 예수님이 하나님께서 보낸 메시야라면 죽음으로 그의 삶이 끝날 수는 없겠지요. 그러므로 이 말씀 속에는 예수님의 부활이 전제되어 있다는 것이 바울의 핵심입니다.

두 번째로 바울이 인용한 말씀은 이사야 55장 3b절입니다. 34절 말씀을 다시 보면 "또 하나님께서 죽은 자 가운데서 그를 일으키사 다시 썩음을 당하지 않게 하실 것을 가르쳐 이르시되 내가 다윗의 거룩하고 미쁜 은사를 너희에게 주리라 하셨으며"라고 되어 있습니다. 여기서 인용하고 있는 말씀이 이사야 55장 3b절인데 바울이 그대로 옮기지는 않았습니다. 이사야 55장 3b절을 보면 34절의 말씀과는 차이가 있습니다. 이것은 바울이 쉽게 이해하도록 말을 바꾸었기 때문입니다. "다윗의 거룩하고 미쁜 은사를 너희에게 주리라" 하는 이 말씀은 '다윗에게 약속한 거룩하고 확실한 복을 너희에게 주겠다'는 말입니다. 이 약속은 메시야가 부활할 때 가능합니다. 메시야가 와서 죽음으로 끝나버린다면 하나님께서 다윗에게 약속하신 '영원한 왕위'에 대한 말씀(삼하 7:16)은 이루어질 수가 없습니다. 그러므로 이사야 55장 3b절 말씀도 결국은 예수님의 부활에 대한 말씀이라는 것입니다.

세 번째로 바울은 "주의 거룩한 자로 썩음을 당하지 않게 하시리라"는 말씀을 인용하여 예수님의 부활을 설명하고 있습니다. 이 말씀은 시편 16편 10b절에 나오는 말씀입니다. 이 말씀은 사도행전 2장에서 사도 베드로도 예수님의 부활과 관련해서 인용한 말씀입니다. 예수님의 육신이 썩지 않으려면 예수님은 다시 살아나는 수밖에 없습니다.

지금까지 바울은 예수님의 부활이 사실인 것을 말하기 위해 크게 두 가지 증거를 제시했습니다. 첫째는 예수님의 부활에는 증인들이 있다는 것이고, 둘째는 예수님의 부활은 구약성경에 예언된 것이라는 것입니다. 이 정도로 말을 하면 이스라엘 사람들이 믿어야 합니다. 그런데도 믿지 않을 사람들이 있을 것을 우려해서 사도 바울은 이런 경고를 합니다.

"그런즉 너희는 선지자들을 통하여 말씀하신 것이 너희에게 미칠까 삼가라. 일렀으되 보라 멸시하는 사람들아 너희는 놀라고 멸망하라. 내가 너희 때를 당하여 한 일을 행할 것이니 사람이 너희에게 일러줄지라도 도무지 믿지 못할 일이라 하였느니라 하니라"(40-41절).

이 말씀의 의미가 무엇일까요? '예수님의 부활을 믿기 싫으면 믿지 않아도 괜찮고, 조롱하고 싶으면 조롱해도 괜찮다. 그러나 그 결과에 대한 책임은 너희가 져야한다'는 것입니다. 믿지 않는 결과가 무엇입니까? '멸망'입니다. 그러니까 마음대로 하라는 것입니다. 믿으려면 믿고, 말려면 말고, 조롱하려면 조롱하고…. 그러나 조롱하고 믿지 않았다가는 너희들 멸망할 줄 알아라, 그 말씀을 하고 있는 것입니다.

오늘날에도 예수님의 부활에 대해서, 복음에 대해서 마음대로 반응할 수 있습니다. 믿기 싫으면 믿지 않아도 되고, 비웃고 싶으면 비웃어도 됩니다. 그러나 그 책임은 각자가 져야 합니다. 그 책임이라는 것이 무엇입니까? 하나님의 심판을 받는 것입니다. 영원한 불못에서 고통당하는 것입니다. 히브리서 9장 27절에 "한 번 죽는 것은 사람에게 정해진 것이요, 그 후에는 심판이 있다"고 했습니다. 요한계시록 21장 8절은 이렇게 말씀합니다.

"그러나 두려워하는 자들과 믿지 아니하는 자들과 흉악한 자들과 살인자들과 음행하는 자들과 점술가들과 우상 숭배자들과 거짓말하는 모든 자들은 불과 유황으로 타는 못에 던져지리니 이것이 둘째 사망이라.”

이것이 불신의 대가입니다. 그러나 반대로, 믿으면 죄 사함 받습니다. 의롭다함 받습니다. 38-39절을 보겠습니다.

“그러므로 형제들아 너희가 알 것은 이 사람을 힘입어 죄 사함을 너희에게 전하는 이것이며 또 모세의 율법으로 너희가 의롭다 하심을 얻지 못하던 모든 일에도 이 사람을 힘입어 믿는 자마다 의롭다 하심을 얻는 이것이라.”

여기에 ‘죄 사함’이라는 표현과 ‘의롭다 하심’이라는 표현이 나옵니다. 이것이 하나님께서 믿는 사람들에게 주시는 축복이요, 선물인 것입니다. 이 선물이야말로 사람이 받을 수 있는 최고의 선물입니다. 사형수를 한 번 생각해 보십시오. 사형수에게 제일 좋은 선물이 무엇일까요? 좋은 옷일까요? 맛있는 음식일까요? 그런 것이 아닙니다. 사형수에게 제일 좋은 선물은 ‘사면 받는 것’입니다. ‘죄를 용서받는 것’입니다.

이 세상의 모든 사람은 사실 사형수와 같은 처지입니다. 언젠가는 죽을 것이기 때문입니다. 우리는 이미 하나님께로부터 죽을 것에 대한 선고를 받고 태어난 사람들입니다.

그런데 여러분, 사람이 왜 죽는 줄 아십니까? 죄 때문에 죽는 것입니다. 로마서 6장 23절에 ‘죄의 삯은 사망’이라고 했습니다. 로마서 5장 12절에 “모든 사람이 죄를 지었으므로 사망이 모든 사람에게 이르렀다”고 말씀합니다. 이 세상에 죄인 아닌 사람은 한 사람도 없습니다. 이 세상에 죽지 않을 사람이 한 사람이라도 있습니까? 없습니다. 다 죽습니다. 모든 사람이 다 죄인이기 때문입니다.

그런데 우리의 죄 문제를 해결해 주신 분이 계시는데 그분이 바로 예수님입니다. 예수님께서 왜 십자가에 달려 돌아가신 줄 아십니까? 저와 여러분의 죄를 대신 담당하시려고 십자가에서 피 흘려 돌아가신 것입니다. 거기에 대해서 이사야 53장 5-6절은 이렇게 말씀합니다.

"그가 찔림은 우리의 허물 때문이요, 그가 상함은 우리의 죄악 때문이라. 그가 징계를 받으므로 우리는 평화를 누리고 그가 채찍에 맞으므로 우리는 나음을 받았도다. 우리는 다 양 같아서 그릇 행하여 각기 제 길로 갔거늘 여호와께서는 우리 모두의 죄악을 그에게 담당시키셨도다."

예수님께서 고난을 당하시고 죽은 이유는 하나님께서 우리의 모든 죄악을 그에게 담당시키셨기 때문입니다. 예수님은 죄가 없는 분입니다. 이 땅에 태어나는 사람들 중에서 유일하게 죄가 없는 분이 예수님입니다. 그럼에도 그 분은 처참한 죄인의 모습으로 십자가에 달리셨는데 그것은 저와 당신의 죄를 대신 지시기 위함이었습니다.

"하나님이 죄를 알지도 못하신 이를 우리를 대신하여 죄로 삼으신 것은 우리로 하여금 그 안에서 하나님의 의가 되게 하려 하심이라"(고후 5:21).

그렇습니다. 예수님께서 십자가에서 처참하게 돌아가신 것은 바로 우리를 위한 것이었습니다. 그러므로 사람이 구원받을 수 있는 유일한 길, 죄 사함 받을 수 있는 유일한 길, 하나님께 나아갈 수 있는 유일한 길은 예수님의 공로를 의지하는 길밖에 없습니다. 예수님께서 죄인된 나를 위해 죽으셨고, 죽으신지 삼 일만에 부활하셨다는 그 사실을 진심으로 믿고 받아들일 때 사람은 죄 용서 받을 수 있고, 하나님의 자녀가 될 수 있습니다. 사람 스스로에게는 죄 문제를 해결할 수 있는 능력이 없습니다. 아무리 착하게 살아도 그것이 자신의 죄를 용서해 주지 못합니다. 죄를 많이 지었다고 해서 몸을 괴롭히고 학대해도 소용없습니다. 그렇게 하는 것이 하나님에게 무슨 의미가 있겠습니까. 사람이 죄 사함 받을 수 있는 유일한 길은 예수님의 공로를 의지하는 길 밖에 없습니다. 그것을 위하여 하나님께서는 예수 그리스도를 이 땅에 보내주셨습니다.

당신은 죄 사함 받으셨습니까? 아직 죄 사함의 은혜를 입지 못하셨다면 오늘 예수님 믿고, 죄 사함 받고, 하나님의 자녀로 거듭나시기 바랍니다. 그것이 당신이 이 땅에서 얻을 수 있는 최고의 선물입니다. "죄의 삯은 사망이요, 하나님의 은사는 그리스도 예수 우리 주 안에 있는 영생"(롬 6:23)이라고 했습니다. 영생의 선물을 받는 방법은 예수 그리스도를 받아들이는 것입니다. 나의 주님으로 모셔 들이는 것입니다. 예수님께서 십자가에 달려 돌아가신 것이 바로 나를 위함이었다는 것을 진심으로 믿고 받아들이시기 바랍니다. 오늘 그렇게 하십시오.

22. 전도자의 기쁨 그리고 고난

(행 13:44-14:28)

22. 전도자의 기쁨 그리고 고난 (행 13:44-14:28)

본문은 사도 바울이 1차 선교여행 중에 이고니온, 루스드라, 더베에서 복음을 전하는 내용입니다. 이들 지역에서 복음을 전하고 그 지역들을 다시 돌아 원래 출발했던 수리아 안디옥으로 돌아가게 됩니다(지도3 참조).

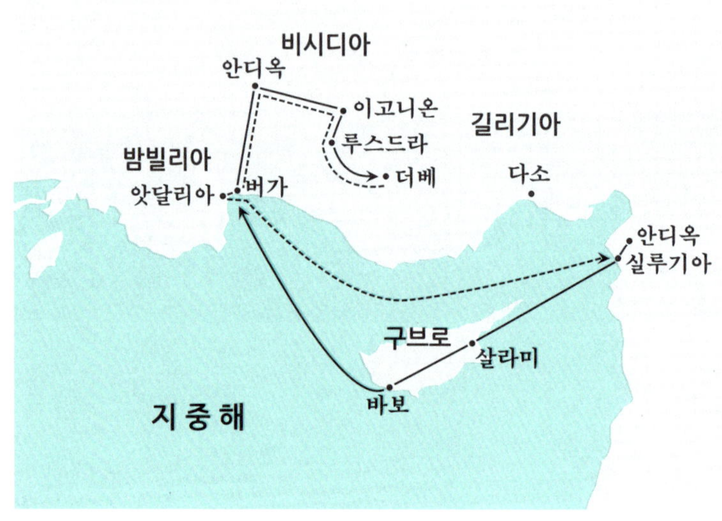

〈지도3〉

이 지역에서 복음을 전하다가 어떤 일들을 경험하는가 하면 신(神)으로 오인받아 제사 받을 뻔한 일도 경험하고, 돌에 맞아 죽을 뻔한 일도 경험하게 됩니다. 14장 19절을 보면 "유대인들이 안디옥과 이고니온에서 와서 무리를 충동하니 그들이 돌로 바울을 쳐서 죽은 줄로 알고 시외로 끌어 내치니라"고 했습니다. 사람들이 바울을 돌로 쳐서 죽이려고 했으나 다행히 죽지는 않았습니다. 이런 일을 당하면 보통 사람 같으면 '복음이고 뭐고 그만 둬야겠다.' 이런 생각을 할지 모릅니다. 그런데 사도 바울은 이에 굴하지 않고 다시 일어나 복음을 전합니다. 14장 20-22절입니다.

"제자들이 둘러섰을 때에 바울이 일어나 그 성에 들어갔다가 이튿날 바나바와 함께 더베로 가서 복음을 그 성에서 전하여 많은 사람을 제자로 삼고 루스드라와 이고니온과 안디옥으로 돌아가서 제자들의 마음을 굳게 하여 이 믿음에 머물러 있으라 권하고 또 우리가 하나님의 나라에 들어가려면 많은 환난을 겪어야 할 것이라 하고."

정말 대단한 사람 아닙니까? 돌에 맞아 죽을 뻔 했는데도 다시 그 도시로 들어가 복음을 전하고, 또 다른 곳으로 가서 복음을 전했습니다. 정말 대단한 사람이 아닐 수 없습니다. 무엇이 그로 하여금 이렇게 열심히 복음을 전하게 했을까요? 그의 마음속에 주님의 사랑이 있었기 때문입니다. 박해자였던 자신을 불쌍히 여겨주시고 구원해 주신 그 은혜를 생각할 때 그는 복음을 전하지 않을 수 없었습니다. 그래서 위험에도 불구하고, 죽는 한이 있어도 열심히 복음을 전한 것입니다. 또한 부활에 대한 소망과 천국에 대한 확신이 있었기 때문에 죽음도 두렵지 않았습니다. 그래서 그는 큰일을 당하고도 계속 복음을 전한 것입니다.

그런데 사도 바울에게 힘든 일만 있었던 것은 아니고 보람 있는 일도 있었습니다. 그것은 그가 복음을 전했을 때 많은 사람들이 그의 말에 귀를 기울였다는 것입니다. 그리고 그 중의 많은 사람들이 예수님을 믿고 하나님께로 돌아오는 놀라운 역사가 있었다는 것입니다. 13장 44절을 보겠습니다.

"그 다음 안식일에는 온 시민이 거의 다 하나님의 말씀을 듣고자 하여 모이니."

온 시민이 거의 다 하나님의 말씀을 듣고자 모였다고 했습니다. 비시디아 안디옥의 시민들이 그렇게 했다는 것입니다. 48절도 보겠습니다.

"이방인들이 듣고 기뻐하여 하나님의 말씀을 찬송하며 영생을 주시기로 작정된 자는 다 믿더라."

많은 이방인들이 예수님을 믿는 놀라운 역사가 일어났습니다.

"이에 이고니온에서 두 사도가 함께 유대인의 회당에 들어가 말하니 유대와 헬라의 허다한 무리가 믿더라"(1절).

여기에서도 많은 사람들이 예수님을 믿고 구원받은 것을 볼 수 있습니다. 이렇게 전하기만 하면 구원받는 사람들이 있는데 사도 바울이 어떻게 복음 전하는 일을 멈출 수 있겠습니까. 하나님의 말씀을 기다리는 자들이 있고, 말씀을 전하면 영혼들이 구원받는데요.

이것이 우리가 복음을 전해야 하는 이유입니다. 복음을 전하면 싫어하는 사람도 있고, 반대하는 사람도 있습니다. 그러나 또 한편으로는 하나님의 말씀을 잘 받고, 구원받는 사람도 있다는 것입니다. 그래서 우리는 복음을 전해야 합니다.

13장 48b절에 보면 "영생을 주시기로 작정된 자는 다 믿더라" 하는 표현이 있습니다. 이 말씀에 의하면 구원은 하나님의 선택과 인간의 믿음이 함께할 때 이루어지는 것임을 알 수 있습니다. 하나님의 선택에 대해서는 에베소서 1장 4-5절에 잘 설명이 되어 있습니다.

"곧 창세 전에 그리스도 안에서 우리를 택하사 우리로 사랑 안에서 그 앞에 거룩하고 흠이 없게 하시려고 그 기쁘신 뜻대로 우리를 예정하사 예수 그리스도로 말미암아 자기의 아들들이 되게 하셨으니.”

여기에 ‘우리를 택하사’, ‘우리를 예정하사’라는 표현이 나옵니다. 그리고 로마서 8장 30절에는 ‘미리 정하신 그들을 부르셨다’는 표현도 있습니다.

“또 미리 정하신 그들을 또한 부르시고 부르신 그들을 또한 의롭다 하시고 의롭다 하신 그들을 또한 영화롭게 하셨느니라.”

이런 성경구절들을 보면 구원은 하나님의 택하심이 있어야 가능하다는 것을 알 수 있습니다. 그런데 성경에는 예정에 대한 말씀만 있는 것이 아니라 믿으면 누구라도 구원받을 수 있다는 말씀도 있습니다. 가장 대표적인 말씀이 요한복음 3장 16절입니다.

“하나님이 세상을 이처럼 사랑하사 독생자를 주셨으니 이는 그를 믿는 자마다 멸망하지 않고 영생을 얻게 하려 하심이라.”

이 말씀에 의하면 누구든지 믿기만 하면 구원을 받을 수 있습니다. 또 로마서 10장 13절에는 “누구든지 주의 이름을 부르는 자는 구원을 받으리라” 말씀하셨습니다. 이와 같이 구원은 하나님의 택하심과 인간의 믿음이 만날 때 이루어지는 것입니다. 그런데 이 모든 것을 우리가 다 이해할 수는 없습니다. 하나님의 예정하심을 우리가 어떻게 다 이해할 수 있겠습니까. 그럴 때는 하나님께서 우리에게 하라고 하신 것만 하면 됩니다. 그것이 전도입니다. 하나님께서는 우리에게 전도하라고 명령하셨습니다. “하나님께서 예정해 놓으셨으니까 전도는 안 해도 된다”라고 하면 잘못된 것입니다. 하나님께서는 분명히 우리에게 “가서 전하라”고 하셨기 때문입니다. 그러므로 우리는 다 이해하지 못한다 할지라도 하나님께서 하라고 하신 전도의 명령을 감당하면 되는 것입니다. 그래서 사도 바울도 열심히 복음을 전한 것입니다.

본문을 통해 우리는 사도 바울의 전도 특징을 크게 세 가지로 요약해 볼 수 있습니다.

첫째, 사도 바울은 담대하게 복음을 전했습니다. 13장 45-46a절을 보겠습니다.

"유대인들이 그 무리를 보고 시기가 가득하여 바울이 말한 것을 반박하고 비방하거늘 바울과 바나바가 담대히 말하여 이르되."

바울과 바나바는 '담대히 말했다'고 했습니다. 바울은 전도할 때 남의 눈치 보면서, 쭈뼛쭈뼛하면서 전하지 않고 담대히 전했습니다. 14장 2-3a절도 보겠습니다.

"그러나 순종하지 아니하는 유대인들이 이방인들의 마음을 선동하여 형제들에게 악감을 품게 하거늘 두 사도가 오래 있어 주를 힘입어 담대히 말하니."

여기에도 '주를 힘입어 담대히 말했다'고 했습니다. 우리도 이런 담대함을 배워야합니다. 우리가 전도를 잘 못하는 이유가 무엇인줄 아십니까? 담대하지 못하기 때문입니다. 사람들 눈치를 보기 때문입니다. '내가 전도하면 저 사람이 싫어하지 않을까? 내가 전도한다고 저 사람이 받아들일까?' 이런 생각을 하기 때문에 전도를 못하는 것입니다.

전도를 하려면 우리도 바울처럼 조금 더 담대해야 합니다. 본문에서 바울이 얼마나 담대합니까. 할 말 다 하고 있습니다. 우리도 그래야 합니다. 바울은 로마서 1장 16절에서 이렇게 말합니다.

"내가 복음을 부끄러워하지 아니하노니 이 복음은 모든 믿는 자에게 구원을 주시는 하나님의 능력이 됨이라."

이 말씀을 믿으십니까? 그렇다면 우리도 바울처럼 사람 두려워하지 말고, 복음을 부끄러워하지 말고 담대히 전해야 합니다. 그렇게 하면 하나님께서 도와주십니다. 14장 3절을 보겠습니다.

"두 사도가 오래 있어 주를 힘입어 담대히 말하니 주께서 그들의 손으로 표적과 기사를 행하게 하여 주사 자기 은혜의 말씀을 증언하시니."

하나님께서 그들로 하여금 '표적과 기사'를 행할 수 있는 능력을 주셨다고 했습니다. 표적과 기사가 나타나면 아무래도 더 설득력이 있습니다. 이런 식으로 하나님께서는 그들을 도와주셨습니다.

오늘날에도 하나님께서는 전도하는 사람들을 도와주십니다. 전도할 생각도 안하는 사람을 도와주시는 법은 없습니다. 그들이 담대하게 전도를 하니까 하나님께서 그들을 도와주셔서 표적과 기사를 행할 수 있도록 하신 것입니다. 오늘날에는 우리에게 표적과 기사를 행할 수 있는 능력을 주시지는 않습니다. 그러나 우리가 담대하게 입을 열어서 복음을 전하면 그들의 마음 문을 하나님께서 열어주실 것입니다. 무슨 말을 해야 할지 가르쳐 주실 것입니다. 이런 도우심을 기대하면서 우리도 바울처럼 담대하게 복음을 전합시다.

둘째, 사도 바울은 지속적으로 복음을 전했습니다. 13장 46절을 보겠습니다.

"바울과 바나바가 담대히 말하여 이르되 하나님의 말씀을 마땅히 먼저 너희에게 전할 것이로되 너희가 그것을 버리고 영생을 얻기에 합당하지 않은 자로 자처하기로 우리가 이방인에게로 향하노라."

바울이 담대하게 복음을 전했지만 다 받아들인 것은 아닙니다. 그럴 때 사도 바울은 대상을 바꾸어 계속 복음을 전했습니다. 유대인들이 복음을 받아들이지 않으니까 바울은 "이제 우리는 이방인에게로 가서 복음을 전한다"라고 선언하고 떠나는 것을 볼 수 있습니다. 13 장 50-51절을 보겠습니다.

"이에 유대인들이 경건한 귀부인들과 그 시내 유력자들을 선동하여 바울과 바나바를 박해하게 하여 그 지역에서 쫓아내니 두 사람이 그들을 향하여 발의 티끌을 떨어 버리고 이고니온으로 가거늘."

비시디아 안디옥에 있는 사람들이 바울을 박해하고 쫓아내니까 바울은 이고니온으로 갔습니다. 14장 5-7절도 보겠습니다.

"이방인과 유대인과 그 관리들이 두 사도를 모욕하며 돌로 치려고 달려드니 그들이 알고 도망하여 루가오니아의 두 성 루스드라와 더베와 그 근방으로 가서 거기서 복음을 전하니라."

이고니온에서도 잘 안되니까 이번에는 루스드라와 더베로 옮겨 계속 복음을 전했습니다. 사도 바울은 장소를 바꾸기도 하고, 대상을 바꾸기도 했습니다. 그러나 절대로 복음 전하는 것 자체를 멈추지는 않았습니다. 그는 지속적으로 복음을 전했습니다. 오늘날 많은 그리스도인들은 한 번 복음을 전했다가 받아들이지 않으면 그것으로 끝납니다. 그냥 포기해 버립니다. 다음부터는 아무에게도 복음 전할 생각을 안 합니다. '지난번에 전도해봤는데 안 되더라. 이번에도 안 될 거야. 아예 전도를 하지 말아야지.' 이렇게 생각하는 사람들이 얼마나 많은지 모릅니다. 그러니까 3년이 가고, 5년이 가고, 10년이 가고, 20 년이 가도 전도를 못하는 것입니다. 옛날에 시도를 했었는데 안 되니까 그것으로 전도하기를 멈추어버린 것입니다. 그래서 오늘날의 크리스천들을 보면 야성을 잃어버린 맹수 같다는 생각이 듭니다.

서커스에 가면 코끼리들이 나와서 묘기를 부립니다. 그 코끼리들은 평상시에 말뚝이나 기둥에 그냥 묶여있습니다. 코끼리가 마음먹고 힘을 쓰면 얼마든지 말뚝이나 기둥에서 벗어날 수 있는데도 코끼리들은 그렇게 하지 않습니다. 왜냐하면 어릴 때부터 그렇게 길들여졌기 때문입니다. 어린 야생 코끼리를 잡아서 묶어두면 처음에는 코끼리가 자유를 얻으려고 힘도 쓰고 별 짓을 다 합니다. 그런데 새끼 코끼리의 힘으로는 거기서 벗어날 수가 없습니다. 그때부터 코끼리는 '나는 여기에서 벗어날 수가 없다. 여기서 이렇게 사는 것이 내 운명이다'라고 생각하면서 더 이상 빠져나올 생각을 안 합니다. 그렇게 해서 아기 코끼리는 어른 코끼리가 되어서도 그대로 묶여있는 것입니다. 한 마디로 야성을 잃어버린 것입니다. 야성을 다시 발휘하기만 하면 얼마든지 자유를 얻을 수 있는데도 코끼리는 야성을 발휘할 생각도 안하고 늘 말뚝에 묶여 사는 것입니다.

오늘날 크리스천들의 모습과 비슷하다는 생각이 들지 않습니까? 처음 예수님을 믿었을 때는 주님에 대한 사랑이 뜨거웠고, 어떻게 해서라도 전도를 해보려고 했습니다. 그런데 전도가 생각만큼 잘 안되거든요. 그러니까 스스로에게 어떻게 각인시키는가 하면 '나는 전도를 못하는 사람이다. 전도는 해도 안 된다. 나는 전도에 은사가 없는 사람이다'라고 각인을 시키는 것입니다. 그러고는 더 이상 전도할 생각을 하지 않습니다. 크리스천으로서의 야성을 잃어버린 것입니다. 이것이 오늘날 크리스천들의 문제입니다.

그런데 성경을 보면 사도 바울이나 초대 교회 성도들은 야성이 살아있었습니다. 핍박이 와도 그들은 복음을 전했습니다. 목숨의 위협을 느껴도 복음을 전했습니다.

사랑하는 형제자매 여러분! 우리도 야성을 회복합시다. 이 사람에게 전도해서 안 되면 저 사람을 찾아갑시다. 저 사람에게 해서 안 되면 또 다른 사람을 찾아갑시다. 한 번 해서 안 되면 두 번 하고, 두 번 해서 안 되면 세 번 하고, 될 때까지 해봅시다. 과거에 복음을 전했는데 지금까지 안 믿고 있는 분이 계시면 다시 찾아가세요. 찾아가셔서 "당신, 정말 예수 믿어야 한다. 예수 믿고 천국 가자" 하면서 복음을 전하시기 바랍니다. 대상도 장소도 바뀔 수 있습니다. 그러나 전도하는 일을 멈춰서는 안 됩니다.

셋째, 사도 바울은 기회를 놓치지 않고 복음을 전했습니다. 14장 15절을 보겠습니다.

"이르되 여러분이여 어찌하여 이러한 일을 하느냐. 우리도 여러분과 같은 성정을 가진 사람이라. 여러분에게 복음을 전하는 것은 이런 헛된 일을 버리고 천지와 바다와 그 가운데 만물을 지으시고 살아 계신 하나님께로 돌아오게 함이라."

루스드라에서 바울은 태어나면서부터 다리를 못 쓰는 사람을 고쳐 주었습니다. 하나님께서 주신 능력으로, 기적적으로 고쳐준 것입니다. 그런데 루스드라 사람들이 바울과 바나바를 보고 어떤 생각을 했는가 하면 '저분들은 하늘에서 온 분들이다. 인간이 아니라 신이다.' 그렇게 생각을 했습니다. 그래서 바나바는 제우스, 바울은 헤르메스 신이라고 생각했습니다. 제우스는 가장 으뜸 되는 신으로 그리스 사람들은 천지의 모든 일을 제우스가 다스린다고 생각했습니다. 헤르메스는 제우스의 아들로 목축, 상업, 여행, 음악, 경기, 행운, 웅변 등을 관장하는 신으로 알고 있었습니다. 주로 말을 많이 한 사람이 바울이다 보니 바울을 헤르메스로 생각했고, 말없이 점잖게 있던 바나바(나이도 바나바가 더 많았던 것 같습니다)는 헤르메스의 아버지 제우스라고 생각을 한 것입니다. 그래서 그들은 소를 끌고 오고, 화환도 가져와서 두 사람에게 제사드릴 준비를 했습니다. 그때 바울이 "우리는 신이 아닙니다. 여러분과 똑 같은 성정을 가진 사람입니다"라고 하면서 하나님을 소개했습니다. 그 말씀이 15b절입니다.

"여러분에게 복음을 전하는 것은 이런 헛된 일을 버리고 천지와 바다와 그 가운데 만물을 지으시고 살아 계신 하나님께로 돌아오게 함이라."

그러면서 바울은 하나님을 그들에게 소개해 주었습니다. 16-17절을 보겠습니다.

"하나님이 지나간 세대에는 모든 민족으로 자기들의 길들을 가게 방임하셨으나 그러나 자기를 증언하지 아니하신 것이 아니니 곧 여러분에게 하늘로부터 비를 내리시며 결실기를 주시는 선한 일을 하사 음식과 기쁨으로 여러분의 마음에 만족하게 하셨느니라."

지금까지 루스드라 사람들은 비를 주시고, 결실기를 주시고, 음식을 주시고, 기쁨을 주시는 분이 제우스와 헤르메스인줄 알았습니다. 그런데 바울은 그분이 바로 하나님인 것을 가르쳐주었습니다. 이와 같이 바울은 모든 것을 전도의 기회로 활용했습니다. 후에 바울은 재판받을 때 재판장에게도 전도를 했습니다. 그는 항상 전도할 생각만 하는 사람입니다. 때를 얻든지 못 얻든지 항상 전도에 힘쓴 사람이 사도 바울이었습니다.

바울의 전도 열정을 우리도 본받읍시다. '어떻게 하면 돈 많이 벌까? 어떻게 하면 아파트 평수 늘릴 수 있을까?' 이런 생각보다도 '어떻게 하면 영혼들을 얻을 수 있을까? 어떻게 하면 한 영혼이라도 더 주님께로 인도할 수 있을까?’ 이 생각을 하면서 살아갑시다. 우리의 머릿속이 전도에 대한 생각으로 꽉 찼으면 정말 좋겠습니다. 사람을 보면 어떻게 전도할까, 거기에 관심을 가져야 합니다. 추석이 곧 다가오는데, 추석도 정말 좋은 전도의 기회입니다. 17절에서 사도 바울은 이런 말을 했습니다.

“그러나 자기를 증언하지 아니하신 것이 아니니 곧 여러분에게 하늘로부터 비를 내리시며 결실기를 주시는 선한 일을 하사 음식과 기쁨으로 여러분의 마음에 만족하게 하셨느니라.”

이런 말은 추석명절과 너무 잘 어울립니다. 이번 추석명절에 믿지 않는 가족들에게 이렇게 전도해 보십시오. “우리에게 비를 주시고, 결실기를 주시고, 우리에게 음식과 기쁨을 주신 분이 바로 하나님입니다. 그러니 우리 가족 모두 예수님 믿고 천국에 갑시다.”

앞으로는 명절에 제사에만 참여하지 않는 것으로 만족하지 말고, 한 걸음 더 나아가 바른 대상에게 예배할 수 있도록 가족들을 이끌어 주시기 바랍니다. 그 일을 우리가 해야 합니다.

디모데후서 4장 2a절에 “너는 말씀을 전파하라. 때를 얻든지 못 얻든지 항상 힘쓰라”고 했습니다. 표준새번역 성경에는 ‘때’를 ‘기회’로 번역했습니다. “기회가 좋든지 나쁘든지 꾸준하게 힘쓰십시오.” 뭘 힘쓰라는 것입니까? 복음 전하는 일을 힘쓰라는 것입니다. 기회를 보아서 전도하라는 것입니다.

주위에 있는 분들이 상을 당하셨습니까? 정말 전도하기 좋은 기회입니다. 가서서 위로해 주시고, 유족들에게 부활의 소망되시는 예수님을 소개해 주시기 바랍니다. “봐라. 인생이 참 허무한 것 아니냐. 우리도 이렇게 죽을 것인데 예수 믿고 천국 가야 하지 않겠나.” 이렇게 전도하면 되는 것입니다. 누가 입원을 했습니까? 찾아가십시오. 찾아가서 "살다보면 이렇게 예기치 않은 일도 일어나는구나. 그래서 우리는 하나님을 의지하면서 살아야 하는 거야"라고 전도하면 됩니다. 항상 '어떻게 하면 전도할 수 있을까?'를 생각하면서 삽시다.

에베소서 5장 16절에는 "세월을 아끼라 때가 악하니라"는 말씀이 있습니다. '세월을 아끼라'는 말은 '기회를 사라, 기회를 활용하라'는 말입니다. 우리도 바울처럼 기회가 닿는 대로 복음을 전합시다.

사도 바울은 세 가지 스타일로 복음을 전했습니다. 첫째는 담대하게, 둘째는 지속적으로, 셋째는 기회를 놓치지 않고 전했습니다. 그렇게 전했더니 사람들로부터 두 가지 반응이 왔습니다. 바울이 전해준 복음을 듣고 예수님을 믿은 사람들도 있었고, 반대로 싫어하고 핍박하는 사람들도 있었습니다.

이것은 오늘날에도 마찬가지입니다. 우리가 나가서 복음을 전하면 반응은 둘 중 하나입니다. 받아들이고 믿는 사람이 있는가 하면 싫어하고 믿지 않는 사람이 있습니다. 왜 그런 줄 아십니까? 복음 전하는 일에는 하나님도 역사하시지만 마귀도 역사하기 때문입니다. 그러나 두려워하지 말고 담대하게 복음을 전합시다. 우리가 위축되어서, 겁나서 복음을 전하지 못한다면 마귀만 좋아할 것입니다. 결국 마귀가 승리하는 것입니다. 우리는 하나님의 자녀입니다. 우리는 하나님께서 기뻐하시는 일을 해야 합니다. 그 일이 바로 전도입니다.

바울이 전도해서 구원받은 사람들이 기뻐하는 모습이 본문에 잠깐 소개되어 있습니다.

"이방인들이 듣고 기뻐하여"(행 13:48a).

이방인들이 복음을 듣고 기뻐했다고 했습니다. 복음은 사람을 살리는 능력이 있기 때문에 복음은 사람들에게 기쁨을 줍니다.

"제자들은 기쁨과 성령이 충만하니라"(행 13:52).

구원받은 사람들 마음속에는 이런 기쁨이 있습니다. 또한 복음을 전한 사람의 마음은 얼마나 기쁘겠습니까! 그런데 전한 사람보다도, 구원받은 사람보다도 더 기뻐하시는 분이 계시는데 그분은 바로 하나님이십니다. 한 영혼이 회개하고 돌아오면 하늘에서는 잔치가 벌어집니다. 하나님이 얼마나 기뻐하시는지 모릅니다.

"죄인 한 사람이 회개하면 하늘에서는 회개할 것 없는 의인 아흔아홉으로 말미암아 기뻐하는 것보다 더하리라"(눅 15:7).

이것이 저와 당신이 복음을 전하고, 전도해야할 이유입니다.

23. ‘구원’ 논쟁

(행 15:1-29)

23. '구원' 논쟁 (행 15:1-29)

본문은 안디옥 교회에서 일어난 '구원' 논쟁에 대한 말씀입니다. 어떤 사람들이 안디옥 교회에 나타나 "사람이 구원을 받으려면 할례를 받아야 한다"고 주장했습니다.

"어떤 사람들이 유대로부터 내려와서 형제들을 가르치되 너희가 모세의 법대로 할례를 받지 아니하면 능히 구원을 받지 못하리라 하니"(1절).

할례는 하나님께서 아브라함의 자손들에게 언약의 표시로 받으라고 하신 것인데, 오늘날의 포경수술과 같은 것입니다. 그런데 어떤 사람들이 안디옥 교회에 나타나 "이방인이라 할지라도 구원을 받으려면 할례를 받아야 한다"고 했습니다. 그런데 지금까지 바울과 바나바가 가르친 구원의 교리가 무엇입니까? 오직 믿음으로 구원받는다는 것입니다. 사도 베드로가 가르친 것도 그것입니다. 그런데 어떤 사람들이 갑자기 나타나 "구원받으려면 할례를 받아야 한다"고 하니 안디옥 교회 성도들이 얼마나 혼동이 되었겠습니까. 결국 교회가 큰 혼란에 빠지게 됩니다.

"바울 및 바나바와 그들 사이에 적지 아니한 다툼과 변론이 일어난지라"(2a절).

이렇게 되면 교회는 힘들어지게 되지요. 그래서 안디옥 교회는 바울과 바나바 그리고 몇 사람을 예루살렘 교회에 보내서 이 문제를 해결하려고 합니다.

"형제들이 이 문제에 대하여 바울과 바나바와 및 그 중의 몇 사람을 예루살렘에 있는 사도와 장로들에게 보내기로 작정하니라"(2b절).

이렇게 해서 소위 말하는 '예루살렘 회의'가 열리게 됩니다. 이 회의는 AD 49년 아니면 50년에 열렸습니다. 예루살렘 교회가 AD 30년경에 시작되었으니까 예루살렘 교회가 시작된지 20년쯤 지났을 때에 예루살렘 회의가 열리게 된 것입니다. 그동안 예루살렘 교회에서 어떤 회의들이 열렸는지 성경에 기록되어 있지 않습니다. 그러나 본문에 기록된 이 회의가 예루살렘 교회 역사 가운데 가장 중요한 회의라고 할 수 있습니다. 왜냐하면 이 회의에서는 구원에 관한 문제를 다루고 있기 때문입니다. 성경의 많은 교리 중에서 제일 중요한 교리가 구원의 교리입니다.

예루살렘 교회에서 드디어 '구원은 어떻게 받는가?'라는 주제를 가지고 회의가 열렸습니다. 많은 토론을 거쳐 예루살렘 교회가 내린 결론은 '구원은 오직 믿음으로 받는다'는 것입니다. 9절을 보겠습니다.

"믿음으로 그들의 마음을 깨끗이 하사 그들이나 우리나 차별하지 아니하셨느니라."

이 말은 베드로의 말입니다. 베드로는 사도들 중에서도 가장 대표되는 사도이지요. 이 말에서 가장 중요한 단어가 무엇일까요? '믿음으로'입니다.

이번에는 11절을 보겠습니다.

"그러나 우리는 그들이 우리와 동일하게 주 예수의 은혜로 구원받는 줄을 믿노라."

여기서는 어떤 단어가 중요할까요? '은혜로'입니다. 그러니까 구원은 어떻게 받는 것인가 하면 '믿음으로', '은혜로' 받는 것입니다. 이것이 예루살렘 교회가 구원과 관련해서 내린 결론입니다.

구원에 대한 논쟁은 오늘날에도 벌어질 수 있습니다. 그때마다 결론은 무엇이 되어야 할까요? '구원은 믿음으로, 은혜로 받는다'는 것입니다. 여기에 대해서는 성경에서 너무나도 명명백백하게 가르치고 있습니다. 갈라디아서 2장 16절은 이렇게 말씀합니다.

"사람이 의롭게 되는 것은 율법의 행위로 말미암음이 아니요, 오직 예수 그리스도를 믿음으로 말미암는 줄 알므로 우리도 그리스도 예수를 믿나니 이는 우리가 율법의 행위로써가 아니고 그리스도를 믿음으로써 의롭다 함을 얻으려 함이라. 율법의 행위로써는 의롭다 함을 얻을 육체가 없느니라."

구원은 어떻게 받는다고 했습니까? '오직 예수 그리스도를 믿음으로' 받는다고 했습니다. 에베소서 2장 8절은 이렇게 말합니다.

"너희는 그 은혜에 의하여 믿음으로 말미암아 구원을 받았으니 이것은 너희에게서 난 것이 아니요 하나님의 선물이라."

여기에서도 구원은 '은혜에 의하여 믿음으로 말미암아' 받는다고 했습니다.

어느 교회에서든지 구원에 대한 논쟁은 일어날 수 있습니다. 구원에 대한 논쟁이 일어나면 답은 항상 뭐가 되어야 합니까? '구원은 믿음으로 받는다.' 이것이 성경이 말하는 정답이라는 것을 잊지 마십시오.

그런데 사람들은 '믿음'에 뭔가를 자꾸 더하고 싶어 합니다. "구원은 믿음으로 받습니다"라고 하면 거기에 무엇인가가 더해져야 한다고 생각합니다. 본문에서처럼 할례, 즉 율법의 행위를 더하려고 하기도 합니다. 또 어떤 사람들은 '구원받기 위해서는 예수님도 믿어야 하지만 침례도 받아야 한다'고 말합니다. 실제로 그렇게 가르치는 교단이 있습니다. 침례를 너무 강조한 나머지 그렇게 가르치는 것이 아닌가 생각됩니다. 다른 부분은 상당히 성경적이고 좋은데 그분들은 침례를 구원의 조건처럼 생각합니다. 그것이 잘못되었습니다. 그분들이 왜 침례를 구원의 조건처럼 생각하는가 하면 성경에 침례가 구원의 조건처럼 보이는 구절들이 있기 때문입니다. 예를 들면 사도행전 2장 38a절입니다.

"너희가 회개하여 각각 예수 그리스도의 이름으로 침례를 받고 죄 사함을 받으라."

이 말씀을 보면 침례가 죄 사함의 조건처럼 보입니다. 사도행전 22장 16절도 그렇게 보입니다.

"일어나 주의 이름을 불러 침례를 받고 너의 죄를 씻으라."

이런 말씀들 때문에 침례를 구원의 조건으로 오해를 하는 것입니다. 그런데 침례가 구원의 조건이라면 예수님의 십자가 옆에 달렸던 강도는 천국에 갈 수 없습니다. 하지만 예수님께서 뭐라고 하셨는가 하면 "오늘 네가 나와 함께 낙원에 있으리라" 하시면서 천국에 갈 것을 말씀하셨습니다. 십자가에 달린 그 강도는 침례 받을 기회가 없었습니다. 예수님을 믿었을 뿐입니다. 그럼에도 불구하고 천국을 보장받은 것을 보면 침례가 중요한 것이기는 하지만 구원의 조건은 아닌 것을 알 수 있습니다.

오늘날 한국의 많은 교회들이 행하는 유아세례도 사실은 침례(세례)를 구원의 조건으로 잘못 생각해서 생겨난 것입니다. 유아로 하여금 죽으면 언제라도 천국에 갈 수 있도록 하기 위해 침례를 베풀었는데 위험하기도 하고 번거롭기도 했습니다. 그래서 약식으로 '세례'를 베풀게 되었는데 그것이 유아세례의 기원입니다. 성경을 잘 보면 침례가 중요한 것이기는 하지만 구원의 조건은 아닙니다.

또 어떤 곳에서는 선행을 구원의 조건처럼 생각합니다. 가톨릭이 그렇습니다. 그런데 사람이 선행으로 구원받을 수 있다면 예수님이 굳이 십자가에 달려 돌아가실 이유가 없습니다. 선행으로 구원받을 수 없기 때문에 예수님께서 우리 대신 십자가에 달려 돌아가신 것입니다.

또 어떤 분들은 철저한 죄의 자백 또는 통회하는 마음이 있어야 구원받는다고 생각합니다. 통회하는 마음이나 철저한 죄의 자백은 구원받은 사람이 죄를 지었을 때 가져야할 마음이지 구원의 조건은 아닙니다. 물론 구원받기 전에 그런 경험을 할 수도 있습니다. 예수님을 믿지 않고, 하나님을 떠나 살아갈 때를 생각하면 너무 마음이 아파서 통회할 수도 있고, 죄를 자백할 수도 있습니다. 그러나 그것도 성경은 구원의 조건이라고 말하지 않습니다.

또 어떤 분들은 영접기도를 구원의 조건처럼 생각하기도 합니다. 보통 구령상담을 할 때 마지막 부분에 영접기도를 하게 합니다. 저도 거의 그렇게 합니다. 영접기도는 참 좋은 것입니다. 그러나 그것도 구원의 조건은 아닙니다. 영접기도를 구원의 조건으로 생각하는 사람들은 대부분 로마서 10장 9-10절 때문에 그렇게 생각합니다.

"네가 만일 네 입으로 예수를 주로 시인하며 또 하나님께서 그를 죽은 자 가운데서 살리신 것을 네 마음에 믿으면 구원을 받으리라. 사람이 마음으로 믿어 의에 이르고 입으로 시인하여 구원에 이르느니라."

분명히 시인(是認)의 중요성에 대해서 말씀하고 있습니다. 그런데 이 시인이 꼭 영접기도의 형태를 말하는 것은 아닙니다. 소위 말하는 'sinner's prayer(죄인의 기도, 회개기도)'를 말하는 것도 아닙니다.

영접기도는 좋은 것입니다. 영접기도를 함으로 마음에 믿고 있는 것을 더 확실하게 할 수 있습니다. 그러나 그것도 구원의 조건처럼 생각해서는 안 됩니다. 구원의 유일한 조건은 무엇입니까? 예수 그리스도를 믿는 것입니다. 그것이 성경이 말하는 유일한 구원의 조건입니다.

사도행전 16장 30절에서 빌립보 간수가 사도 바울에게 질문했습니다. "선생님, 어떻게 하여야 구원을 받을 수 있습니까?" 그때 바울이 뭐라고 대답했습니까?

"주 예수를 믿으라. 그리하면 너와 네 집이 구원을 받으리라(행 16:31)."

여기에 어떤 것도 추가해서는 안 됩니다. 구원을 위해서 필요한 모든 것은 예수님께서 2천 년 전에 십자가 위에서 다 이루어 놓으셨습니다. 그래서 예수님께서 운명하실 때 "다 이루었다"라고 외친 것입니다. 사람이 해야 할 것은 예수님께서 이루어 놓으신 것을 믿고 받아들이기만 하면 되는 것입니다.

요한복음 1장 12절은 이렇게 말씀합니다.

"영접하는 자 곧 그 이름을 믿는 자들에게는 하나님의 자녀가 되는 권세를 주셨으니."

어떻게 하는 것이 '영접'하는 것입니까? '그 이름을 믿는' 것입니다. '곧'이라는 말은 그 앞의 말과 뒤의 말이 같다는 뜻입니다. '영접하는 자'가 '곧 그 이름을 믿는 자'인 것입니다. 그러므로 예수님은 영접기도를 통해서 영접하는 것이 아니라 그 이름을 믿음으로 영접하는 하는 것입니다.

요한복음 5장 24절에서는 이렇게 말씀합니다.

"내가 진실로 진실로 너희에게 이르노니 내 말을 듣고 또 나 보내신

이를 믿는 자는 영생을 얻었고, 심판에 이르지 아니하나니, 사망에서 생명으로 옮겼느니라.”

이 말씀에서 강조하는 것도 역시 믿음인 것을 알 수 있습니다.

그렇다면 회개는 무엇일까요? 회개는 불신앙에서 신앙으로 돌아서는 것입니다. 그러므로 회개는 믿음 앞에 전제되는 것이라 할 수도 있고, 믿음 안에 포함되는 것이라 할 수도 있습니다. 이런 이유 때문에 “구원을 어떻게 받습니까?”라고 물으면 “회개와 믿음을 통해서 받습니다”라고 하지 아니하고 “믿음으로 받습니다”라고 하는 것입니다. 물론 “회개와 믿음을 통해서 받습니다”라고 해도 틀린 것은 아닙니다. 성경에도 회개와 믿음을 동시에 말하는 구절이 있습니다.

“유대인과 헬라인들에게 하나님께 대한 회개와 우리 주 예수 그리스도께 대한 믿음을 증언한 것이라”(행 20:21).

이 구절에서는 ‘회개’와 ‘믿음’을 동시에 말하고 있습니다. 그러나 ‘예수 그리스도에 대한 믿음’이 있다면 ‘하나님께 대한 회개’는 벌써 이루어진 것입니다. 하나님을 향해 돌아서는 것 없이 예수님을 믿을 수는 없기 때문입니다. 그러므로 굳이 ‘회개’를 말하지 않아도 회개는 믿음 안에 포함되는 것입니다.

본문에도 ‘회개’라는 단어는 안 나옵니다. 그러나 회개의 개념은 나옵니다. 19절입니다.

“그러므로 내 의견에는 이방인 중에서 하나님께로 돌아오는 자들을 괴롭게 하지 말고.”

여기에 ‘하나님께로 돌아온다’는 표현이 있습니다. 이것이 회개입니다.

두 번째로 살펴볼 내용은, 구원받은 이방인들이 지켜야할 것들입니다. 구원받기 위해서 할례받을 필요는 없지만, 이방인이라 할지라도 지켜야할 것들이 있습니다. 13-15절, 19-21절을 보겠습니다.

"야고보가 대답하여 이르되 형제들아 내 말을 들으라. 하나님이 처음으로 이방인 중에서 자기 이름을 위할 백성을 취하시려고 그들을 돌보신 것을 시므온이 말하였으니 선지자들의 말씀이 이와 일치하도다."

"그러므로 내 의견에는 이방인 중에서 하나님께로 돌아오는 자들을 괴롭게 하지 말고 다만 우상의 더러운 것과 음행과 목매어 죽인 것과 피를 멀리하라고 편지하는 것이 옳으니 이는 예로부터 각 성에서 모세를 전하는 자가 있어 안식일마다 회당에서 그 글을 읽음이라 하더라."

야고보가 한 말입니다. 본문의 야고보는 예수님의 육신의 동생이자 야고보서를 기록한 야고보입니다. 그는 원래 예수님을 믿지 않았습니다. 그러다가 예수님이 돌아가시고, 부활하시고 난 뒤에 예수님을 믿게 됩니다. 그리고 본문의 내용을 잘 보면 그는 예루살렘 교회의 중요한 지도자가 되어 있는 것을 볼 수 있습니다. 예루살렘 교회의 담임목사님이 바로 야고보입니다. 사도행전 12장 17절을 보면 바울이 감옥에서 나온 뒤 성도들이 모여 있는 곳으로 가서 자기에게 일어난 일들을 설명한 후 "야고보와 형제들에게 이 말을 전하라" 하고 다른 곳으로 떠납니다. 야고보가 담임목사님이니까 야고보에게 전하라고 한 것입니다.

사도행전 21장 17-18절에는 "예루살렘에 이르니 형제들이 우리를 기꺼이 영접하거늘 그 이튿날 바울이 우리와 함께 야고보에게로 들어가니 장로들도 다 있더라" 하는 말씀이 있습니다. 바울이 3차 선교여행을 마치고 예루살렘으로 돌아와 선교보고를 하기 위해 누구를 찾아갔습니까? 야고보를 찾아갔습니다. 이런 정황으로 볼 때 예수님의 동생 야고보가 예루살렘 교회의 담임목사였던 것을 알 수 있습니다. 물론 오늘날 교회의 담임목사 같은 형태는 아닐 수 있습니다. 그러나 가장 중요한 지도자는 야고보였음에 틀림없습니다. 사도 베드로는 주로 돌아다니면서 사역을 한 것 같고, 예루살렘 교회를 지키면서 꾸준히 목회한 사람은 야고보였다고 생각됩니다.

야고보가 일어나서 정리를 합니다. 구원은 믿음으로 받는 것으로 결론이 났고, '이방인이라 할지라도 이런 것들은 지켰으면 좋겠다'는 뜻으로 말씀을 합니다. 네 가지를 말씀했는데 그것이 무엇입니까? "우상의 더러운 것과 음행과 목매어 죽인 것과 피를 멀리하라"(20절)고 했습니다. 이 네 가지는 율법에서 금하는 것들로 유대인들이 철저하게 피하는 것들입니다. 그러므로 이방인이라 할지라도 유대인들과 한 교회에서 함께 신앙생활을 하려면 이런 것들을 삼가야 유대인들과 불협화음 없이 교제를 잘할 수 있다는 차원에서 이 네 가지만큼은 꼭 지켜달라는 것입니다.

그렇다면 오늘날 우리는 어떻게 해야 할까요? 우리는 지금 유대인들과 함께 신앙생활을 하고 있지는 않습니다. 그렇다면 우리는 이 말씀을 지켜야 하는 것일까요, 안 지켜도 되는 것일까요? 제 생각에는 지키는 것이 좋습니다. 28-29절을 보겠습니다.

"성령과 우리는 이 요긴한 것들 외에는 아무 짐도 너희에게 지우지 아니하는 것이 옳은 줄 알았노니 우상의 제물과 피와 목매어 죽인 것과 음행을 멀리할지니라. 이에 스스로 삼가면 잘되리라. 평안함을 원하노라 하였더라."

마지막 부분에서 뭐라고 했습니까? "이에 스스로 삼가면 잘되리라" 했습니다. 유대인들과 함께 신앙생활을 하는 이방인이라면 이 말씀을 당연히 따라야 합니다. 그러나 우리처럼 유대인들과 함께 신앙생활을 하지 않는 사람들이라 할지라도 저는 이 말씀을 따라야 한다고 생각합니다.

첫 번째는 '우상의 제물'입니다. 우상의 제물은 가급적 먹지 말아야 합니다. 우상의 제물을 먹는 것은 우상에게 드리는 제사에 참여하는 의미가 있기 때문입니다. 그러므로 믿는 사람들은 제사음식을 먹지 않는 것이 좋습니다. 고린도전서 8장 7절에 이런 말씀이 있습니다.

"어떤 이들은 지금까지 우상에 대한 습관이 있어 우상의 제물로 알고 먹는 고로 그들의 양심이 약하여지고 더러워지느니라."

우상의 제물인 것을 알고도 먹으면 양심이 더러워진다고 했습니다. 그러므로 우상의 제물은 안 먹는 것이 옳습니다. 그렇다면 모르고 먹은 경우에는 어떻게 될까요? 예를 들어, 옆집에서 떡을 갖다 주길래 먹었는데 나중에 알고 보니 고사떡이었습니다. 이런 경우, 어떻게 되는 것일까요? 거기에 대한 답은 고린도전서 10장 25-29절에 잘 나와 있습니다.

"무릇 시장에서 파는 것은 양심을 위하여 묻지 말고 먹으라. 이는 땅과 거기 충만한 것이 주의 것임이라. 불신자 중 누가 너희를 청할 때에 너희가 가고자 하거든 너희 앞에 차려 놓은 것은 무엇이든지 양심을 위하여 묻지 말고 먹으라. 누가 너희에게 이것이 제물이라 말하거든 알게 한 자와 그 양심을 위하여 먹지 말라. 내가 말한 양심은 너희의 것이 아니요 남의 것이니 어찌하여 내 자유가 남의 양심으로 말미암아 판단을 받으리요.”

우상의 제물인 것을 모르고 먹었다면 괜찮습니다. 음식 자체가 부정한 것은 아니니까요. 그러나 알고서는 먹지 말라고 했습니다. 이유는 다른 사람을 시험에 빠뜨릴 수 있기 때문입니다. 그래서 사도 바울은 이런 말을 했습니다.

“만일 음식이 네 형제를 실족하게 한다면 나는 영원히 고기를 먹지 아니하여 내 형제를 실족하지 않게 하리라”(고전 8:13).

그러므로 우리도 모르고는 먹을 수 있지만 알고는 먹지 말아야 합니다. 주위에 있는 사람들을 실족시켜서는 안 되기 때문입니다. 고린도전서 8장 9절은 우리에게 이렇게 말씀합니다.

“그런즉 너희의 자유가 믿음이 약한 자들에게 걸려 넘어지게 하는 것이 되지 않도록 조심하라.”

음식을 먹고 안 먹고보다 더 중요한 것은 다른 사람을 실족시키느냐, 실족시키지 않느냐 하는 것입니다.

두 번째는 ‘피를 먹지 말라’고 했습니다. 이유는, 피는 곧 생명이기 때문입니다. 레위기 17장 10-14절에서 그렇게 말씀하고 있습니다. 그런데 ‘피를 먹지 말라’는 말씀은 율법을 주시기 전부터 하신 말씀이라는 것을 잊지 말아야 합니다. 창세기 9장 3-4절을 보겠습니다.

“모든 산 동물은 너희의 먹을 것이 될지라. 채소 같이 내가 이것을 다 너희에게 주노라. 그러나 고기를 그 생명 되는 피째 먹지 말 것이니라.”

이 말씀은 하나님께서 노아에게 하신 말씀입니다. 홍수가 있기 전에는 사람들이 채소만 먹고 살았습니다. 그러나 홍수가 있고 난 뒤부터는 동물도 음식으로 먹도록 해주셨습니다. 그러나 피는 먹지 말라고 하셨습니다. 그러므로 피에 관한 말씀은 율법과 상관없이 적용되어야 하는 말씀이고, 반드시 지켜야 하는 말씀입니다.

'선지'라든지, 피가 들어간 '순대'는 먹지 말아야 합니다. '그 맛있는 순대를 먹지 말라니…' 이렇게 생각하는 분도 계시겠지만, 순대 안 먹어도 죽지 않습니다. 순대 외에도 맛있는 것들이 얼마든지 있습니다. 그리스도인은 하나님의 말씀에 순종하여 피를 먹지 말아야 합니다. 하나님 말씀에 순종하면 복을 받습니다.

세 번째는 '목매어 죽인 것'입니다. 목매어 죽인 것을 먹지 말라고 한 이유는 피와 관련이 있다고 생각됩니다. 짐승을 목매어 죽이면 피가 몸 안에 남습니다. 그렇게 되면 피째 먹게 될 가능성이 높습니다. 이런 이유에서 목매어 죽인 것을 먹지 말라고 한 것이 아닌가 생각됩니다. 요즘은 개를 어떻게 잡는지 모르겠지만, 제가 어릴 때 보니까 살아있는 개를 목매달아 놓고 몽둥이로 패서 잡았습니다. 여기에서 '개 패듯이 팬다'는 말도 나온 것 같습니다. 그런데 왜 개를 그렇게 패서 죽였는가 하면 그렇게 해야 피가 살 여기저기에 골고루 퍼져서 개고기가 더 맛있어진다는 것입니다. 참으로 잔인한 방법이 아닐 수 없습니다. 본문 말씀에 의하면 그렇게 죽인 개는 먹으면 안 됩니다. 그런데 요즘은 개를 어떻게 잡는지 잘 모르겠습니다. 그래서 무조건 개고기 먹지 말라는 말은 못하겠습니다. 그러나 목매어 죽인 것이 확실하면 그때는 먹지 마십시오. 그리고 여러분 주위에 개고기 먹는 것에 대해서 강한 거부감을 가진 사람이 있다면 그때도 먹지 않는 것이 좋습니다. 왜 그런가 하면 로마서 14장 15절에 이런 말씀이 있기 때문입니다.

"만일 음식으로 말미암아 네 형제가 근심하게 되면 이는 네가 사랑으로 행하지 아니함이라. 그리스도께서 대신하여 죽으신 형제를 네 음식으로 망하게 하지 말라."

먹는 것 때문에 다른 사람들을 실족시키지 말라는 말씀입니다.

네 번째는 '음행을 피하라'고 말씀하고 있습니다. 그리스도인이 음행을 피하는 것은 당연한 일입니다. 그러나 이 세상은 음행을 적당히 하는 것이 오히려 당연한 것처럼 되어버렸습니다. 자기 배우자가 아닌 사람과도 몰래 즐길 수 있다고 많은 사람들이 생각합니다. 세상이 아무리 변하고, 악해진다고 해도 그리스도인은 그렇게 살면 안됩니다. 왜냐하면 우리는 세상의 풍조가 아닌 하나님의 말씀을 따르는 사람들이기 때문입니다. 고린도전서 6장 18절은 이렇게 말씀합니다.

"음행을 피하라. 사람이 범하는 죄마다 몸 밖에 있거니와 음행하는 자는 자기 몸에 죄를 범하느니라."

음행의 죄는 다른 죄와 달리 자기 몸에 죄를 범하는 것이라고 했습니다. 오늘날, 그 어느 때보다도 성적으로 타락한 세상에 살고 있는 우리가 가장 조심해야 할 죄 중의 하나가 음행입니다. 우리의 육체를 죄 짓는 일에 사용하지 말고 하나님께 영광 돌리는 일에 사용합시다.

본문을 통해 구원에 대해서, 그리고 그리스도인으로서 삼가야 할 것 네 가지에 대해서 생각해 보았습니다. 아직 구원받지 못하셨다면 구원받으시기 바랍니다. 구원은 한 마디로, 이 세상의 모든 종교가 추구하는 것이라 할 수 있습니다. 구원은 오직 예수 그리스도를 믿음으로만 받을 수 있습니다. 이미 구원받으셨다면 예수님을 모르는 사람

들에게 예수님을 소개하고, 구원받은 사람으로서 구별된 삶을 사시기
바랍니다.

24. 교회 안에 분쟁이 있을 때

(행 15:30-41)

24. 교회 안에 분쟁이 있을 때 (행 15:30-41)

교회 안에는 분쟁이 없는 것이 제일 좋습니다. 그런데 교회 안에도 분쟁이 있을 수 있습니다. 며칠 전에 MBC 'PD수첩'이 서울에 있는 모 교회가 재정적인 부정과 비리가 있는 것으로 방송을 했습니다. 그 교회에 문제가 있는 것은 사실이겠지만 그 방송을 100% 다 믿을 필요는 없다고 생각합니다. 왜냐하면 방송은 어느 쪽 입장에서 취재하느냐에 따라 방송의 내용과 성격이 달라질 수밖에 없기 때문입니다. 방송된 내용 중에서 어디까지가 진실이고 어디까지가 거짓인지 우리가 다 알 수 없지만, 어쨌든 그런 방송이 나가게 되면 그 교회뿐 아니라 대한민국에 있는 모든 교회들이 전도하기 어려워지고, 예수님의 이름은 땅바닥에 떨어지는 결과가 초래됩니다.

그런데 여러분, 왜 그런 내용이 방송되었을까요? 그것은 그 교회 안에 분쟁이 있기 때문입니다. 분쟁이 없을 때는 전혀 문제되지 않던 것도 분쟁이 생기면 반대파(?)들이 교회의 이런저런 것을 다 알리는 것입니다. 사이가 좋았을 때는 괜찮았는데 사이가 틀어지니까 문제되지 않던 것도 문제로 삼는 것입니다.

그 방송을 보면서 저는 우리 교회에 돈이 많지 않은 것이 오히려 감사했습니다. 왜 교회에 재정과 관련된 문제가 생기는 줄 아십니까? 돈이 많아서 그렇습니다. 돈이 없으면 절대로 그런 문제가 생기지 않습니다.

분쟁은 어느 교회에서나 다 일어날 수 있습니다. 큰 교회에서도 일어날 수 있고, 작은 교회에서도 일어날 수 있습니다. 순복음교회에서도 일어날 수 있고, 장로교회에서도 일어날 수 있고, 침례교회에서도 일어날 수 있습니다.

교회 안에 분쟁이 있을 때는 어떻게 해야 할까요? 두 가지 원리를 말씀드리겠습니다.

우선은 분쟁을 해결하기 위해 최선의 노력을 해야 합니다.

본문은 안디옥 교회에서 분쟁이 있고 난 뒤의 일을 기록하고 있습니다. 안디옥 교회에 어떤 문제가 있었습니까? 어떤 사람들이 유대로부터 내려와서 "사람이 구원받으려면 할례를 받아야 한다"고 주장했습니다. 그때 바울과 바나바를 포함한 대다수 안디옥 교회 성도들은 "아니다. 구원받으려면 예수만 믿으면 되는 것이지 율법의 행위는 구원과 아무런 관계가 없다"고 강하게 맞서면서 교회는 다툼과 갈등에 휘말리게 되었습니다. 안디옥 교회는 이 문제를 해결하기 위해 사람들을 예루살렘 교회로 보내어 사도들과 장로들의 의견을 물었습니다.

예루살렘 교회의 사도들과 장로들이 모여 이 문제를 놓고 회의한 결과 '구원은 오직 예수 그리스도를 믿음으로 받는다'는 결론을 냈습니다. 그리고 그것을 안디옥 교회 성도들에게 편지를 써서 알려주었습니다. 그것과 함께 '이방인 그리스도인들은 네 가지를 피하는 것이 좋겠다'는 내용도 편지에 기록했습니다. 그 네 가지는 본문 바로 전 구절인 29절에 나와 있습니다.

"우상의 제물과 피와 목매어 죽인 것과 음행을 멀리할지니라. 이에 스스로 삼가면 잘되리라. 평안함을 원하노라."

우상의 제물과 피와 목매어 죽인 것과 음행. 이 네 가지는 이방인이라 할지라도 피하라고 편지를 써서 보냈습니다. 그리고 안디옥 교회 성도들은 예루살렘 교회의 장로들과 사도들의 결정을 받아들입니다.

"그들이 작별하고 안디옥에 내려가 무리를 모은 후에 편지를 전하니, 읽고 그 위로한 말을 기뻐하더라. 유다와 실라도 선지자라. 여러 말로 형제를 권면하여 굳게 하고, 얼마 있다가 평안히 가라는 전송을 형제들에게 받고 자기를 보내던 사람들에게로 돌아가되 바울과 바나바는 안디옥에서 유하며 수다한 다른 사람들과 함께 주의 말씀을 가르치며 전파하니라"(30-35절).

그런데 본문을 보면 안디옥 교회에 분쟁이 계속되었다는 말이 없습니다. 교회가 쪼개졌다는 말도 없습니다. 문제가 잘 해결된 것입니다. 이런 것을 보면서 저는 '안디옥 교회 사람들은 참 신사다' 하는 생각이 들었습니다. '구원받으려면 할례를 받아야 한다'고 주장했던 사람들도 사도들의 편지를 받고 입을 다물었습니다. '아, 그렇구나. 우리가 잘못 알고 있었구나'라고 생각하면서 받아들인 것입니다. 또 이방인 크리스천들은 지금까지 제물도 먹고, 피도 먹곤 했는데 사도들이 피와 음행과 목매어 죽인 것과 우상의 제물을 피하라고 하니 그 권면을 받아들였습니다. 자신들의 주장을 내세우지 않고 사도들의 말에 순종한 것입니다.

교회 안에 분쟁이 있을 때는 안디옥 교회처럼 이렇게 문제를 해결하기 위해 노력할 필요가 있습니다.

예루살렘 교회에도 갈등과 분쟁이 있었던 적이 있습니다. 사도행전 6장에 보면, 헬라파 사람들이 보니 자기네 과부들이 매일의 구제에서 소홀히 취급을 당하고 있었습니다. 그래서 히브리파 사람들과 사도들에 대해서 불만의 감정이 생겼습니다. 성경에는 그것 때문에 큰 분쟁이 일어났다는 말은 없습니다. 그러나 불만이 쌓이고 쌓이면 결국 분쟁이 되는 것입니다. 그런데 큰 분쟁이 일어나기 전에 예루살렘 교회는 그 문제를 잘 해결했습니다. 그것은 바로 일곱 집사를 세워서 그들로 하여금 어려운 사람들, 과부들, 고아들을 돌보게 한 것입니다. 그리고 사도들은 하나님 말씀과 기도하는 일에 전념함으로써 그 교회가 가지고 있던 구조적인 문제를 해결할 수 있었습니다. 그렇게 했더니 예루살렘 교회가 더 크게 성장한 것을 우리는 성경에서 볼 수 있습니다. 사도행전 6장 7절은 이렇게 말씀합니다.

"하나님의 말씀이 점점 왕성하여 예루살렘에 있는 제자의 수가 더심히 많아지고 허다한 제사장의 무리도 이 도에 복종하니라."

예루살렘 교회에 위기가 올뻔 했습니다. 그러나 문제를 잘 해결하고나니 오히려 전화위복되어 교회가 더 크게 성장했습니다. 본문의 안디옥 교회도 마찬가지입니다. 교회에 분쟁이 있었지만 문제를 잘 해결하고 나니까 오히려 더 크게 성장했습니다. 35절이 그것을 말해줍니다.

"바울과 바나바는 안디옥에서 유하며 수다한 다른 사람들과 함께주의 말씀을 가르치며 전파하니라."

교회에도 분쟁이 있을 수 있습니다. 그러나 잘 해결하면 전화위복이될 수 있고, 새롭게 출발하는 계기가 될 수 있습니다.

저는 지금까지 우리 교회에 갈등이나 분쟁이 없었던 것을 인하여 하나님께 감사드립니다. 앞으로도 없을 것입니다. 그러나 만약 갈등이생기고 분쟁이 생긴다면 어떻게 해야 하겠습니까? 안디옥 교회처럼 잘풀어가야 합니다. 그렇게 하면 우리 교회가 새롭게 출발하는 계기가될 수 있고, 더 크게 성장하는 계기가 될 수 있습니다.

분쟁이 있을 때 노력을 해서 잘 풀어가려면 지켜야 할 원칙이 있습니다. 그것은 교회의 결정에 대해서는 무조건 순종해야 한다는 것입니다.

안디옥 교회가 문제를 빨리 해결할 수 있었던 이유가 무엇입니까? 예루살렘 교회의 사도들과 장로들의 결정을 잘 받아들인 것입니다. 그들은 그 결정에 무조건 순종했습니다. 할례를 주장했던 사람들도 자신들의 생각을 접고, '아, 우리가 잘못되었구나! 구원은 믿음으로 받는 것이구나!' 하고 받아들였습니다. 이방사람들도 사도들의 제안을 적극적으로 따랐습니다. '아, 지금까지 우리가 피도 먹고 제물도 먹고 음행도 하고 목매어 죽인 것도 먹었지만 그러면 안 되는 것이구나! 사도들이 권면한대로 해야겠구나!' 이렇게 받아들인 것입니다. 그렇기 때문에 안디옥 교회는 교리적인 심각한 문제가 있었지만 그 문제를 아름답게 잘 해결할 수 있었습니다.

오늘날에도 교회들이 이렇게 해야 합니다. 교회의 뜻에, 교회의 결정에 무조건 순종해야 하는 것입니다. 그렇게 하기만 하면 교회에 분쟁이 있어도 쉽게 해결할 수 있습니다. 마태복음 18장 18-20절에 이런 말씀이 있습니다.

"진실로 너희에게 이르노니 무엇이든지 너희가 땅에서 매면 하늘에서도 매일 것이요, 무엇이든지 땅에서 풀면 하늘에서도 풀리리라. 진실로 다시 너희에게 이르노니 너희 중의 두 사람이 땅에서 합심하여 무엇이든지 구하면 하늘에 계신 내 아버지께서 그들을 위하여 이루게 하시리라. 두세 사람이 내 이름으로 모인 곳에는 나도 그들 중에 있느니라."

이 말씀은 교회의 결정에 대한 말씀입니다. 두세 사람이라도 뜻을 모아 결정을 하면 그 결정에 하나님께서 함께해 주시겠다는 것입니다. 하나님은 교회의 결정을 대단히 중요하게 생각하십니다. 땅에서 풀면 하늘에서도 풀린다고 하셨습니다. 교회의 결정을 그만큼 중요하게 여기신다는 말씀입니다.

교회에서 다툼이 있고 분쟁이 있으면 그 문제를 해결하려고 회의를 합니다. 그러면 그 결정에 대해서 무조건 따라야 하는 것입니다. 그래야 매듭이 지어질 수 있습니다. 결정이 났는데도 불구하고 계속 자기 주장을 하고, 자기 목소리를 내면 문제가 해결될 수 없습니다.

'하나님은 교회의 결정을 존중하신다. 또 성도들은 교회의 결정을 무조건 따라야 한다'는 사실을 마음에 잘 새기고 항상 그렇게 할 수 있는 우리가 됩시다. 그렇게만 하면 교회에 분쟁이 생겨도 오래가지 않습니다. 금방 해결할 수 있습니다.

그런데 문제는 교회의 결정을 잘 따르지 않는 사람들이 있다는 것입니다. 그래서 세상 법정으로 가기도 합니다. 서두에서 말씀드린 교회도 자체적으로 해결하기 위해 많은 회의를 했을 것입니다. 그런데 회의 결과에 순복하지 않는 사람들이 법정으로 끌고가니까 매스컴까지 타게 되는 것이고, 또 그것 때문에 기독교의 명예가 땅에 떨어지고, 전도하기가 점점 힘들어지는 것입니다.

교회 문제는 절대로 세상 법정으로 가지고 가면 안 됩니다. 고린도전서 6장에서 그렇게 말씀하고 있습니다.

"너희 중에 누가 다른 이와 더불어 다툼이 있는데 구태여 불의한 자들 앞에서 고발하고 성도 앞에서 하지 아니하느냐. 성도가 세상을 판단할 것을 너희가 알지 못하느냐? 세상도 너희에게 판단을 받겠거든 지극히 작은 일 판단하기를 감당하지 못하겠느냐 우리가 천사를 판단할 것을 너희가 알지 못하느냐? 그러하거든 하물며 세상 일이랴"(고전 6:1-3).

"형제가 형제와 더불어 고발할 뿐더러 믿지 아니하는 자들 앞에서 하느냐. 너희가 피차 고발함으로 너희 가운데 이미 뚜렷한 허물이 있나니 차라리 불의를 당하는 것이 낫지 아니하며 차라리 속는 것이 낫지 아니하냐. 너희는 불의를 행하고 속이는구나. 그는 너희 형제로다"(고전 6:6-8).

이 말씀에 의하면 교회 문제는 세상 법정에 가지고 가면 안 됩니다. 차라리 손해 보는 쪽을 택하는 것이 낫습니다. 이 말씀을 늘 마음속에 새기고 교회 문제는 교회 안에서 해결하도록 하고, 교회의 결정에 대해서는 무조건 따르는 성도가 됩시다.

도저히 못 따르겠다고 생각되면 어떻게 하면 될까요? 자기만 조용히 교회를 떠나면 되는 것입니다. 그것이 신사요, 성숙한 그리스도인의 자세입니다.

노력을 해도 분쟁이 해결되지 않을 때가 있습니다. 그럴 때는 어떻게 해야 할까요? 그럴 때는 아름답게 헤어지는 것이 제일 좋습니다. 그것을 우리는 바울과 바나바를 통해 볼 수 있습니다.

본문에서 바울과 바나바 사이에 분쟁이 생겼습니다. 두 사람이 선교여행을 떠나려고 하는데, 바나바는 마가를 데려가기 원하고 바울은 데려가기를 원치 않습니다. 그러다보니 두 사람 사이에 다툼이 일어났습니다.

"며칠 후에 바울이 바나바더러 말하되 우리가 주의 말씀을 전한 각 성으로 다시 가서 형제들이 어떠한가 방문하자 하고, 바나바는 마가라 하는 요한도 데리고 가고자 하나 바울은 밤빌리아에서 자기들을 떠나 함께 일하러 가지 아니한 자를 데리고 가는 것이 옳지 않다 하여 서로 심히 다투어 피차 갈라서니"(36-39a절).

결국 두 사람은 '심히 다투어' 갈라서고 말았습니다. 어떻게 보면 두 사람이 다툰 내용은 그렇게 심각한 문제가 아닙니다. 그런데도 그들은 결국 헤어지고 말았습니다.

오늘날 교회들이 다투고 갈라지는 것을 봐도 어떻게 보면 별 것 아닌 것 가지고 그렇게 되는 경우가 많습니다. 교회에서 제일 큰 문제는 사실 교리적인 문제라 할 수 있습니다. 믿는 교리가 다르면 함께하기가 어렵습니다. 그런데 잘 보면 진짜 별 것 아닌 것을 가지고, 얼마든지 해결할 수 있는 문제들을 가지고 다투고 싸웁니다. 그리고 그렇게 하다보면 감정이 상해서 결국 돌이킬 수 없는 지경에까지 이르게 됩니다. 서두에서 말씀드린 교회의 경우도 마찬가지입니다.

본문에 나오는 바울과 바나바도 마찬가지입니다. 이들이 지금 심각한 것을 가지고 싸우는 것이 아닙니다. 마가에 대한 생각이 다를 뿐입니다. 마가는 마가복음을 기록한 사람입니다. 본문의 상황에서는 아직 마가복음을 기록하기 전입니다. 몇 년 뒤에 기록하게 됩니다. 그리고 마가의 어머니 집에서는 초대 교회 성도들이 모임을 가지기도 했습니다. 사도행전 12장 12절에 그렇게 나옵니다. 마가의 어머니 집에서 예루살렘 교회가 시작되었고, 거기서 모임을 가졌다면 집도 상당히 컸을 것입니다. 그러나 부잣집 아들 마가는 바울과 바나바를 따라 1차 선교여행을 하던 중에 돌아가 버리고 말았습니다. 그 일에 대해서는 사도행전 13장 13절에 나와 있습니다.

"바울과 및 동행하는 사람들이 바보에서 배 타고 밤빌리아에 있는 버가에 이르니 요한은 그들에게서 떠나 예루살렘으로 돌아가고."

요한은 마가입니다. 그가 왜 돌아갔는지에 대해서는 성경이 언급하고 있지 않습니다. 여행이 너무 힘들어서 돌아갔는지, 핍박받는 것이 두려워서 돌아갔는지, 아니면 집이 그립고 어머니가 그리워서 돌아갔는지 알 수 없습니다. 그런데 바울은 그가 돌아간 것이 마음에 안 들었습니다. 그래서 2차 선교여행을 떠날 때는 그를 데려가지 않으려고 했습니다. 그러나 바나바는 그를 데려가기를 원했습니다. 그를 다시 세워주고 싶은 마음이 그에게 있었던 것 같습니다. 확실히 바나바는 자기 이름의 뜻 그대로 '위로의 아들', '격려의 아들'이었습니다. 허물이 있고, 잘못이 있어도 다시 세워주기 원했던 사람이 바나바였습니다. 또한 바나바와 마가는 친척이기도 했습니다. 골로새서 4장 10절을 보면 마가는 '바나바의 생질'입니다. 최근에 나온 성경들(NASB, NIV, 표준새번역)은 '바나바의 사촌'으로 번역해 놓았는데 제 생각에도 사촌이 맞는 것 같습니다. 그런데 꼭 친척이라서 마가를 데려가려고 한 것은 아니고 원래 바나바의 성격이 그렇습니다. 오죽하면 별명이 '격려의 아들', '위로의 아들'이었겠습니까. 바울과 바나바의 성격이 이런 데서도 나타납니다. 바나바는 사람 중심이고 관계지향적이라 볼 수 있습니다. 거기에 비해 바울은 업무지향적이고, 일 중심이라고 볼 수 있습니다. 그러다보니 잘 맞지 않는 면이 있었고, 결국 다투고 갈라지게 된 것입니다.

위대한 하나님의 사람들이 다투고 갈라진 것에 대해서 어떻게 생각하십니까? 저는 아쉽기는 하지만 잘됐다는 생각이 듭니다. 왜냐하면 계속 싸우는 것보다는 아름답게 헤어지는 것이 훨씬 낫기 때문입니다. 그리고 두 사람은 헤어졌어도 각각 주의 일을 열심히 했다는 것을 우리는 잊지 말아야 합니다.

"서로 심히 다투어 피차 갈라서니 바나바는 마가를 데리고 배 타고 구브로로 가고, 바울은 실라를 택한 후에 형제들에게 주의 은혜에 부탁함을 받고 떠나 수리아와 길리기아로 다니며 교회들을 견고하게 하니라"(39-41절).

비록 헤어졌지만 두 사람은 계속 주의 일을 했습니다. 선교팀이 한 팀에서 두 팀으로 늘어난 것입니다. 이렇게 되면 하나님께서 보시기에도 잘된 일이라 할 수 있습니다. 때로는 우리가 실수도 하지만 하나님께서는 모든 것을 합력하여 선으로 이루어주시는 분이기 때문에 얼마나 감사한지 모릅니다.

바울과 바나바가 헤어진 것을 보면서 우리가 배울 수 있는 교훈이 무엇입니까? 교회 안에 다툼이 있을 때는 일차적으로는 해결하려고 노력을 해야 하지만 도저히 안 될 때는 아름답게 헤어져야 한다는 것입니다. 그런 예는 아브라함과 롯을 통해서도 볼 수 있습니다. 창세기 13장을 보면 아브라함과 롯은 양과 소가 많았습니다. 그러다보니 종들 간에 다툼이 생겼습니다. 서로 자신들의 소떼와 양떼를 더 좋은 곳으로 이끌려 하다보니 늘 부딪쳤습니다. 그래서 아브라함이 롯에게 어떤 제안을 합니까? "너의 종들과 나의 종들이 늘 이렇게 싸우니 우리가 아름답게 갈라서자. 네가 동쪽을 택하면 나는 서쪽을 택할 것이고, 네가 서쪽을 택하면 나는 동쪽을 택할 것이다." 그렇게 해서 아브라함과 롯은 아름답게 헤어졌습니다. 그런데 창세기 13장 6b절의 표현이 눈길을 끕니다.

"이는 그들의 소유가 많아서 동거할 수 없었음이니라."

소유가 많은 것이 그들의 문제였습니다. 이것은 오늘날도 마찬가지입니다. 부부도 보면 가난할 때는 잘 살아보려고 서로 격려하면서 잘 지냅니다. 그런데 좀 살게 되면 문제가 생깁니다. 바람도 피우고, 못된 짓도 하게 되고…. 그러면서 문제가 커집니다. 교회도 비슷합니다. 재정적으로 어려운 교회에서 문제 생기는 것을 저는 거의 보지 못했습니다. 주로 재정적으로 부유한 교회에서 문제가 생깁니다. 사람들의 욕심이 작용을 하기 때문입니다.

교회 안에는 다툼이 없어야 하지만, 어쩔 수 없이 다툼이 있고 해결이 안 될 때는 아름답게 갈라서는 것이 좋습니다. 그런데 갈라설 때도 지켜야 할 원리가 있습니다. 그것은 갈라서도 원수가 되어서는 안 된다는 것입니다. 이것이 중요합니다.

본문에서 바울과 바나바가 갈라섰습니다. 그런데 두 사람은 원수가 되지 않았습니다. 어떻게 알 수 있는가 하면 고린도전서 9장 6절을 보면 바울과 바나바는 여전히 사랑하는 관계를 유지했고, 아름다운 교제를 나눈 것을 볼 수 있습니다. 고린도전서 9장 6절에서 바울이 이런 말을 했습니다.

"어찌 나와 바나바만 일하지 아니할 권리가 없겠느냐."

바울이 바나바의 이름을 언급한 것이 중요합니다. 만약 두 사람의 사이가 틀어졌다면 바울이 바나바의 이름을 언급하지 않았을 것입니다. 여전히 교제를 하고 있었고 서로 위하는 관계이다 보니 바울이 바나바의 이름을 언급하면서 이런 말을 할 수 있었던 것입니다. 또 바울과 마가도 원수가 되지 않았기에 바울이 로마 감옥에 투옥되었을 때 마가가 바울의 곁을 지켜줄 수 있었던 것입니다. 골로새서 4장 10절과 빌레몬서 1장 23-24절을 보면 그런 것을 알 수 있습니다.

"나와 함께 갇힌 아리스다고와 바나바의 생질 마가와 (이 마가에 대하여 너희가 명을 받았으매 그가 이르거든 영접하라)"(골 4:10).

"그리스도 예수 안에서 나와 함께 갇힌 자 에바브라와 또한 나의 동역자 마가, 아리스다고, 데마, 누가가 문안하느니라"(몬 1:23-24).

그렇습니다. 다툴 수도 있고 갈라설 수도 있습니다. 그러나 원수가 되어서는 안 됩니다. 바울은 로마 감옥에 두 번째로 투옥되고 죽음을 바라볼 때도 마가를 그리워했습니다.

"네가 올 때에 마가를 데리고 오라 그가 나의 일에 유익하니라"(딤후 4:11).

부득불 헤어지고 갈라서는 일이 있어도 원수가 되면 안 됩니다. 그런데 우리나라 사람들이 이것을 잘 못합니다. 부부도 이혼을 하면 그때부터 원수가 됩니다. 이혼을 해도 원수까지 될 필요는 없는데 말이지요. 서양 사람들은 쿨(cool)하게 헤어지고, 쿨하게 친구처럼 지내는 것을 어렵지 않게 볼 수 있습니다. 그렇다고 이혼하라는 말은 절대로 아닙니다. 교회 문제도 그렇고, 심지어 이혼을 해도 원수는 되지 말라는 것입니다.

또 한 가지 기억해야 할 것은 부득불 갈라서도 주의 일은 계속해야 한다는 것입니다. 바울과 바나바가 비록 헤어졌지만 주의 일은 계속해 나간 것을 우리는 기억해야 합니다.

본문을 통하여 교회 안에 분쟁이 있을 때 어떻게 해야 할 것인가에 대해 생각해 보았습니다. 분쟁이 있을 때는 어떻게 해야 합니까? 우선은 해결하기 위해 최선의 노력을 해야 합니다. 노력을 했음에도 불구하고 해결이 안 될 때는 아름답게 갈라설 줄 알아야 합니다. 아름답게 갈라서고, 갈라서도 원수가 되지 않으려면 싸울 때도 적당히 싸울 필요가 있습니다. 할 말, 안할 말, 할 짓, 못할 짓 다 해버리면 헤어져도 관계가 회복되기 어렵습니다.

제일 좋은 것은 분쟁이 없도록 하는 것입니다. 로마서 12장 18절에 "할 수 있거든 너희로서는 모든 사람과 더불어 화목하라" 하셨습니다. 에베소서 4장 3절에는 "평안의 매는 줄로 성령이 하나 되게 하신 것을 힘써 지키라"고 했습니다. 부득불 분쟁이 생겼을 때는 빨리 해결하려고 노력하고, 노력을 해도 안 될 때는 아름답게 갈라서야 합니다. 계속 싸우다 보면 둘 다 망하기 때문입니다.

"만일 서로 물고 먹으면 피차 멸망할까 조심하라"(갈 5:15).

교회 안에 다툼과 분쟁이 없기를 기도합시다. 모든 사람과 화목하려고 노력합시다. 성령님이 하나 되게 하신 것을 끝까지 지켜나갑시다.

25. 아시아에서 유럽으로
(행 16:1-15)

25. 아시아에서 유럽으로 (행 16:1-15)

본문은 바울이 2차 선교여행 중에 아시아에서 복음을 전하다가 유럽으로 건너가 복음을 전하는 내용입니다. 본문에 나오는 아시아는 오늘날 개념의 아시아가 아니라 터키의 서부지역을 말합니다. 본문의 내용은 크게 세 가지입니다. 첫 번째는 사도 바울이 오늘날의 터키 서부지역에서 복음을 전하는 내용이고, 두 번째는 터키 서부지역에서 복음을 전하다가 왜 유럽으로 건너가게 되었는지를 설명하는 내용이며, 세 번째는 유럽으로 건너가 그곳 사람들에게 복음을 전하는 내용입니다. 본문의 내용을 살펴보면서 하나님께서 우리에게 주시고자 하는 교훈을 생각해보기 원합니다.

먼저 1-2절을 보겠습니다.

"바울이 더베와 루스드라에도 이르매 거기 디모데라 하는 제자가 있으니 그 어머니는 믿는 유대 여자요 아버지는 헬라인이라. 디모데는 루스드라와 이고니온에 있는 형제들에게 칭찬 받는 자니."

디모데가 성경에 처음으로 등장하는 장면입니다. 디모데는 바울의 영적 아들이며, 디모데전·후서의 수신자이기도 합니다. 본문은 디모데를 '형제들에게 칭찬받는 자'라고 소개하고 있습니다. 이때 디모데는 아주 젊은 청년이었습니다. 디모데전서 4장 12절에서 바울은 디모데에게 "누구든지 네 연소함을 업신여기지 못하게 하라"고 했습니다. 디모데전서는 본문의 상황보다 약 15년 뒤에 기록된 책입니다. 15년 뒤에도 여전히 젊은 사람인 것을 감안하면 15년 전인 본문의 시점에서는 얼마나 더 젊은 사람이었겠습니까. 그런데 중요한 것은 젊은 나이에도 불구하고 디모데가 사람들에게 칭찬을 받았다는 것입니다. 얼마나 믿음이 좋고 행실이 좋았으면 사람들로부터 칭찬을 받았겠습니까.

성경을 보면 성경은 사람들로부터 칭찬받는 것을 강조하는 것을 보게 됩니다. 사도행전 6장에서 예루살렘 교회의 집사를 세울 때 '칭찬받는 사람'을 세우라고 했습니다. 사도행전 10장에 나오는 고넬료도 칭찬받는 사람이었다고 소개하고 있습니다. 사도행전 22장은 박해자 사울에게 안수를 하고 침례를 베풀었던 아나니아도 사람들로부터 칭찬 듣는 사람이었다고 말씀합니다. 사도행전 2장 47절과 5장 13절에는 초대 교회 성도들이 주변 사람들로부터 칭송을 받았다는 말씀을 하고 있습니다. 그리고 본문에서는 디모데가 그런 사람이었다고 말씀합니다.

우리는 어떻습니까? 우리는 사람들로부터 칭찬을 받고 있습니까? 우리도 사람들로부터 칭찬을 받아야 합니다. 그래야 우리를 통해 주님이 높임 받고, 우리를 통해 예수님 믿는 사람도 나올 수 있기 때문입니다.

디모데는 어떻게 사람들로부터 칭찬받는 사람이 되었을까요? 그것은 디모데가 어릴 때부터 어머니 유니게와 외할머니 로이스로부터 하나님의 말씀을 배웠기 때문입니다(딤후 1:5, 3:14-15). 말씀대로 양육 받고 자라다보니 반듯한 사람이 되었고, 사람들로부터 칭찬받는 사람이 되었던 것입니다. 우리 자녀들도 칭찬받는 사람으로 잘 키우기 위해서는 어릴 때부터 하나님 말씀으로 양육해야 합니다. 그렇게 하면 하나님의 말씀이 우리 아이들을 바르게 키워줄 것입니다. 어떻게 살아야 하는지 아이들로 하여금 깨닫게 해줄 것입니다. 잠언 22장 6절에

“마땅히 행할 길을 아이에게 가르치라. 그리하면 늙어도 그것을 떠나지 아니하리라” 말씀하셨습니다. 어릴 때부터 하나님의 말씀으로 양육받은 아이는 반듯하게 자랍니다. 디모데후서 3장 16-17절에는 이런 말씀이 있습니다.

“모든 성경은 하나님의 감동으로 된 것으로 교훈과 책망과 바르게 함과 의로 교육하기에 유익하니 이는 하나님의 사람으로 온전하게 하며 모든 선한 일을 행할 능력을 갖추게 하려 함이라.”

사람을 교육하기에 가장 좋은 책이 바로 성경입니다. 성경으로 자녀들을 양육하시기 바랍니다.

얼마 전 신문에 요즘 아이들은 욕을 많이 한다는 기사가 났습니다. 욕을 아예 입에 달고 산다고 합니다. 공부를 잘하는 모범생 아이들도 친구와 하는 말을 들어 보면 욕이 많이 섞여 있다고 합니다. 왜 아이들이 이렇게 욕을 많이 할까요? 지식은 옛날에 비해서 많이 늘었는지 모르겠지만 인성교육이 안 돼서 그런 것입니다. 인격적인 부분이 부족하다 보니 여과 없이 입에서 거친 말이 나오고 욕이 나오는 것입니다. 그렇다면 인성교육은 어디서 시켜야 합니까? 집에서부터 시켜야 합니다. 가정에서 부모가 시켜야 하는 것입니다. 물론 교회에서도 시켜야 하고, 학교에서도 시켜야 하지만 인성교육은 가정에서부터 시작하는 것이 중요합니다. 그리고 인성교육의 가장 중요한 교과서는 하나님의 말씀입니다. 이 사실을 잘 기억하고 우리 자신도 하나님의 말씀으로 잘 빚어지고, 자녀들도 잘 키울 수 있기를 바랍니다.

3절을 보겠습니다.

“바울이 그를 데리고 떠나고자 할새 그 지역에 있는 유대인으로 말

미암아 그를 데려다가 할례를 행하니 이는 그 사람들이 그의 아버지
는 헬라인인 줄 다 앎이러라.”

바울이 디모데를 데리고 선교여행을 떠나기에 앞서 디모데에게 할례
를 행했다고 했습니다. 왜 바울이 디모데에게 할례를 행했을까요? 그
것은 할례가 구원의 조건이어서가 아니라 더 많은 유대인들을 얻기 위
해서였습니다. 바울은 고린도전서 9장 19-23절에서 이런 말씀을 했습
니다.

“내가 모든 사람에게서 자유로우나 스스로 모든 사람에게 종이 된
것은 더 많은 사람을 얻고자 함이라. 유대인들에게 내가 유대인과 같
이 된 것은 유대인들을 얻고자 함이요, 율법 아래에 있는 자들에게는
내가 율법 아래에 있지 아니하나 율법 아래에 있는 자 같이 된 것은
율법 아래에 있는 자들을 얻고자 함이요, 율법 없는 자에게는 내가 하
나님께는 율법 없는 자가 아니요 도리어 그리스도의 율법 아래에 있는
자이나 율법 없는 자와 같이 된 것은 율법 없는 자들을 얻고자 함이
라. 약한 자들에게 내가 약한 자와 같이 된 것은 약한 자들을 얻고자
함이요, 내가 여러 사람에게 여러 모습이 된 것은 아무쪼록 몇 사람이
라도 구원하고자 함이니 내가 복음을 위하여 모든 것을 행함은 복음
에 참여하고자 함이라.”

사도 바울은 참으로 유연한 사람이었던 것을 볼 수 있습니다. 이방
인들을 만나면 이방인이 아니지만 이방인들과 어울릴 줄 알았고, 약한
자들을 보면 약한 자가 아니지만 약한 자들과 어울릴 줄 아는 사람
이었습니다. 그가 그렇게 한 이유는 딱 한 가지, 복음 때문이었습니다.
사도 바울은 복음을 위해서라면 무엇이든지 할 준비가 되어있는 사람
이었습니다. 우리도 그런 사람이 되어야 합니다. 복음을 전하려면 사

람이 유연해질 필요가 있습니다. 누구와도 잘 어울릴 줄 알고, 금방 친해질 줄 알아야 합니다. 그래야 사람을 얻고, 구원시킬 수 있습니다. 그보다 더 귀한 일이 어디에 있겠습니까. 고린도전서 10장 32-33 절에서 바울은 이렇게 말씀합니다.

“유대인에게나 헬라인에게나 하나님의 교회에나 거치는 자가 되지 말고, 나와 같이 모든 일에 모든 사람을 기쁘게 하여 자신의 유익을 구하지 아니하고 많은 사람의 유익을 구하여 그들로 구원을 받게 하라.”

바울은 복음을 전하기 위해 모든 사람을 기쁘게 했고, 자신의 유익이 아닌 다른 사람의 유익을 구했다고 고백하고 있습니다. 그리고 너희도 그렇게 되라고 말씀하고 있습니다. 복음 전도를 위해서라면 유연한 사람, 죄 짓는 것만 빼놓고 무엇이든지 할 수 있는 사람이 됩시다.

4-5절을 보겠습니다.

“여러 성으로 다녀 갈 때에 예루살렘에 있는 사도와 장로들이 작정한 규례를 그들에게 주어 지키게 하니 이에 여러 교회가 믿음이 더 굳건해지고 수가 날마다 늘어가니라.”

사도 바울이 여러 지방에서 복음을 전한 결과 사람들의 믿음이 좋아졌고, 교회들이 강해졌고, 수도 더 많아졌다고 했습니다. 그 비결이 무엇입니까? 4절에 나와 있습니다.

“예루살렘에 있는 사도와 장로들이 작정한 규례를 그들에게 주어 지키게 하니.”

규례를 주어 지키게 했더니 ‘여러 교회가 믿음이 더 굳건해지고 수가 날마다 늘어갔다'고 했습니다. 여기서 말하는 '규례'는 사도행전 15장에 나와 있는 내용들입니다. 예루살렘 교회는 회의를 열어 '구원은 오직 믿음으로 받는다'라는 진리를 재천명했고, '이방인이라 할지라도 네 가지는 금해야 한다'는 발표를 했습니다. 그것을 사람들에게 지키라고 했더니 교회가 잘되었다는 말입니다. 그러나 '규례'를 크게 보면 하나님 말씀 전체를 말하는 것으로 이해할 수 있습니다.

여기서 우리는 교회를 성장시키는 비결을 배울 수 있습니다. 교회를 성장시키는 비결은 바로 하나님의 말씀을 가르쳐 지키게 하는 것입니다. 마태복음 28장 19-20a절에서도 예수님은 그렇게 말씀하셨습니다.

"그러므로 너희는 가서 모든 민족을 제자로 삼아 아버지와 아들과 성령의 이름으로 침례를 베풀고 내가 너희에게 분부한 모든 것을 가르쳐 지키게 하라."

이 말씀만 잘 실천하면 교회는 성장하게 되어 있습니다. 마지막 말씀이 '내가 분부한 모든 것을 가르쳐 지키게 하라'는 것입니다. 오늘날 이 땅의 교회들도 이것을 잘해야 합니다. 하나님의 말씀을 제대로 가르치고, 말씀대로 살아가도록 해야 합니다. 이렇게만 하면 사람들의 믿음은 좋아질 수밖에 없습니다. 교회가 성장할 수밖에 없습니다.

이것을 잘하기 위해 한 가지 방법을 제안합니다. 그것은 「새가족 성경공부」 교재를 가지고 우리 교회를 찾은 새가족들과 성경공부를 하는 것입니다. 그 사역만 잘해도 많은 영혼들이 우리 교회에 정착하게 될 것입니다. 그리고 교회는 든든히 서가게 될 것입니다. 5절 말씀이 정말 좋지 않습니까?

"이에 여러 교회가 믿음이 더 굳건해지고 수가 날마다 늘어가니라."

이 말씀이 이루어지기 원한다면 각 교회마다 하나님의 말씀을 열심히 가르쳐야 할 것입니다. 이 일에 우리 모두가 동참합시다.

6-7절을 보겠습니다.

"성령이 아시아에서 말씀을 전하지 못하게 하시거늘 그들이 브루기아와 갈라디아 땅으로 다녀가 무시아 앞에 이르러 비두니아로 가고자 애쓰되 예수의 영이 허락하지 아니하시는지라."

바울이 오늘날 터키의 서부지역인 아시아에서 복음을 전하려고 하는데 하나님께서 그것을 허락해 주시지 않습니다. 상황을 통해 허락해 주지 않으셨는지 아니면 계시를 통해 허락해 주지 않으셨는지는 알수 없지만 아시아에서는 복음을 전하지 못하게 하셨습니다. 그래서 바울은 오늘날 터키의 북부지역인 비두니아로 가려고 했습니다. 그런데 그것도 허락해 주시지 않았습니다.

〈지도4〉

〈지도4〉에서 윗부분에 보이는 바다가 흑해이고, 아랫부분에 보이는 바다가 지중해입니다. 그 사이에 있는 바다가 에게해인데 그 오른쪽이 오늘날의 터키입니다. 사도 바울이 주로 사역했던 곳입니다. 아시아는 오늘날 터키의 서쪽지역에 해당되는데, 오늘날 아시아 대륙의 제일 서쪽이라고 보시면 됩니다. 이곳에서 바울이 복음을 전하기 원했는데 성령께서 허락하지 않으셔서 비두니아로 가려고 했고, 그곳도 허락하지 않으셔서 결국은 무시아를 거쳐 드로아라는 곳으로 가게 됩니다.

그런데 만일 하나님께서 바울이 원래 가려고 했던 곳으로 가도록 허락하셨다면 어떻게 되었을까요? 바울은 아시아에서 복음을 전하고, 북쪽으로 올라가 비두니아에서 복음을 전하고, 그리고 계속 동쪽으로 가면서 복음을 전했을 것입니다. 하나님께서 그렇게 되도록 허락하셨다면 세계의 역사는 달라졌을 것입니다.

그러나 복음은 동진(東進)하지 않고 서진(西進)했습니다. 예루살렘에서부터 시작하여 유럽과 미국을 거쳐 우리나라까지 왔고, 그 다음은 중국, 중동을 거쳐 예루살렘으로 돌아가게 될 것입니다. 그러니까 하나님께서는 의도적으로 바울의 방향을 바꾸신 것입니다. 바울은 동쪽으로 가면서 복음 전하기를 원했지만 하나님의 뜻은 서쪽에 있었습니다. 이렇게 해서 바울은 하나님의 뜻에 의해 발걸음을 유럽으로 돌리게 됩니다.

8-10절을 보겠습니다.

"무시아를 지나 드로아로 내려갔는데 밤에 환상이 바울에게 보이니 마게도냐 사람 하나가 서서 그에게 청하여 이르되 마게도냐로 건너와서 우리를 도우라 하거늘 바울이 그 환상을 보았을 때 우리가 곧 마게도냐로 떠나기를 힘쓰니 이는 하나님이 저 사람들에게 복음을 전하라고 우리를 부르신 줄로 인정함이러라.”

드로아에 갔을 때 하나님께서 바울에게 환상을 보여주셨습니다. 마게도냐 사람 하나가 서서 “마게도냐로 와서 우리를 도우라” 하는 환상이었습니다. 그 환상을 보고 바울은 하나님의 뜻이 비두니아나 다른 곳이 아니라 유럽대륙인 것을 깨닫고 하나님의 뜻에 순종하게 됩니다. 이렇게 해서 바울은 결국 오늘날의 그리스 북부지방인 마게도냐로 건너가게 됩니다. 그리고 복음은 아시아에서 유럽대륙으로 넘어가게 됩니다. 오늘날은 유럽이 잘살고 아시아가 못살지만, 만일 아시아대륙부터 복음이 전파되었다면 아시아가 잘살고 유럽이 못살게 되었을 것입니다. 하지만 그 당시 아시아대륙은 불교와 유교, 우상숭배가 너무 심해서 사도 바울이 복음을 가지고 갔어도 틀림없이 받아들이지 않았을 것입니다. 그것을 아시고 하나님께서 준비된 쪽으로 복음의 방향을 바꾸신 것입니다.

바울이 오늘날의 터키 서부지역에서 복음을 전하기 원했을 때 하나님께서는 복음의 문을 열어주시지 않으셨습니다. 그때 바울의 마음이 어떠했을까요? ‘하나님, 내가 다른 것을 하겠다는 것도 아니고 복음을 전하겠다는데 왜 문을 열어주시지 않습니까? 하나님, 너무 하신 것 아닙니까?’ 그렇게 생각했을까요? 우리 같으면 그렇게 생각했을지 모릅니다. 그러나 바울은 그렇게 생각하지 않았습니다. 하나님을 원망하거나 실망하지 아니하고 잠잠히 하나님의 뜻을 기다렸습니다. 그리고 하나님의 뜻이 나타났을 때 그는 순종했습니다.

여기서 우리가 배울 수 있는 교훈이 있습니다. 우리도 어떤 일을 하고자 할 때 하나님께서 허락하시지 않을 때가 있습니다. 그럴 때 우리는 어떻게 해야 하겠습니까? 그냥 내 생각, 내 고집대로 밀고 나가야 하겠습니까? 하나님의 뜻이 나타날 때까지 기다려야 합니다. 왜냐하면 하나님의 뜻만이 온전히 설 것이고, 하나님의 뜻 안에서 이룬 일만이 하나님께서 인정해 주시기 때문입니다.

하나님의 뜻 안에서 이룬 성공만이 참된 성공입니다. 하나님의 뜻이 확실하지 않은 일에 대해서는 임의로 할 것이 아니라 바울처럼 기다릴 줄 알아야 합니다. 섣불리 실망하거나 낙심할 것이 아니라 '과연 하나님의 뜻이 어디에 있는가'를 생각하면서 기다려야 합니다. 잠언 19장 21절은 이렇게 말씀합니다.

"사람의 마음에는 많은 계획이 있어도 오직 여호와의 뜻만이 완전히 서리라."

항상 하나님의 뜻에 민감하고, 하나님의 뜻을 이루는 우리가 됩시다.

11-14절을 보겠습니다.

"우리가 드로아에서 배로 떠나 사모드라게로 직행하여 이튿날 네압볼리로 가고 거기서 빌립보에 이르니 이는 마게도냐 지방의 첫 성이요 또 로마의 식민지라. 이 성에서 수일을 유하다가 안식일에 우리가 기도할 곳이 있을까 하여 문 밖 강가에 나가 거기 앉아서 모인 여자들에게 말하는데, 두아디라 시에 있는 자색 옷감 장사로서 하나님을 섬기는 루디아라 하는 한 여자가 말을 듣고 있을 때 주께서 그 마음을 열어 바울의 말을 따르게 하신지라."

바울과 그의 일행은 유럽대륙으로 넘어갔습니다. 가서 마게도냐 지역에서 복음을 전하는데, 그 지역에서 으뜸되는 성(城)이 빌립보성이었습니다. 빌립보에서 물가에 있는 여자들을 만나 예수님의 복음을 들려주었습니다. 그랬더니 루디아라는 여자가 마음 문을 열었습니다. 바울이 전해주는 복음을 듣고 구원받는 놀라운 역사가 일어났습니다. 이렇게 해서 루디아는 유럽대륙에서 제일 먼저 예수님을 믿은 여자가 되었습니다.

그녀의 구원과 관련해서 "주께서 그 마음을 열어 바울의 말을 따르게 하신지라"(14b절) 하는 표현이 나옵니다. 이 표현에 의하면 설교나 전도를 할 때 사람들의 마음을 열어주시는 분이 누구입니까? 주님이십니다. 우리는 설교할 수 있고, 개인적으로 전도할 수 있습니다. 그러나 사람의 마음을 열어주시는 분은 하나님인 것을 잊지 말아야 합니다. 그래서 설교를 하거나 전도를 하기 전에 먼저 해야 할 일이 하나님께 기도하는 것입니다. 아무리 개인전도를 잘하고 말을 잘한다 해도 하나님께서 도와주시지 않으면 사람의 마음 문은 열리지 않습니다. 그러므로 우리는 먼저 하나님 앞에 기도할 줄 아는 사람이 되어야 합니다. 하나님께서 도와주셔야 마음이 열리고, 영혼이 구원받을 수 있기 때문입니다. 요한복음 6장 44절에서 예수님은 이런 말씀을 하셨습니다.

"나를 보내신 아버지께서 이끌지 아니하시면 아무도 내게 올 수 없으니 오는 그를 내가 마지막 날에 다시 살리리라."

또 로마서 9장 15-16절에는 이런 말씀이 있습니다.

"내가 긍휼히 여길 자를 긍휼히 여기고, 불쌍히 여길 자를 불쌍히 여기리라 하셨으니 그런즉 원하는 자로 말미암음도 아니요, 달음박질하는 자로 말미암음도 아니요, 오직 긍휼히 여기시는 하나님으로 말미암음이니라.”

그러므로 우리는 복음을 전할 때 사람들이 잘 받아들이도록 항상 기도하고 시작해야 할 것입니다.

바울의 사역을 통해 구원받은 루디아는 참으로 귀한 자매입니다. 바울의 일행에게 자신의 집에 와서 머물라고 초대했습니다.

“그와 그 집이 다 침례를 받고 우리에게 청하여 이르되 만일 나를 주 믿는 자로 알거든 내 집에 들어와 유하라 하고 강권하여 머물게 하니라”(15절).

정말 귀한 자매입니다. 바울 일행을 자신의 집에서 먹여주고 재워주고 섬겨주었습니다. 루디아는 사업을 하는 여자입니다. 상당한 재력도 있었습니다. 그리고 사람들을 재워줄 만큼 집도 컸다고 생각됩니다. 그러나 집이 크고 재력이 있다고 해서 누구나 다 이런 일을 하는 것은 아닙니다. 그만한 믿음이 있고 헌신할 마음이 있는 사람이 이런 일을 하는 것입니다. 루디아는 바울과 그의 일행을 위해서 큰 희생과 헌신을 했습니다.

사도행전 16장 40절을 보면 루디아는 자기 집을 열어서 교회가 모일 수 있도록 지속적으로 도왔습니다.

“두 사람이 옥에서 나와 루디아의 집에 들어가서 형제들을 만나보고 위로하고 가니라.”

감옥에서 나온 바울과 실라는 루디아의 집으로 갔습니다. 그곳에 형제들이 있었기 때문입니다. 아마 많은 형제들이 모여 있었던 것 같습니다. 빌립보 교회는 루디아의 집에서 시작되었음이 분명합니다. 한 여인이 자기 집을 열고, 물질로 섬겨주니 빌립보 지역에 하나님의 교회가 세워질 수가 있었던 것입니다.

당신은 당신의 집과 물질을 어떻게 사용하고 있습니까? 루디아처럼 하나님의 영광과 사업을 위하여 사용할 수 있기를 바랍니다. 구역모임(셀모임, 목장모임)을 위해 집을 열고 사람들을 초대하는 것은 정말 귀한 헌신입니다. 사람들을 집으로 초대해 먹여주고 섬겨주는 것도 정말 귀한 헌신입니다. 그렇게 하는 사람이 집을 제대로 활용할 줄 알고, 물질을 제대로 쓸 줄 아는 사람이라 할 수 있습니다. 그렇게 하면 하나님께서 더 좋은 것으로 채워주실 것입니다.

"하나님이 능히 모든 은혜를 너희에게 넘치게 하시나니 이는 너희로 모든 일에 항상 모든 것이 넉넉하여 모든 착한 일을 넘치게 하게 하려 하심이라"(고후 9:8).

'착한 일'을 하면 착한 일을 더 많이 하도록 하나님께서 더 많이 채워주십니다. 이것이 하나님의 법칙입니다. 가지고 있는 집이나 물질을 하나님의 영광을 위하여 루디아처럼 잘 활용할 줄 아는 사람이 됩시다.

본문을 통해 몇 가지 교훈을 생각해 보았습니다. 디모데처럼 우리도 칭찬받는 사람이 됩시다. 바울처럼 유연한 사람이 되어서 어떻게 해서라도 복음을 전하는 사람이 됩시다. 하나님의 말씀을 사람들에게 가르칩시다. 하나님 뜻에 순종할 줄 알고, 선한 사업을 위해 집과 물질을 사용할 줄 아는 사람이 됩시다. 하나님의 말씀을 실천하려는 당신을 하나님께서 복주시기를 원합니다.

26. 한밤중 감옥에서

(행 16:16-40)

26. 한밤중 감옥에서 (행 16:16-40)

본문은 어느 날 한밤중에 빌립보 감옥에서 일어난 일을 기록하고 있는 내용입니다. 한밤중에 감옥에서 바울과 실라가 하나님을 찬송했을 때 지진이 일어나 옥문이 열리고 매인 것이 풀어지는 놀라운 일이 일어났습니다. 그 일을 계기로 바울은 간수에게 복음을 전하고, 간수가 구원받는 놀라운 역사가 일어나게 됩니다.

본문에는 바울과 실라가 어떻게 감옥에 들어가게 되었는지, 그리고 바울과 실라가 어떤 모습으로 감옥에서 나오게 되는지에 대해서도 기록되어 있습니다. 본문을 통해 우리에게 주시는 교훈을 생각해 보겠습니다.

먼저, 바울과 실라가 감옥에 들어가게 된 배경부터 살펴보겠습니다.

본문에 보면 바울과 실라가 기도하는 곳으로 가다가 귀신들린 여종 하나를 만나게 됩니다. '여종'은 '여자 노예'라는 말입니다. 이 여자 노예에게는 점을 잘치는 능력이 있었습니다. 귀신이 그녀 안에 있어 귀신이 사람들의 미래를 말해주는 것이었습니다. 성경에서 말하는 귀신은 죽은 사람의 혼령이 아니라 악령, 즉 사탄의 졸개를 말하는 것입니다.

오늘날에도 악령의 도움으로 점을 치는 사람들이 있습니다. 점쟁이나 무당이 그들입니다. 하나님께서는 이런 사람들을 무척 싫어하십니다.

"하나님께서 네게 주시는 땅에 들어가거든 너는… 점쟁이나 길흉을 말하는 자나 요술하는 자나 무당이나 진언자나 신접자나 박수나 초

혼자를 너희 가운데에 용납하지 말라"(신 18:9-11).

"남자나 여자가 접신하거나 박수무당이 되거든 반드시 죽일지니 곧 돌로 그를 치라. 그들의 피가 자기들에게로 돌아가리라"(레 20:27).

그런데 이 여종이 바울과 실라를 보더니 "이 사람들은 지극히 높은 하나님의 종입니다. 이 사람들은 구원의 길을 전하는 자들입니다"라고 말하는 것입니다. 한두 번 하고 만 것이 아니라 볼 때마다 그렇게 말합니다. 그러니 바울과 실라가 얼마나 괴롭겠습니까. 본문에 보면 '심히 괴로워했다'고 했습니다(18절). 여러분은 어쩌면 '그렇게 말해주는 것이 전도에 도움이 되는 것 아닌가?'라고 생각하실지 모르겠습니다. 그러나 사탄의 목적은 전도를 도와주는 것이 아니라 전도를 못하게 하고, 하나님의 일을 못하게 하는 것이라는 것을 잊어서는 안 됩니다.

사탄은 거짓말쟁이고, 거짓의 아비라고 했습니다(요 8:44). 지금은 바른 말을 하지만 언제 거짓말을 할지 모릅니다. 그러므로 크게 보면 귀신이 바울과 실라에 대해서 하는 말은 전혀 도움이 되지 않습니다. 전도할 때 악령의 도움은 필요가 없습니다. 그래서 바울은 괴롭기도 하고, 여종을 보니 불쌍하기도 해서 예수님의 이름으로 귀신을 쫓아내 버립니다. 18절을 보겠습니다.

"이같이 여러 날을 하는지라. 바울이 심히 괴로워하여 돌이켜 그 귀신에게 이르되 예수 그리스도의 이름으로 내가 네게 명하노니 그에게서 나오라 하니 귀신이 즉시 나오니라."

놀라운 일이 일어났습니다. 말씀 한 마디에 귀신이 쫓겨난 것입니다. 사실 귀신도 상당한 능력을 가지고 있는 존재입니다. 사람들이 알 수 없는 미래도 귀신은 어느 정도 알고 있으니까요. 그러나 그런 귀신이라도 하나님 앞에서는 꼼짝을 못합니다. 예수 그리스도의 이름으로 여종 안에 있던 귀신은 쫓겨나고 말았습니다.

그런데 이 일로 여종의 주인들은 몹시 화가 났습니다. 그동안 돈벌이가 좋았는데 여종에게서 귀신이 떠나고 나니 더 이상 돈을 벌 수가 없었습니다. 그래서 이들이 바울과 실라를 고발했고, 바울과 실라는 감옥에 던져지게 되었습니다.

"상관들 앞에 데리고 가서 말하되 이 사람들이 유대인인데 우리 성을 심히 요란하게 하여 로마 사람인 우리가 받지도 못하고 행하지도 못할 풍속을 전한다 하거늘 무리가 일제히 일어나 고발하니 상관들이 옷을 찢어 벗기고 매로 치라 하여 많이 친 후에 옥에 가두고 간수에게 명하여 든든히 지키라 하니 그가 이러한 명령을 받아 그들을 깊은 옥에 가두고 그 발을 착고에 든든히 채웠더니"(20-24절).

사람들이 참 악하다는 생각이 들지 않습니까? 귀신들린 여종을 고쳐주었으면 오히려 고마워해야 합니다. 불쌍한 한 여자로 하여금 인간답게 살도록 도와주었으면 고마워하는 것이 맞습니다. 그런데 이 여종의 주인들은 돈을 못 벌게 되었다고 바울과 실라를 고발하고, 매질을 해서 감옥에 넣고 말았습니다. 사람이 돈에 눈이 멀면 이렇게 인간성을 상실하게 되는 것입니다. 돈과 사람의 생명, 어느 것이 더 소중합니까? 당연히 사람의 생명입니다. 그런데 그녀의 주인들은 그렇지 않았습니다.

오늘날에도 그런 사람들이 많습니다. 돈 때문에 사람을 팔아넘기고, 돈 때문에 사람을 죽입니다. 왜 사람들이 이렇게 악한 줄 아십니까? 사탄의 영향 때문입니다. 사탄이 그렇게 되도록 역사하기 때문입니다. 사탄이 사람들에게 역사하는 방법은 다양합니다. 본문의 여자 노예에게 했던 것처럼 사람 속에 들어가 삶을 파괴하기도 하고, 여종의 주인들에게 했던 것처럼 악한 영향을 미쳐 돈에 눈이 멀게도 합니다.

사탄의 공격과 영향력에서 벗어나는 길은 무엇일까요? 그것은 하나님의 영향력 아래로 들어가는 것입니다. 하나님께서 나를 다스리도록 나를 내어놓는 것입니다. 사탄에게 지배당하거나 영향받는 삶을 살지 마시고, 사탄을 능히 이기는 삶을 사시기 바랍니다.

바울과 실라가 감옥에 들어간 후 감옥에서 놀라운 일이 일어나게 됩니다.

"한밤중에 바울과 실라가 기도하고 하나님을 찬송하매 죄수들이 듣더라"(25절).

한밤중에 감옥에서 바울과 실라가 무엇을 했습니까? '기도하고 하나님을 찬송'했습니다. 지금 바울과 실라는 기도하고 찬송할 상황이 아닙니다. 감옥에 던져졌고, 발은 착고에 채워져 있으며, 매를 많이 맞아 온몸은 말할 수 없이 괴롭고 아픕니다. 이런 상황이라면 울던지 앓던지 하는 것이 자연스럽습니다. 그러나 그들은 기도하고 하나님을 찬송했습니다.

무엇이 이들로 하여금 하나님을 찬송하게 했을까요? 이들 마음속에 있는 기쁨, 이들 마음속에 있는 평화, 이들 마음속에 있는 자유가 이들로 하여금 기도하고 찬송하게 한 것입니다. 이런 것이 바로 복음의 능력이 아니고 무엇이겠습니까! 바울과 실라는 상황과 환경을 넘어서서 하나님을 찬송했습니다. 바울과 실라가 어두운 감옥에서 어떤 노래를 불렀을까요? 이런 찬송을 부르지 않았을까 생각해 봅니다.

“주 안에 있는 나에게 딴 근심 있으랴. 십자가 밑에 나아가 내 짐을 풀었네. 주님을 찬송 하면서 할렐루야 할렐루야. 내 앞길 멀고 험해도 나 주님만 따라가리.”

“주 예수 내 맘에 들어와 계신 후 변하여 새사람 되고, 내가 늘 바라던 참 빛을 찾음도, 주 예수 내 맘에 오심. 주 예수 내 맘에 오심, 주 예수 내 맘에 오심. 물밀듯 내 맘에 기쁨이 넘침은 주 예수 내 맘에 오심.”

그들 속에 예수님이 계시고, 예수님께서 주신 기쁨과 평안이 있다보니 몸이 괴롭고 힘들어도, 상황이 좋지 않아도 이런 찬송을 부를 수 있었던 것입니다.

살다보면 우리도 인생의 밤을 맞이할 때가 있습니다. 말할 수 없는 고통과 아픔, 슬픔이 찾아올 때가 있습니다. 그때 우리가 해야 할 일이 무엇인줄 아십니까? 바울과 실라처럼 기도하고 찬송하는 것입니다. 믿는 사람과 믿지 않는 사람의 차이가 무엇이겠습니까? 믿지 않는 사람은 시련과 고통이 있을 때 낙심하고 좌절합니다. 그러나 믿는 사람은 시련이 있고 고통이 있을 때 낙심하고 좌절하는 것이 아니라 기도하고 찬송합니다. 시편 42편 8절에 이런 말씀이 있습니다.

“낮에는 여호와께서 그의 인자하심을 베푸시고 밤에는 그의 찬송이 내게 있어 생명의 하나님께 기도하리로다.”

이 시편을 쓰신 분은 좋은 상황에서 이런 말을 하는 것이 아닙니다. 정말 힘들고 어려운 상황에서 이런 말을 하는 것입니다. 앞뒤의 구절을 보시면 알 수 있습니다.

“주의 폭포 소리에 깊은 바다가 서로 부르며 모든 파도와 물결이 나를 휩쓸었나이다"(시 42:7).

"내 반석이신 하나님께 말하기를 어찌하여 나를 잊으셨나이까. 내가 어찌하여 원수의 압제로 말미암아 슬프게 다니나이까 하리로다"(시 42:9).

시인은 참으로 어렵고 힘든 상황에 있었습니다. 이런 상황에서 그는 "낮에는 여호와께서 그의 인자하심을 베푸시고 밤에는 그의 찬송이 내게 있어 생명의 하나님께 기도하리로다"라고 고백한 것입니다. 이것이 믿음 있는 사람과 없는 사람의 차이입니다. 믿음이 없는 사람은 시련과 역경을 만나면 좌절하고 쓰러지지만 믿음이 있는 사람은 시련과 역경 속에서도 하나님을 찬송하고 하나님께 기도합니다. 욥기 35장 9-10절에 이런 말씀이 있습니다.

"사람은 학대가 많으므로 부르짖으며 군주들의 힘에 눌려 소리치나 나를 지으신 하나님은 어디 계시냐고 하며 밤에 노래를 주시는 자가 어디 계시냐고 말하는 자가 없구나."

하나님을 '밤에 노래를 주시는 자'라고 했습니다. 이런 하나님이 계시기에 인생에 밤이 찾아와도 우리는 노래할 수 있는 것입니다.

인생에 밤이 찾아올 때 당신은 어떻게 하시겠습니까? 괴로워하거나 탄식하기보다는 하나님께 기도하고 찬송할 수 있기를 바랍니다.

바울과 실라가 한밤중에 감옥에서 노래했을 때 죄수들이 들었다고 했습니다.

"한밤중에 바울과 실라가 기도하고 하나님을 찬송하매 죄수들이 듣더라"(25절).

고통 중에서 노래하면 사람들이 더 잘 듣는 것을 아십니까? 좋을 때 노래하면 당연한 것이기에 사람들이 잘 안 들을 수 있습니다. 그러나 고통 중에 노래하면 사람들이 듣습니다. 우리가 잘 부르는 찬송 중에 이런 찬송이 있습니다.

"내 평생에 가는 길 순탄하여 늘 잔잔한 강 같든지 큰 풍파로 무섭고 어렵든지 나의 영혼은 늘 편하다."

이 찬송이 우리에게 감동을 주는 이유가 무엇인줄 아십니까? 이 찬송 가사를 쓰신 분이 말할 수 없는 고통 가운데서 이 가사를 썼기 때문입니다. 이 가사를 쓰신 분은 미국의 스패포드(Spafford)라는 분인데 '19세기의 욥'이라 불리는 분입니다. 그는 자기의 재산을 화재로 다 잃었습니다. 사랑하는 네 딸을 선박침몰 사고로 한꺼번에 잃었습니다. 얼마나 가슴이 찢어지고 아팠겠습니까. 구조된 아내를 만나기 위해 대서양 바다를 지나다가 딸들이 죽은 해역에서 시편 23편을 묵상하던 중에 이 위대한 찬송시를 썼습니다. 평안한 가운데서 이 찬송시를 썼다면 사람들이 '그 사람 글솜씨 참 좋다'라고 했을지는 모르지만 귀를 기울이지는 않았을 것입니다. 그러나 그가 말할 수 없는 고통 가운데서 이 노래를 했기 때문에 사람들이 듣는 것입니다. 그리고 우리에게도 큰 위로와 감동이 되는 것입니다.

사랑하는 여러분! 고통 중에 있을 때일수록 더 크게 찬송하시기 바랍니다. 어렵고 힘들 때 찬송하면 사람들이 귀 기울여 들을 것입니다. 하나님께서는 더 큰 영광을 받으실 것입니다. 그때야말로 여러분의 믿음을 증명해 보일 수 있는 절호의 기회입니다.

찬송했을 때 어떤 일이 일어났는지 26절을 보겠습니다.

"이에 갑자기 큰 지진이 나서 옥터가 움직이고 문이 곧 다 열리며 모든 사람의 매인 것이 다 벗어진지라.”

옥터가 흔들리면서 옥문이 열리고 묶인 것이 다 풀어지는 놀라운 일이 일어났습니다. 이것이 찬송의 힘입니다. 바울과 실라가 찬송하지 않았다면 이런 역사는 일어나지 않았을 것입니다. 하나님께 기도하고 찬송하니까 하나님께서 그들의 기도와 찬송을 듣고 있다는 증거로 이런 기적을 보여주신 것입니다.

당신의 삶 속에 기적이 일어나기를 원하십니까? 그렇다면 기도하고 찬송하시기 바랍니다. 하나님은 하나님의 사람들이 기도하고 찬송할 때 역사하십니다.

역대하 20장에 보면 모압과 암몬 사람들이 유다를 쳐들어오는 내용이 나옵니다. 그때 유다의 왕 여호사밧이 무엇을 한줄 아십니까? 하나님께 기도하고 찬송했습니다. “하나님, 우리는 싸울 힘도 없고 저들을 감당해 낼 재간도 없습니다. 하나님께서 우리를 도와주십시오” 라고 기도했을 때 하나님께서 그의 기도를 들어주셨습니다. 또한 여호사밧은 백성들에게 하나님을 찬송하라고 했고, 하나님은 그들에게 놀라운 승리를 주셨습니다.

“백성과 더불어 의논하고 노래하는 자들을 택하여 거룩한 예복을 입히고 군대 앞에서 행진하며 여호와를 찬송하여 이르기를 여호와께 감사하세. 그의 인자하심이 영원하도다 하게 하였더니 그 노래와 찬송이 시작될 때에 여호와께서 복병을 두어 유다를 치러 온 암몬 자손과 모압과 세일 산 주민들을 치게 하시므로 그들이 패하였으니 곧 암몬과 모압 자손이 일어나 세일 산 주민들을 쳐서 진멸하고 세일 주민들을 멸한 후에는 그들이 서로 쳐죽였더라”(대하 20:21-23).

군대 앞에 찬양하는 사람들을 세워 하나님을 찬송하게 하였더니 하나님께서 그들을 도와 승리하게 하신 것입니다. 이것이 찬양의 힘입니다.

하나님은 찬송을 기뻐하시는 분입니다. 시편 22편 3절에는 '이스라엘의 찬송 중에 계시는 주'라는 표현이 있습니다. 이 표현 속에는 '하나님은 찬송받기에 합당하신 분이다, 하나님은 찬송을 기뻐하시는 분이다'라는 의미가 포함되어 있습니다. 그렇습니다. 우리 하나님은 찬송받기에 합당하신 분입니다. 우리 하나님은 찬송을 기뻐하시는 분입니다.

복 받는 삶, 승리하는 삶의 비결이 무엇인줄 아십니까? 찬송입니다. 다윗이 말할 수 없는 고통 가운데서 승리할 수 있었던 이유가 무엇이겠습니까? 그에게 찬송이 있었다는 것입니다. 바울과 실라가 감옥에서 죄수들에게 감동을 주고, 간수를 주님께 인도할 수 있었던 비결도 찬송이었다는 것을 잊지 마십시오.

27-32절을 보겠습니다.

"간수가 자다가 깨어 옥문들이 열린 것을 보고 죄수들이 도망한 줄 생각하고 칼을 빼어 자결하려 하거늘 바울이 크게 소리 질러 이르되 네 몸을 상하지 말라. 우리가 다 여기 있노라 하니, 간수가 등불을 달라고 하며 뛰어 들어가 무서워 떨며 바울과 실라 앞에 엎드리고 그들을 데리고 나가 이르되 선생들이여 내가 어떻게 하여야 구원을 받으리이까 하거늘 이르되 주 예수를 믿으라. 그리하면 너와 네 집이 구원을 받으리라 하고 주의 말씀을 그 사람과 그 집에 있는 모든 사람에게 전하더라."

지진이 나고 옥문이 열린 것을 보자 간수는 죄수들이 도망간 것으로 생각하여 자결하려고 했습니다. 그 당시 로마의 법은 죄수가 도망을 가면 죄수가 받을 벌을 간수가 대신 받아야 했습니다. 그의 죄수들 중에는 사형수도 있었던 것 같습니다. 그래서 그는 사형을 당하느니 스스로 죽는 것이 낫겠다는 생각으로 칼을 뽑아 들었습니다. 찌르려고 하는 순간 바울이 소리쳤습니다. "당신의 몸을 상하지 마시오. 우리가 다 여기에 있소." 그 말을 들은 간수는 바울과 실라 앞에 엎드립니다. 그리고 사람이 할 수 있는 가장 위대한 질문을 합니다. "내가 어떻게 하여야 구원을 받을 수 있습니까?" 간수도 바울과 실라가 하나님의 사람인줄 알고 있은 듯합니다. 그 질문에 바울이 "주 예수를 믿으라. 그리하면 너와 네 집이 구원을 받으리라"고 했습니다.

구원이 무엇입니까? 구원은 한 마디로 이 땅의 모든 종교가 추구하는 것이라 할 수 있습니다. 중요한 것은 어떻게 사람이 정말 구원받을 수 있느냐 하는 것입니다. 거기에 대한 정답을 바울이 말했습니다. 그것은 '주 예수를 믿으라'입니다.

사람이 구원받을 수 있는 길은 오직 예수 그리스도 한 분 밖에 없습니다. 예수님만이 하나님께서 보내신 유일한 구원의 길입니다.

"다른 이로써는 구원을 받을 수 없나니 천하 사람 중에 구원을 받을 만한 다른 이름을 우리에게 주신 일이 없음이라"(행 4:12).

공자도, 석가도 훌륭한 분일 수 있습니다. 그러나 그들은 훌륭한 구도자였을 뿐 훌륭한 메시야(구세주)는 아닙니다. 사람이 구원받을 수 있는 유일한 길은 예수 그리스도 한 분밖에 없음을 잊지 마십시오. 예수님께서는 "내가 곧 길이요 진리요 생명이니 나로 말미암지 않고는 아버지께로 올 자가 없느니라"(요 14:6)라고 선포하셨습니다. 당신에게 구원이 필요하다면 예수님을 믿으시기 바랍니다. 예수님만이 당신을 죄와 사망의 권세에서 구원해주실 수 있는 유일한 분입니다.

이미 예수님을 믿고 구원받으셨다면 당신의 가족 구원에 대해서도 신경을 쓰시기 바랍니다. 빌립보 간수는 혼자 구원받지 않고 가족과 함께 복음을 듣고, 가족과 함께 구원을 받았습니다.

"주의 말씀을 그 사람과 그 집에 있는 모든 사람에게 전하더라"(32절).

이날 간수의 모든 가족은 바울이 전하는 복음을 듣고 구원받아 하나님의 자녀가 되었습니다. 이날 그들의 집은 기쁨으로 충만했습니다.

"그와 온 집안이 하나님을 믿으므로 크게 기뻐하니라"(34절).

당신의 가정에도 이런 기쁨이 있기를 바랍니다. 당신만 구원받은 것으로 만족하지 말고, 당신의 믿지 않는 가족에게도 복음을 전하십시오. 그들도 구원받고, 천국소망 가지고 기뻐하며 살 수 있도록 도와주십시오.

구원받은 후에 제일 먼저 할 일은 침례 받는 것입니다. 간수의 가족들은 구원받고 나서 바로 침례를 받았습니다. 침례는 구원받은 즉시 받는 것이 제일 좋습니다. 그것이 성경적입니다.

마지막으로, 바울과 실라가 감옥에서 나오는 모습을 보겠습니다.

"날이 새매 상관들이 부하를 보내어 이 사람들을 놓으라 하니 간수가 그 말대로 바울에게 말하되 상관들이 사람을 보내어 너희를 놓으라 하였으니 이제는 나가서 평안히 가라 하거늘 바울이 이르되 로마 사람인 우리를 죄도 정하지 아니하고 공중 앞에서 때리고 옥에 가두었다가 이제는 가만히 내보내고자 하느냐. 아니라 그들이 친히 와서 우리를 데리고 나가야 하리라 한대 부하들이 이 말을 상관들에게 보고하니 그들이 로마 사람이라 하는 말을 듣고 두려워하여 와서 권하여 데리고 나가 그 성에서 떠나기를 청하니 두 사람이 옥에서 나와 루디아의 집에 들어가서 형제들을 만나 보고 위로하고 가니라"(35-40절).

바울과 실라가 감옥에 들어갈 때는 매를 맞고, 죄인의 모습으로 들어갔지만 나올 때는 당당하게 나오는 것을 볼 수 있습니다. 바울과 실라가 자신들이 로마 사람인 것을 밝혔기 때문입니다. 처음부터 밝혔다면 매를 맞지도, 감옥에 들어가지도 않았을 텐데 왜 나중에 자신들의 신분을 밝혔을까요? 진작 밝혔다면 매를 맞거나 감옥에 들어가는 일은 없었겠지요. 그러나 빌립보 감옥의 간수와 그의 가족들이 구원받는 일도 없었을 것입니다. 또 이제 막 시작된 빌립보 교회를 위해서도 그것은 필요한 일이었습니다. 매를 맞고 감옥에 들어갔다가 조용히 사라지면 무슨 소문이 나겠습니까. 말하기 좋아하고, 복음을 반대하는 사람들이 "그들은 사기꾼이었다, 그들은 사이비였다"는 둥 여러 좋지 않은 소문을 퍼뜨릴 것입니다. 그렇게 되면 빌립보 교회와 그곳의 성도들이 제대로 사역을 할 수가 없습니다. 이런 이유에서 바울은 자신이 로마 사람인 것을 밝히면서 당당하게 나왔던 것입니다.

이런 것을 생각하면 바울은 교회와 복음을 얼마나 생각하는 분인지 모릅니다. 자기 몸 하나만 생각했다면 처음부터 자신이 로마 사람인 것을 밝히는 것이 나았겠지만, 감옥에서 누군가를 구원하시려는 하나님의 뜻을 생각해서 자신의 신분을 밝히지 않았고, 나올 때는 교회와 성도들을 생각해서 자신의 신분을 밝힌 것입니다. 우리도 바울처럼 나 자신의 안녕보다 교회를 먼저 생각하고, 복음을 먼저 생각하는 사람이 되어야 할 것입니다. "그는 흥하여야 하겠고 나는 쇠하여야 하리라"(요 3:30) 했던 침례 요한도 그런 사람이었습니다.

우리가 쇠하는 것은 좋습니다. 그러나 그리스도는 높임을 받아야 합니다. 우리가 쇠하는 것은 괜찮습니다. 그러나 교회는 잘돼야 합니다. 우리가 죽더라도 복음은 살아야 하는 것입니다. 침례 요한이 그런 삶을 살았고, 사도 바울이 그런 삶을 살았습니다. 복음을 위해서라면 매 맞는 것도 두렵지 않았고, 감옥에 들어가는 것도 두렵지 않았으며, 죽는 것도 두렵지 않았습니다. 오직 복음, 오직 예수 그리스도를 위해서 그들은 살았습니다.

우리도 그렇게 살아야 하지 않겠습니까?

27. 그리스 땅에 울려 퍼진 복음

(행 17장)

27. 그리스 땅에 울려 퍼진 복음 (행 17장)

　본문은 사도 바울이 2차 선교여행 중에 데살로니가, 베뢰아, 아덴에서 복음을 전한 내용입니다. 이 세 곳은 오늘날 그리스 땅에 속한 지역입니다(지도5 참조).

〈지도5〉

　이 지역에서 어떤 일이 있었는지 살펴보면서 우리에게 주시는 교훈을 생각해 보겠습니다. 본문을 잘 보면 바울은 가는 곳마다 주로 회당에서 복음을 전한 것을 알 수 있습니다.

　"그들이 암비볼리와 아볼로니아로 다녀가 데살로니가에 이르니 거기 유대인의 회당이 있는지라. 바울이 자기의 관례대로 그들에게로 들어가서 세 안식일에 성경을 가지고 강론하며"(1-2절).

"밤에 형제들이 곧 바울과 실라를 베뢰아로 보내니 그들이 이르러 유대인의 회당에 들어가니라"(10절).

"바울이 아덴에서 그들을 기다리다가 그 성에 우상이 가득한 것을 보고 마음에 격분하여 회당에서는 유대인과 경건한 사람들과 또 장터에서는 날마다 만나는 사람들과 변론하니"(16-17절).

회당은 유대교를 믿는 사람들이 모여서 하나님께 예배드리는 곳입니다. 오늘날에도 유대인들이 많이 사는 지역에는 꼭 회당이 있습니다. 왜 사도 바울은 다른 곳보다 회당에서 복음전하는 것을 좋아했을까요? 그 이유는 회당에 모인 사람들은 이미 구약성경을 믿고 있는 사람들입니다. 그런 사람들에게 구약성경을 펴서 '구약성경에 나와 있는 메시야가 바로 예수님'이라고 소개해주면 구약성경을 믿지 않는 사람들보다는 훨씬 잘 믿을 수 있기 때문입니다. 이런 이유에서 바울은 다른 곳보다 주로 회당을 찾아다니며 예수 그리스도의 복음을 전했습니다.

사도 바울이 회당에서 가르칠 때 무엇을 가지고 가르쳤는지를 잘 볼 필요가 있습니다. 바울은 성경을 가지고 가르쳤습니다.

"바울이 자기의 관례대로 그들에게로 들어가서 세 안식일에 성경을 가지고 강론하며"(2절).

오늘날 우리는 신·구약, 완성된 성경을 가지고 있습니다. 그러나 그 당시에는 구약성경밖에 없었습니다. 그러므로 여기서 말하는 '성경'은 구약성경입니다. 바울은 구약성경을 풀어 설명하면서 예수님을 소개했던 것입니다. 성경을 가지고 강론하는 설교를 '강해설교'라고 합니다. 제가 왜 주로 강해설교를 하는지 이해가 되지 않습니까? 바울이 강해설교를 했기 때문입니다. 바울은 구약성경만 가지고 강론했습니다. 그러나 저는 신약성경도 가지고 강론합니다. 신·구약, 완성된 성경이 우리에게 있기 때문입니다.

설교방법에는 여러 가지가 있습니다. 제일 좋은 설교방법이 저는 강해설교라고 생각합니다. 물론 주제설교도 좋은 설교방법입니다. 그러나 주제설교만 하게 되면 설교자의 머릿속 한계를 벗어나기 어렵습니다. 설교자가 알고 있는 지식의 범위 안에서만 할 수 있기 때문입니다. 하지만 강해설교를 하게 되면 설교자도 성경 본문을 공부하는 과정에서 많이 배우게 되고, 듣는 사람도 성경을 제대로 배우게 됩니다. 그리고 사람들이 진짜 듣고 싶어 하는 것, 배우고 싶어 하는 것은 다름 아닌 성경 자체입니다. 이런 면에서 강해설교는 많은 장점이 있는 설교라 할 수 있습니다.

바울의 설교 특징은 그리스도 중심이었습니다.

"뜻을 풀어 그리스도가 해를 받고 죽은 자 가운데서 다시 살아나야 할 것을 증언하고 이르되 내가 너희에게 전하는 이 예수가 곧 그리스도라 하니"(3절).

구약성경을 가지고 강해설교를 하면서 사도 바울은 예수 그리스도를 증거했습니다. "구약성경에서 말하는 메시야가 바로 예수님입니다. 예수님이 바로 구약성경에서 말씀하는 메시야입니다." 이것이 사도 바울이 했던 설교의 핵심입니다.

사랑하는 여러분! 오늘날 우리가 전해야 할 분도 바로 예수 그리스도입니다. 구약성경의 주인공이 누구입니까? 예수 그리스도입니다. 신약성경의 주인공은 누구입니까? 예수 그리스도입니다. 예수 그리스도만이 유일한 구원의 길이기 때문에 제가 그리스도를 설교하는 것이고,

여러분도 그리스도를 증거하는 것 아니겠습니까. 죽을 때까지 항상 예수 그리스도만 증거하는 제가 되고, 여러분이 되기를 바랍니다.

"예수 그리스도께서 이 땅에 오셔서 우리를 위해 십자가에서 죽으셨고, 죽으신지 사흘 만에 다시 살아나셨다." 이것이 사도 바울이 전한 메시지였습니다. 다음 구절들을 보면 그런 것을 확실하게 알 수 있습니다.

"회당에서는 유대인과 경건한 사람들과 또 장터에서는 날마다 만나는 사람들과 변론하니 어떤 에피쿠로스와 스토아 철학자들도 바울과 쟁론할새 어떤 사람은 이르되 이 말쟁이가 무슨 말을 하고자 하느냐 하고 어떤 사람은 이르되 이방 신들을 전하는 사람인가보다 하니 이는 바울이 예수와 부활을 전하기 때문이러라"(17-18절).

바울은 예수와 그의 부활을 전했다고 했습니다.

"이는 정하신 사람으로 하여금 천하를 공의로 심판할 날을 작정하시고 이에 그를 죽은 자 가운데서 다시 살리신 것으로 모든 사람에게 믿을 만한 증거를 주셨음이니라 하니라. 그들이 죽은 자의 부활을 듣고"(31-32a절).

아테네에서도 결국 예수 그리스도의 부활에 대해 증거했다고 했습니다. 사랑하는 여러분! 우리도 예수 그리스도의 죽음과 부활에 대해 능력있게 전하는 사람들이 됩시다. 어떤 교회가 좋은 교회인줄 아십니까? 건물만 좋다고 좋은 교회가 아닙니다. 사람만 많이 모인다고 좋은 교회가 아닙니다. 정말 좋은 교회는 예수 그리스도의 죽음과 부활을 전하고, 예수 그리스도 안에 구원이 있다는 것을 능력있게 전하는 교회입니다.

사도 바울이 예수님의 죽음과 부활을 전했을 때 사람들로부터 반응이 왔습니다. 어떤 사람들은 예수님을 믿었고, 어떤 사람들은 믿지 않았습니다. 믿지 않았을 뿐 아니라 강하게 반대하면서 핍박까지 했습니다.

"그 중의 어떤 사람 곧 경건한 헬라인의 큰 무리와 적지 않은 귀부인도 권함을 받고 바울과 실라를 따르나, 그러나 유대인들은 시기하여 저자의 어떤 불량한 사람들을 데리고 떼를 지어 성을 소동하게 하여 야손의 집에 침입하여 그들을 백성에게 끌어내려고 찾았으나 발견하지 못하매 야손과 몇 형제들을 끌고 읍장들 앞에 가서 소리 질러 이르되 천하를 어지럽게 하던 이 사람들이 여기도 이르매 야손이 그들을 맞아 들였도다. 이 사람들이 다 가이사의 명을 거역하여 말하되 다른 임금 곧 예수라 하는 이가 있다 하더이다 하니 무리와 읍장들이 이 말을 듣고 소동하여 야손과 그 나머지 사람들에게 보석금을 받고 놓아 주니라"(4-9절).

누가 주로 반대하고 핍박했습니까? 유대인들입니다. 그들은 불량배까지 동원하여 큰 소동을 일으켰습니다. 바울과 일행은 야손이라는 사람의 집에 머물렀던 것 같습니다. 그런데 유대인들이 그의 집을 덮쳤습니다. 바울과 일행을 내놓으라고 난리를 칩니다. 그러나 그 때는 이미 바울과 일행이 자리를 떠난 뒤였습니다. 유대인들은 야손이 다시는 바울을 집에 들이지 못하게 하려고 보석금을 받고서야 야손을 돌아가게 해주었습니다. 이렇게 해서 바울은 데살로니가를 떠나 베뢰아로 가게 됩니다.

바울을 반대하던 사람들은 바울과 그의 일행에 대해서 '천하를 어지럽게 하는 사람들'이라고 했습니다. 이 말씀을 원어에서는 '천하를 뒤집어 놓던 사람들'이라고 했고, 영어 킹제임스 성경에서는 "These men have turned the world upside down(이 사람들은 세상을 뒤집어 놓았다)"라고 번역해 놓았습니다. 이런 것을 보면 바울과 그의 일행은 정말 대단한 사람들입니다. 사람은 몇 안 됩니다. 그런데도 이들이 세상을 뒤집어 놓았습니다. 이 말씀을 묵상하면서 저는 '나도 이렇게 좀 할 수 있다면 좋겠다'는 생각을 해보았습니다. 혼자 하는 것이 힘들면 힘을 합해서라도 이런 일 좀 해봤으면 정말 좋겠습니다. 형제자매 여러분! 힘을 합해서 이 세상을 복음으로 한번 뒤집어봅시다. 목숨 걸고 복음 전하고, 본이 되는 삶을 살고, 누구든지 만나면 예수 믿으라고 강권하고 구령하면 그렇게 될 수 있습니다. 그런 사역을 할 수 있도록 비전을 품고 삽시다.

바울과 그의 일행은 데살로니가를 떠나 베뢰아로 갔습니다. 베뢰아 사람들은 비교적 하나님의 말씀을 잘 받아들였습니다.

"베뢰아에 있는 사람들은 데살로니가에 있는 사람들보다 더 너그러워서 간절한 마음으로 말씀을 받고 이것이 그러한가 하여 날마다 성경을 상고하므로 그 중에 믿는 사람이 많고 또 헬라의 귀부인과 남자가 적지 아니하나"(11-12절).

베뢰아 사람들은 데살로니가 사람들보다 '더 너그러웠다'고 말씀하고 있습니다. 전에 사용하던 개역한글판 성경에는 '더 신사적이었다'고 되어 있습니다. 영어성경에는 'noble'이라는 단어를 쓰고 있는데 이는 '귀족의, 고귀한, 고상한, 숭고한'이라는 뜻입니다. 베뢰아 사람들은 굉장히 고상했던 것 같습니다. 그러니까 데살로니가 사람들처럼 들어보지도 않고 무조건 반대하고 핍박하는 것이 아니라, 신사적으로 충분히 들어보니까 예수님이 메시야라는 것을 알게 되었습니다. 그래서 많은 사람들이 믿은 것입니다. 그렇습니다. 누구라도 하나님의 말씀을 잘 들어보면 예수님이 메시야인 것을 알 수 있습니다. 사람들이 예수님을 믿지 않는 이유는 다른 것이 아닙니다. 귀를 막고 들으려고 하지 않기 때문입니다. 마음 문을 열고 하나님의 말씀을 객관적으로 들으면 예수님을 믿을 수밖에 없습니다. 성경에는 틀린 것이 없습니다. 모두가 다 진리입니다. 성경을 잘 읽어보면 예수님이 메시야인 것이 틀림없습니다. 그 분은 그냥 인간일 수가 없습니다.

루 왈러스(Lew Wallace)라는 사람이 있었습니다. 그는 글을 잘 쓰는 사람이었습니다. 그런데 무신론자였습니다. 이 사람은 자신의 글솜씨를 이용하여 예수를 주인공으로 하는 로맨틱한 소설 하나를 쓰려고 했습니다. 예수를 주인공으로 하려니까 아무래도 예수에 대해서 좀 알아야겠기에 성경을 읽기 시작했습니다. 세계 유명 도서관들을 찾아다니며 예수에 대한 자료들도 검토했습니다. 예루살렘도 방문해 보았습니다. 그렇게 하는 과정에서 그의 마음에 변화가 일어났습니다. '내가 알고 있는 예수가 단순히 인간이 아니라 정말 하나님이로구나.' 이 분이 그것을 발견하게 되었습니다. 그리고 그리스도인이 되었습니다. 후에 그가 멋진 소설을 하나 썼는데 그것이 그 유명한 '벤허'입니다. 그는 예수님을 안 믿던 사람입니다. 그런데 성경을 객관적으로 읽고 연구하다보니 성경을 믿지 않을 수 없었던 것입니다.

누구라도 마찬가지입니다. 귀를 막고 있으면 예수님을 못 믿습니다. 그러나 객관적으로 성경을 읽고, 연구하고, 검토하다보면 예수님을 믿을 수밖에 없습니다. 성경의 모든 말씀이 진리이기 때문입니다. 당신이 아직 예수님을 믿지 않고 있다면 성경을 한 번 읽어보기 바랍니다. 성경을 읽다보면 예수님에 대한 생각이 달라질 것이고, 결국 당신도 예수님을 믿게 될 것입니다.

베뢰아 사람들이 보여준 자세는 믿는 사람들도 본받아야 합니다. 그들은 말씀을 받을 때에 '간절한 마음으로' 받았다고 했습니다. 간절한 마음으로 말씀을 받을 때에 하나님의 말씀은 우리 속에서 역사합니다. 간절함이 없으면 한 귀로 들어와서 한 귀로 나갈 수밖에 없습니다. 말씀을 간절한 마음으로 받는 사람들은 믿음생활도 잘합니다. 말씀이 속에서 역사하니 잘할 수밖에 없습니다. 하나님의 말씀을 받을 때는 항상 간절한 마음으로 받는 우리가 됩시다.

또 베뢰아 사람들은 성경을 날마다 상고했다고 했습니다. '상고'는 '자세히 검토'하는 것을 말합니다. 영어성경에는 'examine'이라고 되어 있는데 이는 '조사하다, 검사하다'라는 뜻입니다. 성경을 볼 때는 대충 보아서는 안 되고 조사하는 마음으로, 검사하는 마음으로 철저하게 봐야 하는 것입니다. 그렇게 성경을 읽다보니 이 사람들이 예수가 메시야인 것을 발견하게 된 것입니다. 우리도 성경의 놀라운 진리들을 발견하기 위해서는 그렇게 읽어야 합니다. 대충 건성으로 읽어서는 안 됩니다. 철저하게, 꼼꼼하게 읽어야 합니다.

또한 그들은 성경을 '날마다' 상고했다고 했습니다. 우리도 날마다 그렇게 해야 합니다. 성경은 날마다 규칙적으로 읽는 것이 중요합니다. 우리가 밥을 거르지 않고 매일 먹는 것처럼 하나님 말씀도 매일 읽고 묵상해야 하는 것입니다.

본문을 계속 보면 데살로니가에서 바울을 핍박했던 유대인들이 베뢰아까지 쫓아와 핍박하는 것을 볼 수 있습니다.

"데살로니가에 있는 유대인들은 바울이 하나님의 말씀을 베뢰아에서도 전하는 줄을 알고 거기도 가서 무리를 움직여 소동하게 하거늘"(13절).

참으로 끈질긴 사람들입니다. 사탄이 그런 존재입니다. 복음이 전파되려고 하면 사탄이 얼마나 끈질기게 역사하는지 모릅니다. 쫓아다니면서 역사합니다. 여러분이 누구를 전도하려고 했을 때 잘 안 되는 경험을 해보셨을 것입니다. 왜 그런 줄 아십니까? 마귀가 붙잡고 안 놓아주기 때문에 그런 것입니다. 마귀는 절대로 사람을 쉽게 놓아주지 않습니다. 어떻게 해서라도 복음을 전하지 못하도록 합니다.

그렇다고 쉽게 물러설 바울도 아닙니다. 사탄이 전도하지 못하게 한다고 해서 물러서거나 포기할 바울이 아닙니다. 이곳에서 못하게 하면 저곳으로 가고, 저곳에서 못하게 하면 또 다른 곳으로 갑니다. 바울은 장소는 바꾸어도 절대로 복음 전하는 일을 멈추지 않습니다. 그래서 이번에는 베뢰아를 떠나 아덴(아테네)으로 갑니다. 사탄이 역사하면 할수록 결과적으로 복음은 더 확산되었습니다. 데살로니가에서 못하게 하니까 베뢰아로 갔고, 베뢰아에서 못하게 하니까 아덴으로 갔습니다.

사탄은 강하게 반대하고 핍박하면 복음이 사라질 줄 알았습니다. 그런데 하나님의 방법은 참 놀랍습니다. 마귀가 강하게 역사하면 할수록 복음은 더 왕성하게 퍼져나갔습니다. 이것이 하나님의 방법입니다. 마귀가 아무리 강하게 역사해도 우리 하나님은 언제나 한 수 위에 계십니다. 당신의 삶에도 좋지 않은 일이 일어나고, 힘든 일이 일어나도 하나님은 모든 것을 합력하여 선을 이루시는 분이라는 것을 잊지 마십시오. 지금은 좋지 않은 일이라 할지라도 결국은 하나님께서 선으로 바꾸어 주실 것입니다.

아덴은 아주 유명한 곳입니다. 고대 헬라문명의 중심지였고, 오늘날 그리스의 수도입니다. 고대 헬라문명이 가장 찬란하게 꽃피었을 때는 기원전 4~5세기경입니다. 그때 소크라테스, 플라톤이 활동했고 파르테논 신전도 그때 세워졌습니다. 사도 바울이 그곳에 갔을 때는 4~5백년 뒤라 과거의 영광은 사라지고 없을 때였습니다. 바울 당시에 가장 찬란하게 문명이 꽃피던 곳은 로마였습니다. 헬라문명은 사라지고 로마문명이 한창일 때 사도 바울이 활동했습니다.

바울이 가서 보니 그 도시는 우상의 도시였습니다.

"바울이 아덴에서 그들을 기다리다가 그 성에 우상이 가득한 것을 보고 마음에 격분하여"(16절).

우상이 얼마나 많았던지 23절에 보면 '알지 못하는 신에게'라고 새긴 단도 있었다고 했습니다. 아테네 사람들은 신이라는 신은 다 섬긴 것 같습니다. 혹시 빠뜨리고 못 섬긴 신이 있으면 어떻게 하나, 그것이 염려돼서 아예 한 단을 만들어놓고 '우리가 알지 못하는 신에게'라고 써 놓고 거기서 제사를 드렸던 것입니다. 그러니 바울의 마음속에서 얼마나 격분이 올라오겠습니까. 살아계신 하나님을 섬겨야 하는데 자기들의 머릿속에서 나온 신들을 신이라고 섬기고 있으니 얼마나 기가 찰 노릇입니까. 그래서 바울은 그들에게 살아계신 하나님을 전하기 시작합니다.

"회당에서는 유대인과 경건한 사람들과 또 장터에서는 날마다 만나는 사람들과 변론하니"(17절).

‘장터’는 헬라어로 ‘아고라’입니다. ‘아고라’라는 말을 혹시 들어보셨습니까? 들어보신 분도 계실 것입니다. 아고라는 ‘광장’이라는 뜻입니다. 아테네는 광장문화가 발달된 곳입니다. 광장에 모여 중요한 일을 의논했고 결정했습니다. 그러다보니 아테네에서 민주주의가 발달하게 된 것입니다.

사도 바울은 회당에서도 복음을 전하고, 광장에서도 복음을 전하고, 사람이 있는 곳이라면 어디에서든 복음을 전했습니다. 우리에게도 이런 열정이 있었야 하지 않겠습니까? 사람을 보면 어떻게 해서라도 복음을 전하고 싶은 마음이 있어야 하고, 우상 숭배하는 것을 보면 속에서 울분이 일어나야 하는 것입니다. 사람들이 하나님을 떠나 죄악된 삶 사는 것을 보면 거룩한 분노가 치밀어 올라와야 하는 것입니다. 사도 바울은 그런 사람이었습니다. 그래서 날마다 복음을 전했습니다. 그렇게 하다보니 아테네 사람들이 바울에 대해서 궁금해지기 시작했습니다. 그래서 바울을 불러다가 그의 말을 듣게 됩니다.

“그를 붙들어 아레오바고로 가며 말하기를 네가 말하는 이 새로운 가르침이 무엇인지 우리가 알 수 있겠느냐. 네가 어떤 이상한 것을 우리 귀에 들려주니 그 무슨 뜻인지 알고자 하노라 하니 모든 아덴 사람과 거기서 나그네 된 외국인들이 가장 새로운 것을 말하고 듣는 것 이외에는 달리 시간을 쓰지 않음이더라”(19-21절).

‘아레오바고’는 ‘아레스’와 ‘파고스’가 합쳐져 만들어진 말인데 ‘아레스의 언덕’이라는 뜻입니다. 아레스는 제우스 신의 아들 이름입니다. 아레스는 전쟁의 신으로 바다의 신 포세이돈의 아들을 죽인 죄로 이 언덕에서 재판을 받았다고 합니다. 그래서 붙여진 이름이 ‘아레스의 언덕’, 아레오바고입니다. 이곳은 암석으로 된 큰 바위언덕입니다. 당시 사람들은 이곳에서 회의도 하고, 재판도 하고, 중요한 결정도 내렸습니다. 바울은 이곳에서 말할 기회를 얻어 살아계신 하나님을 아덴 사람들에게 소개했습니다(22-31절).

바울의 설교는 크게 세 부분으로 나누어집니다. 22-23절 서론부분에서는 그들의 종교성에 대해서 말합니다. 24-29절 본론부분에서는 하나님이 어떤 분인가를 소개합니다. 그리고 30-31절 결론부분에서는 회개를 촉구하고 예수님을 소개합니다.

바울이 소개한 하나님은 어떤 분인지 24-28a절을 보겠습니다.

"우주와 그 가운데 있는 만물을 지으신 하나님께서는 천지의 주재시니 손으로 지은 전에 계시지 아니하시고 또 무엇이 부족한 것처럼 사람의 손으로 섬김을 받으시는 것이 아니니 이는 만민에게 생명과 호흡과 만물을 친히 주시는 이심이라. 인류의 모든 족속을 한 혈통으로 만드사 온 땅에 살게 하시고 그들의 연대를 정하시며 거주의 경계를 한정하셨으니 이는 사람으로 혹 하나님을 더듬어 찾아 발견하게 하려 하심이로되 그는 우리 각 사람에게서 멀리 계시지 아니하도다. 우리가 그를 힘입어 살며 기동하며 존재하느니라."

이 말씀에 의하면 하나님은 어떤 분입니까? 우주와 만물을 창조하신 천지의 주재가 되시는 분입니다. 만민에게 생명과 호흡과 만물, 모든 것을 주시는 분입니다. 인류의 모든 족속을 한 혈통으로 만드시고, 그들의 연대와 거주의 경계를 정하신 분입니다.

그런데 사람들은 이런 하나님을 우상의 형상으로 바꾸었습니다. 금이나 은이나 돌로 어떤 형상을 만들어 놓고 그것이 하나님인양 절을 하고 복을 빕니다. 이런 것을 보면 사람이 얼마나 어리석은지 모릅니다.

하나님은 형상화될 수 있는 분이 아닙니다. 해서도 안 됩니다. 사람들의 어리석음에 대해서 로마서 1:22-23절은 이렇게 말씀합니다.

"스스로 지혜 있다 하나 어리석게 되어 썩어지지 아니하는 하나님의 영광을 썩어질 사람과 새와 짐승과 기어다니는 동물 모양의 우상으로 바꾸었느니라."

본문 29절에서는 "이와 같이 하나님의 소생이 되었은즉 하나님을 금이나 은이나 돌에다 사람의 기술과 고안으로 새긴 것들과 같이 여길 것이 아니니라" 하셨습니다. 사람은 우상 섬기기를 멈추고, 회개하고 돌아와 살아계신 하나님을 섬겨야 합니다. 우상은 사람을 구원해 주지 못합니다. 복도 주지 못합니다. 잘되고 복 받기를 원하면 살아계신 하나님을 섬겨야 합니다. 30절을 보겠습니다.

"알지 못하던 시대에는 하나님이 간과하셨거니와 이제는 어디든지 사람에게 다 명하사 회개하라 하셨으니."

'알지 못하던 시대에는 하나님이 간과하셨다'고 했는데 이것은 참아주셨다는 말입니다. 그러나 언제까지나 참아주시지는 않습니다. 언젠가는 하나님께서 사람들이 한 일을 가지고 심판을 하십니다.

"이는 정하신 사람으로 하여금 천하를 공의로 심판할 날을 작정하시고"(31a절).

그러므로 사람들은 회개하고 하나님께 돌아와야 하는 것입니다. 어떻게 하는 것이 회개이고, 어떻게 하는 것이 하나님께로 돌아오는 것입니까? 예수님을 믿는 것입니다.

예수님은 하나님께서 보내신 메시야이십니다. 그는 우리의 죄를 위하여 고난당하시고 십자가에 달려 피흘려 돌아가셨습니다. 그리고 다시 살아나셨습니다. 예수님이 메시야라는 가장 강력한 증거가 무엇인 줄 아십니까? 그의 부활입니다. 그는 부활하셨기에 메시야가 틀림없습니다.

"이에 그를 죽은 자 가운데서 다시 살리신 것으로 모든 사람에게 믿을 만한 증거를 주셨음이니라"(31b절).

사람이 하나님께로 나아올 수 있는 유일한 길은 예수님밖에 없습니다. 하나님의 심판을 피할 수 있는 유일한 길은 예수님을 믿는 것입니다.

"아들을 믿는 자에게는 영생이 있고 아들에게 순종하지 아니하는 자는 영생을 보지 못하고 도리어 하나님의 진노가 그 위에 머물러 있느니라"(요 3:36).

사도 바울의 설교에 사람들은 세 가지 반응을 보였습니다.

"그들이 죽은 자의 부활을 듣고 어떤 사람은 조롱도 하고 어떤 사람은 이 일에 대하여 네 말을 다시 듣겠다 하니 이에 바울이 그들 가운데서 떠나매 몇 사람이 그를 가까이하여 믿으니 그 중에는 아레오바고 관리 디오누시오와 다마리라 하는 여자와 또 다른 사람들도 있었더라"(32-34절).

어떤 사람들은 조롱했습니다. 어떤 사람들은 "아직 잘 모르겠다, 조금 더 들어봐야겠다"라며 결정을 미뤘습니다. 그리고 어떤 사람들은 믿었습니다. '몇 사람'이 믿었다고 했으니 많은 사람이 믿은 것 같지는 않습니다. 우상 숭배의 뿌리가 워낙 깊은 곳이다 보니 사람들의 마음이 쉽게 돌아서지 않은 것 같습니다. 그러나 그날 믿음 '몇 사람'은 정말 복 있는 사람들입니다.

　오늘날에도 사람들은 복음에 대해서 세 가지로 반응합니다. 어떤 사람들은 조롱합니다. 어떤 사람들은 결정을 미룹니다. 어떤 사람들은 믿습니다. 당신은 이 셋 중 어디에 속합니까? 아직 믿지 않고 있다면 미루지 마십시오. 조롱은 더더욱 하지 마십시오. 지금이라도 믿으시고 하나님의 자녀가 되시기 바랍니다.

28. 고린도에서

(행 18:1-18)

28. 고린도에서 _(행 18:1-18)

본문은 사도 바울이 2차 선교여행 중에 고린도에서 복음을 전하는 내용입니다. 고린도는 아덴(아테네)에서 서쪽으로 약 70km 떨어진 곳에 위치한 도시입니다.

〈지도6〉

〈지도6〉을 보면 알 수 있듯이 아테네에서 고린도로 가려면 지협(地峽)을 통과해야 합니다. 지협이란 두 개의 육지를 연결하는 좁고 잘록한 땅입니다. '아가야'는 고린도, 아덴 등의 도시를 포함하는 보다 넓은 개념의 지역 이름입니다. '겐그레아'도 눈여겨보시기 바랍니다.

고린도는 매우 발달한 도시였습니다. 고대 건축양식 중에 코린트식이라는 양식이 있습니다. 아마 들어보셨을 것입니다. 그 코린트가 바로 본문에 나오는 고린도입니다. 발달한 도시가 주로 그렇듯이 고린도는 성적으로 문란하고 타락한 도시였습니다. 그 당시 "저 사람은 고린도 사람 같다, 고린도화 되었다" 하면 "저 사람은 성적으로 문란한 사람이다, 타락한 사람이다"라는 뜻이었습니다.

왜 고린도가 성적으로 타락한 도시가 되었는가 하면 고린도에 아프로디테 신전이 있었기 때문입니다. 아프로디테는 '사랑의 여신', 특별히 성적인 사랑의 여신이었습니다. 에로스라는 말을 아시지요? 에로스도 그리스 신화에 나오는 신의 이름인데 에로스의 어머니가 바로 아프로디테입니다. 또 비너스라는 말도 들어보셨을 것입니다. 비너스는 아프로디테의 또 다른 이름입니다. 아프로디테 신전에서는 온갖 음행이 벌어졌습니다. 음행이 곧 제사의식이었습니다. 그러니 고린도는 성적으로 문란하고 타락한 도시가 될 수밖에 없었습니다.

로마서 1장 18-32절을 보면 사람들의 부도덕한 면과 음탕한 모습들이 잘 기록되어 있습니다. 그런데 사도 바울이 로마서를 기록할 때 어떤 사람들을 염두에 두고 쓴 줄 아십니까? 바로 고린도 사람들입니다. 어떻게 아느냐고요? 사도 바울이 로마서를 고린도에서 기록했기 때문입니다. 고린도 사람들을 보니 너무너무 음탕했습니다. 그래서 로마서를 기록하면서 그들의 더럽고 추한 면을 기록한 것입니다.

바울이 고린도에서 어떤 일을 경험했는지 살펴보면서 우리에게 주시는 교훈을 생각해보겠습니다.

첫째, 브리스길라와 아굴라 부부를 만났습니다.

브리스길라와 아굴라 중 누가 남편이고 누가 아내일까요? 브리스길라가 아내이고 아굴라가 남편입니다. 성경에 아내인 브리스길라의 이름이 먼저 나오는 것을 볼 때 아내인 브리스길라의 믿음이 더 좋았던 것 같습니다. 부부가 함께 교회에 나오는데, 아내가 더 열심이고 믿음도 더 좋다보면 '누구누구 자매 부부' 이런 식으로 부를 때가 많은데 브리스길라와 아굴라 부부도 그런 경우라고 생각됩니다. 여하튼 이 부부는 사도 바울의 사역을 참 잘 도왔습니다. 자신들의 목이라도 내어줄 만큼 사도 바울을 잘 도왔다고 로마서 16장 4절은 말씀하고 있습니다. 그러니 사도 바울의 입장에서는 잊을 수 없는 부부였습니다. 그래서 로마서 16장에서 사도 바울이 로마에 있는 사람들에게 안부를 전할 때 제일 먼저 안부를 전한 사람이 바로 브리스길라(브리스가)와 아굴라 부부였습니다. 이 신실한 부부를 바울은 고린도에서 만났습니다.

원래 이 부부는 로마에서 살았습니다. 그런데 로마 황제 글라우디오가 유대인들에게 추방령을 내려 어쩔 수 없이 로마를 떠나 고린도에 와서 정착하게 된 것입니다. 1-2절에 그렇게 나와 있습니다.

"그 후에 바울이 아덴을 떠나 고린도에 이르러 아굴라라 하는 본도에서 난 유대인 한 사람을 만나니 글라우리도가 모든 유대인을 명하여 로마에서 떠나라 한 고로 그가 그 아내 브리스길라와 함께 이달리야로부터 새로 온 지라. 바울이 그들에게 가매."

바울이 어떻게 이 부부를 만나게 되었습니까? 바울이 먼저 찾아갔다고 했습니다. 한 부부가 로마에서 이사를 왔다는 소식을 듣고 찾아간 것입니다. 왜 찾아갔을까요? 전도하기 위해서 찾아간 것이지요. 바울의 관심사는 항상 전도였습니다. '이 부부에게 가서 복음을 전해야겠구나'라고 생각하고 찾아간 것입니다. 찾아가보니 직업이 같았습니다. 그들의 직업도 바울처럼 천막 만드는 일이었습니다. 이렇게 해서 바울은 그들에게 복음도 전하고, 직업도 같고 해서 함께 지내게 됩니다. 여기서 중요한 것은 바울이 먼저 찾아갔다는 것입니다. 먼저 찾아갔기 때문에 복음을 전할 수 있었고, 그들을 자신의 동역자로 만들 수 있었습니다.

오늘날에도 전도를 하려면, 친구를 만들려면 먼저 찾아가야 합니다. 누가 여러분의 집 근처로 이사를 오면 먼저 찾아가시기 바랍니다. 찾아가서 인사도 하고, 도움도 주고 하다보면 친구가 되는 것입니다. 같은 직장에서 자주 마주치는 분들, 같이 일하는 분들에게도 먼저 다가가시기 바랍니다. 그러다보면 그들과 좋은 관계를 이루게 될 것입니다. 마태복음 28장 19절에서 주님은 "너희는 가서 모든 민족을 제자로 삼으라"고 하셨습니다. 전도를 위해서 항상 먼저 찾아가야 한다는 것을 꼭 기억하십시오.

둘째, 많은 사람들을 주님께로 인도했습니다.

바울은 어느 도시를 가나 열심히 복음을 전했습니다. 고린도에서도 예외는 아닙니다. 열심히 복음을 전했더니 많은 사람들이 주님께로 돌아오는 놀라운 역사가 일어났습니다.

"또 회당장 그리스보가 온 집안과 더불어 주를 믿으며, 수많은 고린도 사람도 듣고 믿어 침례를 받더라"(8절).

수많은 고린도 사람들이 복음을 '듣고 믿어 침례를 받았다'고 했습니다. 사도 바울은 어느 도시를 가나 열심히 복음을 전했습니다. 그가 그렇게 할 수 있었던 비결이 무엇인줄 아십니까? 그가 하나님의 말씀에 붙잡힌 사람이었기 때문입니다.

“실라와 디모데가 마게도냐로부터 내려오매 바울이 하나님의 말씀에 붙잡혀 유대인들에게 예수는 그리스도라 밝히 증언하니”(5절).

‘하나님의 말씀에 붙잡혔다’는 말은 ‘하나님 말씀의 지배를 받는다, 하나님 말씀으로 충만하다, 하나님 말씀만 생각한다’는 뜻입니다. 그러니 전도를 안 할 수 없었던 것이지요. 여러분은 무엇에 붙잡혀 살고 있습니까? 돈입니까? 일입니까? 오락입니까? 그런 것에 붙잡혀 살지 마시고 하나님의 말씀에 붙잡혀 살기 바랍니다. 그렇게 될 때 여러분은 전도하게 될 것이고, 많은 사람을 주님께로 인도하게 될 것입니다.

셋째, 핍박을 당했습니다.

사도행전을 읽어보면 사도 바울은 복음을 전할 때마다 핍박을 당했습니다. 데살로니가에서도 그랬고, 아덴에서도 그랬고, 어느 도시에서나 그랬습니다. 고린도에서도 예외가 아닙니다.

“그들이 대적하여 비방하거늘 바울이 옷을 털면서 이르되 너희 피가 너희 머리로 돌아갈 것이요, 나는 깨끗하니라. 이 후에는 이방인에게로 가리라 하고 거기서 옮겨 하나님을 경외하는 디도 유스도라 하는 사람의 집에 들어가니 그 집은 회당 옆이라”(6-7절).

이 말씀을 보면 유대인들이 바울을 ‘대적하여 비방했다’고 했습니다. 그때 사도 바울은 옷을 털면서 이렇게 말했습니다. “너희 피가 너희 머리로 돌아갈 것이다. 그러나 나는 너희의 피에 대하여 깨끗하다.” 이 말은 ‘너희에게 복음을 전했는데 너희가 받아들이지 않았으니 그에 대한 책임은 너희가 져야 한다’라는 뜻입니다. 그런데 만일 바울이 복음을 전하지 않아서 그들이 멸망하게 된다면 그 책임은 누구에게 있는 것입니까? 바울에게 있습니다. 그러나 바울은 복음을 전했고, 그들이 믿지 않았으므로 이제 그 책임은 그들에게 있는 것입니다.

우리 주위에도 많은 사람들이 있습니다. 우리 주위에 있는 사람들에게 복음을 전할 책임이 우리에게 있다는 사실을 알고 계십니까? 복음을 전했는데 받아들이지 않으면 그 책임은 그들에게 있습니다. 그러나 우리가 복음을 전하지 않아서 그들이 멸망하고 지옥에 가게 된다면 그 책임은 우리에게 있습니다. 이런 이유로 하나님은 우리에게서 그 피 값을 찾겠다고 하십니다.

"인자야, 내가 너를 이스라엘 족속의 파수꾼으로 세웠으니 너는 내 입의 말을 듣고 나를 대신하여 그들을 깨우치라. 가령 내가 악인에게 말하기를 너는 꼭 죽으리라 할 때에 네가 깨우치지 아니하거나 말로 악인에게 일러서 그의 악한 길을 떠나 생명을 구원하게 하지 아니하면 그 악인은 그의 죄악 중에서 죽으려니와 내가 그의 피 값을 네 손에서 찾을 것이고, 네가 악인을 깨우치되 그가 그의 악한 마음과 악한 행위에서 돌이키지 아니하면 그는 그의 죄악 중에서 죽으려니와 너는 네 생명을 보존하리라"(겔 3:17-19).

내가 복음을 전하지 않아 누군가가 멸망하게 된다면 그 피 값을 내 손에서 찾을 것이라는 무서운 말씀입니다. 이 말씀을 깊이 명심하고 삽시다. 믿지 않는 내 가족에게 복음 전할 책임이 누구에게 있는 것입니까? 내게 있습니다. 믿지 않는 내 친구들에게 누가 복음을 전해야 하는 것입니까? 내가 해야 하는 것입니다. 그들이 받아들이지 않으면 그것은 그들의 책임입니다. 그러나 내가 입을 다물었기 때문에 그들이 멸망하게 된다면 그것은 내 책임입니다. 하나님께서 반드시 그 일로 인하여 심판하실 것입니다. 사도 바울은 고린도전서 9장 16절에서 이런 말을 했습니다.

“내가 복음을 전할지라도 자랑할 것이 없음은 내가 부득불 할 일임이라. 만일 복음을 전하지 아니하면 내게 화가 있을 것이로다.”

왜 화가 있습니까? 하나님께서 피 값을 물어보실 것이기 때문입니다. 피 값을 물으실 하나님을 생각하면서 열심히 복음을 전하는 우리가 됩시다.

넷째, 환상 가운데 주님의 음성을 들었습니다.

“밤에 주께서 환상 가운데 바울에게 말씀하시되 두려워하지 말며 침묵하지 말고 말하라. 내가 너와 함께 있으매 어떤 사람도 너를 대적하여 해롭게 할 자가 없을 것이니 이는 이 성중에 내 백성이 많음이라 하시더라”(9-10절).

하나님께서 밤에 바울에게 나타나셔서 ‘두려워하지 말며, 침묵하지 말고 말하라’고 하셨습니다. 바울이 핍박 때문에 위축되고 두려워했던 것 같습니다. 바울도 사람인데 그럴 수 있지 않겠습니까? 하나님께서 바울의 그런 상태를 아시고 환상 중에 나타나주셨습니다. 그리고 말씀하시기를 “어떤 사람도 너를 대적하여 해롭게 할 자가 없을 것이다” 하셨습니다. 이 말은 바울에게 얼마나 큰 격려가 되었겠습니까! 그래서 그는 다시 힘을 내어 열심히 복음을 전하게 됩니다. 1년 6개월 동안 고린도에 체류하며 복음을 전했다고 기록되어 있습니다(11절). 그렇다고 핍박이 없어진 것은 아닙니다. 핍박은 계속되었습니다. 그런데 하나님께서 바울을 도와주셨습니다. 하나님께서 도와주신 한 예가 본문에 나옵니다. 유대인들이 바울을 미워하여 고발했지만 아가야 지방의 총독인 갈리오가 유대인들의 고발을 받아주지 않았다는 것입니다.

“바울이 입을 열고자 할 때에 갈리오가 유대인들에게 이르되 너희 유대인들아 만일 이것이 무슨 부정한 일이나 불량한 행동이었으면 내가 너희 말을 들어 주는 것이 옳거니와 만일 문제가 언어와 명칭과 너희 법에 관한 것이면 너희가 스스로 처리하라. 나는 이러한 일에 재판장 되기를 원하지 아니하노라 하고 그들을 법정에서 쫓아내니"(14-16절).

유대인들이 바울을 고발했지만 갈리오 총독이 받아주지 않았습니다. 사건이 여기서 끝나버린 것입니다. 사도 바울의 입장에서는 정말 잘된 일입니다. 누가 갈리오 총독으로 하여금 그렇게 하도록 했을까요? 하나님이십니다. 하나님께서 그의 마음을 움직여 그렇게 하도록 하신 것입니다.

"왕의 마음이 여호와의 손에 있음이 마치 봇물과 같아서 그가 임의로 인도하시느니라"(잠 21:1).

전도를 하고, 사역을 하다보면 힘들고 지칠 때가 있습니다. 그때 하나님께서는 사도 바울에게 하신 말씀으로 우리도 위로하고 격려해 주신다는 것을 잊지 말아야 합니다.

"두려워하지 말며 침묵하지 말고 말하라"(9b절).

이 말씀은 우리에게 주시는 말씀이기도 합니다.

"내가 세상 끝날까지 너희와 항상 함께 있으리라"(마 28:20b).

이 말씀도 우리에게 하시는 말씀입니다.

"내가 결코 너희를 버리지 아니하고 너희를 떠나지 아니하리라"(히 13:5b).

아무리 힘든 시간이라 할지라도 하나님께서 함께하고 계심을 잊지 말아야 합니다. 하나님은 결코 우리를 혼자 내버려두는 분이 아니십니다. 어렵고 힘들어도 낙심하지 마시기 바랍니다. 이사야 41장 10절은 언제 읽어도 큰 복이 됩니다.

"두려워하지 말라. 내가 너와 함께 함이라. 놀라지 말라. 나는 네 하나님이 됨이라. 내가 너를 굳세게 하리라. 참으로 너를 도와주리라. 참으로 나의 의로운 오른손으로 너를 붙들리라".

이 말씀을 붙잡으시기 바랍니다. 하나님께서 우리와 함께하신다고 약속하고 계십니다. 끝까지 주의 사역을 잘 감당하는 우리가 됩시다.

"이 성중에 내 백성이 많다"(10b절)는 말씀도 하셨는데, 이것은 '이 성중에 구원받아야할 사람이 많다'는 뜻입니다. 우리 주변에도 구원받아야 할 사람들이 많다는 것을 기억하면서 전도에 더욱 힘쓰는 우리가 됩시다. 포기하지 말고 계속 전합시다. 힘들고 지친 분이 계시면 바울에게 말씀하셨던 주님의 음성을 듣기 바랍니다. 하나님은 이 시간에도 우리와 함께하고 계십니다.

다섯째, 고린도에서 가까운 겐그리아에서 머리를 깎았습니다.

"모든 사람이 회당장 소스데네를 잡아 법정 앞에서 때리되 갈리오가 이 일을 상관하지 아니하니라. 바울은 더 여러 날 머물다가 형제들과 작별하고 배 타고 수리아로 떠나갈새 브리스길라와 아굴라도 함께 하더라. 바울이 일찍이 서원이 있었으므로 겐그레아에서 머리를 깎았더라(17-18절).

겐그레아는 고린도의 동남쪽에 있습니다. 고린도도 항구도시이고 겐그레아도 항구도시인데 겐그레아에서 배를 탄 이유는 고린도에서 배를 타면 해협을 따라 서쪽으로 많이 돌아가야 하고, 겐그레아에서 타면 동쪽으로 바로 갈 수 있기 때문에 겐그레아에서 배를 탄 것입니다(지도6 참조). 오늘날에는 그곳에 고린도 운하(運河)가 있습니다. 지협(地峽)을 뚫어 고린도에서 배를 타도 동쪽으로 갈 수 있게 했습니다. 그러나 그 당시에는 그 곳에 운하가 없었으므로 고린도에서 배를 타면 한 바퀴를 빙 돌아야 했습니다. 그래서 겐그레아로 가서 배를 탄 것입니다.

그런데 바울이 겐그레아에서 머리를 깎았다고 했습니다. 머리를 깎은 이유는 그 전에 했던 '서원' 때문이었습니다. 그가 한 서원은 나실인의 서원이라고 생각됩니다.

나실인의 서원에 대해서는 민수기 6장에 잘 설명되어 있습니다. '나실인' 하면 생각나는 사람이 누구입니까? 삼손이지요. 삼손은 평생 나실인으로 살아야 했던 사람이지만 나실인으로서 제대로 살지 못했습니다. 나실인은 일시적으로도 될 수 있었습니다. 나실인의 서원을 하게 되면 머리를 깎으면 안 됩니다. 계속 길러야 합니다. 그래서 삼손의 머리가 길었던 것입니다. 그러나 그 서원 기간이 끝나면 머리를 잘라야 합니다. 우리나라와는 반대입니다. 우리나라는 마음을 잡거나 중대 결심을 할 때 머리를 자르는 경우가 있는데 유대인들, 나실인들은 우리와 반대입니다. 그들은 머리를 기릅니다. 그리고 그 기간이 끝나면 머리를 자릅니다.

바울이 겐그레아에서 머리를 자른 것은 나실인의 서원이 끝났기 때문입니다. 왜 바울이 나실인의 서원을 했을까요? 하나님을 더 신실하게 섬기고, 더 구별된 삶을 살기 위해서 그렇게 하지 않았나 싶습니다. 유럽의 여러 지역을 다니면서 복음을 전해야 하는데 얼마나 어려움이 많겠습니까. 얼마나 사탄이 강하게 역사하겠습니까. 그래서 "하나님,

제가 정말 제대로 한번 해보겠습니다. 저를 도와 주십시오” 하는 마음으로 나실인의 서원을 했다고 생각합니다. 그런데 이제 그곳에서의 사역도 끝났고, 서원기간도 끝나서 해서 머리를 자르고 배를 타고 그곳을 떠나게 된 것입니다.

우리에게도 바울과 같은 이런 마음이 한 번씩 필요하다고 생각됩니다. 마음속으로 이런 다짐을 한 번씩 하는 것입니다. “하나님, 제가 주님을 제대로 한번 섬겨 보겠습니다. 정말 구별된 삶을 한번 살아보겠습니다.” 실제로 머리를 깎거나 기르지 않더라도 마음으로 하나님께 약속을 해보시기 바랍니다. 그리고 바르게, 열심히 살려고 노력하는 것입니다. 고린도전서 9장 27절에서 사도 바울은 이런 고백을 했습니다.

“내가 내 몸을 쳐 복종하게 함은 내가 남에게 전파한 후에 자신이 도리어 버림을 당할까 두려워함이로다.”

사도 바울의 마음속에는 늘 긴장감이 있었습니다. ‘주의 일을 한다고 하면서 내가 제대로 살지 못하면 어떻게 하나, 나중에 버림받으면 어떻게 하나.’ 그래서 사도 바울은 자신의 마음을 다잡고, 하나님께 자신을 드릴 목적으로 서원을 했을 것입니다. 우리도 그런 마음 자세로 살아갈 수 있기를 바랍니다.

“너희 몸을 하나님이 기뻐하시는 거룩한 산 제물로 드리라. 이는 너희가 드릴 영적 예배니라”(롬 12:1b).

이 말씀을 항상 기억하면서 매 순간순간 우리의 몸을 하나님이 기뻐하시는 거룩한 산 제물로 드리고, 하나님을 위해서 열심히 살아가도록 합시다.

29. 에베소에서의 사역

(행 18:19-19:7)

29. 에베소에서의 사역 (행 18:19-19:7)

본문은 사도 바울과 브리스길라·아굴라 부부의 에베소 사역을 기록한 내용입니다. 바울은 2차 선교여행 중에 고린도에서 브리스길라와 아굴라 부부를 만났습니다. 그리고 함께 배를 타고 에베소로 오게 됩니다. 에베소는 오늘날의 터키 서부지역에 있는 도시입니다(지도7 참조).

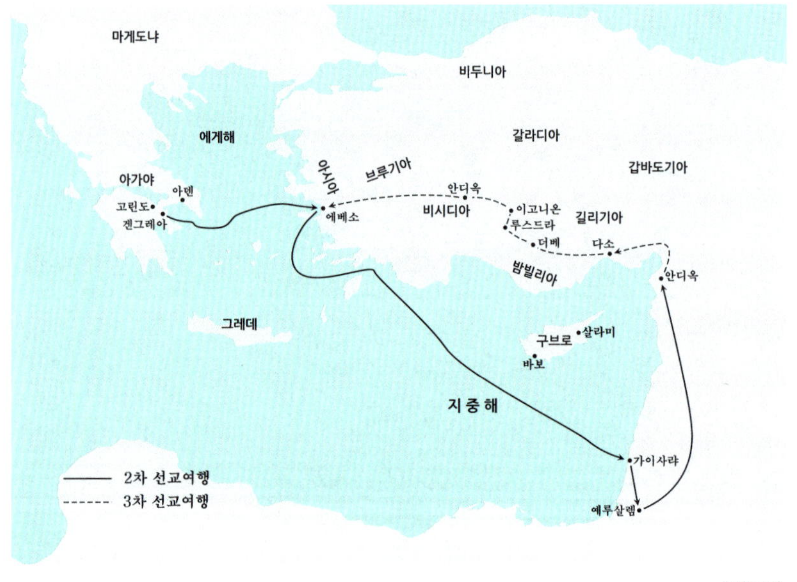

〈지도7〉

터키 서부지역을 옛날에는 '아시아'라고 했습니다. 아시아에서 제일 크고 중요한 도시가 바로 에베소였습니다. 2차 선교여행 때뿐 아니라 3차 선교여행 때도 바울은 이곳을 들렀습니다. 2차 선교여행 때는 잠시 머물렀지만 3차 선교여행 때는 3년간 머물렀습니다(행 20:31). 바울이 선교여행 중에 이렇게 오래 머문 곳은 에베소밖에 없습니다. 고린도에서도 1년 6개월 머물렀을 뿐입니다(행 18:11). 그만큼 에베소에서의 사역이 중요했기 때문일 것입니다.

본문은 바울이 2차 선교여행을 마무리하면서 3차 선교여행을 시작하는 내용입니다. 언뜻 보면 잘 모를 수 있습니다. 그러나 잘 읽어보면 본문에서 2차 선교여행이 끝나고, 3차 선교여행이 시작되는 것을 알 수 있습니다. 21-22절을 보겠습니다.

"작별하여 이르되 만일 하나님의 뜻이면 너희에게 돌아오리라 하고 배를 타고 에베소를 떠나 가이사랴에 상륙하여 올라가 교회의 안부를 물은 후에 안디옥으로 내려가서."

안디옥은 사도 바울이 선교여행을 시작한 곳입니다. 안디옥 교회의 파송을 받아 선교를 시작했습니다. 그런데 안디옥까지 돌아왔다고 기록되어 있습니다. 여기서 2차 선교여행이 끝난 것입니다. 그리고 23절에서 3차 선교여행이 시작됩니다.

"얼마 있다가 떠나 갈라기아와 브루기아 땅을 차례로 다니며 모든 제자를 굳건하게 하니라."

이 구절에서 새로운 선교여행이 다시 시작되는 것입니다.

본문은 크게 세 가지 내용을 말하고 있습니다.

먼저, 에베소에서의 바울의 첫 번째 사역을 보겠습니다. 19-20절입니다.

"에베소에 와서 그들을 거기 머물게 하고 자기는 회당에 들어가서 유대인들과 변론하니, 여러 사람이 더 오래 있기를 청하되 허락하지 아니하고."

바울은 에베소에 와서도 회당에 들어가 복음을 전했습니다. 그런데 반응이 상당히 좋습니다. 어떻게 알 수 있는가 하면 사람들이 '더 오래 있기'를 청했기 때문입니다. 그러나 사도 바울이 허락하지 않았습니다. 왜 그랬을까요? 다른 것도 아니고 하나님 말씀을 전해 달라고 하는데 거절한 이유가 무엇일까요? 정확히는 알 수 없지만, 급한 사정이 있었고 더 우선적으로 해야 할 일이 있었기 때문이라고 생각됩니다.

여기서 우리가 사도 바울에 대해서 한 가지 알 수 있는 것이 있습니다. 사도 바울은 끌려다니는 사람이 아니라 자기의 계획대로, 소신을 가지고 일하는 사람이라는 것입니다. 즉, 주도적인 사람이라는 것입니다. 주도적이지 못하면 사람들에 의해 끌려다니게 됩니다. 그러나 사도 바울은 그런 사람이 아니었습니다. 아무리 부탁을 해도 자기가 해야 할 일이 있고, 우선적으로 해야 할 일이 있으면 거절할 줄 알았습니다.

스티븐 코비(Stephen Covey)라는 분이 「성공하는 사람들의 7가지 습관」이라는 책을 오래 전에 썼습니다. 제가 읽은 책들 중에서 열 손가락 안에 꼽을 수 있는 좋은 책입니다. 그 책에서 말하는, 성공하는 사람들의 첫 번째 습관은 성공하는 사람들은 주도적이라는 것입니다. 끌려 다니지 않고, 자기 계획에 의해 자기 소신대로 일할 줄 안다는 것입니다. 바울이 바로 그런 사람이었습니다. 당신은 혹시 끌려다니는 사람이 아닙니까? 끌려다니는 것은 별로 좋지 않습니다. 끌려다니는 사람은 큰일을 못합니다. 사람은 주도적일 필요가 있습니다. 주도적인 사람이 되려면 때로는 거절할 줄도 알아야 합니다. 그런데 이것이 어렵습니다. 많은 사람들이 거절을 잘 못하고, "안 된다"는 말을 잘 못합니다. 그러나 필요하면 거절도 할 줄 알아야 하는 것입니다.

바울은 그 뒤에 이 말을 추가합니다.

"만일 하나님의 뜻이면 너희에게 돌아오리라"(21a절).

하나님께서 허락하지 아니하시면 오고 싶어도 못 옵니다. 그래서 바울은 "하나님의 뜻이면 내가 다시 와서 하나님의 말씀을 전해드리겠습니다"라고 말하는 것입니다. 이것도 바울로부터 배워야 할 점입니다. 많은 사람들이 하나님의 뜻을 생각하지 않고 자기 마음대로 약속하고 계획을 세웁니다. 그런데 그것은 어리석은 행동입니다. 아무리 내가 계획을 세워도 하나님께서 허락해 주시지 않으면 아무 일도 할 수가 없기 때문입니다. 우리가 이 자리에 있는 것도 하나님의 허락하심이 있기 때문입니다. 하나님께서 언제라도 우리를 데려가시면 우리는 그것으로 끝입니다. 그래서 야고보서 4장 13-15절은 이렇게 말씀합니다.

"들으라. 너희 중에 말하기를 오늘이나 내일이나 우리가 어떤 도시에 가서 거기서 일 년을 머물며 장사하여 이익을 보리라 하는 자들아, 내일 일을 너희가 알지 못하는도다. 너희 생명이 무엇이냐. 너희는 잠깐 보이다가 없어지는 안개니라. 너희가 도리어 말하기를 주의 뜻이면 우리가 살기도 하고 이것이나 저것을 하리라 할 것이거늘."

맞는 말씀 아닙니까? 인생은 내 뜻대로 되는 것이 아닙니다. 하나님의 허락하심이 있어야 되는 것입니다. 그러므로 우리는 인생을 살아갈 때 내 마음대로 살 것이 아니라 늘 하나님을 염두에 두어야 합니다. 하나님의 뜻이면 내가 이것도 하고 저것도 한다는 마음가짐으로 살 수 있기를 바랍니다.

두 번째로, 에베소에서의 브리스길라·아굴라 부부의 사역을 보겠습니다. 24-26절 입니다.

"알렉산드리아에서 난 아볼로라 하는 유대인이 에베소에 이르니, 이 사람은 언변이 좋고 성경에 능동한 자라. 그가 일찍이 주의 도를 배워 열심으로 예수에 관한 것을 자세히 말하며 가르치나 요한의 침례만 알 따름이라. 그가 회당에서 담대히 말하기 시작하거늘 브리스길라와 아굴라가 듣고 데려다가 하나님의 도를 더 정확하게 풀어 이르더라."

아볼로는 초대 교회에 있어서 굉장히 큰 역할을 한 분입니다. 그런데 많은 그리스도인들이 이 분에 대해서 잘 모릅니다. 그는 '언변이 좋고 성경에 능통한 자'라고 했습니다. 설교자로서 대단한 장점을 지닌 것입니다. 설교자인 저의 입장에서는 이 분이 굉장히 부럽습니다. 그런데 그에게 문제가 있었는데 그것은 그가 요한의 침례밖에 몰랐다는 것입니다. 그렇다고 해서 그가 예수님을 모르는 사람이었느냐 하면 결코 그렇지 않습니다. 그는 예수님을 믿는 사람이었고 예수님에 대해서 설교도 아주 잘하는 사람이었습니다.

"그가 일찍이 주의 도를 배워 열심으로 예수에 관한 것을 자세히 말하며 가르치나 요한의 침례만 알 따름이라"(25절).

'요한의 침례' 말고 또 무슨 침례가 있습니까? 예수님께서 명하신 물 침례와 성령으로 받는 성령침례가 있지요. 그런데 그가 이런 침례들은 알지 못했습니다. 그래서 브리스길라와 아굴라 부부가 그를 데려다가 성령침례에 대해서도 가르쳐 주었고, 예수님께서 명하신 침례에 대해서도 가르쳐 주었습니다.

"그가 회당에서 담대히 말하기 시작하거늘, 브리스길라와 아굴라가 듣고 데려다가 하나님의 도를 더 정확하게 풀어 이르더라"(26절).

이렇게 해서 위대한 하나님의 사람 아볼로가 탄생하게 된 것입니다.

이제 그는 모든 것을 제대로 알고 아가야로 건너가 사역을 하는데 사역을 너무 잘합니다.

"아볼로가 아가야로 건너가고가 함으로 형제들이 그를 격려하며 제자들에게 편지를 써 영접하라 하였더니, 그가 가매 은혜로 말미암아 믿은 자들에게 많은 유익을 주니 이는 성경으로써 예수는 그리스도라고 증언하여 공중 앞에서 힘있게 유대인의 말을 이김이러라"(27-28절).

탁월한 변증가요, 탁월한 설교자인데다가 성경지식도 많고, 브리스길라와 아굴라 부부를 통해 성령침례와 그리스도인의 침례에 대해서도 잘 알게 되었으니 얼마나 사역을 유력하게 했겠습니까. 그래서 고린도(고린도는 아가야에 있습니다)에서는 아볼로에 푹 빠져 아볼로를 추종하는 사람들도 생겨났습니다(고전 1:12). 이런 것을 보면 아볼로가 얼마나 대단한 사람인지 이해가 되지 않습니까? 바울이나 베드로 못지않게 영향력을 끼친 사람이 아볼로였습니다.

그런데 아볼로로 하여금 아볼로 되게 한 사람이 누구인줄 아십니까? 브리스길라와 아굴라 부부입니다. 아볼로는 타고난 설교자입니다. 그런데 성경을 부분적으로밖에 몰랐습니다. 그런 그를 브리스길라와 아굴라 부부가 데려다가 가르쳤습니다. 그 결과 그는 모든 것을 제대로 알게 있었고, 유력한 사역자가 될 수 있었습니다.

사랑하는 여러분! 여러분도 브리스길라와 아굴라 같은 사역 한 번 해보고 싶지 않습니까? 우리는 바울이나 아볼로처럼 유능한 설교자가 될 수 없을지 모릅니다. 그러나 마음만 먹으면 한 사람을 붙들고 하나님 말씀을 가르쳐주고, 영향을 끼칠 수 있습니다. 그렇게 하다보면 누가 압니까, 아굴라 같이 유능한 사람이 우리를 통해서 나오게 될지. 우리도 브리스길라와 아굴라 부부가 했던 그런 사역을 한번 해 보도록 합시다.

바울 뒤에는 누가 있었습니까? 바나바가 있었지요. 바나바가 사역을 잘했기 때문에 바울이 예루살렘 교회에 정착할 수 있었고, 위대한 사역을 펼쳐나갈 수 있었던 것처럼, 아볼로 뒤에는 브리스길라와 아굴라 부부가 있었습니다.

강인규 원로목사님을 전도하신 분도 평신도입니다. 구원의 확신이 없는 가운데 장로교회에서 신앙생활을 하고 있던 그를 어느 평신도 한분이 성서침례교회로 이끌어 주었습니다. 그렇게 해서 강인규 목사라는 훌륭한 크리스천 지도자 한 사람이 탄생하게 된 것입니다. 평신도 한 사람의 영향력이 이런 것입니다.

어떻게 하면 우리도 이런 사역을 할 수 있을까요? 성경을 조금만 알면 누구라도 할 수 있습니다. 요즘 우리 교회(필자가 섬기는 교회)에서는 '새가족 성경공부 인도법'을 가르치고 있습니다. 교회에 새가족이 오면 구원받지 못한 사람에게는 성경공부를 통해 구원받게 해주고, 구원은 받았지만 성경적인 침례를 받지 않은 사람에게는 성경공부를 통해 성경적인 침례를 받게 하고, 구원도 받았고 침례도 받았지만 성경적인 교회가 어떤 교회인지를 모르는 사람에게는 성경공부를 통해 성경적인 교회가 어떤 교회인지를 가르쳐주는 것입니다. 이것이 우리 교회의 '새가족 성경공부' 내용입니다. 전혀 어렵지 않습니다. 어떻게 인도하는지 먼저 배워서 가르쳐주면 되는 것입니다. 교회에 새로 오신 분들, 교회 안에서 신앙생활이 조금 쳐져 있는 분들, 성경을 잘 모르는 분들을 일대일로 붙들고 공부하셔서 당신을 통해 위대한 하나님의 사람들이 탄생되었으면 좋겠습니다. 이 사역에 동참함으로 당신이 우리 교회의 브리스길라, 아굴라가 되시기를 바랍니다.

세 번째로, 에베소에서의 바울의 두 번째 사역을 보겠습니다. 19장 1-3절입니다.

"아볼로가 고린도에 있을 때에 바울이 윗지방으로 다녀 에베소에 와서 어떤 제자들을 만나 이르되 너희가 믿을 때에 성령을 받았느냐. 이르되 아니라. 우리는 성령이 계심도 듣지 못하였노라. 바울이 이르되 그러면 너희가 무슨 침례를 받았느냐. 대답하되 요한의 침례니라."

바울은 에베소를 떠나면서 "하나님의 뜻이면 다시 오겠다"고 했는데, 에베소에 다시 왔습니다. 와서 '어떤 제자들'을 만났습니다. '제자들'이라고 한 것을 볼 때 이들은 그리스도인들입니다. 바울이 그들에게 질문을 합니다. "너희가 믿을 때에 성령을 받았느냐?" 그러자 그들이 "우리는 성령이 계시는 것도 들어보지 못했다"고 합니다. 바울이 또 묻습니다. "그러면 너희가 무슨 침례를 받았느냐?" "요한의 침례를 받았다"고 했습니다. 바울은 에베소에서 이들을 만났는데 아볼로처럼 요한의 침례밖에 모르고 있었습니다. 아마도 아볼로에게 배운 사람들이라고 생각됩니다. 그래서 바울은 그들에게 하나님의 말씀을 가르쳐 주고, 예수님의 이름으로 침례도 베풀고, 안수해서 성령도 받게 해주었습니다. 4-7절을 보겠습니다.

"바울이 이르되 요한이 회개의 침례를 베풀며 백성에게 말하되 내 뒤에 오시는 이를 믿으라 하였으니 이는 곧 예수라 하거늘 그들이 듣고 주 예수의 이름으로 침례를 받으니 바울이 그들에게 안수하매 성령이 그들에게 임하시므로 방언도 하고 예언도 하니 모두 열두 사람쯤 되니라."

아볼로로 그렇고 이 사람들도 그렇고, 예수님을 안 믿는 사람들이 아닙니다. 그런데도 그들은 예수님의 이름으로 받는 물 침례도 몰랐고, 성령으로 받는 성령침례도 몰랐습니다. 어떻게 해서 이런 일이 가능할까요? 그때는 이미 사도행전 2장에 기록된 오순절 성령강림 사건이 있고 나서 20년 이상 지난 때였습니다. 그리고 유대인들뿐 아니라 사마리아인들도 성령을 받았고, 고넬료로 대표되는 이방인들도 성령을 받았습니다. 그런데 이들은 이제야 성령을 받았습니다. 이 사건이 갖는 의미가 무엇일까요? 이 사건이 갖는 의미는 이런 것입니다.

사도행전 2장에서 유대인들, 8장에서 사마리아인들, 10장에서 이방인들이 성령을 받은 것은 유대인들의 이스라엘 땅에서였습니다. 그리고 사도 베드로에 의해서였습니다. 그런데 본문에 나오는 열두 사람쯤 되는 사람들은 이스라엘 땅이 아닌 이방 땅에서 성령을 받았습니다. 그리고 베드로에 의해서가 아니라 사도 바울에 의해서 받았습니다. 이것이 이 사건이 갖는 특별한 의미입니다. 이 사건을 통해 하나님께서는 사도 바울이 이방인들을 위해 세움 받은 사도라는 것을 나타내 보이기 원하셨습니다. 이런 이유 때문에 하나님께서는 바울로 하여금 이방 땅에서 본문에 나오는 사람들에게 안수하여 성령을 받게 하셨고, 그 사건을 성경에 기록해 놓으신 것입니다. 사도행전 19장 11-12절을 보아도 그런 것을 알 수 있습니다.

"하나님이 바울의 손으로 놀라운 능력을 행하게 하시니 심지어 사람들이 바울의 몸에서 손수건이나 앞치마를 가져다가 병든 사람에게 얹으면 그 병이 떠나고 악귀도 나가더라."

이런 말씀을 성경에 기록해 놓은 이유 중 하나가 무엇인지 아십니까? 바울이 사도라는 것을 강조하기 위해서입니다. 사도 베드로도 이와 같은 일을 할 수 있었는데 사도행전 5장 15-16절에 그렇게 나와 있습니다.

"심지어 병든 사람을 메고 거리에 나가 침대와 요 위에 누이고 베드로가 지날 때에 혹 그의 그림자라도 누구에게 덮일까 바라고 예루살렘 부근의 수많은 사람들도 모여 병든 사람과 더러운 귀신에게 괴로움 받는 사람을 데리고 와서 다 나음을 얻으니라."

사도행전 19장 11-12절의 바울에 대한 기록과 비슷합니다. 왜 사도행전은 두 사람에 대해서 이렇게 비슷한 기록을 하고 있는 것일까요? 죽은 사람을 살린 것도 똑같이 기록해 놓았습니다. 사도행전 9장 40절에서 베드로는 죽은 다비다를 살렸습니다. 사도행전 20장 9-12절에서 바울은 유두고라는 청년을 살립니다. 심지어 안수하여 성령받게 하는 것까지 똑같습니다.

왜 사도행전의 저자 누가는 두 사람에 대해서 마치 비교라도 하듯이 비슷한 내용을 기록했을까요? 그 이유는 베드로가 예수 그리스도의 사도인 것처럼 바울도 예수 그리스도의 사도인 것을 말하기 위해 그렇게 한 것입니다. 물론 그렇게 하도록 감동하시고 역사하신 분은 하나님이십니다.

본문에서 사도 바울이 안수했을 때 왜 그들이 성령을 받게 되었으며, 왜 그것이 성경에 기록되었는지 이제 이해가 가시지요? 성경에서 그룹별로 성령을 받은 사건은 네 번밖에 없습니다. 사도행전 2장에서 유대인들, 8장에서 사마리아 사람들, 10장에서 고넬료와 그의 가족·친구들, 즉 이방인들, 그리고 본문에서 열두 사람쯤 되는 사람들입니다. 앞의 세 사건은 베드로에 의해 일어났고, 마지막 네 번째는 바울에 의해 일어났습니다. 이 사건 이후로는 누가 성령을 받았다는 기록이 사도행전에 없습니다.

이 사건 이후로는 언제 성령을 받는 줄 아십니까? 예수님을 믿을 때, 즉 예수님을 자신의 구주로 영접하고 구원받는 순간에 받습니다. 그에 대한 증거는 본문에도 나와 있습니다. 바울이 에베소에서 제자들에게 이런 질문을 했습니다. “너희가 믿을 때에 성령을 받았느냐?” 이 질문에도 나타나 있듯이 성령은 ‘믿을 때에’ 받는 것입니다.

성경 다른 곳에서도 증거를 찾아볼 수 있습니다. 로마서 8장 9b절에 보면 “누구든지 그리스도의 영이 없으면 하나님의 사람이 아니라”고 했습니다. ‘그리스도의 영’이 누구십니까? 성령님이십니다. 성령님이 안 계시면 그리스도인이 아니라는 말씀입니다. 사람은 구원받을 때 그리스도인이 되는 것이고, 모든 그리스도인에게는 성령님이 계십니다. 고린도전서 12장 13b절에는 “성령으로 아니하고는 누구든지 예수를 주시라 할 수 없느니라”는 말씀이 있습니다. 예수님을 믿는 사람들이 예수님을 주님이라고 고백할 수 있는 것은 성령님이 계시기 때문이라는 말씀입니다. 갈라디아서 4장 6절에는 “너희가 아들이므로 하나님이 그 아들의 영을 우리 마음 가운데 보내사 아빠 아버지라 부르게 하셨느니라”고 했습니다. 믿는 사람들이 하나님을 아버지라 부를 수 있는 것도 하나님의 ‘아들의 영’, 즉 성령이 마음속에 계시기 때문입니다.

그러므로 오늘날에는 성령받는 것을 구원받는 것과 별개의 사건으로 생각하면 안됩니다. 성령님은 예수님을 믿을 때, 즉 구원받을 때 들어오십니다. 에베소서 1장 13절에는 “그 안에서 너희도 진리의 말씀 곧 너희의 구원의 복음을 듣고 그 안에서 또한 믿어 약속의 성령으로 인치심을 받았다”는 말씀이 있습니다. ‘성령으로 인치심을 받았다’는 말은 '성령을 받았다'는 말입니다. 이 말씀을 통해서도 언제 성령을 받는지 알 수 있는데, '구원의 복음을 듣고… 믿어' 구원받을 때입니다. 그러니까 구원받고 난 뒤에 어딘가에 가서 기도하고, 무엇을 해야 불 받고 성령받는 것이 아니라는 것입니다. 사도행전 시절에는 구원받는 시점과 성령받는 시점이 달랐습니다. 그러나 지금은 그렇지 않습니다. 누구라도 예수님을 자신의 구주로 영접하고 구원받는 순간 성령을 선물로 받습니다.

다시 본문을 보면 성령을 받고 그들이 무엇을 했다고 했습니까? 방언도 하고, 예언도 했다고 했습니다. 방언이나 예언도 지속적으로 주신 은사가 아니라 일시적으로 주신 은사입니다. 고린도전서 13장 8-10절을 보면 "사랑은 언제까지나 떨어지지 아니하되 예언도 폐하고 방언도 그치고 지식도 폐하리라. 우리는 부분적으로 알고 부분적으로 예언하니 온전한 것이 올 때에는 부분적으로 하던 것이 폐하리라" 하셨습니다. 예언과 방언이 폐한다고 했는데 언제 폐한다고 했습니까? '온전한 것이 올 때'입니다.

'온전한 것'에 대해서는 의견이 분분합니다. 저는 개인적으로 '온전한 것'을 '성경의 완성', '완성된 성경'이라고 봅니다. 많은 분들이 '온전한 것'을 예수님의 재림으로 보는데, 바울이 예수님의 재림을 염두에 두었다면 굳이 '온전한 것'이라는 애매한 표현을 쓸 필요가 없습니다. 왜냐하면 바울이 쓴 글에는 '주께서 강림하실 때'라는 표현이 있기 때문에 그렇습니다. 예수님의 재림을 생각했다면 그냥 그렇게 썼을 것입니다. 그런데 바울은 그렇게 안 쓰고 '온전한 것'이라고 했습니다. 고린도전서를 기록할 당시, 바울은 자신의 글이 신약성경의 일부가 되리라는 생각을 전혀 하지 않았을 것입니다. 그 당시에는 신약성경에 대한 개념조차 없었으니까요. 그러나 하나님께서는 그에게 특별한 영감을 주셔서 '온전한 것'이라고 쓰게 하셨다고 생각합니다. 야고보서 1장 25절에 보면 율법에 대해 '온전한 율법'이라는 표현을 썼습니다. 이런 것을 볼 때 '온전한 것'은 성경의 완성 내지는 완성된 성경으로 보는 것이 타당할 것입니다. 그러므로 방언이나 예언의 은사는 사도시대 때 일시적으로 존재하다가 신약성경의 완성과 함께 사라진 은사라는 것을 알아야 합니다. 그에 대한 유력한 성경구절이 히브리서 2장 4절입니다.

"하나님도 표적들과 기사들과 여러 가지 능력과 및 자기의 뜻을 따라 성령이 나누어 주신 것으로써 그들과 함께 증언하셨느니라."

여기에 '성령이 나누어 주신 것'이라는 표현이 나오는데, 방언이나 예언도 여기에 포함된다고 볼 수 있습니다. 그런데 문장의 시제가 현재가 아니라 과거형이라는 것을 잘 보셔야 합니다. 이것은 무엇을 말해주는가 하면 히브리서가 기록될 당시만 하더라도 '표적들과 기사들' 그리고 '방언이나 예언의 은사'는 이미 과거의 일이 되었다는 것입니다. 히브리서가 기록될 당시에도 그런 일이 활발하게 진행되고 있었다면 과거형으로 안 쓰고 현재형으로 썼겠지요. '그들과 함께 증언하고 계시느니라' 이렇게 말이지요. 이런 증거들을 볼 때 방언이나 예언의 은사는 이미 지나간 과거의 은사들인 것을 알 수 있습니다.

그런데도 오늘날 성경의 가르침과는 거리가 먼 성령체험, 성령침례를 추구하는 사람들이 많습니다. 구원을 받아도 성령은 따로 받아야 하는 것으로 생각합니다. 성령체험을 해야 방언을 할 수 있다고 생각합니다. 잘못 알고 있는 것입니다. '상상임신'이라고 들어보셨습니까?

임신을 안했는데도 임신을 했다고 강하게 믿다보면 실제로 임신한 것처럼 배도 불러오고 헛구역질도 하게 되는데, 방언도 이와 같다고 할 수 있습니다. 방언을 갈구하고 방언을 연습하다보면 실제로 이상한 방언을 하게 됩니다. 그러나 성경에서 말하는 방언은 아닙니다. 일종의 상상임신 증상과 비슷한 증상이라고 할 수 있습니다.

중요한 것은 성경이 무엇을 말하는가 하는 것입니다. 오늘날 우리에게는 완성된 온전한 성경이 있습니다. 그 성경을 가지고 사람들에게 복음을 전해서 영혼들이 주님께로 돌아오게 하는 일을 우리가 해야 하는 것입니다. 방언이나 예언의 은사를 주신 목적도 완성된 성경이 없던 시절에 그 일을 하라고 주신 것입니다.

사랑하는 여러분! 우리가 그 일을 합시다. 바울과 아볼로가 한 일도 결국 그 일이었습니다.

"이는 성경으로써 예수는 그리스도라고 증언하여 공중 앞에서 힘있게 유대인의 말을 이김이러라"(28절).

우리도 아볼로처럼 '성경으로' 예수 그리스도의 복음을 전해서 사람들로 하여금 구원받게 하고, 주님께로 돌아오게 합시다.

30. 주의 말씀이 흥왕하다
(행 19:8-20)

30. 주의 말씀이 흥왕하다 (행 19:8-20)

본문은 사도 바울이 에베소에서 강력하게 복음을 전한 내용입니다. 에베소는 그 당시 대단히 큰 도시였습니다. 그러나 우상숭배가 극심한 도시이기도 했습니다. 에베소는 아데미 신전이 유명했습니다. 아데미 신전에 대해서는 본문 다음 내용에 나옵니다. 아데미 신전은 크기가 대단했습니다. 그리스 아테네에 가면 파르테논 신전이 있습니다. 보신 분들은 아시지만 파르테논 신전도 규모가 대단합니다. 파르테논 신전은 바울이 아덴(아테네)에 갔을 때도 있었던 신전입니다. 지금은 골격만 겨우 남아 있습니다. 그런데 아데미 신전은 파르테논 신전보다 4배나 더 컸습니다. 파르테논 신전은 폭이 30m, 길이가 69m, 높이가 10m, 기둥이 59개였던 것에 비해 아데미 신전은 폭이 60m, 길이가 120m, 높이가 18m, 기둥이 127개였습니다. 한마디로 어마어마하게 큰 건물입니다. 이 정도 규모라면 오늘날에도 큰 건물에 들어갈 겁니다. 그래서 이 건물은 이집트의 피라미드와 함께 고대 세계의 7대 불가사의 중 하나입니다. 이런 우상 숭배의 도시에서 바울이 복음을 전했으니 얼마나 힘이 들었겠습니까. 그럼에도 사도 바울은 담대하게 하나님의 말씀을 전했습니다. 그 결과 에베소에서 놀라운 부흥의 역사가 일어났습니다. 본문 마지막 절인 20절은 이렇게 말씀합니다.

"이와 같이 주의 말씀이 힘이 있어 흥왕하여 세력을 얻으니라."

구체적으로 에베소에서 어떤 일이 있었는지 살펴보면서 우리에게 주시는 교훈을 생각해보겠습니다.

8절을 보십시오.

"바울이 회당에 들어가 석 달 동안 담대히 하나님 나라에 관하여 강론하며 권면하되."

바울은 늘 하던 것처럼 '회당에 들어가' 하나님의 말씀을 전했습니다. '석 달 동안' 꾸준히 '하나님 나라'에 대해 전했습니다. '하나님 나라'가 무엇일까요? 예수님께서 이 땅에 오셔서 전한 것이 하나님 나라였습니다. 예수님 앞서 침례 요한이 전한 것도 하나님 나라였습니다.

"회개하라 천국이 가까이 왔느니라"(마 4:17b).

'천국'은 하나님 나라의 또 다른 표현입니다. 하나님 나라는 한 마디로 하나님께서 왕으로 계시는 나라입니다. 그 나라의 백성은 당연히 하나님을 믿는 사람들입니다. 베드로전서 2장 9-10절을 보면 "너희는 택하신 족속이요, 왕 같은 제사장들이요, 거룩한 나라요, 그의 소유가 된 백성이니 이는 너희를 어두운 데서 불러내어 그의 기이한 빛에 들어가게 하신 이의 아름다운 덕을 선포하게 하려 하심이라. 너희가 전에는 백성이 아니더니 이제는 하나님의 백성이요, 전에는 긍휼을 얻지 못하였더니 이제는 긍휼을 얻은 자니라" 하는 말씀이 있습니다. 이 말씀을 잘 보면 '너희는 거룩한 나라'라고 했고, '그의 소유가 된 백성'이라고 했습니다. 여기서 말하는 나라가 바로 하나님의 나라입니다. 그리고 백성은 당연히 하나님 나라의 백성입니다. 우리를 하나님 나라의 백성이 되게 해주시려고 예수님께서는 이 땅에 오셨고, 십자가에 달려 돌아가신 것입니다. 사도 바울이 그것을 회당에서 전했습니다. 그러자 사람들의 반응이 어떠했습니까? 9절을 보겠습니다.

"어떤 사람들은 마음이 굳어 순종하지 않고, 무리 앞에서 이 도를 비방하거늘 바울이 그들을 떠나 제자들을 따로 세우고 두란노 서원에서 날마다 강론하니라."

하나님의 나라에 대해서 설교를 하는데도 믿지 않고, 받아들이지 않는 사람들이 있었습니다. 그 이유가 무엇입니까? 그들의 '마음이 굳어' 있었기 때문입니다. 오늘날에도 하나님의 말씀을 받아들이지 않는 사람들이 많습니다. 그 이유가 무엇입니까? 그들의 마음이 굳어 있기 때문입니다. 이런 것을 아시고 예수님께서는 "너희가 돌이켜 어린 아이들과 같이 되지 아니하면 결단코 천국에 들어가지 못하리라"(마 18:3) 말씀하셨습니다. 어린 아이의 마음은 순수합니다. 무엇이라도 잘 받아들입니다. 이와 같이 사람이 하나님 나라의 백성이 되고, 천국에 들어가려면 어린 아이와 같이 순수해야 하고 하나님의 말씀을 잘 받아들여야합니다. 그런데 어른이 되면 순수하고 부드러웠던 마음이 굳어집니다. 고집과 아집도 생깁니다. 그래서 하나님의 말씀을 좀처럼 받아들이지 않습니다. 그런 어른들에게 호세아 10장 12절은 이렇게 말씀합니다.

"너희 묵은 땅을 기경하라. 지금이 곧 여호와를 찾을 때니 마침내 여호와께서 오사 공의를 비처럼 너희에게 내리시리라."

굳어진 마음을 '기경하라'는 말씀입니다. 그렇게 하면 하나님께서 '공의를 비처럼' 내리시겠다고 하셨습니다. 혹시 여러분 중에 마음이 굳어서 아직도 하나님의 말씀을 받아들이지 않고 있는 분이 있다면 마음을 기경하기 바랍니다. 마음을 갈아엎고 하나님의 말씀을 귀 기울여 들으시기 바랍니다. 히브리서 3장 15절에 "오늘 너희가 그의 음성을 듣거든 격노하시게 하던 것 같이 너희 마음을 완고하게 하지 말라" 하셨습니다.

에베소 사람들은 말씀을 받아들이지 않았을 뿐 아니라 말씀을 비방했다고 했습니다. 9절을 다시 보겠습니다.

"어떤 사람들은 마음이 굳어 순종하지 않고, 무리 앞에서 이 도를 비방하거늘 바울이 그들을 떠나 제자들을 따로 세우고 두란노 서원에서 날마다 강론하니라."

그래서 사도 바울이 어떻게 했습니까? 그들을 떠나갔습니다. 사도 바울은 사람들이 하나님의 말씀을 듣지 않으면 미련없이 떠납니다. 그리고 다른 사람들을 찾아가는데 이런 것은 예수님과 비슷합니다. 마태복음 10장 14절에서 예수님은 이런 말씀을 하십니다.

"누구든지 너희를 영접하지도 아니하고 너희 말을 듣지도 아니하거든 그 집이나 성에서 나가 너희 발의 먼지를 떨어 버리라."

그래서 바울은 사역지를 '두란노 서원'이라는 곳으로 옮깁니다. 그곳에서 바울은 하나님의 말씀을 잘 듣는 사람들, 예수님을 잘 믿는 사람들과 하나님의 말씀을 나누게 됩니다. '두란노 서원'은 일종의 학당 내지는 강연장 같은 곳입니다. '두란노'는 사람의 이름이라고 생각되는데, 이 서원을 세운 사람 아니면 운영하는 사람, 아니면 사람들로부터 존경받던 유명한 학자의 이름이 아니었나 생각됩니다. 그곳에서 바울은 2년 동안 하나님의 말씀을 전했습니다. 그리고 그 말씀은 온 아시아 지역으로 퍼져나갔습니다. 10절에 그렇게 나와 있습니다.

"두 해 동안 이같이 하니 아시아에 사는 자는 유대인이나 헬라인이나 다 주의 말씀을 듣더라."

사도 바울은 두란노 서원 한 장소에서만 설교했습니다. 그런데 그 말씀이 아시아 전역으로 퍼져나갔습니다. 아시아는 오늘날의 터키 서부지역을 말합니다. 꽤 넓은 지역이고, 오늘날처럼 신문이나 방송이 있었던 것도 아닌데, 어떻게 퍼져나갈 수 있었을까요? 바울로부터 하나님의 말씀을 들은 사람들이 나가서 다른 사람들에게 전하고, 믿은 사람들이 또 다른 사람들에게 전하고 해서 아시아 전역으로 퍼져나간 것입니다.

오늘날에도 복음이 전파되는 가장 확실한 방법은 입에서 입으로 전해지는 것입니다. 우리도 사실은 그런 식으로 복음을 접하게 되지 않았습니까? 그러므로 우리도 복음을 들었으면 혼자만 알고 있을 것이 아니라 가까운 사람들에게 전해야 합니다. 그것이 우리가 이 땅에서 해야 할 일입니다.

마가복음 16장 15절에서 예수님은 "너희는 온 천하에 다니며 만민에게 복음을 전파하라"고 하셨습니다. 복음을 듣고 믿었으면 가만히 있지 말라는 것입니다. 온 천하에 다니면서 전파하라는 것입니다. 온 천하에 다니지 못하면 가까이에 있는 사람들에게라도 부지런히 전해야 합니다. 그것이 우리가 해야 할 일입니다. 그 일을 위하여 하나님께서는 우리를 이 땅에 있게 하셨고, 우리 생명을 지금까지 거두어 가시지 않는 것입니다. 사도행전 1장 8절은 이렇게 말씀합니다.

"오직 성령이 너희에게 임하시면 너희가 권능을 받고 예루살렘과 온 유대와 사마리아와 땅 끝까지 이르러 내 증인이 되리라."

복음을 들었으면 들은 것으로 끝내지 말고 누군가에게 꼭 전하시기 바랍니다. 가족, 자녀, 부모님, 친구, 이웃 등 아는 사람 모두에게 꼭 예수 그리스도의 복음을 전하시기 바랍니다.

사도 바울의 두란노 서원 사역을 통하여 복음은 온 아시아에 전해지게 됩니다. 요한계시록을 보면 하나님께서 아시아의 일곱 교회에 하시는 말씀이 기록되어 있습니다. 아시아의 일곱 교회는 에베소 교회,

서머나 교회, 버가모 교회, 두아디라 교회, 사데 교회, 빌라델비아 교회, 라오디아 교회입니다. 이 일곱 교회가 모두 아시아에 있었습니다. 그런데 어떻게 아시아에 복음이 전파되게 되었고, 이런 교회들이 생겨나게 되었을까요? 그것은 바로 바울의 에베소 사역의 결과라고 생각됩니다. 두란노 서원에서 2년 동안 열심히 복음을 전했더니 아시아 전역으로 복음이 전해지게 된 것입니다.

우리 교회도 그런 사역을 할 수 있었으면 좋겠습니다. 비록 온 세상 방방곡곡으로 다니며 복음을 전하지 못한다 하더라도 우리가 있는 곳에서, 아는 사람들에게 열심히 복음을 전해서 다른 사람들도 구원받게 하고, 다른 곳에도 교회가 세워지게 합시다. 이미 우리 교회를 통해서 의정부와 죽전, 부천에 교회가 생겨났고, 몽골에도 선교사님 한 분이 파송되었습니다. 짧은 역사 가운데도 이런 일을 가능케 하신 우리 주님을 찬양합니다. 우리가 대단해서가 아닙니다. 우리 주님의 능력이 대단한 것이고, 우리 주님이 우리 교회를 통해서 하신 것입니다.

계속해서 11-12절을 보겠습니다.

"하나님이 바울의 손으로 놀라운 능력을 행하게 하시니 심지어 사람들이 바울의 몸에서 손수건이나 앞치마를 가져다가 병든 사람에게 얹으면 그 병이 떠나고 악귀도 나가더라."

사도 바울은 하나님 말씀만 전한 것이 아니라 놀라운 능력도 행했습니다. 바울이 쓰던 손수건이나 앞치마(천막 만드는 일을 할 때 사용하던)를 가져다가 병든 사람에게 올리면 병이 낫고 귀신이 떠나가는 능력이 나타났습니다. 왜 하나님은 바울에게 이런 능력을 행하게 하셨을까요? 그것은 사람들로 하여금 사도 바울이 전하는 복음을 더 잘 받아들이도록 하기 위함이었습니다. 로마서 15장 18-19절에서 바울은 이런 간증을 합니다.

"그리스도께서 이방인들을 순종하게 하기 위하여 나를 통하여 역사하신 것 외에는 내가 감히 말하지 아니하노라. 그 일은 말과 행위로 표적과 기사의 능력으로 성령의 능력으로 이루어졌으며, 그리하여 내가 예루살렘으로부터 두루 행하여 일루리곤까지 그리스도의 복음을 편만하게 전하였노라."

그리스도의 복음을 편만하게 전한 것을 이야기하면서 표적과 기사의 능력으로 행한 것을 말씀하고 있습니다. 그리고 그렇게 한 목적은 '그리스도께서 이방인들을 순종하게' 하시기 위함이었다고 했습니다. 그런데 그런 바울을 흉내 내는 사람들이 있었습니다. 바로 스게와의 일곱 아들이었습니다.

"유대의 한 제사장 스게와의 일곱 아들도 이 일을 행하더니 악귀가 대답하여 이르되 내가 예수도 알고 바울도 알거니와 너희는 누구냐 하며 악귀 들린 사람이 그들에게 뛰어올라 눌러 이기니 그들이 상하여 벗은 몸으로 그 집에서 도망하는지라"(14-16절).

스게와라는 사람에게 일곱 아들이 있었는데 그의 아들들이 바울을 흉내 내려다가 봉변을 당했습니다. 귀신을 쫓아내려고 하다가 오히려 귀신들린 사람에게 얻어맞은 것입니다.

오늘날에도 예수님의 이름으로 놀라운 능력을 행하고 싶어 하는 사람들이 많습니다. 그러나 알아야 할 것은 사도 바울은 예수 그리스도의 사도였기 때문에 그런 일을 할 수 있었다는 것입니다. 고린도후서 12장 12절에서 바울은 "사도의 표가 된 것은 내가 너희 가운데서 모든 참음과 표적과 기사와 능력을 행한 것이라”고 했습니다. 이 말을 바꿔서하면 ‘사도가 아닌 사람은 그런 일을 할 수 없다’는 것입니다.

그런데 성경을 잘 보면 사도가 아닌 사람들 중에도 능력을 행한 사람들이 있습니다. 스데반 집사, 빌립 집사가 그들입니다. 그들은 사도가 아니었습니다. 집사였습니다. 그럼에도 불구하고 그들은 놀라운 일을 행했습니다. 그들이 놀라운 일을 할 수 있었던 것은 그들이 사도들에 의해 특별히 세움을 받은 사람들이었기 때문입니다. 그리고 그들은 사도들 못지않게 복음도 열심히 전한 사람들이었습니다.

그들이 사역하던 시대는 사도 시대였습니다. 그 때는 예수 그리스도의 복음이 처음으로 전해지던 때였습니다. 사람들로 하여금 믿도록 하기 위해서는 어떤 증거가 필요했습니다. 그래서 하나님께서는 사도들에게, 그리고 스데반이나 빌립 같은 분들에게 능력을 행할 수 있도록 해주신 것입니다. 아무 때나 아무에게나 그런 능력을 주시는 것이 아니라는 것을 잊어서는 안 됩니다.

오늘날 우리에게는 완성된 성경, 하나님의 말씀이 있습니다. 제일 중요한 것은 말씀을 전해서 영혼들을 구원하고, 그들로 하나님의 자녀가 되게 하는 것입니다. 그런 일은 이적과 기사로 되는 것이 아닙니다. 이적기사 행한다고 사람이 구원받습니까? 이적기사는 구원과 관계없습니다. 구원은 하나님의 말씀과 관계있습니다. 하나님 말씀을 듣고 믿을 때 구원의 역사가 일어나는 것입니다.

“너희가 거듭난 것은 썩어질 씨로 된 것이 아니요, 썩지 아니할 씨로 된 것이니 살아 있고 항상 있는 하나님의 말씀으로 되었느니라”(벧전 1:23).

결국은 하나님의 말씀입니다. 우리에게는 온전한 하나님의 말씀이 있고, 이 말씀을 전할 때 구원의 역사는 일어나는 것입니다. 그래서 사도 바울은 디모데후서 4장 2a절에서 "너는 말씀을 전파하라. 때를 얻든지 못 얻든지 항상 힘쓰라"고 하셨습니다.

그런데 사탄은 사람들을 하나님의 말씀으로부터 멀어지게 하려고 이적과 기사를 가지고 현혹합니다. 그리고 많은 사람들이 거기에 속아 넘어갑니다. 마태복음 7장 22-23절에서 예수님이 이런 말씀을 하셨습니다.

"그 날에 많은 사람이 나더러 이르되 주여 주여 우리가 주의 이름으로 선지자 노릇 하며, 주의 이름으로 귀신을 쫓아내며, 주의 이름으로 많은 권능을 행하지 아니하였나이까 하리니 그 때에 내가 그들에게 밝히 말하되 내가 너희를 도무지 알지 못하니 불법을 행하는 자들아 내게서 떠나가라 하리라."

예수님의 이름으로 귀신도 쫓아내고, 병도 고친 사람들을 예수님께서 모르신다고 하십니다. 이유가 무엇일까요? 그들이 구원받지 못했기 때문입니다. 구원받지 못했음에도 그들은 놀라운 일을 행했습니다. 오늘날 우리가 관심을 가져야 할 것은 이적기사가 아니라 하나님의 말씀이라는 것을 잊지 마십시오. 우리는 말씀을 붙들어야 하고, 말씀으로 사람들을 거듭나게 해야 합니다.

마지막으로 17-19절을 보겠습니다.

"에베소에 사는 유대인과 헬라인들이 다 이 일을 알고 두려워하며 주 예수의 이름을 높이고 믿은 사람들이 많이 와서 자복하여 행한 일을 알리며 또 마술을 행하던 많은 사람이 그 책을 모아 가지고 와서 모든 사람 앞에서 불사르니 그 책값을 계산한즉 은 오만이나 되더라."

사도 바울의 사역을 통하여 많은 사람들이 구원을 받았습니다. 그들 중에는 특별히 '마술(魔術)'을 행하는 사람들이 많았습니다. 이들은 사탄의 힘으로 놀라운 능력을 행하는 사람들입니다. 오늘날 우리 표현으로 하면 무당이나 박수, 무속인들이라 할 수 있습니다. 그런데 이들이 자신들이 보던 책을 모두 가지고 나와 사람들 앞에서 불살랐습니다. 그 책값을 계산해보니 은 5만이었다고 했습니다. 가룟 유다가 예수님을 팔면서 받은 돈이 은 30이었습니다. 은 30이 한 사람의 몸값인 것을 감안하면 은 5만이 얼마나 큰돈인지 짐작이 됩니다. 요즘은 책 한 권에 1~2만원이면 살 수 있지만 그 당시 책들은 대부분 두루마리책이었기 때문에 무척 비쌌습니다. 오늘날에도 유대교 회당에 가면 두루마리성경을 볼 수 있는데 그 값이 몇 백만원, 비싼 것은 천만원이 넘는다고 합니다. 그런데 그들이 예수 믿고 변화되더니 그 비싼 책들을 다 불살랐습니다. 대단한 결단과 변화가 아닐 수 없습니다. 이제는 무당, 무속인으로 살지 않겠다는 것입니다. 이제는 하나님의 사람으로, 그리스도인으로 살겠다는 것입니다.

이렇게 되면 그들은 생활에 어려움을 겪을지 모릅니다. 지금까지 그 책들이 그들의 생활수단이었는데 그 책들을 다 불태워버렸으니 어떻게 살 수가 있겠습니까. 그런데 그들 마음에 예수 그리스도가 계시고, 예수 그리스도 안에서 얻은 구원이 너무 귀하다보니 이전과 같은 삶을 살 수가 없었던 것입니다.

"그런즉 누구든지 그리스도 안에 있으면 새로운 피조물이라. 이전 것은 지나갔으니 보라 새 것이 되었도다(고후 5:17).

사람이 예수님을 믿으면 삶에 변화가 일어납니다. 삭개오는 예수님을 믿기 전에 돈밖에 모르던 사람이었습니다. 그런 그가 예수님을 믿고 나서는 베푸는 사람이 되었습니다. 사마리아 여인은 예수님을 믿기 전에 사람 만나는 것을 꺼리던 사람이었습니다. 그런 그가 예수님을 믿고 나서는 사람들을 찾아가 예수님을 전하는 사람이 되었습니다. 니고데모는 밤중에 예수님을 찾아왔던 사람입니다. 아마 다른 사람들의 눈을 의식해서 그랬을 것입니다. 그런 그가 예수님을 믿고 나서는 사람들 앞에서 자신의 신분을 조금씩 드러내는 사람이 되었습니다. 예수님께서 십자가에서 돌아가셨을 때 예수님의 시신을 수습하고 장사까지 지내준 사람이 니고데모였습니다. 이와 같이 누구라도 예수님을 믿으면 삶에 변화가 일어나게 되어 있습니다.

본문에 나오는 무당, 박수들도 예수님을 믿고나서 그들이 보던 책들을 불태워버렸습니다. 어마어마한 재산을 포기한 것입니다. 사도 바울도 원래는 박해자였습니다. 그런 그도 예수님을 믿고 나서 복음 전도자로 변화되었습니다.

예수님을 믿고 나서 당신에게는 어떤 변화가 있었습니까? 술·담배를 끊었을 수도 있고, 언어와 삶의 자세가 변했을 수도 있습니다. 또 다른 변화가 일어났을 수도 있습니다. 변화 중에서 가장 큰 변화는 가치관과 인생관의 변화일 것입니다. 가치관과 인생관이 변하니 인생이 변하고 운명이 변하게 되었습니다. 이것이 예수님 믿는 사람들의 변화입니다. 이런 변화는 아무나 줄 수 있는 것이 아닙니다. 예수님만이 주실 수 있습니다. 지금도 살아계셔서 역사하시는 예수님을 영접할 때 이런 놀라운 삶의 변화와 축복이 따릅니다.

　예수님은 하나님 나라의 왕이 되시는 분입니다. 하나님께서 인간의 몸을 입고 이 땅에 오신 분이 예수님이십니다. 예수님께서 2000년 전, 이 땅에 오셨을 때는 정말 초라한 모습이었습니다. 그러나 다시 오실 때는 '만왕의 왕', '만주의 주'로 오십니다. 아직 예수님을 믿지 않고 있다면 지금이라도 예수님을 믿으시고 하나님 나라의 백성이 되십시오. 그래야 천국에도 갈 수 있고, 이 땅에서도 하나님의 인도와 보호 속에서 살아갈 수 있습니다.

　'하나님의 나라'가 구름 잡는 이야기처럼 들리십니까? 하나님의 나라는 분명히 존재합니다. 하나님 나라가 안 믿어진다면 악령의 존재는 믿어지십니까? 본문에 나오는 귀신들린 사람이 스게와의 일곱 아들을 힘으로 제압한 것을 다시 한 번 생각해 보십시오. 그 힘을 누가 준줄 아십니까? 귀신, 즉 악령이 준 것입니다. 오늘날에도 무당이 신(神) 내림을 받으면 그 증거로 작두 위에 올라가지 않습니까. 어떻게 그런 일이 가능한줄 아십니까? 그가 모시는 신, 악령이 그렇게 하도록 도와주는 것입니다. 또 무당이나 점쟁이들이 기가 막히게 잘 알아맞히지 않습니까. 누가 그렇게 하도록 도와주는 줄 아십니까? 그가 모시는 신, 악령이 그렇게 하도록 도와주는 것입니다. 이런 것을 보면 악령은 분명히 존재합니다. 마찬가지로, 하나님도 분명히 존재하십니다.

31. 로마도 보아야 하리라
(행 19:21-20:1)

31. 로마도 보아야 하리라 (행 19:21-20:1)

"개가 짖어도 기차는 간다"는 말, 혹시 들어보셨습니까? 기차가 멀리서 기적을 울리고 오면 개가 막 짖습니다. 자기를 해치려고 오는 맹수인 줄 알고 짖는 것이지요. 그런데 개가 아무리 짖어도 기차는 멈추지 않습니다. 본문을 묵상하다가 갑자기 그 말이 생각났습니다. "개가 짖어도 기차는 간다." 본문의 내용이 바로 그런 내용입니다.

사도 바울이 에베소에서 사역을 하고 있는데 큰 소동이 일어나게 됩니다. 바울로 하여금 복음을 전하지 못하도록 수많은 사람들이 들고 일어난 것입니다. 29절을 보면 '온 시내가 요란'했다고 했습니다.

"온 시내가 요란하여 바울과 같이 다니는 마게도냐 사람 가이오와 아리스다고를 붙들어 일제히 연극장으로 달려 들어가는지라."

지금 바울과 그의 일행은 잘못하다가는 그 자리에서 죽을 수도 있는 상황입니다. 사도 바울의 원래 계획은 마게도냐와 아가야를 거쳐 예루살렘으로 갔다가, 로마까지 가는 것입니다. 그런데 상황을 보니 로마는 고사하고 마게도냐도 못 가게 생겼습니다. 그런데 결국 마게도냐로 갔을까요, 못 갔을까요? 갔습니다. 20장 1절을 보면 "소요가 그치매 바울은 제자들을 불러 권한 후에 작별하고 떠나 마게도냐로 가니라"고 되어 있습니다. 사도행전을 계속 읽어보면 결국 로마까지도 가게 됩니다. 그래서 본문을 읽다가 생각난 말이 "개가 짖어도 기차는 간다"였습니다. 제목도 그렇게 할까 하다가 그렇게 할 수는 없어서 '로마도 보아야 하리라'로 했습니다.

사탄은 사도 바울이 복음을 전하지 못하도록 방해를 하고 소란을 피웠지만 바울은 하나님의 도우심으로 자신의 계획을 하나씩 이루어 가게 됩니다. 본문의 내용을 살펴보면서 우리에게 주시는 교훈을 생각해 보겠습니다.

본문을 보면 사도 바울은 사역과 선교에 대해서 분명한 계획이 있었던 것을 볼 수 있습니다. 21절을 보겠습니다.

"이 일이 있은 후에 바울이 마게도냐와 아가야를 거쳐 예루살렘에 가기로 작정하여 이르되 내가 거기 갔다가 후에 로마도 보아야 하리라 하고."

이미 말했듯이 바울의 계획은 마게도냐와 아가야를 거쳐 예루살렘으로 갔다가, 로마까지 가는 것이었습니다(지도8 참조).

〈지도8〉

　지금 바울이 있는 곳은 에베소인데 에베소는 아시아에 속한 도시입니다. 에베소를 떠나서 가게 될 곳은 마게도냐이고, 마게도냐에 속한 도시로는 빌립보, 데살로니가, 베뢰아가 있습니다. 그 아래쪽(남쪽)으로 가면 아가야인데 아가야에는 아덴, 고린도 등의 도시가 있습니다. 그리고 예루살렘으로 갔다가 다시 로마로 가는 것이 바울의 계획입니다. 로마는 이달리야에 속한 도시입니다. 이달리야는 오늘날의 이탈리아입니다. 마게도냐는 오늘날의 그리스에 속해 있고, 아시아는 터키에 속해 있습니다.

　바울이 로마로 가려고 하는 이유가 무엇일까요? 그 당시 로마는 세계의 중심이었습니다. "모든 길은 로마로 통한다"는 말도 있지 않습니까. 로마로 가서 복음을 전해야 복음이 가장 빨리 온 세계로 퍼져 갈 수 있다는 것을 바울이 알았던 것입니다. 그것이 그가 로마로 가려고 한 이유입니다. 사도행전 1장 8절에서 예수님은 "오직 성령이 너희에게 임하시면 너희가 권능을 받고 예루살렘과 온 유대와 사마리아와 땅 끝까지 이르러 내 증인이 되리라" 말씀하셨습니다. 바울은 늘 이 말씀을 마음에 품고 살았습니다. '어떻게 하면 땅 끝까지 이르러 복음을 전할 수 있을까' 생각하다가 로마로 가서 복음을 전하기로 한 것입니다.

　사도행전 1장 8절의 말씀을 우리는 어떻게 실천하고 있는지 한 번 생각해볼 필요가 있습니다. "땅 끝까지 이르러 내 증인이 되라"는 말씀은 예수님께서 사도들에게만 주신 말씀이 아니라 오늘날 우리에게도 주신 말씀임을 잊지 말아야 합니다.

　우리는 이 말씀을 어떻게 실천하고 있습니까? 어떻게 하면 땅 끝까지 이르러 주님의 증인이 될 수 있을까요? 바울처럼 해외선교사가 되는 것도 한 방법이 될 수 있습니다. 선교사가 되지 못한다면 선교사님들을 기도와 물질로 도울 수도 있습니다. 또 이웃에게 열심히 복음을 전하는 것도 한 방법이 될 것입니다. 방법이 무엇이든 간에 우리는 항상 이 말씀을 마음에 새기고, 영혼을 구원하는 일에 관심을 가지고 살아야 할 것입니다. 힘닿는 범위 내에서 최선을 다해 복음을 전하고, 사람들에게 예수님을 소개하면서 삽시다.

22절을 보겠습니다.

"자기를 돕는 사람 중에서 디모데와 에라스도 두 사람을 마게도냐로 보내고 자기는 아시아에 얼마 동안 더 있으니라."

사도 바울은 두 사람을 마게도냐로 먼저 보냈습니다. 마게도냐는 바울도 곧 가게 될 장소입니다. 그런데 왜 먼저 두 사람을 보냈을까요? 그것은 "먼저 가서 사역을 하고 있으라"는 것입니다. "나는 여기서 조금 더 사역하고 나중에 거기서 너희를 만나겠다"는 것입니다. 이런 것을 보면 사도 바울은 계획만 세우고 아무 일도 안 하는 사람이 아니라 계획을 이루기 위해 실제로 노력하는 사람인 것을 보게 됩니다. 그래서 두 사람을 마게도냐로 먼저 보낸 것입니다.

이런 점은 우리도 배워야 합니다. 오늘날 많은 사람들이 계획은 세우지만 계획을 이루기 위해서 하는 것은 별로 없는 것을 보게 됩니다. 계획을 세웠으면 계획을 이루기 위해 무언가를 해야 합니다. 계획을 세우고 한 걸음씩 내디딜 때 하나님께서 도와주시고 이루어주실 것입니다. "하늘은 스스로 돕는 자를 돕는다"는 말도 있습니다. 성경에 나오는 말은 아니지만 맞는 말입니다. 계획을 세우고 계획을 이루기 위해 뭔가를 할 때 하나님께서도 도와주십니다.

사도 바울은 지금 에베소에 있습니다. 그런데 그곳에서 큰 소동이 일어났습니다. 에베소는 그 당시 대단히 큰 도시였습니다. 오늘날의 서울이나 뉴욕, 동경, 북경과 같은 도시였습니다. 에베소는 아데미 신전으로 유명했습니다. 본문에도 아데미 신전이 나옵니다. 이 신전은 규모가 대단했습니다. 당시 세계의 7대 불가사의 중 하나였습니다. 그 규모가 아테네에 있는 파르테논 신전의 4배 크기였다고 하니 그 크기가 짐작이 되실 것입니다. 그래서 7대 불가사의 중 하나가 된 것입니다. 그 당시 그 큰 신전을 보기 위해서 얼마나 많은 사람들이 에베소를 찾았겠는가 하는 것은 어렵지 않게 짐작할 수 있습니다.

당시 에베소에서는 아데미 여신상의 모형을 만들어 파는 장사가 잘 되었습니다. 그런데 바울과 그의 일행이 그곳에서 열심히 사역을 한 결과 그 사업이 위태로워졌습니다. 많은 사람들이 예수님을 믿게 됨으로 모형을 사지 않을 뿐 아니라 가지고 있던 모형조차도 깨어버리는 일들이 일어났습니다. 그러다 보니 그 직종에 종사하던 사람들이 위기의식을 느꼈습니다. 그래서 데메드리오라는 사람이 사람들을 선동하여 큰 소동이 일어나게 된 것입니다.

"그 때쯤 되어 이 도로 말미암아 적지 않은 소동이 있었으니 즉, 데메드리오라 하는 어떤 은장색이 은으로 아데미의 신상 모형을 만들어 직공들에게 적지 않은 벌이를 하게 하더니 그가 그 직공들과 그러한 영업하는 자들을 모아 이르되 여러분도 알거니와 우리의 풍족한 생활이 이 생업에 있는데 이 바울이 에베소뿐 아니라 거의 전 아시아를 통하여 수많은 사람을 권유하여 말하되 사람의 손으로 만든 것들은 신이 아니라 하니 이는 그대들도 보고 들은 것이라. 우리의 이 영업이 천하여질 위험이 있을 뿐 아니라 큰 여신 아데미의 신전도 무시당하게 되고 온 아시아와 천하가 위하는 그의 위엄도 떨어질까 하노라 하더라"(23-27절).

데메드리오라는 은장색이 사람들을 부추겨 들고 일어나게 한 것입니다. 그래서 온 시내가 요란하게 되었습니다.

"온 시내가 요란하여 바울과 같이 다니는 마게도냐 사람 가이오와 아리스다고를 붙들어 일제히 연극장으로 달려 들어가는지라"(29절).

사도 바울의 동료 두 사람을 붙잡아 연극장으로 떼를 지어 들어갔다고 했습니다. 오늘날에도 터키에 있는 에베소 유적지를 가면 2만 5천 명 정도 들어갈 수 있는 큰 원형극장을 볼 수 있습니다. 그 원형극장으로 지금 사람들이 몰려 들어가고 있는 것입니다. 바울을 붙잡아 끌고 들어가려고 했는데 바울이 안보이니까 바울의 동료 두 사람을 붙잡아 끌고 들어가는 것입니다. 공개처형이라도 할 생각으로 그랬을 것입니다. 이런 상황에서 바울이 붙잡혔다면 복음전도와 세계선교가 그냥 그것으로 끝나는 것입니다. 그런데, 결국 소요가 그칩니다.

"소요가 그치매 바울은 제자들을 불러 권한 후에 작별하고 떠나 마게도냐로 가니라"(1절).

소요가 그치고 죽일 듯이 덤벼들던 사람들이 갑자기 조용해졌습니다. 소요가 계속되는 동안 사도 바울이 무엇을 한줄 아십니까? 하나님께 기도했습니다. 본문에 기도했다는 말은 없지만 기도하지 않고 무엇을 했겠습니까! 하나님께서 바울의 기도를 들어주셨고, 소요가 그치게 해주신 것입니다. 왜 하나님께서 바울의 기도를 들어주셨을까요? 사도 바울이 로마로 가는 것이 하나님의 뜻이었기 때문입니다. 사도행전 23장 11절에 그렇게 나와 있습니다.

"그 날 밤에 주께서 바울 곁에 서서 이르시되 담대하라. 네가 예루살렘에서 나의 일을 증언한 것 같이 로마에서도 증언하여야 하리라 하시니라."

하나님께서 결국 소요를 멎게 해주셨고, 바울이 계획한 대로 마게도냐와 아가야로 갈 수 있도록 해주셨습니다.

여기서 우리가 배울 수 있는 교훈이 있습니다. 하나님께서 뜻하신 일, 하나님께서 허락하신 일은 반드시 이루어진다는 것입니다. 하나님께서 우리에게 어떤 일을 허락하시면 천지에 난리가 나도 결국 이루어진다는 것을 믿으시기 바랍니다. 그러니 염려할 필요가 있겠습니까? 염려할 필요 없습니다.

"아무 것도 염려하지 말고 다만 모든 일에 기도와 간구로 너희 구할 것을 감사함으로 하나님께 아뢰라"(빌 4:6).

어려운 일이 생기더라도 낙심하거나 두려워하지 마십시오. 하나님의 뜻에 맡기고 하나님께 감사하는 마음으로 기도하십시오. 하나님의 뜻이면 세상이 어떻게 변하든지, 상황이 어떻게 안 좋아지든지 반드시 이루어질 것이기 때문입니다. 중요한 것은 '내가 지금 하려고 하는 일이 과연 하나님의 뜻이냐' 하는 것입니다. 하나님의 뜻이면 결국 이루어집니다. 그것을 지금 본문은 우리에게 보여주고 있습니다.

계속 보시면, 소요를 그치게 하기 위해 하나님께서는 에베소의 서기장을 쓰십니다.

"서기장이 무리를 진정시키고 이르되 에베소 사람들아, 에베소 시가 큰 아데미와 제우스에게서 내려온 우상의 신전지기가 된 줄을 누가 알지 못하겠느냐. 이 일이 그렇지 않다 할 수 없으니 너희가 가만히 있어서 무엇이든지 경솔히 아니하여야 하리라. 신전의 물건을 도둑질하지도 아니하였고, 우리 여신을 비방하지도 아니한 이 사람들을 너희가 붙잡아 왔으니 만일 데메드리오와 그와 함께 있는 직공들이 누구에게 고발할 것이 있으면 재판 날도 있고 총독들도 있으니 피차 고소할 것이요, 만일 그 외에 무엇을 원하면 정식으로 민회에서 결정할지라. 오늘 아무 까닭도 없는 이 일에 우리가 소요 사건으로 책망 받을 위험이 있고 우리는 이 불법 집회에 관하여 보고할 자료가 없다 하고 이에 그 모임을 흩어지게 하니라”(35-41절).

에베소의 한 서기장이 소요를 잠재웠습니다. 이 서기장의 이름은 나와 있지 않습니다. 아마 고위 공무원이었을 것입니다. 이 사람이 나와서 몇 마디 하니까 조금 전까지만 하더라도 죽일 기세로 덤벼들던 에베소 사람들이 잠잠해졌습니다. 그리고 다 흩어졌습니다. 이 사람 바로 앞에 알렉산더라는 한 유대인이 말을 하려고 했지만 그에게는 말할 기회조차 주지 않았습니다.

“유대인들이 무리 가운데서 알렉산더를 권하여 앞으로 밀어내니 알렉산더가 손짓하며 백성에게 변명하려 하나 그들은 그가 유대인인 줄 알고 다 한 소리로 외쳐 이르되 크다 에베소 사람의 아데미여 하기를 두 시간이나 하더니”(33-34절).

알렉산더라는 사람은 유대인입니다. 소요를 잠재워보려고 앞에 나가서 말을 하려고 하는데 군중이 말할 기회를 주지 않습니다. 이 알렉산더가 누구를 위한 변명, 변호를 하려고 했겠습니까? 유대인 아니면 그리스도인들을 위한 변명인데, 아마도 유대인들을 위한 변명이었을 것입니다. 바울과 그의 일행 때문에 온 시내가 떠들썩해지자 유대인들은 위협을 느낄 수밖에 없었습니다. 왜냐하면 바울 일행만 아데미 우상을 섬기지 않는 것이 아니라, 모든 유대인들이 다 아데미 우상을 섬기지 않고 있었기 때문입니다. 유대인들은 예수님을 안 믿어도 우상을 섬기지는 않지요. 그래서 '이렇게 가다가는 바울만 죽는 것이 아니라 우리도 죽겠구나'라고 생각하여, 알렉산더라는 유대인을 내세워 어떻게 해보려는데 소용이 없었습니다. 그때 에베소의 서기장이 나선 것입니다.

"여러분이 지금 이 사람들을 붙잡아왔는데 이 사람들은 신전의 물건을 도둑질하지도 않았고, 우리가 믿는 여신을 비방하지도 않았습니다. 만일 고소할 일이 있으면 합법적일 절차를 밟아서 해야지 이런 식으로 하면 우리 시 전체가 어려움을 당할 수 있습니다. 그러니 해산하십시오."

그의 말을 듣고 사람들이 해산했습니다. 정말 똑똑한 사람 아닙니까? 그런데 서기장이 한 말 중에서 생각해보아야 할 말이 있습니다. 37절입니다.

"신전의 물건을 도둑질하지도 아니하였고, 우리 여신을 비방하지도 아니한 이 사람들을 너희가 붙잡아 왔으니."

그의 말에 의하면 사도 바울과 그의 일행은 신전의 물건에 손을 대지 않았고, 그 여신을 비방하지 않았다고 했습니다. 그렇다고 사도 바울이 복음을 제대로 전하지 않은 것이 아닙니다. 복음은 정말 능력있게 전했습니다. 26절을 보면 "사람의 손으로 만든 것들은 신이 아니라"는 말도 했습니다. 그러면서도 아데미 여신을 비방하지는 않았다는 것입니다. 37절에 그렇게 말씀하고 있습니다. "신전의 물건을 도둑질하지도 않았고, 여신을 비방하지도 않았다."

여기서도 우리가 배워야 할 교훈이 있다고 생각되지 않습니까? 복음을 전할 때는 복음을 강력하게 전해야 하지만, 다른 사람들이 믿고 있는 종교나 신을 비방할 필요는 없다는 것입니다. 예를 들어, 절에 가서 불상을 훼손한다든지, 불상에 침을 뱉는다든지 해서는 안 되는 것입니다. 그렇게 하는 것은 무례한 일입니다. 사도 바울도 그렇게 하지 않았습니다. 직장에서 고사 지내는 것이 보기 싫다고, 집에서 제사 지내는 것이 보기 싫다고 고사상이나 제사상을 엎어버리면 되겠습니까? 안됩니다. 그런 식으로 행동을 해서는 그들을 얻을 수 없습니다. 기독교신앙에 대해서 더 부정적인 생각만 심어줄 뿐입니다. 그러므로 복음은 강력하게 전하되 예의는 지켜야 하는 것입니다. 남의 종교를 함부로 폄훼한다든지 모욕해서는 안 됩니다.

본문 바로 앞에 보면 예수님을 믿게된 마술사들(무당들)이 자신들이 보던 책들을 불살랐다는 말씀이 있습니다.

"또 마술을 행하던 많은 사람이 그 책을 모아 가지고 와서 모든 사람 앞에서 불사르니 그 책값을 계산한즉 은 오만이나 되더라"(행 19:19).

이 일도 사도 바울이 시켜서 한 일이 아닙니다. 예수님을 믿고나서 보니 '지금까지 우리가 헛된 일을 했구나! 우리가 보고 있는 책들이 아무것도 아니었구나!' 스스로 깨닫고 자발적으로 불태운 것입니다.

오늘날 우리 주변에서도 이런 역사가 있기를 바랍니다. 우리가 복음을 전한 결과로 다른 종교를 믿던 사람들이 예수님을 믿고, 불상 같은 것들을 스스로 깨트려버리는 일이 일어나야 합니다.

복음 때문에 에베소 '온 시내가 요란하게 되었다'고 했는데 오늘날 우리 사회도 복음 때문에 좋은 의미에서의 소동이 일어났으면 좋겠습니다. 교회 때문에 술집들이 문을 닫고, 퇴폐 영업하는 업소들이 문들 닫으며, 다른 종교 믿던 사람들이 회개하고 주님께로 돌아오는 놀라운 역사가 우리 사회에서 일어나도록 합시다. 열심히 복음을 전하면 그런 일이 일어납니다. 그래서 우상의 도시 에베소에서도 그런 역사가 일어날 수 있었던 것입니다. 사탄의 세력이 아무리 강하다 할지라도 복음 앞에서는 어찌할 수 없습니다. 복음이 전해지면 영혼이 거듭나는 역사가 일어납니다. 하나님의 말씀에 능력이 있기 때문입니다.

"이와 같이 주의 말씀이 힘이 있어 흥왕하여 세력을 얻으니라"(행 19:20).

주의 말씀에는 힘이 있습니다. 죽어가는 사람을 살리는 힘이 있습니다. 썩어져가는 사회를 살리는 힘이 있습니다.

사도 바울이 했던 것처럼 우리도 복음을 능력있게 전함으로 사람들이 회개하고 돌아오게 합시다. 우리 사회가 더 깨끗해지고 더 아름다워지도록 합시다. 그렇게 하는 과정에는 마귀 사탄이 반드시 역사하게 되어 있습니다. 본문에서 에베소 사람들이 얼마나 강하게 들고 일어났습니까. 그 사람들 뒤에서 마귀가 그렇게 역사를 한 것입니다. 본문의 사건과 관련해서 사도 바울은 고린도전서 15장 32절에서 '맹수와 싸웠다'는 표현을 썼습니다. 사탄의 공격이 얼마나 강했으면 그런 표현을 썼겠습니까.

오늘날에도 사탄은 우는 사자 같이 삼킬 자를 찾아 돌아다니고 있습니다. 하나님의 사람들을 공격합니다. 그래도 하나님의 도우심 가운데 복음은 계속 증거될 것이고, 영혼들은 계속 구원받을 것입니다. 그 사실을 늘 기억하면서 복음전도에 더욱 힘쓰는 우리가 됩시다.

개가 짖어도 기차는 갑니다. 개가 아니라 사자가 포효해도 하나님
의 일은 계속됩니다.

32. 헬라에서 드로아로,
드로아에서 밀레도로
(행 20:2-16)

32. 헬라에서 드로아로, 드로아에서 밀레도로 (행 20:2-16)

본문은 사도 바울이 3차 선교여행을 할 때 있었던 일을 기록한 내용입니다. 본문에서 사도 바울은 헬라에서 드로아로, 그리고 드로아에서 밀레도로 이동을 합니다. 2절 끝부분을 보면 "헬라에 이르러"라는 표현이 있고, 6절 끝부분에는 "드로아에 있는 그들에게 가서 이레를 머무니라"는 표현이 있습니다. 그리고 15절 끝부분을 보면 "밀레도에 이르니라"고 말씀합니다. 그러므로 우리는 본문에서 사도 바울이 헬라에서 드로아로, 드로아에서 밀레도로 가는 것을 볼 수 있습니다. 이런 이유에서 말씀의 제목을 "헬라에서 드로아로, 드로아에서 밀레도로"라고 정해 보았습니다.

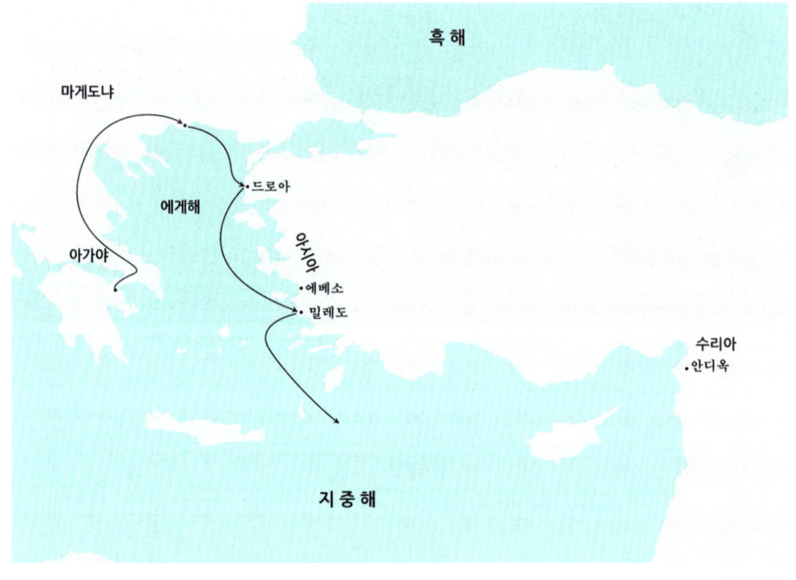

〈지도9〉

〈지도9〉에서 마게도냐, 아가야라고 표시된 지역이 오늘날의 그리스

입니다. '그리스'와 '헬라'는 같은 말입니다. 본문에서 사도 바울은 아가야 지역에서 사역을 하다가 드로아로 가게 됩니다. 드로아는 오늘날의 터키에 속한 땅입니다. 드로아에서 다시 밀레도로 가게 되는데, 밀레도는 에베소 바로 아래에 위치하고 있습니다.

본문의 내용을 살펴보면서 하나님께서 우리에게 주시고자 하는 교훈이 무엇인지 생각해보기 원합니다.

먼저 3절을 보겠습니다.

"거기 석 달 동안 있다가 배 타고 수리아로 가고자 할 그때에 유대인들이 자기를 해하려고 공모하므로 마게도냐를 거쳐 돌아가기로 작정하니."

지금 사도 바울은 배를 타고 수리아로 갈 계획입니다. 수리아는 안디옥이 있는 지역인데, 바울을 파송한 안디옥 교회가 바로 이 수리아 안디옥에 있었지요. 수리아는 시리아와 같은 말입니다. 그런데 배를 타고 수리아로 가려는데 유대인들이 자신을 해치려는 것을 바울이 알게 됩니다. 그래서 바울이 어떻게 합니까? 육로를 통해 멀리 돌아갈 생각을 합니다.

〈지도10〉에서 실선이 사도 바울이 실제로 간 경로이고, 점선이 가려고 했던 경로입니다. 눈으로 보기에도 점선을 따라가는 것이 훨씬 더 빨리 수리아로 갈 수 있습니다. 〈지도10〉 오른쪽 끝에 안디옥이 보이는데 안디옥이 수리아에 있는 도시입니다. 그런데 사람들이 해치려고 하니까 북쪽으로, 육로를 통해서 멀리 돌아가게 된 것입니다. 그러니 얼마나 시간 낭비가 많았겠습니까. 그러나 죽이려고 하니 어쩔 수 없

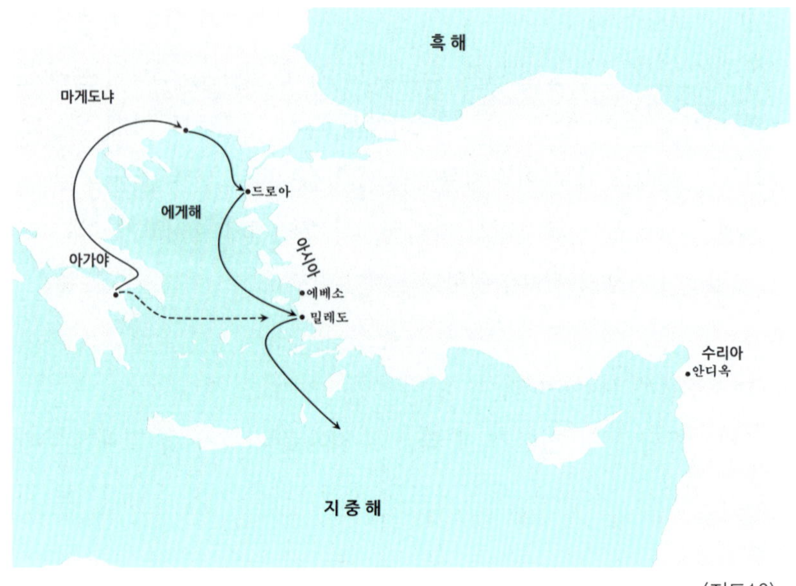

〈지도10〉

습니다. 여기서 우리가 한 가지 배워야 할 점이 있습니다. 그것은 바로 갈 수 없을 때는 돌아갈 수도 있다는 것입니다.

사람들은 누구나 다 바로 가기를 원합니다. 시간 낭비하는 것을 원치 않습니다. 그런데 인생을 살다 보면 부득이 돌아가야 할 때가 있습니다. 학생들의 경우, 대학입시에 실패하면 어떻게 합니까? 재수합니다. 그것이 돌아가는 것입니다. 직장을 구하는데 뜻대로 잘 구해지지가 않습니다. 그럴 때는 어떻게 합니까? 다른 방법이 없습니다. 다른 직장을 찾든지, 아니면 기다렸다가 때를 봐서 다시 지원하는 수밖에 없습니다. 그것도 돌아가는 것입니다. 결혼을 해야 하는데 마땅한 짝이 보이지를 않습니다. 그럴 땐 어떻게 합니까? 어쩔 수 없습니다. 기다려야 합니다. 그것도 돌아가는 것입니다. 사업이 잘되면 좋겠는데, 사업이 내 뜻대로 되지를 않습니다. 그때도 다른 방법이 없습니다. 기회를 보면서 기다리는 수밖에 없습니다. 돌아가는 것입니다. 이와 같이, 인생을 살다보면 내 뜻과는 상관없이 돌아가야 할 때가 있습니다. 그럴 경우 투덜거리면서, 부정적으로 생각하면서 돌아갈 것이 아니라 '주님의 뜻이 있겠지!'라고 긍정적으로 생각하면서 돌아가야 하는 것입니다.

본문에서 사도 바울은 자신의 계획대로 바로 가지 못하고 멀리 돌아갔습니다. 그런데 그렇게 돌아갔기 때문에 결국 드로아를 방문하게 됩니다. 그리고 드로아에 갔기 때문에 바울은 죽은 한 청년을 살리는 기적을 행하게 됩니다. 원래 계획대로라면 드로아에 갈 일이 없습니다. 그리고 드로아에 가지 않았다면 죽은 청년을 살리는 기적도 없었을 것입니다. 돌아가는 길이었지만 믿음으로 받아들였을 때 하나님께서는 바울에게 놀라운 기적을 행하게 해주신 것입니다.

우리 인생에도 돌아가야 할 때가 있습니다. 나는 바로 가고 싶은데, 나는 빨리 가고 싶은데 내 뜻대로 안될 때가 있습니다. 그럴 때는 '다른 뜻이 있겠지!'라고 생각하며 즐겁고 편안한 마음으로 돌아가기 바랍니다. 하나님은 모든 것을 합력하여 선을 이루시는 분입니다. 일이 안 풀리고, 일이 뜻대로 안된다고 해서 원망하거나 불평할 것 없습니다. 거기에도 하나님의 뜻이 있고, 그것조차도 하나님께서 합력하여 선으로 이루어주실 것을 믿으시기 바랍니다.

4절을 보겠습니다.

"아시아까지 함께 가는 자는 베뢰아 사람 부로의 아들 소바더와 데살로니가 사람 아리스다고와 세군도와 더베 사람 가이오와 및 디모데와 아시아 사람 두기고와 드로비모라."

　사도 바울은 혼자 선교여행을 하는 것이 아니라 그와 함께하는 사람들이 있는 것을 보게 됩니다. 몇 사람이 함께하고 있습니까? 일곱 사람입니다. 베뢰아 사람 부로의 아들 소바더, 데살로니가 사람 아리스다고와 세군도, 더베 사람 가이오, 디모데, 아시아 사람 두기고와 드로비모. 이 일곱 사람은 바울의 여행 동반자들입니다. 그리고 사역 동반자들입니다. 이들 때문에 바울은 외롭지 않았고, 사역도 잘 감당할 수 있었습니다.

　우리에게도 이런 동반자, 동역자들이 있다면 얼마나 좋겠습니까! 어떻게 하면 우리도 이런 동반자들을 얻을 수 있을까요? 두 가지만 잘하면 됩니다. 첫째는 사람들에게 복음을 전해야 하고, 둘째는 사람들에게 하나님의 말씀을 가르쳐야 합니다. 다시 말해서 전도와 양육을 통해서 우리는 우리의 동반자들을 얻을 수 있습니다. 사도 바울이 어떻게 그들을 얻었는지 생각해 보십시오. 바울은 열심히 복음을 전했고, 열심히 말씀을 가르쳐서 그들을 얻게 된 것입니다. 그러므로 우리도 열심히 전도하고 양육해서 우리의 동반자들을 얻어야 하는 것입니다.

　그런 사역을 잘해보자고 최근에 우리 교회에서는 「새가족 성경공부」 교재를 발행했습니다. 그 교재만 잘 활용해도 얼마든지 신앙의 동반자들을 얻을 수 있다고 생각합니다. 기회를 봐서 「동반자 성경공부」 교재도 만들어볼 생각입니다. 교재는 무엇이 되든 간에 '동반자 사역'은 정말 중요합니다. 모든 그리스도인은 이 사역을 해야 합니다. 열심히 전도하고 양육해서 많은 동반자, 동역자들을 만들도록 합시다.

7절을 보겠습니다.

"그 주간의 첫날에 우리가 떡을 떼려 하여 모였더니 바울이 이튿날 떠나고자 하여 그들에게 강론할새 말을 밤중까지 계속하매."

드로아에서 모임을 가졌는데 언제 모였습니까? '그 주간의 첫날에' 모였다고 했습니다. 그 주간의 첫날은 일요일을 말합니다. 그들은 일요일에 모여 예배도 드리고 말씀도 들었습니다. 오늘날 우리는 언제 예배를 드립니까? 일요일에 드리지요. 교회는 언제부터 일요일에 예배를 드렸는가 하면 초대교회 시절부터입니다. 왜 초대교회는 일요일에 모여 예배를 드렸을까요? 일요일에 예수님께서 부활하셨기 때문입니다. 그것이 유래가 되고 전통이 되어 오늘날까지 교회는 일요일에 예배를 드립니다. 그러므로 우리는 주일에 함께 모여 드리는 예배를 정말 귀하게 생각해야 합니다. 우리가 괜히 일요일에 모이는 것이 아닙니다. 초대교회 시절부터 그렇게 해왔기 때문에, 그리고 '안식 후 첫날' 즉 일요일에 부활하신 예수님을 생각하고 기념하기 위해 우리는 일요일에 모여 예배를 드리는 것입니다.

물론 다른 날 모여 예배드릴 수도 있습니다. 또 모이지 않고 개인적으로 예배드릴 수도 있습니다. 그러나 주일에 함께 모여 드리는 예배에 하나님의 특별하신 은혜가 있음을 알아야 합니다. 부활하신 예수님께서 처음으로 제자들에게 나타나신 날이 일요일, 주일이었습니다. 유대인들이 처음으로 성령을 받은 날도 일요일, 주일이었습니다. 오순절에 그들이 성령을 받았는데, 오순절은 일요일입니다. 그러므로 우리는 일요일에 함께 모여 드리는 예배에 하나님의 특별하신 은혜가 있음을 기억하고 주일예배를 귀하게 여겨야 합니다.

또 그들은 '떡을 떼려 하여' 모였다고 했습니다. 이것은 그들이 '주의 만찬'을 갖기 위해 모였다는 말입니다. 그 당시에는 식사와 함께 '주의 만찬'을 가졌고, 모일 때마다 주의 만찬을 나눈 것 같습니다. 그리고 주의 만찬은 초대 교회의 예배에 있어서 가장 중요한 부분이었던 것 같습니다. 그래서 그들은 '예배하려고 모였다' 하지 않고 '떡을 떼려 하여 모였다' 한 것입니다. 예배에 있어서 주의 만찬이 그만큼 중요했기 때문입니다.

오늘날에는 사정상 매 주일마다 주의 만찬을 갖지 못하는 교회가 많습니다. 우리 교회는 일 년에 네 번 주의 만찬을 합니다. 다른 날은 혹 몰라도 주의 만찬을 하는 날은 꼭 참석하시기 바랍니다. 초대 교회는 주의 만찬을 정말 중요하게 생각했습니다. 그래서 매 주일마다 한 것입니다. 오늘날에는 매 주일마다 주의 만찬을 못한다 할지라도 일 년에 몇 안 되는 기회만큼은 절대로 놓치지 마시기 바랍니다. 꼭 참석하셔서 주님의 고난과 죽으심을 묵상하면서 주님께 감사하는 시간을 가지시기 바랍니다.

초대 교회는 모여서 '주의 만찬'도 나눴지만 하나님의 말씀도 들었습니다. 7절에 보면 바울이 그들에게 '강론'했다고 했습니다. 무엇을 강론했을까요? 당연히 하나님의 말씀이지요. 그런데 그날따라 바울의 설교가 좀 길었던 모양입니다. 다음 날 떠나야 하니 얼마나 하고 싶은 말이 많았겠습니까. 또 하나님의 말씀을 조금이라도 더 가르쳐주고 싶은 마음이 사도 바울에게 있었을 것입니다. 그래서 그날따라 설교를 좀 길게 했습니다. 얼마나 오래 했는지, 몇 시간을 했는지 정확하게 알 수 없지만 아마 두세 시간, 아니면 서너 시간, 아니면 그 이상 했을지도 모릅니다. 본문에는 '밤중까지 계속'했다고 말씀하고 있습니다. 이렇게 오래 설교를 하다보면 꼭 조는 사람이 있기 마련입니다. 30분 설교해도 조는 사람이 있는데, 서너 시간을 설교한다고 생각해 보십시오. 아무리 설교를 잘하는 바울이라고 할지라도 조는 사람이 생깁니다. 그날 누가 졸았는가 하면 유두고라는 청년이 졸았습니다. 그런데 조는 것까지는 괜찮았는데, 창틀에 앉아서 졸다가 그만 뒤로 떨어져 죽고 말았습니다.

"유두고라 하는 청년이 창에 걸터앉아 있다가 깊이 졸더니, 바울이 강론하기를 더 오래 하매 졸음을 이기지 못하여 삼 층에서 떨어지거늘 일으켜보니 죽었는지라"(9절).

여러분, 왜 유두고가 졸았고, 떨어져 죽게 되었을까요? 두 가지 이유를 우리는 생각해 볼 수 있습니다. 첫째는, 너무 피곤했기 때문입니다. 그날 낮에 유두고는 너무 열심히 일을 했던 것 같습니다. 그래서 졸지 않으려고 바람이 잘 통하는 창가에 걸터앉았다고 생각됩니다. 그런데도 졸음이 오니 그것을 이기지 못하고 졸다가 그만 창가에서 떨어져 죽은 것입니다.

주일에 교회 올 때는 그 전날 충분히 쉬고 오는 것이 좋습니다. 밤 늦게까지 텔레비전을 보거나, 인터넷을 하거나, 또는 일하느라 늦게까지 있지 말고, 토요일은 될 수 있으면 빨리 잠자리에 드시기 바랍니다. 그래야 맑은 정신으로 주일예배를 잘 드릴 수 있습니다. 저는 주일예배는 토요일 저녁부터 시작된다고 생각합니다. 토요일 저녁부터 관리를 잘해야 주일에 좋은 예배를 드릴 수 있습니다.

둘째는, 창틀에 걸터앉았기 때문입니다. 자기 딴에는 졸음을 이기려고 창틀에 걸터앉았는지 모르지만 그것이 문제였습니다. 교회에서 예배드릴 때 어디에 앉는가는 상당히 중요합니다. 어디에 앉느냐에 따라 은혜를 더 받을 수도 있고, 덜 받을 수도 있습니다. 그러므로 주일에 교회에 와서 자리를 잡을 때는 '어디에 앉아야 은혜를 더 많이 받을 수 있을까'를 생각하면서 앉아야 합니다. 어디에 앉으면 은혜를 제일 많이 받는지 가르쳐 드릴까요? 앞자리입니다. 앞자리가 교회에서는 로열석입니다. 앞자리에 앉으면 일단 집중이 잘됩니다. 어디에 앉은 사람들이 주로 잘 조는가 하면 뒷자리입니다. 대체적으로 뒤에 앉은 사람들이 앞에 앉은 사람들보다 잘 좁니다. 이런 이유 때문에 '어디에 앉을 것인가' 잘 생각하면서 앉아야 합니다. 전도서 5장 1절은 이렇게 말씀합니다.

"너는 하나님의 집에 들어갈 때에 네 발을 삼갈지어다. 가까이하여 말씀을 듣는 것이 우매한 자들이 제물 드리는 것보다 나으니 그들은 악을 행하면서도 깨닫지 못함이니라."

이 말씀에 의하면 어디에 앉는 것이 좋습니까? 앞자리입니다. 그러므로 예배를 드릴 때는 뒷자리나 설교자가 잘 안 보이는 자리에 앉지 마시고, 은혜 받을 수 있는 자리, 집중할 수 있는 앞자리에 앉으시기 바랍니다.

또, 자세도 중요합니다. 예배를 드리거나 설교를 들을 때 눈을 감고 있는 분들이 간혹 있는데 그런 분들은 중간에 잠들 확률이 상당히 높습니다. 처음부터 자지는 않겠지만 계속 눈을 감고 있다 보면 나중에는 설교소리가 자장가 소리로 들리면서 잠들게 되어 있습니다. 팔짱을 끼고 앉아있는 것도 별로 좋은 자세가 아닙니다. 이왕이면 자세를 바르게 해서 경청하는 마음으로 예배를 드리시기 바랍니다.

죽은 유두고가 어떻게 되는지 10절을 보겠습니다.

"바울이 내려가서 그 위에 엎드려 그 몸을 안고 말하되 떠들지 말라. 생명이 그에게 있다 하고."

이 말씀만 보면 유두고가 안 죽은 것처럼 보입니다. 그러나 9b절을 보면 유두고는 확실히 죽었습니다. "삼 층에서 떨어지거늘 일으켜 보니 죽었는지라"라고 했습니다. 유두고는 죽은 것이 확실합니다. 그런데 사도 바울이 내려가 그를 붙들고 간절히 기도했을 때 끊어졌던 숨이 다시 살아났습니다. 사도 바울은 어떻게 이런 놀라운 일을 할 수 있었을까요? 그것은 그가 사도였기 때문입니다. 아무나 이런 일을 할 수 있는 것이 아닙니다.

얼마 전, 전남 보성에서 목사라는 어떤 사람이 (그가 진짜 목사인지 아닌지는 모르겠습니다) 10살, 8살, 5살짜리 자기 자녀를 죽인 일이 있습니다. 아이들이 감기에 걸리자 이 아버지는 약도 먹이지 않고, 병원에도 데려가지 않고, 아이들에게 붙은 잡귀를 쫓아낸답시고 어린 아이들을 금식시키고, 파리채 같은 것으로 아이들을 때렸습니다. 미워서가 아니라 자기 딴에는 잡귀를 쫓아낸다고 그렇게 한 것입니다. 성경에 그렇게 하면 잡귀가 나간다는 말씀도 없고, 예수님께서 그런 방법을 쓰신 적도 없는데 말입니다. 그러다가 결국 세 아이가 죽고 말았습니다. 세 아이가 죽었으면 어떻게 해야 하겠습니까? 빨리 신고를 하고, 수습을 해야 하는데 죽은 아이들을 열흘 동안 그대로 방치해 두었습니다. 왜 그랬는가 하면 기도해서 살리려고 했기 때문입니다. 정말 정신 나간 사람입니다.

본문에서 사도 바울은 죽은 사람을 살렸습니다. 사도행전 9장에서는 베드로가 죽은 사람을 살렸습니다. 이분들은 하나님께서 특별하신 능력을 주신 사도라는 것을 잊어서는 안 됩니다. 오늘날은 사도 시대가 아닙니다. 오늘날 이 땅에는 사도가 없습니다.

사도행전의 저자 누가는 이 사건을 의도적으로 사도행전에 기록해놓았다고 생각됩니다. 사도 베드로가 예수 그리스도의 사도인 것은 그 당시 이미 널리 알려진 사실이었습니다. 그러나 사도 바울에 대해서는 의심하는 사람들이 적지 않았습니다. 그래서 누가는 의도적으로 사도 베드로가 예수 그리스도의 사도이듯이 사도 바울도 확실한 예수 그리스도의 사도인 것을 나타내 보이기 위해 두 사람이 행한 비슷한 기적을 나란히 사도행전에 기록해놓은 것입니다.

중요한 것은 사도 바울이 죽은 사람을 살렸다는 것입니다. 그런데 저는 미리 말씀드리지만 제가 설교할 때 여러분이 졸다가 뇌진탕으로 돌아가셔도 저는 절대로 못 살립니다. 그럴 능력이 제게 없습니다. 그러니 알아서 조심하십시오. 그러나 영적으로 죽은 사람은 제가 하나님의 말씀으로 살릴 수 있습니다.

마지막으로, 16절을 보겠습니다.

"바울이 아시아에서 지체하지 않기 위하여 에베소를 지나 배 타고 가기로 작정하였으니 이는 될 수 있는 대로 오순절 안에 예루살렘에 이르려고 급히 감이러라."

먼 길로 돌아가다 보니 시간이 많이 지체되었습니다. 그래서 '오순절 안에 예루살렘에 이르려고 급히' 서두르고 있습니다. 왜 오순절 안에 도착하려고 하는 것일까요? 거기에 대해서는 우리가 정확하게 알 수 없습니다. 사도 바울이 예루살렘을 떠난 지 오래되다 보니 그곳 성도들과의 교제가 그리웠을지 모릅니다. 또 예루살렘 교회의 예배도 그리웠을 것입니다. 그리고 오순절에 예루살렘에 가면 모든 사람을 다

만날 수 있다는 점도 작용했을 것입니다. 오순절은 이스라엘의 3대 절기 중 하나입니다. 3대 절기에는 모든 이스라엘 남자들이 다 예루살렘에 모여야 합니다. 그러므로 오순절에 맞춰 가면 오순절 절기도 지킬 수 있고, 만나고 싶은 사람들도 만날 수 있어 정말 좋습니다. 만나서 교제도 할 수 있고, 드리고 싶었던 예배도 마음껏 드릴 수 있습니다. 이런 이유에서 사도 바울이 서두르지 않았나 생각됩니다.

여러분은 사랑하는 성도들과 함께 교제하고, 예배드리는 것이 큰 축복이라는 것을 알고 계십니까? 우리는 늘 그렇게 하고 있으니까 그것을 잘 모를 수도 있습니다. 그런데 건강이 좋지 못해서 교회에 오고 싶어도 올 수 없는 분들이 계십니다. 그런 분들에게 한번 물어보십시오. 얼마나 예배가 그리운지. 얼마나 교제가 그리운지. 하나님께서 우리에게 기회를 주시고, 시간과 건강을 허락하실 때 더 많이 교제하고, 더 열심히 예배드리는 우리가 됩시다.

본문의 몇 구절을 통해서 우리에게 주시는 교훈을 생각해 보았습니다. 들은 말씀을 잘 기억하고, 배운 대로 살아가는 우리가 됩시다.

33. 참된 사역자의 표상
(행 20:17-38)

33. 참된 사역자의 표상 (행 20:17-38)

본문은 사도 바울이 에베소에서 사역하고 있는 장로들을 밀레도로 불러 말씀하는 내용입니다. 밀레도는 에베소로부터 남쪽으로 약 50km 떨어진 항구도시입니다. 사도 바울은 지금 밀레도에서 배를 타고 예루살렘으로 갈 계획입니다. 이곳을 떠나면 이들을 다시는 못 볼지도 모른다는 생각을 하면서 그들에게 하고 싶은 말을 하게 됩니다. 36-38절을 보면 그런 것을 알 수 있습니다.

"이 말을 한 후 무릎을 꿇고 그 모든 사람과 함께 기도하니, 다 크게 울며 바울의 목을 안고 입을 맞추고 다시 그 얼굴을 보지 못하리라 한 말로 말미암아 더욱 근심하고 배에까지 그를 전송하니라."

그러니까 본문은 바울의 고별설교라 할 수 있습니다. 헤어지면 다시 못 볼 것으로 생각하고 말씀을 전했기 때문입니다.

누구에게 한 고별설교인가 하면 에베소에 있는 장로들에게 한 고별설교입니다. 17절을 보면 "바울이 밀레도에서 사람을 에베소로 보내어 교회 장로들을 청하니"라고 했습니다. 여기서 말하는 '장로'는 장로교회의 장로가 아니가 아니라 개 교회의 목회자, 목사임을 알아야 합니다. 28절을 보면 그것이 명확합니다.

"여러분은 자기를 위하여 또는 온 양 떼를 위하여 삼가라. 성령이 그들 가운데 여러분을 감독자로 삼고 하나님이 자기 피로 사신 교회를 보살피게 하셨느니라."

여기에 보면 '장로들'에게 '교회를 보살피게 하셨다'는 말을 했습니다. '보살핀다'는 말은 '목양한다(to shepherd)'는 말입니다. 이 말에서 '목사'라는 말이 나왔습니다. 또 '감독자'라는 말도 했는데, 여기서 말하는 감독자 또는 감독은 감리교회의 감독이 아니라 이것도 역시 목사를 가리키는 말입니다. 교회의 지도자, 교회의 감독이 누구입니까? 목사입니다. 그러므로 성경에서 말하는 목사, 장로, 감독은 결국 같은 직분임을 알아야 합니다.

본문을 통해 사도 바울은 어떤 자세로 사역을 했고, 무엇을 전했으며, 무엇을 조심해야 할 것인가에 대해 말씀합니다. 그러므로 본문은 '사역자의 표상'에 대한 말씀이라 할 수 있고, 목회자들이 잘 들어야 할 말씀입니다. 그렇다고 성도 여러분에게는 관계가 없는 말씀이냐 하면 그렇지 않습니다. 성도도 다 주님의 사역자들이기 때문입니다. 본문을 통해 참된 사역자는 어떠해야 하는가에 대해 알아보겠습니다.

첫째, 참된 사역자는 겸손과 눈물과 참음으로 주님을 섬겨야 합니다.

"곧 모든 겸손과 눈물이며 유대인의 간계로 말미암아 당한 시험을 참고 주를 섬긴 것과"(19절).

우리가 잘 아는 대로 사도 바울은 사역을 하면서 말할 수 없는 고생을 했습니다. 그가 어느 정도로 고생을 했나 하는 것은 고린도후서 11장 23b-27절에 잘 나와 있습니다.

"내가 수고를 넘치도록 하고, 옥에 갇히기도 더 많이 하고, 매도 수없이 맞고, 여러 번 죽을 뻔하였으니 유대인들에게 사십에서 하나 감한 매를 다섯 번 맞았으며 세 번 태장으로 맞고, 한 번 돌로 맞고, 세 번 파선하고, 일 주야를 깊은 바다에서 지냈으며, 여러 번 여행하면서 강의 위험과 강도의 위험과 동족의 위험과 이방인의 위험과 시내의 위험과 광야의 위험과 바다의 위험과 거짓 형제 중의 위험을 당하고 또 수고하며 애쓰고, 여러 번 자지 못하고, 주리며 목마르고, 여러 번 굶고 춥고 헐벗었노라.”

사역을 하면서 바울처럼 고생을 많이 한 사람이 없습니다. 그런데 바울이 왜 이렇게 고생을 하면서 사역한 줄 아십니까? 주님에 대한 사랑 때문이었습니다. 그리고 영혼에 대한 사랑 때문이었습니다. 영혼을 사랑하다 보니 배가 고파도 사역하고, 감옥에 들어가도 사역하고, 매를 맞아도 사역한 것입니다. 그렇게 하는 과정에서 눈물은 얼마나 많이 흘렸겠습니까! 영혼을 바라보면 불쌍해서 울고, 답답해서 울고, 이런저런 이유로 참 많은 눈물을 흘렸습니다. 또 힘든 일을 당할 때는 그것을 견뎌가면서, 참아가면서 사역을 감당했습니다. 이렇게 고생을 하고, 고통을 당했음에도 불구하고 바울은 골로새서 1장 24절에서 이렇게 말합니다.

“나는 이제 너희를 위하여 받는 괴로움을 기뻐하고 그리스도의 남은 고난을 그의 몸 된 교회를 위하여 내 육체에 채우노라.”

이런 사도 바울을 보면 ‘이분이야말로 진짜 사역자다’라는 생각이 절로 듭니다. 진짜 사역자라면 이래야 하는 것입니다. 영혼들을 보면 불쌍해서 눈물 흘리고, 또 잘못된 길을 가는 형제를 보면 안타까워서 눈물로 기도해줄 줄 아는 사역자가 진짜 사역자입니다. 사역을 하고 헌신을 하다 보면 힘들 때도 있고 괴로울 때도 있습니다. 그래도 사역자는 사도 바울처럼 참을 줄 알아야 합니다.

또한 겸손해야 합니다. 사역이라는 것이 무엇입니까? 사역은 결국 주님을 섬기고, 교회를 섬기고, 성도를 섬기는 것입니다. 그러므로 사역자는 겸손해야 합니다.

우리 교회는 최근에 '발사랑 전도'를 시작했습니다. 발마사지와 발혈치유를 해주면서 전도하는 것이 발사랑 전도입니다. 남의 발을 만진다는 것은 겸손하지 않으면 절대로 할 수가 없습니다. 자기 가족 발도 잘 안 만지고, 내 발도 때로는 더럽게 느껴지는데 어떻게 남의 발을 만지고 마사지를 해주겠습니까. 겸손해야 가능합니다. 다른 사역도 마찬가지입니다. 주차봉사하는 분들, 식당에서 봉사하는 분들도 겸손하기 때문에 하는 것입니다. 청소하는 것, 구역장이 구역원 섬기는 것, 교사들이 학생 섬기는 것, 모두 겸손해야만 가능한 일입니다.

사도 바울은 이런 자세로 사역했습니다. 데살로니가전서 2장 7절에서 사도 바울은 '유모(어머니)가 자기 자녀를 기름과 같이' 했다고 했습니다. 또 데살로니가전서 2장 11절에서는 '아버지가 자기 자녀에게 하듯' 했다고 했습니다. 그러니까 바울은 부모의 마음으로 사역을 한 것입니다. 부모가 자녀를 키울 때 얼마나 낮은 자세로 섬깁니까. 똥 싸면 기저귀 갈아줍니다. 배고프다고 울면 먹을 것 갖다 바칩니다. 겸손하지 않으면 부모도 자식을 키울 수 없습니다. 또 부모가 자식을 키울 때 눈물은 얼마나 많이 흘립니까. 자식이 힘들어 하면 같이 힘들어 하고, 자식이 아프면 같이 아파하고, 자식이 울면 같이 울고…. 이런 것이 부모 마음 아닙니까?

사역자들도 이렇게 사역을 해야 합니다. 바울이 그렇게 사역했습니다. 우리도 바울 같은 사역자가 되었으면 좋겠습니다. 구역장이 구역원 돌보는 것, 쉽지 않습니다. 그러나 바울이 그랬던 것처럼 겸손과 눈물과 참음으로 구역원을 섬겨야 합니다. 친교회(전도회, 선교회) 임원, 주일학교 교사, 청년회 간사·임원, 새가족 섬기는 분들, 모두 다 마찬가지입니다.

둘째, 참된 사역자는 바른 복음을 전해야 합니다.

"유대인과 헬라인들에게 하나님께 대한 회개와 우리 주 예수 그리스도께 대한 믿음을 증언한 것이라"(21절).

사도 바울은 '하나님께 대한 회개와 우리 주 예수그리스도께 대한 믿음'을 증언했다고 했습니다. 이것이 바른 복음입니다. 이것이 우리가 전해야 할 복음입니다. '하나님께 대한 회개'는 하나님을 떠난 삶에서 돌이켜 하나님께로 돌아오는 것입니다. '예수 그리스도께 대한 믿음'은 예수 그리스도를 받아들이고 믿는 것입니다. 사람은 하나님을 떠난 삶에서 돌이켜 예수 그리스도를 믿을 때 구원받을 수 있습니다. 이것이 성경이 말하는 구원의 방법입니다. 그런데 회개와 믿음에 대해서 잘못 생각하기 쉬운 것이 무엇인가 하면 회개와 믿음을 분리해서 생각하는 것입니다. 회개와 믿음은 분리할 수 없습니다. 동전의 앞면과 뒷면을 분리할 수 있습니까? 동전의 앞면과 뒷면을 분리할 수 없듯이 회개와 믿음도 분리할 수 없습니다. 회개와 믿음은 항상 함께 가는 것입니다. 분리해서도, 분리할 수도 없습니다.

21절을 헬라어 성경으로 보면 '하나님께 대한 회개와 예수 그리스도께 대한 믿음' 앞에 관사가 하나밖에 없습니다. 영어로 설명하면, 'the teacher(그 선생님)' 할 때 'the'가 관사입니다. 헬라어 성경에서 '회개와… 믿음' 앞에 관사가 하나 붙었다는 것은 결국 이 둘이 하나라는 것입니다. 예를 들어 '나는 아버지이기도 하고, 목사이기도 하다'를 영어로 하면 'I am the father and pastor'입니다. 여기서 중요한 것은 'the'를 한 번만 썼다는 것입니다. 한 사람을 놓고 아버지이자 목사라고 했기 때문입니다. 이와 마찬가지로 '회개와… 믿음' 앞에 관사가 하나 있다는 것은 '회개'와 '믿음'이 결국은 하나라는 것을 말해줍니다. 뗄래야 뗄 수가 없습니다. 그것을 잘 이해해야 합니다.

그러나 '구원을 어떻게 받습니까?'라는 질문에는 편의상 둘 중 하나만 말해도 괜찮습니다. "구원은 믿음으로 받습니다." "구원은 회개해야 받습니다." 둘 다 맞는 말입니다. 사도행전 3장 19절을 보면 "너희가 회개하고 돌이켜 너희 죄 없이 함을 받으라" 하면서 '회개'를 강조합니다. 그러나 사도행전 16장 31절에서는 "주 예수를 믿으라. 그리하면 너와 네 집이 구원을 받으리라" 하면서 '믿음'을 강조합니다. 또 본문에서처럼 회개와 믿음을 동시에 강조할 수도 있습니다. 일반적으로 성경에는 믿음을 강조한 표현이 제일 많습니다.

어떻게 말하든 결국은 같은 것입니다. 동전의 어느 면을 말하든 같은 동전인 것과 같은 이치입니다. 하나님께 대한 회개가 마음속에서 일어나면서 예수님을 마음으로 믿을 때 구원의 역사가 일어나는 것입니다.

당신은 구원받으셨습니까? 구원받으셨다면 바른 복음을 사람들에게 전하며 사시기 바랍니다. 바른 복음을 전하는 사람이 참된 사역자입니다.

셋째, 참된 사역자는 성령에 매여 있어야 합니다.

"보라. 이제 나는 성령에 매여 예루살렘으로 가는데 거기서 무슨 일을 당할는지 알지 못하노라. 오직 성령이 각 성에서 내게 증언하여 결박과 환난이 나를 기다린다 하시나"(22-23절).

바울은 '성령에 매였다'는 표현을 하고 있습니다. 성령에 매이면 어떻게 되는 것입니까? 성령께서 이끄시는 대로 끌려갈 수밖에 없습니다. 밧줄에 매인 사람이 밧줄에 끌려가듯이 말입니다. 지금 사도 바울은 예루살렘을 향해 떠나려고 합니다. 예루살렘에 가면 '결박과 환난'이 그를 기다리고 있습니다. 그런데도 예루살렘으로 가려는 이유가 무엇일까요? 성령님께서 그렇게 이끄시기 때문입니다.

성령에 이끌린 삶을 살다보니 사도 바울은 항상 능력있는 삶을 살았습니다. 죽음도 두려워하지 않는 삶을 살았습니다. 24절에서 사도 바울은 이렇게 고백합니다.

"내가 달려갈 길과 주 예수께 받은 사명 곧 하나님의 은혜의 복음을 증언하는 일을 마치려 함에는 나의 생명조차 조금도 귀한 것으로 여기지 아니하노라."

정말 위대한 고백 아닙니까? 복음 증거를 위해서라면 목숨까지 버릴 각오가 되어 있다는 것입니다. 하나님께서 맡겨주신 복음전도의 사명완수를 위해서는 목숨이 아깝지 않다는 것입니다. 무엇이 그로 하여금 이렇게 위대한 고백을 하게 했을까요? 성령님이 그에게 계셨기 때문입니다. 성령님께 사로잡혀있다 보니 능력 있는 삶을 산 것입니다. 죽음도 초월하는 삶을 산 것입니다. 사도행전 21장 13b절에서 사도 바울은 이렇게 고백했습니다.

"나는 주 예수의 이름을 위하여 결박당할 뿐 아니라 예루살렘에서 죽을 것도 각오하였노라."

성령에 붙잡힌 바 되면 사람이 이렇게 담대해집니다. 우리도 성령님께 매인 바 된 삶을 살아갑시다. 그것이 승리하는 삶의 비결입니다.

어떻게 하면 죄를 안 지을 수 있을까요? 다른 방법이 없습니다. 성령님께 매인 바 되는 것입니다. 성령님께 매인 바 될 때 우리는 비로소 죄를 이기는 삶을 살 수 있습니다. 어떻게 하면 복음을 더 잘 전할 수 있을까요? 다른 방법이 없습니다. 성령님께 매인 바 되는 것입니다. 사도 바울이 승리의 삶을 살 수 있었던 비결이 바로 그것이었습니다. 성령에 매인 삶. 그런 삶을 그가 살았습니다.

여러분도 그런 삶을 살기 원하지 않습니까? 어떻게 하면 그런 삶을 살 수 있는지 알려드리겠습니다. 성령 충만하시면 됩니다. 성령 충만하면 성령에 매인 바 되는 것입니다. 성령께서 이끄시는 대로 가게 되는 것입니다. 에베소서 5장 18절은 이렇게 말씀합니다.

"술 취하지 말라. 이는 방탕한 것이니 오직 성령으로 충만함을 받으라."

술 취한 사람은 술의 지배를 받습니다. 술이 들어가면 똑바로 걷고 싶어도 그것이 마음대로 안 됩니다. 술의 영향으로 비틀거리게 됩니다. 평상시에 못하던 말도 술기운으로 하게 됩니다. 이것이 술 취한 사람의 특징입니다. 그렇다면 성령의 충만함을 받으면 어떻게 될까요? 그 때는 내 의도대로 살아가는 것이 아니라 성령께서 이끄시는 대로 살아가게 됩니다. 그러므로 성령에 매인 바 된 삶을 살려면 성령 충만하면 됩니다. 성령 충만은 곧 말씀 충만입니다. 늘 말씀생활 잘하고, 기도 생활 잘하므로 성령 충만하시기를 바랍니다.

넷째, 참된 사역자는 복음증거하는 일에 최선을 다해야 합니다.

"그러므로 오늘 여러분에게 증언하거니와 모든 사람의 피에 대하여 내가 깨끗하니 이는 내가 꺼리지 않고 하나님의 뜻을 다 여러분에게 전하였음이라"(26-27절).

사도 바울은 '모든 사람의 피에 대하여' 깨끗하다고 말씀합니다. 이것은 그가 만난 모든 사람에게 복음을 전했다는 말입니다. 그가 얼마나 열심히 복음을 전했는지 알 수 있습니다. 20절에서 사도 바울은

'공중 앞'에서도 전하고, '각 집'에서도 전했다고 했습니다. 21절에서는 유대인들에게도 전하고, 헬라인들에게도 전했다고 했습니다. 그는 만나는 사람마다 붙들고 복음을 전했던 것이 틀림없습니다. 때를 얻든지 못 얻든지 항상 복음 전도에 힘썼던 사람이 바울이었습니다.

이런 바울을 보면서 과연 나는 복음전도에 최선을 다하고 있는지 돌아볼 필요가 있습니다. 하나님은 능력 밖의 일을 요구하시지는 않습니다. 그러나 능력 범위 내에서는 최선을 다할 것을 기대하고 계십니다. 어떤 사람에게는 다섯 달란트를 주셨고, 어떤 사람에게는 한 달란트를 주셨습니다. 얼마의 능력을 주셨든 간에 능력 범위 안에서 우리는 최선을 다해야 합니다. 그것이 사도 바울을 보면서 우리가 배워야 할 점입니다. 그렇게 함으로 우리도 바울처럼 "모든 사람의 피에 대하여 나는 깨끗하다"는 고백을 할 수 있어야 합니다. 만나는 사람들에게 예수님의 이야기를 들려주고, 복음을 전합시다. 가족들에게 최선을 다해 복음을 전했는지, 친구들에게 최선을 다해 복음을 전했는지 돌아보고, 최선을 다하지 못했다면 바울을 보면서 도전을 받읍시다.

다섯째, 참된 사역자는 자신과 자신의 양 떼를 잘 지켜야 합니다.

"여러분은 자기를 위하여 또는 온 양 떼를 위하여 삼가라. 성령이 그들 가운데 여러분을 감독자로 삼고 하나님이 자기 피로 사신 교회를 보살피게 하셨느니라. 내가 떠난 후에 사나운 이리가 여러분에게 들어와서 그 양 떼를 아끼지 아니하며 또한 여러분 중에서도 제자들을 끌어 자기를 따르게 하려고 어그러진 말을 하는 사람들이 일어날 줄을 내가 아노라"(28-30절).

장로들, 즉 교회의 목회자들에게 "여러분은 자기를 위하여 또는 온 양 떼를 위하여 삼가라"고 했습니다. '삼가라'는 말은 '조심하라, 잘 살피라, 잘 지키라'는 뜻입니다. 무엇으로부터 잘 지키라는 것입니까? '사나운 이리'로부터 자신을 잘 지키고, 양들을 잘 지키라는 것입니다. 여기서 '사나운 이리'는 거짓 선지자들을 말합니다. 30절을 보면 알 수 있습니다.

"또한 여러분 중에서도 제자들을 끌어 자기를 따르게 하려고 어그러진 말을 하는 사람들이 일어날 줄을 내가 아노라."

마태복음 7장 15절에서는 "거짓 선지자들을 삼가라. 양의 옷을 입고 너희에게 나아오나 속에는 노략질하는 이리라"고 했습니다. 거짓 선지자들, 이단들이 교회 안으로 침투할 것인데 그들로부터 양 떼를 잘 지키라는 말입니다. 사탄은 어떻게 해서라도 교회를 허물어뜨리려고 합니다. 그 당시뿐 아니라 오늘날에도 사탄은 얼마나 강하게 역사하는지 모릅니다.

요즘 가장 왕성하게 활동하고 있는 이단은 '신천지'라고 생각됩니다. 신천지에서 자기네 사람들을 교육하는 동영상을 보았는데, 그들은 전도를 '가나안 정복'에 비유했습니다. 그들의 '가나안 정복 시스템' 첫 단계는 '정탐', 두 번째는 '정복', 그리고 세 번째 단계는 '추수'입니다. 이것이 그들의 전도 시스템입니다. 그들은 제일 먼저 기존 교회들을 '정탐'합니다. 우리 교회도 몇 번 다녀갔는지 모릅니다. 그래서 저는 누가 처음 교회에 오면 반가우면서도 '혹시 신천지 아닌가?' 하는 의심이 듭니다. 워낙 신천지 사람들이 많이 돌아다니니까요. 신천지 교육 동영상을 보면 여러분도 놀랄 것입니다.

신천지의 '가나안 정복 7단계'는 이렇습니다. 1단계는 '이리 옷 가장

하기’입니다. 여기서 ‘이리’는 그들이 삼키려는 교회의 성도를 의미합니다. 사실은 자기들이 ‘이리’인데 건전한 교회의 성도를 ‘이리’라고 하면서 그들 중 한 사람인 것처럼 가장합니다. 2단계는 ‘정탐하기’입니다. 이것은 교회 안으로 들어와서 살피는 것을 말합니다. 어떤 스타일의 교회인지 알아야 삼킬 수 있으니까요. 3단계는 ‘성 돌기’입니다. 이스라엘 백성들이 여리고성을 며칠 돌았듯이 그들도 몇 주 교회에 나오는 것을 말합니다. 4단계는 ‘알곡 선정하기’입니다. 누구에게 접근할까, 누구를 쪼아 먹을까 살피는 것입니다. 5단계는 ‘목자 되기’입니다. 교회 안에 들어와 계속 조용히 있는 것이 아니라 교회의 지도자가 되는 것입니다. 구역장(셀리더, 목자)도 되고, 친교회(전도회, 선교회) 임원도 되고, 심지어 전도사도 됩니다. 6단계는 ‘정복하기’, 7단계는 ‘추수하기’입니다.

지금 신천지 ‘추수꾼’들이 얼마나 많은 교회를 돌아다니고 있는지 모릅니다. 세상이 지금 이렇다는 것을 기억하고 마귀 사탄으로부터 우리 자신을 지키고, 우리 교회를 잘 지켜나가야 합니다. 우리 자신과 교회를 잘 지키는 방법은 다른 것 없습니다. 하나님의 말씀으로 무장하는 것입니다. 말씀 위에 든든히 서는 것입니다. 32절이 그것을 말하고 있습니다.

“지금 내가 여러분을 주와 및 그 은혜의 말씀에 부탁하노니 그 말씀이 여러분을 능히 든든히 세우사, 거룩하게 하심을 입은 모든 자 가운데 기업이 있게 하시리라.”

사탄의 공격으로부터 승리하는 길은 결국 말씀 위에 든든히 서는 수밖에 없습니다. 말씀을 열심히 읽고 공부해서 어떤 이단이 접근해도 넘어가지 않는, 오히려 그들을 말씀으로 바르게 인도해줄 수 있는 우리가 됩시다.

여섯째, 참된 사역자는 물질에 대한 욕심이 없어야 합니다.

"내가 아무의 은이나 금이나 의복을 탐하지 아니하였고, 여러분이 아는 바와 같이 이 손으로 나와 내 동행들이 쓰는 것을 충당하여 범사에 여러분에게 모본을 보여준 바와 같이 수고하여 약한 사람들을 돕고, 또 주 예수께서 친히 말씀하신 바 주는 것이 받는 것보다 복이 있다 하심을 기억하여야 할지니라"(33-35절).

말씀의 핵심이 무엇입니까? 주의 일 하는 사람은 물질에 대한 욕심이 없어야 한다는 것입니다. 주의 일 하는 사람이 돈을 사랑하고, 물질에 대한 욕심이 있다면 사역하기 어렵습니다. 그런 사람은 사역 그만두고 돈 벌러 다니는 것이 낫습니다. 주의 일 하는 사람은 재물에 대해서 마음을 비워야 합니다. 정치인들 중에 재물 사랑하다가 정치생명 끝나는 사람들을 우리는 가끔 봅니다. 또 공직생활을 하다가 뇌물받은 것 때문에 불명예스럽게 퇴직하는 공직자도 심심찮게 봅니다. 하나님의 일을 하는 사람들은 돈에 대해서, 재물에 대해서 이들보다 훨씬 더 깨끗해야 합니다. 사역자가 돈 좋아하고 재물 좋아하면 절대로 사역할 수 없습니다. 성도들도 마찬가지입니다.

이 면에 있어서 정말 좋은 본을 보여준 사람이 사도 바울입니다. 그는 재물에 대해서 욕심이 없었습니다. 필요한 것이 있으면 다른 사람들에게 손 안 내밀고 자기가 벌어서 썼습니다. 사도 바울은 천막 만드는 일을 했습니다. 그 일을 하면서 생계도 유지하고 선교도 했습니다. 그렇다고 모든 목회자들이 다 돈을 벌면서 목회를 해야 한다는 말은 아닙니다. 고린도전서 9장에서 사도 바울은 사역자가 사역을 하고 사례를 받는 것은 당연하다고 말씀합니다. 사역자도 생활을 해야 하니까 열심히 주의 일을 하고, 교회에서 주는 생활비로 생활하는 것은 전혀 잘못된 일이 아닙니다. 그러나 욕심을 내서는 절대로 안 된다는 것입니다. 성도도 마찬가지입니다. 재물 좋아하고 돈 좋아하는 사람은 신앙생활을 제대로 할 수 없습니다. 헌신도 제대로 못 합니다. 늘 돈에 매여 살아가기 때문입니다. 디모데전서 6장 9-10절이 그것을 잘 말해줍니다.

"부하려 하는 자들은 시험과 올무와 여러 가지 어리석고 해로운 욕심에 떨어지나니 곧 사람으로 파멸과 멸망에 빠지게 하는 것이라. 돈을 사랑함이 일만 악의 뿌리가 되나니 이것을 탐내는 자들은 미혹을 받아 믿음에서 떠나 많은 근심으로써 자기를 찔렀도다."

목사도, 성도도, 집사도 재물을 사랑하면 결국 시험에 들 수밖에 없고, 문제가 생길 수밖에 없다는 것을 기억해야 합니다. 하나님의 사람들은 항상 자족할 줄 알아야 합니다. 많이 주셨으면 많이 주신대로 감사하면서 살고, 적게 주셨으면 적게 주신대로 감사하면서 살 줄 알아야 합니다.

저는 우리 교회 사역자들을 생각하면 참 고마운 마음이 있습니다. 우리 교회 사역자들이 받는 생활비는 정말 적습니다. 제가 봐도 박봉입니다. 그런데도 한 마디 불평이 없습니다. 다 자족할 줄 아는 사람들이기 때문입니다. 그들이 돈 보고 사역하는 것은 아니지만, 그래도 생활을 해야 하는 사람들인데 그 적은 생활비를 가지고도 아무 불평 없이 살아가는 것을 보면 고맙고, 대견하고, 미안하기도 합니다.

성도들도 절대로 물질에 욕심내지 말아야 하고, 항상 감사하면서 베풀며 살아야 합니다. 이것이 사도 바울이 우리에게 가르쳐주는 교훈입니다. 35절에서 사도 바울은 예수님께서 하신 말씀을 인용했습니다.

"주는 것이 받는 것보다 복이 있다."

이 말씀은 4복음서에 나오는 말씀은 아닙니다. 사도 바울이 직접 주님께로부터 받은 말씀이라고 생각됩니다. 이 말씀을 늘 기억하면서 받는 것, 모으는 것만 좋아하지 말고 베풀고 나누는 사람이 됩시다. 그런 사람이 될 때 하나님께서 더 좋은 것으로 채워주실 줄 믿습니다.

참된 사역자는 어떠해야 하는가? 여섯 가지로 말씀드렸습니다. 말씀을 준비하면서 나 자신이 얼마나 부족한 사람인지 다시 한 번 보게 되었습니다. '사도 바울이야말로 진짜 사역자다. 그런데 나는 얼마나 형편없는 사역자인가'라는 생각이 여러 번 들었습니다. 저도 그렇고 여러분도 그렇고, 하나님이 정말 기뻐하시는 사역자가 됩시다.

34. 주 예수의 이름을 위하여

(행 21:1-26)

34. 주 예수의 이름을 위하여 (행 21:1-26)

본문을 보면 사도 바울은 3차 선교여행을 마치고 마침내 예루살렘에 도착합니다. 본문에서 사도 바울이 출발한 곳은 밀레도입니다. 밀레도에서 두로로, 두로에서 가이사랴로, 그리고 가이사랴에서 예루살렘으로 오게 됩니다(지도11 참조).

〈지도11〉

본문을 살펴보면서 어떤 일이 있었는지, 우리가 배워야 할 교훈은 무엇인지 생각해 봅시다.

먼저 4절을 보겠습니다.

"제자들을 찾아 거기서 이레를 머물더니 그 제자들이 성령의 감동으로 바울더러 예루살렘에 들어가지 말라 하더라."

지금 바울은 두로에 와 있습니다. 두로에서 7일을 머무는데, 두로에 있는 제자들이 바울더러 예루살렘에 가지 말라고 합니다. 사도 바울의 목적지가 어디입니까? 예루살렘입니다. 그런데 두로에 있는 제자들이 예루살렘에 가지 말라는 것입니다. 그것도 그냥 자신들의 생각으로 가지 말라는 것이 아니라 '성령의 감동으로' 가지 말라고 합니다. 바울이 두로에서 가이사랴로 가니 가이샤라에 있는 성도들도 같은 말을 합니다.

"우리에게 와서 바울의 띠를 가져다가 자기 수족을 잡아매고 말하기를, 성령이 말씀하시되 예루살렘에서 유대인들이 이같이 이 띠 임자를 결박하여 이방인의 손에 넘겨 주리라 하거늘, 우리가 그 말을 듣고 그곳 사람들과 더불어 바울에게 예루살렘으로 올라가지 말라 권하니"(11-12절).

가이샤라에 있는 성도들도 예루살렘에 가지 말라고 합니다. 예루살렘에 가면 결박당하고 고난당하니까 가지 말라는 것입니다. 바울을 사랑하는 사람들은 한결같이 바울이 예루살렘으로 가는 것을 말렸습니다. 그런데도 바울은 결국 예루살렘으로 갑니다.

"바울이 대답하되 여러분이 어찌하여 울어 내 마음을 상하게 하느냐. 나는 주 예수의 이름을 위하여 결박당할 뿐 아니라 예루살렘에서 죽을 것도 각오하였노라 하니 그가 권함을 받지 아니하므로 우리가 주의 뜻대로 이루어지이다 하고 그쳤노라. 이 여러 날 후에 여장을 꾸려 예루살렘으로 올라갈새"(13-15절).

사람들이 '성령의 감동으로' 가지 말라고 말렸지만 바울은 결국 갔습니다. 성령의 감동을 받아서 가지 말라고 하면 안 가는 것이 옳은 것 아닙니까? 그런데 바울은 갔습니다. 이렇게 되면 분명히 둘 중의 한 쪽은 문제가 있는 것입니다. 가지 말라고 한 사람들이 성령의 감동을 잘못 받았거나 아니면 사도 바울이 성령의 감동을 무시해버렸거나. 둘 중의 한 쪽은 분명히 잘못되었습니다. 어느 쪽이 잘못된 것 같습니까? 정답은 어느 쪽도 잘못되지 않았다는 것입니다.

'성령의 감동으로' 가지 말라고 한 사람들은 성령께서 미리 보여주셨기 때문에 염려가 돼서 가지 말라고 한 것입니다. 4절의 '성령의 감동으로'라는 표현은 성령께서 그들을 감동하여 '가지 말라'고 지시한 것이 아니라, 성령께서 그들을 감동하여 앞일을 알게 하신 것을 말합니다. 그러니까 이들의 입장에서는 어떤 생각이 들겠습니까? '바울을 말려야겠구나.' 이런 생각을 할 수 있는 것입니다.

그런데 바울의 입장에서는 핍박을 받는 한이 있어도 예루살렘에 가야합니다. 왜냐하면 성령께서 가라고 하셨기 때문입니다. 사도행전 20장 22절에서 사도 바울은 이런 말을 했습니다. .

"보라 이제 나는 성령에 매여 예루살렘으로 가는데 거기서 무슨 일을 당할는지 알지 못하노라."

사도 바울은 '성령에 매여' 예루살렘에 간다고 했습니다. 그런데 그곳에서 무슨 일을 당할지는 모릅니다. 그저 성령님께서 가라고 하시니까 가는 것입니다. 정확하게 무슨 일을 당할지는 알려주지 않으셨습니다. 그러나 말리는 사람들은 바울이 무슨 일을 당할지 압니다. 하지만 바울이 그곳에 가야 하는지 말아야 하는지는 말해주시지 않으셨습니다. 그러니까 양쪽 다 틀린 것이 아닙니다.

사도 바울은 이제 그곳에 가면 고난받고 결박당할 것을 압니다. 그럼에도 불구하고 그는 갑니다. 그가 떠나기 전에 한 말이 우리에게 큰 도전을 줍니다.

“여러분이 어찌하여 울어 내 마음을 상하게 하느냐. 나는 주 예수의 이름을 위하여 결박당할 뿐 아니라 예루살렘에서 죽을 것도 각오하였노라”(13절).

사도 바울의 믿음과 용기가 정말 대단하다는 생각이 들지 않습니까? 이런 믿음과 용기를 우리도 본받아야 하겠습니다. 오늘날 많은 그리스도인들이 말로는 주님을 사랑합니다. 말로는 주님을 위해 목숨이라도 바칠 것처럼 합니다. 그런데 뒤로는 얼마나 몸을 사리는지요! 주님을 위해 뭐 좀 하자고 하면 뒤로 뺍니다. 희생하지 않습니다. 오늘날 많은 그리스도인들이 그런 모습으로 살아가고 있습니다. 주님께서는 우리를 위해서 목숨까지 버리셨다는 사실을 절대로 잊지 말아야 할 것입니다. 주님은 우리를 위해 말할 수 없는 고난을 겪으셨습니다. 우리를 위해 십자가에서 죽기까지 하셨습니다. 그것을 사도 바울이 뼈저리게 알고 있었기 때문에 “나는 결박당할 뿐 아니라 죽는다 할지라도 그곳에 간다”고 할 수 있었던 것입니다. 우리도 이런 믿음과 용기로 살아갑시다. 이런 믿음과 용기는 어디서 나오는 줄 아십니까? 주님에 대한 사랑으로부터 나오는 것입니다.

“누가 우리를 그리스도의 사랑에서 끊으리요. 환난이나 곤고나 박해나 기근이나 적신이나 위험이나 칼이랴”(롬 8:35).

주님의 사랑을 생각할 때 바울은 가만히 있을 수 없었습니다. 예루살렘에 가면 고난당할 것을 알았지만 그래도 가는 것입니다. 우리도 주님에 대한 사랑 때문에 용기 있고 희생할 줄 아는 삶을 살았으면 좋겠습니다.

5-6절을 보겠습니다.

“이 여러 날을 지낸 후 우리가 떠나갈새 그들이 다 그 처자와 함께 성문 밖까지 전송하거늘 우리가 바닷가에서 무릎을 꿇어 기도하고 서로 작별한 후 우리는 배에 오르고 그들은 집으로 돌아가니라.”

바울과 바울의 일행이 두로에 있는 그리스도인들과 작별하는 장면입니다. 작별하기 전에 그들은 바닷가에서 무릎을 꿇고 하나님께 기도했습니다. 사도행전 20장 36절을 보면 밀레도에서 에베소 장로들과 작별할 때도 같은 모습으로 기도했습니다.

“이 말을 한 후 무릎을 꿇고 그 모든 사람들과 함께 기도하니.”

사도 바울은 무릎 꿇고 기도하는 것을 참 좋아했던 것 같습니다. 바울뿐 아니라 스데반과 베드로도 무릎을 꿇고 기도한 것이 사도행전에 기록되어 있습니다. 스데반은 돌에 맞아 죽을 때 무릎을 꿇고 기도했고(행 7:60), 베드로는 죽은 다비다를 살릴 때 무릎을 꿇고 기도했습니다(행 9:40).

사람은 언제 무릎을 꿇습니까? 자신을 철저하게 낮출 때, 간곡한 부탁을 할 때 무릎을 꿇습니다. 이런 의미에서 무릎 꿇는 것은 기도의 좋은 자세이고 합당한 자세라고 할 수 있습니다. 그러므로 우리는 자주 주님 앞에 무릎을 꿇어야 할 것입니다. 무릎관절이 아파서 무릎을 못 꿇는 분들은 마음으로라도 하나님 앞에 무릎을 꿇어야 합니다.

8-9절을 보겠습니다.

“이튿날 떠나 가이사랴에 이르러 일곱 집사 중 하나인 전도자 빌립의 집에 들어가서 머무르니라. 그에게 딸 넷이 있으니 처녀로 예언하는 자라.”

이제 바울과 그의 일행은 가이사랴까지 왔습니다. 가이사랴에서는 일곱 집사 중의 한 사람이었던 빌립의 집에 머물게 됩니다. 빌립은 예루살렘 교회의 집사였습니다. 그런데 그는 사마리아 지역에서 전도하고, 여러 지방을 다니며 전도하다가 결국 가이사랴에 정착을 한 것 같습니다. 빌립이 얼마나 열심히 전도를 했던지 그의 이름 앞에는 '전도자'라는 타이틀이 붙었습니다. 원래는 집사였지만 이제는 전도자로 불리어지게 된 것입니다.

디모데후서 4장 5절에서 바울은 디모데에게 "너는 모든 일에 신중하여 고난을 받으며, 전도자의 일을 하며, 네 직무를 다하라"고 했습니다. '너는 목사이지만 전도하는 일을 열심히 하라'는 것입니다. 그러므로 목사도, 집사도, 성도도 전도자가 되어야 합니다. 그것이 우리가 살아가는 삶의 목적입니다. 어떻게 해서라도 영혼들에게 복음을 전하고, 예수님을 소개하면서 살아갑시다.

빌립에게는 딸이 넷 있었습니다. 아들은 없고 딸만 넷이었던 것 같습니다. 그런데 그 딸들이 예언을 했다고 했습니다. 당시에는 완성된 성경이 없을 때였습니다. 그래서 하나님께서는 특별한 사람들을 사용하셔서 하나님의 뜻을 사람들에게 전달하셨는데, 그것을 성경에서는 '예언'이라고 합니다. 그런데 빌립의 딸들이 그런 일을 했다는 것입니다. 하나님께로부터 직접 계시를 받아 사람들에게 전한 것입니다. 오늘날로 하면 그들이 사람들에게 하나님의 말씀을 전한 것입니다. 이런 것을 보면 빌립은 딸들을 정말 잘 키웠습니다. 하나님께서 그 귀한 일을 아무에게나 시키겠습니까.

이 세상에서 제일 어려운 일 중의 하나가 자녀교육입니다. 자녀교육은 정말 어렵습니다. 부모 마음은 자녀가 잘 자라주기를 바라는 것인데 그것이 부모 마음처럼 잘되지 않습니다. 그래서 '농사 중에서 제일 어려운 농사가 자식농사'라고 하지 않습니까. 그런데 빌립은 자식농 사에 성공했습니다. 딸들을 너무 훌륭하게 잘 키웠습니다.

당신의 자녀는 지금 어떻게 지내고 있습니까? 신앙생활 잘하고 있습니까? 만약 그렇지 못하다면 자녀를 위해 정말 간절히 기도하기 바랍니다. 당신의 자녀가 아무리 세상에서 잘 나가고, 성공했다 해도 신앙생활 제대로 하지 않는다면 그것은 참된 성공이라 할 수 없습니다. 돈을 얼마나 잘 버느냐, 지위가 얼마나 높으냐 하는 것은 그렇게 중요한 것이 아닙니다. 참된 성공은 하나님 앞에서 얼마나 바르고, 성실하게 살아가느냐에 따라 결정되는 것입니다. 나도 신앙생활 잘하고, 내 자녀도 신앙생활 잘하는 것이야말로 진짜 성공, 참된 성공이라고 할 수 있습니다. 그래야 눈 감을 때 후회 없이, 편안한 마음으로 눈감을 수 있을 것입니다.

'한 평생 하나님과 동행했고, 내 자식들도 믿음생활 잘하고 있으니 나야말로 행복한 사람이다'라고 생각하면서 편안하게 눈감을 수 있는 사람이 되기 바랍니다. 죽음을 맞이한 자리에서 아직까지 자식들이 신앙생활을 안 하고 있다면 그것처럼 불행한 일이 어디에 있습니까. 얼마나 가슴 아픈 일입니까. 아직 믿지 않는 자녀가 있다면 더 간절히 기도하고, 전도해서 꼭 주님께로 인도하기 바랍니다.

17-18절을 보겠습니다.

"예루살렘에 이르니 형제들이 우리를 기꺼이 영접하거늘 그 이튿날 바울이 우리와 함께 야고보에게로 들어가니 장로들도 다 있더라."

드디어 바울과 그의 일행이 예루살렘에 도착했습니다. 그리고 그 이튿날 야고보를 찾아갑니다. 이 야고보는 예수님의 동생 야고보입니다. 그리고 신약성경 야고보서를 기록한 그 야고보입니다. 왜 사도 바울이 다른 사람이 아닌 야고보를 찾아갔을까요? 그것은 그가 예루살렘 교회의 지도자였기 때문입니다. 오늘날 표현으로 하면 그가 예루살렘 교회의 담임목사였습니다. 성경을 잘 보면 그런 것이 눈에 들어옵니다. 사도행전 15장에 예루살렘 회의에 대한 기록이 있습니다. 그 회의에서 누가 사회자 역할을 했는가 하면 야고보가 했습니다.

"말을 마치매 야고보가 대답하여 이르되 형제들아 내 말을 들으라" (행 15:13).

다음 절을 계속 읽어보면 회의의 결론도 야고보가 내립니다. 이런 것을 보면 야고보는 예루살렘 교회에서 가장 중요한 지도자 중의 한 사람이었음에 틀림없습니다.

사도행전 12장에는 베드로가 천사의 도움으로 풀려나 성도들이 모여 있는 마가 요한의 어머니 마리아의 집으로 찾아가는 내용이 나옵니다. 그곳에서 베드로는 성도들을 만나 그동안 있은 일과 하나님께서 어떻게 자신을 감옥에서 나오게 해주셨는지를 설명합니다. 그리고 떠나면서 '야고보와 형제들에게' 알려주라고 합니다.

"베드로가 그들에게 손짓하여 조용하게 하고 주께서 자기를 이끌어 옥에서 나오게 하던 일을 말하고, 또 야고보와 형제들에게 이 말을 전하라 하고 떠나 다른 곳으로 가니라"(행 12:17).

야고보가 예루살렘 교회의 최고책임자였기 때문에 그에게 알려주라고 한 것입니다. 또, 갈라디아서 1장 18-19절을 보면, 다른 사도들이 예루살렘을 떠나고 난 뒤에도 야고보가 예루살렘 교회를 지키고 있는 것을 보게 됩니다.

"그 후 삼 년 만에 내가 게바를 방문하려고 예루살렘에 올라가서 그와 함께 십오 일을 머무는 동안 주의 형제 야고보 외에 다른 사도들을 보지 못하였노라."

이런 모든 정황들을 보면 야고보가 예루살렘 교회의 담임목사였던 것을 알 수 있습니다. 물론 오늘날과 같은 담임목사의 개념은 아닐 수 있습니다. 그러나 예루살렘 교회를 지키면서 그곳에 있는 성도들을 돌아보고, 목양하고, 감독하는 역할을 야고보가 한 것은 틀림없습니다. 물론 사도 베드로가 있기는 했지만, 그는 여러 지역을 돌아다니면서 여러 교회를 돌보는 역할을 한 것 같고, 예루살렘 교회를 전적으로 맡아서 사역을 한 사람은 야고보였습니다.

이런 이유 때문에 사도 바울은 야고보에게 가서 하나님께서 어떻게 자신을 통해 역사하셨는지를 보고합니다. 그리고 그 자리에는 '장로들'도 있었습니다. 여기서 말하는 장로들은 교회의 지도자들을 말하는 것입니다. 당시 교회의 지도자들은 대부분 사도였습니다. 사도들을 지금 장로라고 표현하고 있는 것입니다. 베드로전서 5장 1절에서 사도 베드로는 '나는 함께 장로 된 자'라고 했습니다. 요한2서 1절과 요한3서 1절에서 사도 요한은 자신을 '장로'라고 소개했습니다. 초대 교회에서는 사도들이 다 장로였습니다. 그들이 다 교회의 지도자였다는 것입니다. 그래서 바울은 그들에게 보고를 했습니다. 바울의 보고를 들은 그들은 하나님께 영광을 돌렸습니다.

그런데 바울은 자신에 대한 이상한 소문을 그들로부터 듣게 됩니다.

"그들이 듣고 하나님께 영광을 돌리고 바울더러 이르되 형제여, 그대도 보는 바에 유대인 중에 믿는 자 수만 명이 있으니 다 율법에 열성을 가진 자라. 네가 이방에 있는 모든 유대인을 가르치되 모세를 배반하고, 아들들에게 할례를 행하지 말고, 또 관습을 지키지 말라 한다 함을 그들이 들었도다"(20-21절).

바울이 유대인들에게 "모세를 배반하고, 할례를 행하지 말고 관습을 지키지 말라"고 했다는 것입니다. 물론 사실이 아닙니다. 바울이 유대인들에게 그렇게 말한 적이 없습니다.

바울은 디모데에게도 할례를 받게 한 사람입니다(행 16:3). 자신도 나실인의 서약을 하고 지켰던 적이 있습니다(행 18:18). 바울의 전도 전략은 유대인들에게는 유대인과 같이 되어 복음을 전하고, 이방인들에게는 이방인과 같이 되어 복음을 전하는 것입니다(고전 9:20-21).

그런 그가 율법을 고의로 어기거나, 율법을 지키지 않아도 된다고 유대인들에게 말한 적이 없습니다. 그런데 사람들은 바울에 대해 그렇게 생각하고 있었다는 것입니다. 예루살렘 교회 장로들은 이런 사실을 알려주면서 바울에게 한 가지 제안을 합니다. 그것은 "율법에 따라 서원을 한 네 사람이 우리에게 있으니 당신은 그들과 함께 율법에 명시된 대로 행동을 하여 당신이 율법을 지키는 사람인 것을 보여 주라"는 것입니다.

"우리가 말하는 이대로 하라. 서원한 네 사람이 우리에게 있으니 그들을 데리고 함께 결례를 행하고 그들을 위하여 비용을 내어 머리를 깎게 하라. 그러면 모든 사람이 그대에 대하여 들은 것이 사실이 아니고 그대도 율법을 지켜 행하는 줄로 알 것이라"(23-24절).

사도 바울이 그 말씀에 순종을 합니다.

"바울이 이 사람들을 데리고 이튿날 그들과 함께 결례를 행하고 성전에 들어가서 각 사람을 위하여 제사 드릴 때까지의 결례 기간이 만기 된 것을 신고하니라"(26절).

이런 것을 보면 사도 바울은 참으로 겸손한 사람입니다. 우리 같으면 '무슨 쓸데없는 소리를 하느냐'고 화를 냈을지도 모릅니다. 그런데 바울은 장로들의 말에 순종했습니다. 그들이 하라는 대로 했습니다. 사실 하지 않아도 상관없습니다. 오해 좀 받으면 어떻습니까. 그러나 바울은 복음전도에 거침돌이 되지 않으려고 순종을 한 것입니다.

오늘날 그리스도인이라고 하면서도 실제로는 복음전도에 거침돌이 되는 사람들이 참 많습니다. '나는 OO다'라는 인터넷방송 프로그램의 진행자 김OO씨도 그런 사람이라고 할 수 있습니다. 그는 목사의 아들이고 자신도 목사가 되려고 하는 사람입니다. 그런데 방송을 통하여 기독교를 비하하고 모독까지 합니다. 그가 진행하는 방송은 욕 투성이라고 합니다. 찬송가를 개사해서 현 정부를 비난하는 내용으로 바꿔 부르기도 합니다. 이런 사람을 보고 누가 예수를 믿겠습니까. 이 사람뿐 아니라 오늘날 복음전도에 거침돌이 되는 사람들이 너무 많은 것을 보게 됩니다. 믿지 않는 사람들과 대화를 해보면, "예수 믿는 누구누구 때문에 나는 예수 안 믿는다"는 말을 참 많이 듣습니다. 예수 믿는다고 하면서 덕이 되지 못하는 어느 한 사람 때문에 예수 믿고 구원받아야 할 사람들이 점점 복음으로부터, 교회로부터 멀어지고 있다는 것을 우리는 알아야 합니다.

사랑하는 여러분! 복음에 거침돌이 되지 마시고 디딤돌이 되시기 바랍니다. 사도 바울은 복음전도에 거침돌이 되지 않기 위해서 하지 않아도 되는 일도 기꺼이 했습니다. 어떻게든 복음의 디딤돌이 되려고 노력했습니다. 고린도전서 9장 27절에서 사도 바울은 "내 몸을 쳐 복종하게 한다"고 했습니다. 왜 그렇게 했을까요? 복음에 거침돌이 되지 않기 위해서였습니다. 갈라디아서 2장 20a절에서 그는 "내가 그리스도와 함께 십자가에 못 박혔나니 그런즉 이제는 내가 사는 것이 아니요 오직 내 안에 그리스도께서 사시는 것이라"고 고백했습니다. 그는 복음에 거침돌이 되지 않기 위해 날마다 자신을 십자가에 못 박았습니다.

우리도 바울처럼 날마다 자신을 쳐 복종시키고, 날마다 그리스도 안에서 죽는 삶을 살아갑시다. 그렇게 함으로 우리를 통해 그리스도가 높임 받고, 주님 나라가 확장되게 합시다.

"나는 주 예수의 이름을 위하여 결박당할 뿐 아니라 예루살렘에서 죽을 것도 각오하였노라"(13b절).

우리도 이런 각오로 삽시다.

35. 이것이 나의 간증이요

(행 21:27-22:29)

35. 이것이 나의 간증이요 (행 21:27-22:29)

'간증'이라는 말을 사전에서 찾아보면 '기독교인이 자기의 신앙적인 체험을 고백하여 밝히는 것'이라고 되어 있습니다. 간증은 자신의 신앙적인 체험에서 나오는 것이기 때문에 대단한 힘이 있습니다.

우리 교회의 월간 전도지 '새삶'에 실리는 간증들을 읽어보면 정말 은혜가 됩니다. 왜 은혜가 되는가 하면 그들의 글은 그들의 체험에서 나왔기 때문입니다. 지금까지 '새삶'을 통해 많은 간증이 소개되었는데 제 기억에 남는 간증 중의 하나가 김춘자 자매님의 간증입니다. 간증의 제목은 '빈손으로 가는 인생'입니다.

'빈손으로 가는 인생' - 목사님의 설교를 들으면서 모든 것이 덧없다는 것을 다시 한 번 깨닫게 된다. 18년 전, 떠올리기조차 어렵던 나의 모습이 어제 일처럼 스쳐 지나간다.

스물넷. 결혼은 나에게 있어 세상에 부러울 것 없는 시작이었다. 가정적인 남편, 좋은 집과 큰 차, 두 아들과 많은 돈…. 그것들은 내가 가지고 있던 세상의 전부였고, 나는 그 세상을 지키기 위해 안간힘을 쓰며, 내가 가진 세상 밖의 일에는 전혀 관심이 없었다.

서른하나. 맑게 갠 하늘에 아주 커다란 먹구름이 찾아왔다. 그토록 가정적이던 남편이 도박에 손을 대면서 삶은 지옥으로 변해갔다. 남편을 제자리에 앉히기 위해 나는 2년 동안 내가 아닌 거친 여자로 살아가게 되었다. 그렇게 남편과의 갈등과 고통으로 몸부림치던 어느 날, 내 몸에 이상증세가 있다는 것을 발견하게 되었다. 위암 진단! 3개월을 넘기기 힘들 거라는 청천벽력 같은 사형선고를 받게 된다.

‘이제 서른하고도 한 살인데, 내가 죽게 되다니….’

믿을 수 없었지만 어린 두 아들을 바라보며 죽음을 준비해야만 했다.

‘사람이 죽으면 천국과 지옥이 있다고 하던데….’

무심코 들었던 말이 떠올라 나는 두려워졌다. 3개월을 넘기기 어렵다고 했지만 나는 위를 모두 절제하는 수술을 했고, 항암치료를 받게되었다. 숨 쉬는 것조차 힘들어서 눈물로 하루하루를 보내고 있을 무렵, 동네 아주머니로부터 예수님에 대해 듣게 되었다. 무조건 붙잡고 싶어서 예수님께 살려달라고 몸부림치며 울었다. 그리고 그 아주머니의 인도로 교회에 나가게 되었다. 나 때문에 예수님께서 돌아가셨다는 놀라운 사실을 안 후, 나는 곧 예수님을 내 마음에 영접하게 되었다. 영접함과 동시에 나에게 주어지는 것은 천국! 그것은 하나님의 선물이지 어떤 행위가 아니라는 사실이 나의 마음을 기쁘게 했고, 그날 이후로 죽음은 더 이상 나에게 두려움의 대상이 아니었다…. 나의 마음은 새롭게 되었고, 삶이 어렵고 고달프지만 준비된 마음으로 주일을 기다리며, 사모하는 마음을 갖게 되었다. 하루에도 몇 번씩 죽음을 경험하는 생활과 여전히 도박하는 남편과의 갈등 속에서 나는 아내와 어머니의 자리를 지켜내야만 했다. 나는 지혜롭게 잘 이겨나갈 수 있도록 기도하면서 눈물은 하나님께만 보였다. 그럴 때마다 주님은 말씀으로 위로하시며 남편의 영혼을 위해 기도하라는 말씀을 주셨다.

마흔아홉. 나는 살아있다. 나는 지금 빈손이지만 스물네 살 때 가졌던 많은 것들이 부럽지 않다. 이 시간에도 내 빈손에 끊임없이 부어주시는 하나님의 사랑과 은혜가 넘쳐흐르기 때문이다….

간증이 복이 되지 않습니까? 저의 전도 칼럼집 「말하지 아니할 수 없습니다」에 실려 있는 간증이기도 합니다. 왜 이 간증이 은혜가 되는 줄 아십니까? 지어낸 이야기가 아니라 진짜 이야기이기 때문입니다.

한 성도의 간증을 들어도 이렇게 좋은데, 사도 바울의 간증을 들을 수 있다면 얼마나 더 좋겠습니까. 정말 신나는 일이겠지요. 사도 바울이 누구입니까? 기독교 역사 가운데 가장 위대한 그리스도인이라 할 수 있는 분입니다. 기독교 역사상 가장 탁월한 전도자라 할 수 있는 분입니다. 이런 분의 간증을 들을 수 있다면 보통 큰 축복이 아닐 것입니다. 그런데 그의 간증을 들을 수 있는 방법이 있습니다. 본문 3-21절 말씀이 바로 사도 바울의 간증입니다.

간증을 하게 된 배경과 간증 내용, 그리고 간증을 들은 사람들의 반응을 살펴보면서 우리가 얻을 수 있는 교훈이 무엇인지 생각해보겠습니다.

먼저 간증을 하게 된 배경부터 살펴보겠습니다.

지금 사도 바울은 선교여행을 마치고 예루살렘에 와있습니다. 때는 오순절 기간입니다. 본문에는 오순절에 대한 언급이 안 나오지만, 사도행전 20장 16절을 보면 사도 바울이 오순절 전에 예루살렘에 도착하려고 서두르는 것이 나옵니다. 오순절 기간에는 모든 유대인들이 다 예루살렘으로 모입니다. 그러다 보니 예루살렘은 지금 사람들로 넘쳐나고 있습니다. 그런데 아시아에서 온 어떤 유대인들이 바울이 성전에 있는 것을 보고 갑자기 그를 붙잡아 공격하기 시작합니다. 바울이 성전을 더럽힌 사람이라는 것입니다.

"그 이레가 거의 차매 아시아로부터 온 유대인들이 성전에서 바울을

보고 모든 무리를 충동하여 그를 붙들고 외치되 이스라엘 사람들아,
도우라. 이 사람은 각처에서 우리 백성과 율법과 이곳을 비방하여 모
든 사람을 가르치는 그 자인데 또 헬라인을 데리고 성전에 들어가서
이 거룩한 곳을 더럽혔다 하니"(21:27-28).

사람들이 사도 바울을 붙들어 공격하는데, 그 이유가 율법을 모독
하고 성전을 더럽혔다는 것입니다. 그런데 이것은 사실이 아닙니다. 사
도 바울은 그런 적이 없습니다. 그런데 왜 공격을 하는가 하면 그들의
잘못된 추측 때문입니다.

"이는 그들이 전에 에베소 사람 드로비모가 바울과 함께 시내에 있
음을 보고 바울이 그를 성전에 데리고 들어간 줄로 생각함이러라"
(21:29).

그들은 바울과 드로비모라는 이방 사람이 함께 예루살렘 시내에 있
는 것을 보았습니다. 그리고 그것을 근거로 추측을 했습니다. '틀림없
이 성전에도 데리고 들어갔을 거야.' 그리고는 바울을 공격한 것입니
다.

여기서 우리는 사람들의 특성 한 가지를 배울 수 있습니다. 사람들
은 넘겨짚기를 잘하고, 오해를 잘한다는 것입니다. 사람들은 논리적인
것 같지만 비논리적일 때가 참 많습니다. 바울이 드로비모와 예루살렘
시내에 있는 것을 보았다고 해서 왜 성전에 데리고 들어갔을 거라고
생각했을까요? 그냥 넘겨짚은 것입니다. 오해한 것입니다. 절대로 사
실이 아닌데도 말이지요.

오늘날에도 사람들이 그런 식으로 넘겨짚기를 잘하고 오해를 잘합
니다. 그래서 잘못된 결론을 내립니다. 진화론도 그런 경우라고 볼 수
있습니다. 진화론을 믿는 사람들은 유인원이 진화해서 사람이 되었다

고 생각합니다. 진화의 과정을 보여주는 그림, 한 번쯤 본 기억이 나시지요? 그런데 진화론은 확실한 증거가 있는 것이 아니라 사람들의 추측일 뿐이라는 것을 잊어서는 안 됩니다. 뼈 조각 몇 개 발견된 것을 가지고 과학자들이 상상을 한 것입니다. 이런 것을 보면 사람이 얼마나 비과학적이고 비논리적인 줄 모릅니다. 진화론이 과학적인 것처럼 보이지만 사실은 전혀 그렇지 않습니다. 과학자들의 상상과 추측에서 나온 가설일 뿐입니다.

우리는 그런 사람이 되면 안 되고, 항상 사실과 진실을 추구하는 사람이 되어야 합니다. 사람들은 넘겨짚기를 잘하고, 오해를 잘합니다. 사람들의 이런 특성 때문에 사도 바울은 사람들로부터 엄청나게 시달렸습니다. 본문을 보면 온 성이 난리입니다. 소동을 잠재우려고 군대가 출동했습니다. 그리고 군대가 출동했기 때문에 사도 바울은 목숨을 건질 수 있었습니다.

"온 성이 소동하여 백성이 달려와 모여 바울을 잡아 성전 밖으로 끌고 나가니 문들이 곧 닫히더라. 그들이 그를 죽이려 할 때에 온 예루살렘이 요란하다는 소문이 군대의 천부장에게 들리매 그가 급히 군인들과 백부장들을 거느리고 달려 내려가니 그들이 천부장과 군인들을 보고 바울 치기를 그치는지라"(21:30-32).

만약 군대가 출동하지 않았다면 사도 바울은 그 자리에서 죽었을지 모릅니다. 군대의 출동으로 바울은 목숨을 건지게 되었습니다. 그런데 그 다음 절이 잘 이해되지 않습니다.

"이에 천부장이 가까이 가서 바울을 잡아 두 쇠사슬로 결박하라 명하고"(33절).

천부장이 바울에게 와서 한 행동은 바울을 잡아 두 쇠사슬로 결박한 것입니다. 천부장은 왜 자세한 것을 알아보지도 않고 결박부터 했을까요? 모든 사람이 사도 바울이 잘못됐다고 하니까 그렇게 한 것입니다.

여기서도 사람들의 어떤 특성을 볼 수 있습니다. 사람들은 다수의 의견 따르기를 좋아한다는 것입니다. 많은 사람들이 가는 곳으로 가려고 합니다. 많은 사람의 선택이 옳을 것이라고 생각합니다. 그런데 그렇습니까? 그렇지 않을 때도 많습니다. 다수가 항상 옳은 것이 아닙니다. 갈릴레오 갈릴레이가 지동설(地動說)을 주장했을 때, 그 당시 대부분의 사람들은 천동설(天動說)을 믿고 있었습니다. 그런 상황 속에서 갈릴레오가 "지동설이 맞다. 태양을 중심으로 지구가 도는 것이지, 지구를 중심으로 천체가 도는 것이 아니다"라고 했을 때 사람들은 그의 말을 믿지 않았습니다. 그런데 결국 누가 맞았습니까? 갈릴레오가 맞았습니다.

오늘날 많은 사람들이 하나님을 믿지 않습니다. 천국과 지옥도 믿지 않습니다. 그런데 많은 사람들이 그렇게 믿는다고 그것을 따라가면 안 됩니다. 항상 다수가 옳은 것이 아닙니다. 예수님은 마태복음 7장 13-14절에서 "좁은 문으로 들어가라. 멸망으로 인도하는 문은 크고 그 길이 넓어 그리로 들어가는 자가 많고, 생명으로 인도하는 문은 좁고 길이 협착하여 찾는 자가 적음이라" 하셨습니다. 다수가 항상 옳은 것이 아닙니다. 맞을 수도 있지만, 항상 옳은 것은 아니라는 것을 잊지 마십시오.

이렇게 해서 바울은 붙잡혀 조사를 받게 됩니다.

"바울이 층대에 이를 때에 무리의 폭행으로 말미암아 군사들에게 들려가니 이는 백성의 무리가 그를 없이하자고 외치며 따라 감이러라.
바울을 데리고 영내로 들어가려 할 그 때에 바울이 천부장에게 이르되
내가 당신에게 말할 수 있느냐. 이르되 네가 헬라 말을 아느냐”
(21:35-37).

그 당시에는 헬라어가 세계적으로 통용되는 말이었고, 많은 사람이
헬라어를 했지만 그렇다고 모든 사람이 다 헬라어를 유창하게 말할
수 있었던 것은 아닙니다. 오늘날에는 영어가 세계적인 통용어이고, 영
어를 할 줄 아는 사람이 많지만 모든 사람이 다 영어를 잘하는 것은
아닌 것과 마찬가지입니다. 그런데 바울이 헬라어로 “당신에게 말 좀
할 수 있겠습니까?”라고 하니까 천부장이 ‘헬라어는 아무나 할 수 있
는 말이 아닌데…, 배운 사람만 할 수 있는 건데…’라고 생각하면서
“네가 헬라 말을 아느냐?”라고 묻습니다.

그런데 잠시 후, 바울이 유대인들에게 말할 때는 히브리어로 말을
합니다.

“바울이 층대 위에 서서 백성에게 손짓하여 매우 조용히 한 후에 히
브리 말로 말하니라”(21:40).

“그들이 그가 히브리 말로 말함을 듣고 더욱 조용한지라”(22:2).

왜 바울은 천부장에게는 헬라어로 말하고, 유대인들에게는 히브리
어로 말했을까요? 스펙을 중요시하고, 동질성을 중요시하는 사람들
의 특성을 그가 알고 있었기 때문입니다.

‘스펙’이 무엇인지 아시지요? 영어 ‘specification’의 줄임말인데,
‘specification’은 ‘자세한 설명서, 명세서’라는 뜻입니다. 젊은이들이
취직을 할 때 이력서에 써 넣으면 도움이 될 만한 모든 것을 소위 ‘스
펙’이라고 합니다. 예를 들면 좋은 학점, 좋은 토익 점수, 해외연수 경

험, 자격증 등입니다.

헬라어를 유창하게 할 수 있었던 것은 사도 바울의 스펙이라 할 수 있습니다. 그의 스펙을 보고 천부장은 바울에게 말할 기회를 주었습니다. 오늘날 우리도 전도를 더 유력하게 하기 위해서 '스펙'이 있으면 좋습니다. 그래서 그리스도인들은 더 실력을 쌓고, 더 유능해질 필요가 있습니다. 실력을 많이 쌓아서 높은 지위에 올라가면 올라갈수록 전도는 그만큼 더 유력해집니다.

또 동질성을 활용해도 전도에 도움이 될 수 있습니다. 왜 바울이 유대인들에게는 히브리어로 말했을까요? 동질성을 강조하기 위해서였습니다. '당신들은 히브리어를 하는 유대인이 아니냐. 나도 히브리어를 하는 유대인이다.' 이것을 강조하기 위해 바울은 히브리어로 말한 것입니다.

우리도 전도를 할 때, 같은 고향 사람에게는 고향 사투리도 써가면서 전도를 하면 훨씬 더 잘될 수 있습니다. 같은 학교 출신에게는 학교 이야기를 해가면서 전도를 하면 훨씬 더 잘될 수 있습니다.

우리는 사도 바울을 통해서 이런 것을 배워야 합니다. 바울처럼 스펙도 쌓아야 하고, 동질성도 활용할 줄 알아야 합니다. 사람들은 어쩔 수 없이 스펙을 중요하게 생각하고, 동질성에 끌리기 때문입니다. 사도 바울의 전도전략이 바로 그런 것이었습니다. 유대인에게는 유대인처럼, 이방인에게는 이방인처럼, 배운 사람에게는 배운 사람처럼, 못 배운 사람에게는 못 배운 사람처럼…. 이런 식으로 바울은 사람들에게 다가갔습니다. 동질성을 최대한 활용하는 것이 그의 전도전략이었습니다. 우리도 이런 지혜를 써서 전도할 줄 알아야 합니다.

이제 바울은 자기 동족 이스라엘 사람들 앞에서 자신의 간증을 하게 됩니다. 간증의 내용을 보면 먼저 자기 자신을 소개했습니다.

"나는 유대인으로 길리기아 다소에서 났고, 이 성에서 자라 가말리엘의 문하에서 우리 조상들의 율법의 엄한 교훈을 받았고, 오늘 너희 모든 사람처럼 하나님께 대하여 열심이 있는 자라"(22:3).

사도 바울은 자신이 유대인이고, 길리기아 다소 출신이라고 했습니다. 길리기아 다소는 오늘날 터키의 중남부 지역에 위치한 도시입니다.

〈지도12〉

〈지도12〉를 보면 길리기아라고 하는 지방이 있고, 그곳에 다소라는 도시가 있습니다. 그 당시 다소는 굉장히 발달한 도시였습니다. 본문 21장 39절에도 보면 '소읍이 아닌 길리기아 다소 시'라고 했습니다. 오늘날로 하면 서울이나 뉴욕처럼 큰 도시였습니다. 이렇게 발달한 도시에서 사도 바울은 태어났습니다. 하지만 자라기는 예루살렘에서

자랐습니다. 3절에 그렇게 나옵니다. 3절의 '이 성'은 예루살렘 성을 말합니다. 바울의 부모님이 아들을 예루살렘으로 유학을 보낸 것 같습니다. 그리고 예루살렘에 와서는 '가말리엘의 문하에서' 공부했습니다. 가말리엘에 대해서는 사도행전 5장 34절에도 나오는데, 그는 당시 유대인들에게 가장 존경받는 랍비였습니다. 그리고 사울(사도 바울의 원래 이름)은 율법에 아주 열심 있는 자가 되었습니다. 어느 정도로 열심이었는가 하면 예수 믿는 사람들을 잡아 죽일 정도로 열심이었습니다.

"내가 이 도를 박해하여 사람을 죽이기까지 하고 남녀를 결박하여 옥에 넘겼노니 이에 대제사장과 모든 장로들이 내 증인이라"(22:4-5a).

'이 도'란 기독교, 즉 예수 그리스도의 복음을 말하는 것입니다. 율법주의자의 시각으로 기독교를 보고 복음을 보니 이것은 이단입니다. 그래서 그는 열심히 교회를 핍박했습니다. 그런 그가 어떻게 예수님을 믿게 되었을까요? 이제 거기에 대해 설명을 합니다.

"또 내가 그들에게서 다메섹 형제들에게 가는 공문을 받아 가지고 거기 있는 자들도 결박하여 예루살렘으로 끌어다가 형벌 받게 하려고 가더니, 가는 중 다메섹에 가까이 갔을 때에 오정쯤 되어 홀연히 하늘로부터 큰 빛이 나를 둘러 비치매 내가 땅에 엎드려져 들으니 소리 있어 이르되 사울아, 사울아, 네가 왜 나를 박해하느냐 하시거늘 내가 대답하되 주님 누구시니이까 하니 이르시되 나는 네가 박해하는 나사렛 예수라 하시더라"(22:5b-8).

예수 믿는 사람들을 잡으러 다메섹으로 가다가 박해자 사울이 부활하신 예수 그리스도를 만났습니다. 그때까지만 해도 사울은 예수를 죽은 사람으로만 알고 있었습니다. 그런데 예수가 빛 가운데 자기 앞에 나타나신 것입니다. 이 사건을 계기로 박해자 사울은 그리스도인이 되었고, 예수 그리스도의 부활의 복음을 전하는 전도자로 살아가게 됩니다.

바울은 하나님께서 그에게 주신 사명에 대해서도 설명했습니다.

"그가 또 이르되 우리 조상들의 하나님이 너를 택하여 너로 하여금 자기 뜻을 알게 하시며, 그 의인을 보게 하시고, 그 입에서 나오는 음성을 듣게 하셨으니 네가 그를 위하여 모든 사람 앞에서 네가 보고 들은 것에 증인이 되리라"(22:14-15).

아나니아가 사울에게 하나님의 뜻을 전달하는 내용입니다. 21절에는 하나님께서 직접 말씀하신 내용도 나옵니다.

"나더러 또 이르시되 떠나가라. 내가 너를 멀리 이방인에게로 보내리라 하셨느니라"(22:21).

이렇게 해서 바울은 복음을 전하는 사람이 되었고, 그렇게 되다 보니 "지금 내가 여러분 앞에 이렇게 서게 되었습니다"라고 말하는 것입니다. 그런데 사람들은 그의 말을 믿지 않고 계속 죽이려고 합니다.

"이 말하는 것까지 그들이 듣다가 소리 질러 이르되 이러한 자는 세상에서 없애 버리자. 살려 둘 자가 아니라 하여 떠들며 옷을 벗어 던지고 티끌을 공중에 날리니"(22:22-23).

바울의 말을 듣고 유대인들은 예수님을 믿은 것이 아니라 오히려 더 강퍅해진 것을 보게 됩니다. 여기서도 우리는 사람들에 대해서 또 한 가지를 배울 수 있습니다. 그것은 사람들은 자기가 믿고 싶은 것만 믿는다는 것입니다. 진실을 믿으려 하기보다도 자기가 믿고 싶은 것만 믿는 것이 사람입니다. 바울이 한 말은 충분히 믿을만한 증거가 있습니다. 사도 바울이 부활하신 예수를 빛 가운데서 만났다고 했는데, 빛 가운데서 만났기 때문에 그의 눈이 멀어 버린 것입니다. 그 말씀이 22장 11절에 나옵니다.

"나는 그 빛의 광채로 말미암아 볼 수 없게 되었으므로 나와 함께 있는 사람들의 손에 끌려 다메섹에 들어갔노라."

왜 부활하신 예수님은 제자들에게 나타나신 것처럼 나타나지 않으시고, 박해자 사울에게는 빛 가운데 나타나셨을까? 만약 사울의 눈이 멀지 않았다면 아무도 그의 말을 믿지 않았을 것이기 때문입니다. "네가 헛것을 보았겠지. 헛것을 보고 죽은 예수를 봤다고 하는 거겠지." 틀림없이 그렇게 말했을 것입니다. 그런데 눈까지 멀었으니 강력한 빛을 본 것이 확실합니다. 그리고 변화된 그의 삶을 보면 증거가 너무나 분명합니다. 지금까지 사울은 예수 믿는 사람들을 박해하는 사람이었습니다. 예수님을 믿을 아무런 이유가 없는 사람입니다. 그런데 그가 왜 갑자기 예수 믿는 사람이 되었을까요? 부활하신 예수님을 그가 정말 만났기 때문입니다. 이 정도면 증거가 충분하지 않습니까? 그런데도 사람들은 그의 말을 믿지 않았습니다. 그 이유는 증거가 부족해서가 아니라 믿고 싶지 않아서였습니다.

믿고 싶은 것만 믿는 것은 오늘날도 마찬가지입니다. 천안함 폭침 사건이 있은 지 만 2년이 지났습니다. 그런데 2년이 지난 오늘날에도 여전히 그것을 북한의 소행으로 믿지 않는 사람들이 많습니다. 그 이유가 무엇일까요? 증거가 부족해서입니까? 아닙니다. 나온 증거들을 보면 북한의 소행이 틀림없습니다. 그런데도 왜 믿지 않느냐? 믿고 싶지 않기 때문입니다. 이와 같이 사람들은 자기가 믿고 싶은 것만 골라서 믿는 특성이 있습니다.

당신은 어떤 종류의 사람입니까? 당신도 믿고 싶은 것만 골라서 믿는 사람입니까? 그런 사람 되지 마시고, 항상 사실을 추구하고 진실을 믿는 사람이 되시기를 바랍니다. 믿고 싶은 것만 골라서 믿는 사람은 어리석은 사람입니다. 예수님의 부활에는 충분한 증거가 있습니다. 예수님의 빈 무덤이 그것을 증거하고, 제자들의 변화된 삶이 그것을 증거하며, 사도 바울의 변화된 삶이 예수님의 부활을 확실히 증거하고 있습니다.

아직 예수님을 믿지 않고 계시다면 예수님을 믿으시기 바랍니다. 예수님 믿을 때에 영생의 소망이 있고, 천국의 소망이 있습니다. 예수님은 당신의 죄를 위해서 돌아가셨고, 3일 만에 다시 살아나셨습니다. 예수님을 믿고 계시다면 어떻게 해서라도 복음을 전하는 삶을 사시기 바랍니다.

본문을 조금 더 보면 사도 바울은 결국 자기 자신이 로마 시민인 것을 천부장에게 밝힙니다. 미리 밝혔다면 고생을 덜 했을 것입니다. 맞을 거 다 맞고, 고생할 거 다 하고 나서 밝혔습니다. 왜 그랬을까요? 조금이라도 더 유리한 자리를 확보하고 나서 복음을 전하려고 그렇게 한 것입니다. 22장 29절을 보면 그런 것을 알 수 있습니다.

"심문하려던 사람들이 곧 그에게서 물러가고 천부장도 그가 로마 시민인 줄 알고 또 그 결박한 것 때문에 두려워하니라."

그 시절에는 로마시민을 함부로 다룰 수 없었습니다. 이제 천부장은 바울에게 한 가지 약점을 잡힌 것입니다. 사도 바울이 상부에 보고하면 천부장은 해임될 수도 있습니다. 그것을 알고 바울이 그 상황을 이용하는 것입니다. 그래서 천부장은 바울의 결박을 풀어주게 되고,

바울은 공회 앞에 당당하게 서서 하나님의 말씀을 전하게 됩니다. 사도 바울은 전도를 위해서라면 무엇이든지 활용했습니다.

당신에게는 무엇이 있습니까? 당신이 가진 모든 것을 복음 전하는 도구로 사용하시기 바랍니다. 학벌이 좋습니까? 그 학벌을 가지고 복음 전하는데 사용하십시오. 재물이 많습니까? 그 재물을 복음 전도를 위해 사용하십시오. 남에게 없는 재능이 있습니까? 어떤 스펙이 있습니까? 그것도 전도의 도구로 활용하시기 바랍니다. 사도 바울은 "살든지 죽든지 내 몸에서 그리스도가 존귀하게 되기를 원한다"고 했습니다. 그러면서 "이는 내게 사는 것이 그리스도니 죽는 것도 유익하다"고 했습니다(빌 1:20b-21). 바울의 삶의 목적은 오직 전도였습니다. 어떻게 하면 복음을 더 유력하게 전할 수 있을까? 그것이 그의 주 관심사였습니다. 우리도 그런 삶을 살아갑시다.

36. 도우시는 하나님

(행 22:30-23:32)

36. 도우시는 하나님 (행 22:30-23:32)

이 세상을 살아가면서 우리는 알게 모르게 하나님의 도우심을 받습니다. "나는 지금까지 한 번도 하나님의 도우심을 받은 적이 없다"고 말할 수 있는 사람이 있을까요? 없습니다. 하나님의 도우심이 있었기에 어려운 시간들도 이겨낼 수 있었고, 지금 이 시간 이 자리까지 온줄 믿습니다. 이런 하나님의 도우심을 생각하면서 시편 121편의 저자는 이렇게 노래했습니다.

"내가 산을 향하여 눈을 들리라. 나의 도움이 어디서 올까. 나의 도움은 천지를 지으신 여호와에게서로다"(시 121:1-2).

사도 바울은 이런 고백을 했습니다.

"우리가 그를 힘입어 살며 기동하며 존재하느니라"(행 17:28a).

그렇습니다. 우리는 다 하나님의 도우심을 받으며 살아가는 존재입니다. 하나님은 우리를 도우시는 분입니다. 본문을 읽어보면 그런 것을 더 강하게 느낄 수 있습니다. 본문에서 사도 바울은 공회 앞에서 말을 하고, 어려움을 당하고, 죽음의 위협을 당합니다. 그런데 하나님께서 그를 지켜주시고 보호해 주십니다. 구체적으로 어떤 일이 있었는지 본문을 살펴보면서 우리에게 주시는 교훈을 생각해보겠습니다.

먼저 23장 1절을 보겠습니다.

"바울이 공회를 주목하여 이르되 여러분 형제들아 오늘까지 나는 범사에 양심을 따라 하나님을 섬겼노라 하거늘."

사도 바울이 공회 앞에 섰습니다. 그리고 공회원들 앞에서 "나는 범사에 양심을 따라 하나님을 섬겼다"고 증언합니다. 이 말은 '나는 양심에 거리끼는 일을 하지 않으면서 하나님을 섬겼다'는 뜻입니다. 윤동주 시인이 쓴 '서시'에 "죽는 날까지 하늘을 우러러 한 점 부끄럼이 없기를, 잎새에 이는 바람에도 나는 괴로워했다"는 말이 있습니다. '하늘을 우러러 한 점 부끄럼이 없기를' 하는 표현처럼 사도 바울도 하나님을 그렇게 섬겼다는 것입니다. 당신은 지금 하나님을 그렇게 섬기고 계십니까? 하나님을 섬길 때는 그렇게 섬겨야 합니다. 양심을 따라서 섬겨야 합니다. 그런데 보면 양심 없는 그리스도인들도 꽤 많은 것 같습니다.

얼마 전에 제가 사는 아파트 주차장에서 장애인마크가 없는 차량이 장애인전용 주차공간에 주차된 것을 본 적이 있습니다. 그런데 그 차량의 주인은 교회 다니는 사람이었습니다. 어떻게 알 수 있었는가 하면 그 차량의 운전석 바로 앞 창문 아래에 성경이 있었거든요. 믿지 않는 사람들이 그런 모습을 보면 예수님 믿는 사람들을 얼마나 욕하겠습니까. 정 급해서 주차를 잠시 할 것 같으면 성경이라도 좀 치워놓고 주차를 하든지…. 작은 예이지만 그리스도인은 그러면 안 됩니다. 그리스도인은 믿음도 있어야 하지만 양심도 있어야 합니다. 성경은 양심에 대해 참 많이 강조합니다.

"믿음과 착한 양심을 가지라. 어떤 이들은 이 양심을 버렸고 그 믿음에 관하여는 파선하였느니라"(딤전 1:19).

믿음과 무엇을 가지라고 했습니까? '착한 양심'을 가지라고 했습니다. 그러므로 그리스도인들은 믿음도 있어야 하지만 착한 양심도 있어야 하는 것입니다.

디모데전서 3장 9절에는 집사의 자격에 대해 말하면서 '깨끗한 양심에 믿음의 비밀을 가진 자라야' 한다고 했습니다. 여기서도 믿음과 양심을 함께 강조하고 있습니다.

사도 바울이 "나는 범사에 양심을 따라 하나님을 섬겼노라"라고 하자 대제사장이 "그 입을 치라"고 했습니다.

"대제사장 아나니아가 바울 곁에 서 있는 사람들에게 그 입을 치라 명하니"(23:2).

사도 바울이 틀린 말을 한 것도 아니고, 공회를 모독하는 말을 한 것도 아니며, 대제사장을 공격하는 말을 한 것도 아닙니다. 그런데 대제사장이 그 입을 치라고 하니 사도 바울이 얼마나 화가 나겠습니까. 그래서 바울이 "회칠한 담이여, 하나님이 너를 치시리로다. 네가 나를 율법대로 심판한다고 앉아서 율법을 어기고 나를 치라 하느냐"(23:3)라고 했습니다. 그랬더니 그 옆에 서있던 사람들이 바울에게 "네가 하나님의 대제사장에게 어떻게 그렇게 욕할 수 있느냐?"라고 했습니다. 그 말에 바울은 "나는 그가 하나님의 대제사장인 것을 알지 못했다"고 했습니다.

"바울이 이르되 형제들아 나는 그가 대제사장인 줄 알지 못하였노라. 기록하였으되 너의 백성의 관리를 비방하지 말라 하였느니라 하더라"(23:5).

여기에 대해서는 크게 두 가지 견해가 있습니다. 실제로는 사도 바울이 알고 있으면서 일부러 욕을 했다고 생각하는 사람들도 있고, 실제로 사도 바울은 그가 대제사장인줄을 모르고 욕했다고 생각하는 사람들도 있습니다. 어느 쪽이 맞는 것 같습니까? 저는 후자가 맞다고 생각합니다. 바울은 정말로 모르고 한 것 같습니다. 그것을 어떻게 알 수 있는가 하면 사도 바울은 시력이 안 좋은 사람이었기 때문입니다. 갈라디아서 6장 11절을 보면 "내 손으로 너희에게 이렇게 큰 글자로 쓴 것을 보라"는 말씀이 있습니다. 눈이 안 좋았으니까 큰 글자로 쓴 것입니다. 또 갈라디아서 4장 15b절에는 "너희가 할 수만 있었더라면 너희의 눈이라도 빼어 나에게 주었으리라" 하는 말씀도 있습니다. 이런 말씀들을 보면 사도 바울은 확실히 눈이 나쁜 사람이었습니다. 책을 너무 많이 봐서 눈이 나빠졌던 것 같습니다. 아니면, 밝은 빛 가운데서 주님을 만난 경험 때문에 생긴 후유증일 수도 있습니다.

결국 대제사장이 자리에 앉아있는데도 불구하고 저 사람이 대제사장인지 대제사장의 조수인지 알지 못하고 그냥 그렇게 말을 강하게 한 것입니다. 5b절을 보면 확실하게 사도 바울이 모르고 한 것을 알 수 있습니다.

"기록하였으되 너의 백성의 관리를 비방하지 말라 하였느니라 하더라."

하나님 말씀까지 인용하면서 "하나님 말씀에도 관리나 지도자를 비방하지 말라 그랬는데, 본의 아니게 내가 실수를 했습니다"라고 말하는 것입니다. 사도 바울은 정말 모르고 그런 것입니다. 여기서 우리는 사도 바울에 대해서 한 가지 배울 점이 있습니다. 그것은 그가 하나님의 말씀대로 살려고 노력한 사람이었다는 것입니다. 출애굽기 22장 28절에 "너는 재판장을 모독하지 말며 백성의 지도자를 저주하지 말지니라"는 말씀이 있습니다. 바울은 그 말씀을 실천하려고 노력했던 사람입니다.

기록에 의하면 아나니아 대제사장은 못된 사람입니다. 거만하고 탐욕스럽고, 거기다가 친 로마정책까지 폈으니 결국은 이스라엘 사람들의 미움을 받아 살해당하고 맙니다. 사도 바울을 재판하는 것만 보아도 우리는 그가 어떤 종류의 사람인지 대충 짐작할 수 있습니다.

무례하고 함부로 말하는 대제사장 아나니아가 사도 바울의 마음에도 들지 않았습니다. 그래도 그가 대제사장이니까, 하나님이 세운 사람이니까 예의를 갖췄습니다. 이런 것이 오늘날 우리가 배워야 할 점입니다. 오늘날은 권위에 대해서 존중하는 것이 없습니다. 권위에 도전합니다. 선생님의 권위도 땅에 떨어졌고, 대통령의 권위도 땅에 떨어졌습니다. 권위가 완전히 무너져 내렸습니다. 하지만 우리 그리스도인들은 권위를 존중할 줄 알아야 합니다. 왜냐하면 그것이 성경이 가르치는 것이기 때문입니다. 로마서 13장 1절은 이렇게 말합니다.

"각 사람은 위에 있는 권세들에게 복종하라. 권세는 하나님으로부터 나지 않음이 없나니 모든 권세는 다 하나님께서 정하신 바라."

권세에 복종하라고 했습니다. 또 베드로전서 2장 13-14절은 이렇게 말합니다.

"인간의 모든 제도를 주를 위하여 순종하되 혹은 위에 있는 왕이나 혹은 그가 악행하는 자를 징벌하고 선행하는 자를 포상하기 위하여 보낸 총독에게 하라."

이런 하나님의 말씀을 기억하면서, 세상 사람들은 몰라도 우리 그리스도인들만큼은 항상 권위를 존중할 줄 아는 사람이 됩시다. 어떤 정치인, 지도자가 내 마음에 안 든다고 해서 함부로 말하면 안 됩니다. 사도 바울도 대제사장이 마음에 안 들었지만 그가 누구인 것을 알고는 금방 자세를 바꿨습니다. 우리도 이렇게 할 수 있어야 합니다.

계속해서 보면, 사도 바울은 공회에서 복음 전할 분위기도 아니고, 잘못하다가는 로마로 가기 전에 예루살렘에서 죽을 수도 있겠다는 생각에서 지혜를 써서 공회를 빠져 나옵니다.

"바울이 그 중 일부는 사두개인이요, 다른 일부는 바리새인인 줄 알고 공회에서 외쳐 이르되 여러분 형제들아, 나는 바리새인이요 또 바리새인의 아들이라. 죽은 자의 소망 곧 부활로 말미암아 내가 심문을 받노라. 그 말을 한즉 바리새인과 사두개인 사이에 다툼이 생겨 무리가 나누어지니 이는 사두개인은 부활도 없고 천사도 없고 영도 없다 하고 바리새인은 다 있다 함이라. 크게 떠들새 바리새인 편에서 몇 서기관이 일어나 다투어 이르되 우리가 이 사람을 보니 악한 것이 없도다. 혹 영이나 혹 천사가 그에게 말하였으면 어찌 하겠느냐 하여 큰 분쟁이 생기니 천부장은 바울이 그들에게 찢겨질까 하여 군인을 명하여 내려가 무리 가운데서 빼앗아 가지고 영내로 들어가라 하니라"(23:6-10)

사도 바울이 바리새인과 사두개인 사이에서 분쟁을 일으켰습니다. 사두개인들은 부활도 안 믿고, 영도 안 믿는 사람들입니다. 거기에 비해 바리새인들은 부활도 믿고, 영도 믿습니다. 그것을 알고 사도 바울이 "나는 바리새인이요. 부활의 소망 때문에 지금 이렇게 심문을 당하고 있소"라고 했습니다. 이 말을 들은 바리새인들은 바울의 편에서, 사두개인들은 반대편에서 바울을 놓고 밀고 당기는 일이 벌어졌습니다. 바울의 몸이 찢겨질 위기에 처하자 천부장은 군사들을 보내어 사도 바울을 빼내오게 했습니다. 이렇게 해서 사도 바울은 공회를 빠져 나왔습니다. 이런 것을 보면 사도 바울은 지혜가 많은 사람입니다. 복음을 전할 수 있는 상황이다 싶으면 복음을 전하고, 아니다 싶으면 분란을 일으켜 그 상황에서 빠져나올 수 있는 지혜가 그에게 있었던 것입니다. 누가 그에게 이런 지혜를 주셨을까요? 하나님입니다.

우리도 이런 지혜가 한 번씩 필요한 것 같습니다. 우리가 겪는 고통 중에서 상당 부분은 사실 지혜가 부족하기 때문입니다. 지혜가 없기 때문에 건강도 잃습니다. 돈도 떼입니다. 인간관계도 금이 갑니다. 지혜가 있으면 말도 더 조심할 텐데, 지혜가 없다보니 말도 함부로 합니다. 그리고 그렇게 하다보니 가족 간의 관계도 금이 가고, 다른 인간관계도 금이 갑니다. 이런 것 외에도 지혜가 없으므로 곤란 당할 때가 얼마나 많습니까! 그래서 예수님은 "너희는 뱀 같이 지혜롭고, 비둘기 같이 순결하라"(마 10:16b)는 말씀을 하셨습니다. 믿는 사람들은 순결하기도 해야 하지만 뱀처럼 지혜롭기도 해야 합니다. 지혜는 없고 순결하기만 하면 그런 사람은 세상 사람들의 밥입니다. 세상은 그런 사람들을 노립니다. 그래서 예수님이 "너희는 비둘기처럼 순결하고, 뱀처럼 지혜로우라"고 하신 것입니다.

본문에서 바울이 그런 지혜를 발휘한 것입니다. 우리도 바울처럼 지혜롭게 살아갈 필요가 있습니다. 지혜가 부족하다고 생각되면 하나님께 기도합시다. 하나님께 기도하면 하나님께서 주시겠다고 야고보서 1장 5절에서 약속하고 계십니다. 지혜로운 사람이 되어서 어려움 당하지 마시고, 지혜로 어려움을 극복하는 사람이 됩시다.

그날 밤에 하나님께서 사도 바울을 위로해 주시고 격려해 주셨습니다.

"그 날 밤에 주께서 바울 곁에 서서 이르시되 담대하라. 네가 예루살렘에서 나의 일을 증언한 것 같이 로마에서도 증언하여야 하리라 하시니라"(11절).

이 말을 들은 사도 바울은 얼마나 힘이 났겠습니까. 이런 주님의 위로와 격려가 있었기에 바울은 시련과 환난 가운데서도 굴하지 아니하고 복음을 잘 전할 수 있었던 것입니다. 사도행전 18장을 보면 고린도에서도 큰 어려움을 당했는데 그 때도 주님께서 환상 가운데 나타나셔서 그를 위로해 주셨습니다.

"밤에 주께서 환상 가운데 바울에게 말씀하시되 두려워하지 말며 침묵하지 말고 말하라. 내가 너와 함께 있으매 어떤 사람도 너를 대적하여 해롭게 할 자가 없을 것이니 이는 이 성중에 내 백성이 많음이라 하시더라"(행 18:9-10).

또 사도행전 27장을 보면 바울을 태우고 로마로 가는 배가 풍랑을 만납니다. 사느냐 죽느냐 하는 기로에서 많은 사람들이 두려워하고 있을 때 하나님께서는 또 바울에게 말씀해 주십니다.

"바울아, 두려워하지 말라. 네가 가이사 앞에 서야 하겠고 또 하나님께서 너와 함께 항해하는 자를 다 네게 주셨다"(행 27:24).

이런 하나님의 위로와 격려는 오늘날 우리에게도 계속되고 있는 것을 아십니까? 살다 보면 낙심될 때가 있습니다. 두려울 때가 있습니다. 그럴 때 하나님께서 우리를 말씀으로 위로해 주시고 성령님을 통해서 격려해 주십니다. 그러므로 어렵고 힘들 때는 성경을 펴서 읽으시기 바랍니다. 성경을 읽으면 말씀이 당신을 위로해줄 것입니다.

저도 힘들고 어려울 때마다 성경을 읽는데, 얼마나 큰 힘이 되고 위로가 되는지 모릅니다. 그 위로와 격려가 있었기 때문에 지금까지 잘 견딜 수 있었습니다. 또 기도하면 성령님께서 위로해 주시고 격려해 주십니다.

삶이 힘들고 어려우십니까? 주님의 위로와 격려의 말씀을 들으시기 바랍니다. 그리고 힘내어서 담대하게 살아가시기를 바랍니다. 주님은 지금도 살아계십니다. 위로가 필요한 사람에게는 위로해 주시고, 격려가 필요한 사람에게는 격려해 주시는 분이 우리 주님이십니다.

주님의 위로와 격려도 있었지만 사탄의 위협과 공격도 계속되는 것을 보게 됩니다.

"날이 새매 유대인들이 당을 지어 맹세하되 바울을 죽이기 전에는 먹지도 아니하고 마시지도 아니하겠다 하고, 이같이 동맹한 자가 사십여 명이더라"(12-13절).

참으로 무서운 상황 아닙니까? 40여명의 사람들이 "바울을 죽이기 전에는 먹지도 아니하고 마시지도 아니하겠다" 맹세하고 그의 목숨을 노리고 있습니다. 이들의 계획은 바울을 다시 한 번 공회 앞으로 끌어내는 것입니다. 바울이 공회 앞으로 나올 때 숨어 있다가 죽이는 것이 그들의 계획입니다.

"이제 너희는 그의 사실을 더 자세히 물어보려는 척하면서 공회와 함께 천부장에게 청하여 바울을 너희에게로 데리고 내려오게 하라. 우리는 그가 가까이 오기 전에 죽이기로 준비하였노라 하더니"(15절)

그런데 그 계획을 사도 바울의 조카가 알게 됩니다. 그리고 바울에게 알려줍니다.

"바울의 생질이 그들이 매복하여 있다 함을 듣고 와서 영내에 들어가 바울에게 알린지라"(16절).

참 감사한 일 아닙니까? 누가 바울의 조카로 하여금 그들의 계획을 알게 해주셨을까요? 하나님이십니다. 사도 바울의 목숨을 하나님이 살려주셔야 하니까, 바울이 로마까지 가야 하니까, 그들의 계획을 바울의 조카에게 알게 해주신 것입니다. 그리고 바울은 그것을 천부장에게 알립니다.

"바울이 한 백부장을 청하여 이르되 이 청년을 천부장에게로 인도하라. 그에게 무슨 할 말이 있다 하니 천부장에게로 데리고 가서 이르되 죄수 바울이 나를 불러 이 청년이 당신께 할 말이 있다 하여 데리고 가기를 청하더이다 하매 천부장이 그의 손을 잡고 물러가서 조용히 묻되, 내게 할 말이 무엇이냐"(17-19절).

바울이 "이 청년을 천부장에게 좀 안내해 주십시오. 천부장에게 긴히 할 말이 있다고 합니다"라고 하면서 천부장에게까지 데려가게 합니다. 그런데 그 과정을 보면 백부장도 그렇고, 천부장도 그렇고, 바울과 바울의 조카에게 아주 친절합니다. 백부장이 천부장에게로 안내하니 천부장이 어떻게 합니까? 그의 손을 잡고 물러가서 조용히 "그래. 내게 할 말이 무엇이냐?"라고 묻습니다. 그리고 22절을 보면 천부장이 청년을 보내면서 "이 일을 내게 알렸다고 아무에게도 이르지 말라"며 주의까지 주는 것을 보게 됩니다. 누가 백부장이나 천부장에게 이렇게 친절하도록 역사하신 줄 아십니까? 하나님이십니다. 바울을 살리기 위해서 하나님께서 관리들로 하여금 바울에게 호의적으로 대하도록 역사하신 것입니다.

유대인들의 악한 계획을 알게 된 천부장은 바울로 하여금 정당한 재판을 받도록 하기 위해 가이사랴에 있는 벨릭스 총독에게 보내게 됩니다.

"백부장 둘을 불러 이르되 밤 제 삼 시에 가이사랴까지 갈 보병 이백 명과 기병 칠십 명과 창병 이백 명을 준비하라 하고, 또 바울을 태워 총독 벨릭스에게로 무사히 보내기 위하여 짐승을 준비하라 명하며 또 이 아래와 같이 편지하니, 일렀으되 글라우디오 루시아는 총독 벨릭스 각하께 문안하나이다. 이 사람이 유대인들에게 잡혀 죽게 된 것을 내가 로마 사람인 줄 들어 알고 군대를 거느리고 가서 구원하여다가 유대인들이 무슨 일로 그를 고발하는지 알고자 하여 그들의 공회로 데리고 내려갔더니 고발하는 것이 그들의 율법 문제에 관한 것뿐이요, 한 가지도 죽이거나 결박할 사유가 없음을 발견하였나이다. 그러나 이 사람을 해하려는 간계가 있다고 누가 내게 알려 주기로 곧 당신께로 보내며 또 고발하는 사람들도 당신 앞에서 그에 대하여 말하라 하였나이다 하였더라"(23:23-30)

천부장은 가이사랴에 있는 로마 총독에게 사도 바울을 안전하게 보내기 위해 군사 470명(보병 200명, 기병 70명, 창병 200명)을 동원했습니다. 40명의 사람들이 바울의 생명을 노리고 있으니 철저하게 보호해주기 위해 10배가 넘는 470명의 군사들로 하여금 바울을 호위하게 하고, 바울을 말에 태워서 가이사랴까지 보내는 것입니다. 거의 왕의 행차 수준입니다. 그리고 편지내용도 잘 써주었습니다.

"이 사람은 로마 사람인데 고소를 당해서 나에게까지 왔습니다. 그러나 내가 보니 이 사람은 죄가 없습니다. 결박당할 이유도 없고 감옥에 있어야 할 이유도 없습니다. 그러나 고발하는 사람들이 이 사람의 생명을 위협하니 내가 당신에게 보내어 재판을 의뢰합니다." 이런 내용입니다. 굉장히 호의적이지 않습니까? 천부장이 왜 이렇게 바울에게 잘해주는 줄 아십니까? 하나님께서 천부장의 마음을 그렇게 하도록 하셨기 때문입니다.

하나님께서는 오늘날 우리도 이런저런 방법으로 돕고 계십니다. 그런데 우리가 그것을 잘 모를 때가 많습니다. 우리가 알든지 모르든지 하나님은 하나님의 백성들을 눈동자처럼 지켜주시고, 보호해주시고, 인도해주신다는 것을 잊지 말기 바랍니다. 시편 121편의 저자는 이렇게 썼습니다.

"여호와는 너를 지키시는 이시라. 여호와께서 네 오른쪽에서 네 그늘이 되시나니 낮의 해가 너를 상하게 하지 아니하며, 밤의 달도 너를 해치지 아니하리로다. 여호와께서 너를 지켜 모든 환난을 면하게 하시며 또 네 영혼을 지키시리로다"(시 121:5-7).

이런 하나님의 도우심이 있기에 우리가 지금 이 시간, 이 자리까지 나아오게 된 것입니다. 이런 하나님이 우리에게 계심을 기억하면서 항상 담대하게 살아가는 우리가 됩시다.

"여호와의 천사가 주를 경외하는 자를 둘러 진 치고 그들을 건지시는도다. 너희는 여호와의 선하심을 맛보아 알지어다. 그에게 피하는 자는 복이 있도다"(시 34:7-8).

37. 도(道)를 아십니까?

(행 23:33-24:27)

37. 도(道)를 아십니까? (행 23:33-24:27)

"도를 아십니까?"라고 하면서 접근하는 종교단체가 있습니다. 혹시 만나보셨습니까? 길을 가다보면 간혹 그렇게 접근해오는 사람들을 만나게 됩니다. 저는 그들이 말하는 도(道)가 아니라 진짜 도에 대해 말씀드리기를 원합니다.

본문에는 '도'라는 단어가 몇 번 나옵니다. 14절에 '나는 그들이 이단이라 하는 도를 따라'라는 표현이 나오고, 22절에 '벨릭스가 이 도에 관한 것을 더 자세히 아는 고로'라는 표현이 나옵니다. 여기서 말하는 도는 예수 그리스도를 믿는 도를 말합니다. 24절에 그렇게 나옵니다.

"수일 후에 벨릭스가 그 아내 유대 여자 드루실라와 함께 와서 바울을 불러 그리스도 예수 믿는 도를 듣거늘."

무슨 도를 들었다고 했습니까? '그리스도 예수 믿는 도'입니다. 본문에서 말하는 도는 다른 도가 아닌 '그리스도 예수 믿는 도'입니다. 도(道)는 말 그대로 '길'을 말합니다. 무엇으로 인도하는 길일까요? 구원으로 인도하는 길입니다. 이 땅의 모든 종교가 추구하는 것이 바로 그것이라고 할 수 있습니다. 표현은 달리 하지만 이 땅의 모두 종교는 결국 구원을 추구합니다. 중요한 것은 진짜 '길'은 어디에 있느냐 하는 것입니다. 결론부터 말씀드리면 예수 그리스도를 믿는 믿음 안에 있습니다. 요한복음 14장 6절에서 예수님은 이렇게 말씀하셨습니다.

"내가 곧 길이요 진리요 생명이니 나로 말미암지 않고는 아버지께로 올 자가 없느니라."

예수님은 자신을 '길'이라고 하셨습니다. 예수님을 통해서만이 살아 계신 하나님을 만날 수 있고, 구원받을 수 있다는 말씀입니다. 또 사도행전 4장 12절은 이렇게 말씀합니다.

"다른 이로써는 구원을 받을 수 없나니 천하 사람 중에 구원을 받을 만한 다른 이름을 우리에게 주신 일이 없음이라."

그렇습니다. 사람을 구원할 수 있는 유일한 분은 예수 그리스도 한 분밖에 안 계십니다. 그분만이 참 길이고, 참 도이십니다.

본문을 보면 사도 바울은 이 '도'를 증거하다가 고소를 당하게 되고, 재판을 받게 됩니다. 누가 바울을 고소했는가 하면 대제사장과 장로들입니다.

"닷새 후에 대제사장 아나니아가 어떤 장로들과 한 변호사 더둘로와 함께 내려와서 총독 앞에서 바울을 고발하니라"(1절).

대제사장과 장로들은 예루살렘에서부터 가이사랴까지 와서 바울을 고소했습니다. 예루살렘에서부터 가이사랴까지의 거리는 약 100km 정도입니다. 그 당시로는 상당히 먼 거리입니다. 오늘날처럼 자동차나 기차가 있던 시절도 아닌데, 그들은 그 먼 거리를 바울을 고소하기 위해 지금 가이사랴까지 내려온 것입니다. 더욱이 더둘로라는 변호사까지 대동하고 말입니다. '변호사'라고 번역된 이 말은 '웅변가, 연설자'라는 뜻입니다. 더둘로는 말을 굉장히 잘하는 사람이었을 것입니다. 그가 맡은 역할은 오늘날로 하면 검사의 역할입니다. "바울이 이런 이런 죄를 지었으니 벌을 주십시오"라고 말하는 역할을 그가 맡은 것입니다.

뭐라고 고발을 하는지 5절을 보겠습니다.

"우리가 보니 이 사람은 전염병 같은 자라. 천하에 흩어진 유대인을 다 소요하게 하는 자요, 나사렛 이단의 우두머리라."

크게 세 가지를 말했습니다. 첫째는 '이 사람은 전염병 같은 자'라고 했습니다. 우리나라 욕 중에 '염병할…'이라는 욕이 있는데, '전염병 같은 자'가 바로 그런 의미입니다. NIV 영어성경에는 'troublemaker'라고 되어 있습니다. troublemaker는 '골칫덩어리, 문제를 일으키는 사람'으로 이해할 수 있습니다. 둘째는 '천하에 흩어진 유대인들을 다 소요하게 하는 자'라고 했고, 셋째는 '나사렛 이단의 우두머리'라고 했습니다. 유대인들의 눈에는 바울이 그렇게 보였습니다. 그리고 6절에서는 '성전을 더럽게 하려 하는 자'라고 했습니다. 사도행전 21장 28절에서는 유대인들이 사도 바울에 대해서 이방인을 성전에 데려감으로 "성전을 더럽게 했다"고 고발했습니다. 그런데 본문에서 더둘로는 '성전을 더럽게 했다'가 아니라 "성전을 더럽게 하려 한다"고 했습니다. 왜냐하면 바울이 성전을 더럽게 한 적이 없기 때문입니다. 그러니까 더둘로도 지금 추측으로 그렇게 말하는 것입니다. 이것이 유대인들이 바울에 대해서 고발한 내용입니다.

고발 내용에 대해 바울이 어떻게 반론을 제기하는지 10-13절을 보겠습니다.

"총독이 바울에게 머리로 표시하여 말하라 하니 그가 대답하되 당신이 여러 해 전부터 이 민족의 재판장 된 것을 내가 알고 내 사건에 대하여 기꺼이 변명하나이다. 당신이 아실 수 있는 바와 같이 내가 예루살렘에 예배하러 올라간 지 열이틀밖에 안 되었고, 그들은 내가 성전에서 누구와 변론하는 것이나 회당 또는 시중에서 무리를 소동하게 하는 것을 보지 못하였으니 이제 나를 고발하는 모든 일에 대하여 그들이 능히 당신 앞에 내세울 것이 없나이다”.

바울은 “나는 예루살렘에 올라간 지가 며칠 되지 않았고, 성전에서 누구와 변론을 하거나 무리를 소동하게 한 적이 없다”고 했습니다. 이렇게 말하는 이유가 무엇입니까? ‘나는 예루살렘에서 결코 문제를 일으킨 적이 없다’는 것입니다. 17-18a절을 보겠습니다.

“여러 해 만에 내가 내 민족을 구제할 것과 제물을 가지고 와서 드리는 중에 내가 결례를 행하였고, 모임도 없고 소동도 없이 성전에 있는 것을 그들이 보았나이다”.

성전에서 결코 문제를 일으킨 적이 없다는 말입니다. 18b-20절도 보겠습니다.

“그러나 아시아로부터 온 어떤 유대인들이 있었으니 그들이 만일 나를 반대할 사건이 있으면 마땅히 당신 앞에 와서 고발하였을 것이요 그렇지 않으면 이 사람들이 내가 공회 앞에 섰을 때에 무슨 옳지 않은 것을 보았는가 말하라 하소서.”

무슨 말인가 하면 ‘아시아에서 온 어떤 유대인들이 나에 대하여 고발할 것이 있으면 그들이 와서 직접 고소를 했을 것입니다. 그리고 내가 공회 앞에서 옳지 못한 일을 한 것이 있다면 그들로 하여금 직접 말해보게 하십시오’라는 뜻입니다. 그러니까 바울은 그들의 주장처럼 ‘전염병 같은 자’도 아니고, ‘유대인들을 소요하게 하는 자’도 아니며, 성전을 더럽게 한 사실도 없다는 것입니다.

그런데 사도 바울이 한 말 중에 진짜 중요한 말이 있습니다. 14-15절을 보겠습니다.

"그러나 이것을 당신께 고백하리이다. 나는 그들이 이단이라 하는 도를 따라 조상의 하나님을 섬기고, 율법과 선지자들의 글에 기록된 것을 다 믿으며, 그들이 기다리는 바 하나님께 향한 소망을 나도 가졌으니 곧 의인과 악인의 부활이 있으리라 함이니이다."

이 말씀이 바울이 한 말 중 가장 중요한 말입니다. 바울은 세 가지를 말했습니다. 첫째는 '나는 우리 조상의 하나님을 섬기고 있다'는 것이고, 둘째는 '나는 율법과 선지자들의 글에 기록된 것을 다 믿는다'는 것이고, 셋째는 '유대인들이 기다리는바 하나님께 향한 소망을 나도 가지고 있다'는 것입니다.

바울이 한 말을 잘 보면 다른 유대인들과 별 차이가 없어 보입니다. 유일한 차이가 있다면 그것은 유대인들은 예수님을 안 믿고, 바울은 예수님을 믿는다는 것입니다. 다른 것은 다 똑같고 그것만 다릅니다. 유대인들이 섬기는 여호와 하나님을 바울도 섬기고 있습니다. 유대인들이 믿는 구약성경을 바울도 믿습니다. 그리고 하나님에 대한 소망을 바울도 똑같이 가지고 있습니다. 단 한 가지가 다른데 그것은 예수님에 대한 견해가 다르다는 것입니다. 그 이유가 무엇일까요? 다른 유대인들은 구약성경을 제대로 이해하지 못했고, 바울은 구약성경을 제대로 이해했습니다. 이것이 바울과 다른 유대인들과의 차이입니다. 그리고 이것은 오늘날 유대교와 기독교의 차이이기도 합니다.

구약성경을 제대로 보면 구약성경에 예수님이 나타나 있습니다. 구약성경에는 예수님의 탄생에 대한 말씀도 있고, 고난과 죽음에 대한 말씀도 있으며, 부활에 대한 말씀도 있습니다. 예수님을 상징적으로 보여주는 말씀은 수도 없이 많습니다. 그래서 예수님은 요한복음 5장 39절에서 "너희가 성경에서 영생을 얻는 줄 생각하고 성경을 연구하거니와 이 성경이 곧 내게 대하여 증언하는 것이니라” 하셨습니다. 물론 구약성경에 ‘예수 그리스도’라는 단어는 안 나옵니다. 하지만 구약성경은 예수님에 대해서 너무나 많은 것을 말해주고 있다는 사실입니다.

유대인들은 이것을 몰랐습니다. 이것을 모르다 보니 그들 눈에는 바울이 이단으로 보일 수밖에 없었습니다. 그래서 그들은 바울을 ‘나사렛 이단의 우두머리’(5절)라고 한 것입니다. 그러나 사실은 바울이 이단이 아니라 그들이 몰랐던 것입니다.

원고와 피고의 변론이 끝났습니다. 재판장이 판결을 내릴 차례입니다. 재판장인 벨릭스 총독이 어떤 판결을 내리는지 22-23절을 보겠습니다.

“벨릭스가 이 도에 관한 것을 더 자세히 아는 고로 연기하여 이르되 천부장 루시아가 내려오거든 너희 일을 처결하리라 하고 백부장에게 명하여 바울을 지키되 자유를 주고 그의 친구들이 그를 돌보아 주는 것을 금하지 말라 하니라.”

벨릭스는 판결을 안 내리고 연기했습니다. 유죄를 선고하자니 바울이 죄가 없는 것이 너무나 분명하고, 무죄를 선고하자니 유대인들이 두려워 판결을 뒤로 미룬 것입니다. 그러면서 바울에게 어느 정도의 자유를 주었습니다. 완전히 석방시켜준 것은 아니고, 바울을 감금상태에 두면서 친구들이 와서 면회는 할 수 있도록 해주었습니다. 이런 상태로 바울은 가이사랴에서 2년을 보내게 됩니다.

“이태(2년)가 지난 후 보르기오 베스도가 벨릭스의 소임을 이어받으니 벨릭스가 유대인의 마음을 얻고자 하여 바울을 구류하여 두니라”(27절).

그렇게 2년 동안 감옥에 묶어두면서 벨릭스 총독 부부는 한 번씩 바울을 밖으로 불러내어 그가 전하는 말씀을 듣습니다. 24-26절을 보겠습니다.

"수일 후에 벨릭스가 그 아내 유대 여자 드루실라와 함께 와서 바울을 불러 그리스도 예수 믿는 도를 듣거늘 바울이 의와 절제와 장차 오는 심판을 강론하니 벨릭스가 두려워하여 대답하되 지금은 가라. 내가 틈이 있으면 너를 부르리라 하고, 동시에 또 바울에게서 돈을 받을까 바라는 고로 더 자주 불러 같이 이야기하더라."

총독 부부가 바울을 불러내어 그의 말을 들은 것은 크게 두 가지 목적 때문이었습니다. 첫째는 '그리스도 예수 믿는 도'에 관심이 있었고, 둘째는 '돈'에 관심이 있었습니다. 그런데 바울은 벨릭스가 부를 때마다 돈(뇌물)은 안 주고 말씀만 주었습니다.

'의와 절제와 장차 오는 심판'에 대해서 전했다고 했는데, 왜 다른 주제가 아닌 그 주제의 말씀을 전했을까요? 그 부부에게는 그 주제의 말씀이 필요했기 때문입니다. 벨릭스는 노예출신입니다. 노예로 있다가 자유인이 되었고, 결국 로마의 총독까지 된 사람입니다. 대단히 성공한 사람이라고 할 수 있습니다. 그런데 그렇게 좋은 사람은 아닙니다. 본문에도 나와 있듯이 뇌물을 바라는 것만 봐도 알 수 있습니다. 죄 없는 사람을 2년 동안 잡아둔 것도 잘못된 일입니다. 그리고 그의 아내 드루실라는 그의 세 번째 아내입니다. 그것도 처녀나 사별한 여자를 아내로 맞이한 것이 아니라 남의 아내를 빼앗아 자기 아내로 삼았습니다. 그래서 로마의 역사가 타키투스는 벨릭스에 대해 '노예의 기질과 폭군의 힘을 동시에 소유한 사람'이라고 했습니다. 약자에게는 무자비하고 강자에게는 비굴한 사람. 그런 사람이 벨릭스였습니다.

그의 아내인 드루실라는 헤롯 집안의 공주 출신입니다. 그녀의 아버지는 사도 야고보를 죽인 헤롯 왕입니다(행 12장). 그녀 아버지의 삼촌은 침례 요한을 죽인 분봉왕 헤롯입니다(마 14장). 그녀의 증조할아버지는 아기 예수님을 죽이려고 했던 헤롯 왕입니다(마 2장). 드루실라의 집안은 대대로 예수님과 복음에 대해서 적대적이었습니다. 드루실라는 열다섯 살 때 수리아에 있는 부족국가의 왕과 결혼을 했습니다. 그리고 1년 뒤에 벨릭스의 아내가 되었습니다.

이 부부에게는 '의와 절제'가 많이 필요했습니다. 그래서 사도 바울은 다른 설교가 아닌 '의와 절제와 장차 오는 심판'을 설교한 것입니다.

오늘날 사람들이 들어야 할 설교도 이런 설교라는 생각이 들지 않습니까? 오늘날 많은 설교자들이 이런 설교는 잘 안하고 '어떻게 하면 성공할 수 있는가?' '어떻게 하면 복 받을 수 있는가?' 하는 유(類)의 설교만 많이 하는데, 그런 설교도 물론 필요하지만 오늘날 무엇보다도 많이 필요한 설교는 의와 절제와 심판에 대한 설교입니다. 오늘날 사람들이 얼마나 불의합니까! 죄에 대해서 얼마나 둔감해져 있습니까! 죄를 짓고도 죄인 줄 모릅니다. 죄책감도 없습니다.

일본 사람들은 예수님을 잘 안 믿습니다. 인구의 1% 정도만이 예수님을 믿고 있습니다. 왜 일본사람들이 예수님을 잘 안 믿을까요? 죄에 대한 인식이 부족하기 때문이라고 합니다. 남에게 피해를 주는 것은 나쁜 것으로 생각하지만, 마음으로 짓는 죄라든지 합의하고 짓는 죄에 대해서는 아주 둔감하다고 합니다.

일본에서 사역하고 계시는 박점득 선교사님이 인터넷에 올린 글입니다.

"일본인들은 죄에 대한 인식이 약합니다. 무엇이 죄이며 왜 죄인지를 잘 모릅니다. 그러나 슈퍼마켓에서 작은 과자 하나를 훔치면 그것은 큰 죄로 여깁니다. 다른 사람의 물건을 훔치면 그것 또한 큰 죄로 여깁니다. 횡단보도를 지키지 않으면 그것은 어긋난 행동이라 생각합니다. 거리에서 휴지를 버리고 침을 뱉는 것은 예의에 어긋난 행동이라 생각합니다. 그러나 마음속에 있는 죄들은 알지도 인정하지도 않습니다. 다시 말해 남에게 피해를 주는 것은 잘못이지만 남에게 피해를 주지 않는 것은 죄로 인정하지 않는다는 것입니다. 그러니 성경에서 말하는 죄에 대해서는 대부분이 인정하려 들지 않습니다. 예수님을 믿지 않는 것이 왜 죄인지, 이혼이 왜 잘못인지, 우상숭배가 왜 죄인지 그들은 알지 못합니다. 일본에는 강간죄가 없는데 그것이 죄를 모르게 된 또 하나의 이유인지도 모르겠습니다. 죄에 대한 인식이 이 정도이기에 복음을 듣고 예수님을 믿음으로 구원에 이르기란 너무나도 먼 여정이 되는 것입니다."

남에게 피해를 주지 않으려는 것은 잘하는 일입니다. 그런 것은 우리도 배워야 합니다. 그런데 하나님의 마음을 아프게 하고, 하나님의 기준에서 벗어나는 것은 괜찮습니까? 절대로 그렇지 않습니다. 사람들을 의식하고 다른 사람들에게 피해 안 주는 것도 중요하지만, 사람들보다 더 중요한 하나님이 계시다는 것을 잊어서는 안 됩니다. 그러므로 사람은 사람만 의식하며 살아서는 안 되고, 하나님을 먼저 의식하며 살아야 하는 것입니다. '어떻게 하면 하나님을 기쁘시게 할까, 어떻게 하면 하나님의 기준에 더 가까이 갈 수 있을까'를 생각할 줄 알아야 합니다. 하나님은 거룩하신 분입니다. 사람의 심령을 감찰하시는 분입니다. 밖으로는 죄가 드러나지 않았다 할지라도 마음에 죄가 있다면 그 사람은 이미 하나님 앞에서 죄인입니다.

하나님의 기준으로 볼 때 죄인 아닌 사람은 한 사람도 없습니다. 그래서 모든 사람은 죽는 것이고, 죽은 뒤에는 심판을 받게 되는 것입니다.

그런데 정말 감사한 것은 하나님께서 우리의 모든 죄 문제를 다 해결해 주셨다는 것입니다. 어떻게 해결해 주셨습니까? 하나님께서 친히 인간의 몸을 입고 이 땅에 오셔서 우리가 받아야 벌을 대신 받으셨습니다. 그렇게 하심으로 우리가 지불해야 할 죄값을 대신 지불해 주셨습니다. 하나님께서 인간의 몸을 입고 이 땅에 오신 분, 그분이 바로 예수님입니다. 그러므로 누구든지 예수님의 십자가 공로를 의지하고 하나님께 나아오면 구원받을 수 있고, 하나님으로부터 의롭다 칭함 받을 수 있습니다. 이것이 성경이 말하는 구원의 길입니다.

당신은 구원받으셨습니까? 구원받지 못하셨다면 오늘 예수님을 당신의 주님으로 영접하고 구원받으시기 바랍니다. 본문에서 벨릭스 총독은 사도 바울이 전하는 말씀을 듣고 두려워했다고 했습니다(25절). 그러면서도 예수님을 믿지는 않았습니다. 그는 "지금은 가라. 내가 틈이 있으면 너를 부르리라"고 했습니다. 그런데 성경에 벨릭스가 '다시 바울을 불렀다, 예수님을 믿었다'는 기록이 없습니다. 그것이 그의 마지막 기회였는데 벨릭스는 그 기회를 놓치고 말았습니다.

예수님 믿기에 가장 좋은 때가 언제인줄 아십니까? 지금, 이 순간입니다.

"보라 지금은 은혜 받을 만한 때요, 보라 지금은 구원의 날이로다"
(고후 6:2b).

다음이 아닙니다. 지금 이 순간입니다. 아직 구원받지 못하셨다면
예수님을 당신의 구주로 영접하고 구원받으시기 바랍니다.

38. 나와 같이 되기를
(행 25-26장)

38. 나와 같이 되기를 (행 25-26장)

본문은 바울이 베스도 총독과 아그립바 왕 앞에서 변론하는 내용입니다. 베스도는 벨릭스의 후임으로 유대 땅에 오게 된 로마의 총독입니다. 그리고 아그립바 왕은 로마 정부에 의해 세움을 받고 이스라엘 땅 일부를 다스리던 이스라엘의 왕입니다. 엄격히 말하면 분봉왕입니다. 왜냐하면 이스라엘 전체를 다스린 것이 아니라 이스라엘 일부를 다스리고 있었기 때문입니다. 그런데 당시 사람들은 아그립바를 그냥 왕으로 불렀던 것 같습니다. 그의 아버지는 사도 야고보를 죽인 헤롯 왕입니다(행 12:1-2). 증조할아버지는 아기 예수님을 죽이려고 했던 헤롯 왕입니다. 그리고 본문에 나오는 아그립바는 '헤롯 아그립바 2세'로 헤롯 왕가의 마지막 통치자입니다. 이 사람은 AD 70년에 이스라엘이 로마에 의해서 멸망당한 뒤 로마로 가서 로마의 행정관이 되었다고 합니다.

본문의 내용은 AD 59년경에 일어난 일입니다. 바울이 가이사랴에 온 지 2년 지난 뒤의 일입니다. 2년 동안 바울은 가이사랴의 감옥에 있었습니다. 베스도 총독의 전임자였던 벨릭스가 바울이 죄가 없음에도 불구하고 유대인들의 눈치를 보느라 2년 동안 그를 감옥에 구류시켜 놓은 것입니다. 이제 벨릭스는 가고 새로운 총독인 베스도가 왔습니다. 그러자 유대인들이 바울을 또 고소했습니다. 고소했을 뿐만 아니라 죽이려고 했습니다.

"베스도가 부임한 지 삼 일 후에 가이사랴에서 예루살렘으로 올라가니 대제사장들과 유대인 중 높은 사람들이 바울을 고소할새 베스도의 호의로 바울을 예루살렘으로 옮기기를 청하니 이는 길에 매복하였다가 그를 죽이고자 함이더라"(25:1-3).

2년 전에 사도 바울이 예루살렘에 있을 때도 유대인들은 그를 죽이려고 했습니다. 그래서 천부장인 루시아가 바울을 가이사랴로 보냈습니다. 그런데 새로운 총독이 오니까 다시 죽이려고 하는 것입니다.

이런 것을 보면 마귀가 참으로 집요합니다. 외형적으로 보면 유대인들이 바울을 죽이려는 것 같지만 사실은 마귀가 그들 속에서 역사하는 것입니다. 마귀는 정말 끈질긴 존재입니다. 한 번 마음먹은 것은 좀처럼 포기하지 않습니다. 포기한 것 같은데 보면 포기하지 않고 자기 뜻을 이루려는 존재가 마귀 사탄입니다. 그래서 많은 사람들이 마귀에게 희생됩니다. 그러므로 우리는 정신을 바짝 차리고 영적으로 늘 깨어있어야 합니다.

마귀가 공격하면 어떻게 해야 할까요? 마귀의 공격에 휘말려서는 안 되고, 대적해야 합니다. 그것이 성경의 가르침입니다. '대적하라'는 말은 '저항하라'는 뜻입니다. 바울이 어떻게 마귀의 공격에 휘말리지 않고 대적하는지 25장 9-11절을 보겠습니다.

"베스도가 유대인의 마음을 얻고자 하여 바울더러 묻되 네가 예루살렘에 올라가서 이 사건에 대하여 내 앞에서 심문을 받으려느냐. 바울이 이르되 내가 가이사의 재판 자리 앞에 섰으니 마땅히 거기서 심문을 받을 것이라. 당신도 잘 아시는 바와 같이 내가 유대인들에게 불의를 행한 일이 없나이다. 만일 내가 불의를 행하여 무슨 죽을죄를 지었으면 죽기를 사양하지 아니할 것이나 만일 이 사람들이 나를 고발하는 것이 다 사실이 아니면 아무도 나를 그들에게 내줄 수 없나이다. 내가 가이사께 상소하노라 한대."

유대인들은 바울이 오는 도중에 죽이려고 예루살렘으로 오게 했습니다. 그런데 바울은 그들의 계획을 알기 때문에 가지 않습니다. 대신 그는 "가이사에게 상소하겠다"고 했습니다. 가이사는 로마 황제의 호칭입니다. 로마 황제 앞에서 재판을 받겠다는 것입니다. 그러니까 '나는 예루살렘에는 갈 의향이 없다'는 말입니다. 바울이 예루살렘이 아닌 로마로 가겠다고 한 것은 죽음이 두려워서가 아닙니다. 로마로 가야 자신을 향한 하나님의 뜻을 이룰 수 있기 때문입니다.

며칠 뒤에 아그립바 왕이 베스도 총독을 찾아왔습니다.

"수일 후에 아그립바 왕과 버니게가 베스도에게 문안하러 가이사랴에 와서 여러 날을 있더니"(25:13-14a).

베스도 총독이 취임한 지 며칠 안 되어 아그립바 왕이 인사도 할 겸 해서 베스도 총독을 찾아온 것입니다. 그런데 버니게와 함께 왔습니다. 버니게는 아그립바 왕의 여동생입니다. 그런데 그냥 여동생이 아니라 아내 역할까지 하는 여동생입니다. 친남매가 부부가 되어버린 것입니다. 근친상간이지요. 그런데 이 두 사람에게는 자매가 또 한 사람 있었는데, 그녀가 바로 베스도 총독의 전임자였던 벨릭스 총독의 아내인 드루실라입니다. 그러니까 드루실라, 아그립바, 버니게 이 세람은 서로 남매간입니다. 그런데 드루실라도 남자관계가 복잡했습니다. 이런 것을 보면 헤롯 왕가의 사람들은 성적으로 매우 문란했던 것을 알 수 있습니다. 왜 이 집안이 이렇게 되었을까요? 제 생각에는 하나님의 벌로 이렇게 된 것이 아닌가 생각됩니다. 헤롯 대왕으로부터 시작해서 그 집안의 사람들은 한결같이 예수 그리스도를 대적하고 복음을 반대했습니다. 그러니 집안이 잘될 리 없습니다.

아그립바가 베스도를 찾아오자 베스도 총독이 바울에 대해서 말을 합니다. 뭐라고 했는지 25장 18-19절을 보겠습니다.

"원고들이 서서 내가 짐작하던 것 같은 악행의 혐의는 하나도 제시하지 아니하고 오직 자기들의 종교와 또는 예수라 하는 이가 죽은 것을 살아 있다고 바울이 주장하는 그 일에 관한 문제로 고발하는 것뿐이라."

베스도가 한 말의 핵심은 바울에게는 혐의가 없고, 다만 예수에 대한 생각만 바울과 유대인들이 다르더라 하는 것입니다. 그 말을 들은 아그립바는 '바울이라는 사람이 어떤 사람인가? 그가 말하는 예수는 어떤 사람인가?' 궁금해지기 시작했습니다. 그래서 한번 들어보기로 합니다.

"아그립바가 베스도에게 이르되 나도 이 사람의 말을 듣고자 하노라. 베스도가 이르되 내일 들으시리이다 하더라"(25:22).

이렇게 해서 바울은 베스도 총독과 아그립바 왕 앞에서 변론을 하게 됩니다. 그런데 그 내용이 자신의 신앙 간증입니다. 자세한 내용은 26장 2-23절에 나옵니다. 바울은 예수님을 믿는 신앙의 근거로 크게 세 가지를 말합니다.

첫 번째는, 하나님께는 능치 못함이 없다는 것입니다. 26장 8절을 보겠습니다.

"당신들은 하나님이 죽은 사람을 살리심을 어찌하여 못 믿을 것으로 여기나이까."

유대인들이 바울을 고소한 가장 큰 이유는 바울이 예수님을 믿기 때문이었습니다. 예수님이 부활했다고 하니까 유대인들이 바울을 이단으로 몰아 고소한 것입니다. 이에 대해 바울은 "당신들은 왜 하나님께서 죽은 사람을 살릴 수 없다고 생각합니까?"라고 질문합니다. 유대인들은 하나님을 믿는 사람들입니다. 구약성경에는 엘리야 선지자와 엘리사 선지자가 죽은 아이를 하나님의 능력으로 고치는 내용도 기록되어 있는데, 유대인들은 그런 내용도 다 믿는 사람들입니다. 그런데 유독 예수님에 대해서만은 믿지 않습니다. 그런 그들을 향해서 바울은 "왜 당신들은 하나님의 능력을 믿으면서 죽은 예수를 살린 것은 믿지를 못합니까?"라고 말하는 것입니다.

오늘날에도 예수님의 부활을 믿지 않는 사람들이 많습니다. "사람이 죽었으면 그것으로 끝이지 어떻게 다시 살아날 수 있느냐" 하면서 예수님의 부활을 믿지 않습니다. 그런데 하나님이 어떤 분인가를 잘 생각해보면 답은 금방 나옵니다. 하나님이 어떤 분입니까? 천지와 우주만물을 창조하신 분입니다. 능치 못함이 없는 분입니다. 죽은 사람도 얼마든지 살릴 수 있는 분입니다.

아직 예수님을 믿지 않고 있다면 예수님을 믿으시기 바랍니다. 하나님은 예수 그리스도를 죽음에서 일으키셨습니다. 하나님은 그런 능력이 충분히 있으신 분입니다. 사도행전 2장 24절에서 베드로는 "하나님께서 그를 사망의 고통에서 풀어 살리셨으니 이는 그가 사망에 매여 있을 수 없었음이라"고 했습니다. 하나님에게는 불가능한 일이 없습니다. 하나님은 예수님을 분명히 살리셨습니다. 고린도전서 6장 14절에는 "하나님이 주를 다시 살리셨고 또한 그의 권능으로 우리를 다시 살리시리라"고 했습니다. 하나님께서 예수님을 살리셨으니 우리도 언젠가는 살려주실 것이라는 말씀입니다. 이 말씀을 믿기 바랍니다. 예수 그리스도를 믿는 자들에게는 부활의 소망이 있습니다.

예수님을 믿는 신앙의 근거 두 번째는, 나는 부활하신 예수님을 만났다는 것입니다. 26장 13-15절을 보겠습니다.

"왕이여, 정오가 되어 길에서 보니 하늘로부터 해보다 더 밝은 빛이 나와 내 동행들을 둘러 비추는지라. 우리가 다 땅에 엎드러지매 내가 소리를 들으니 히브리 말로 이르되 사울아 사울아 네가 어찌하여 나를 박해하느냐. 가시채를 뒷발질하기가 네게 고생이니라. 내가 대답하되 주님 누구시니이까. 주께서 이르시되 나는 네가 박해하는 예수라."

바울은 과거에 예수 믿는 사람들을 잡아 가두고, 죽이는 일에 앞장섰던 사람입니다. 그가 과거에 어떤 일을 했는지 26장 9-11절에서 그는 이렇게 말합니다.

"나도 나사렛 예수의 이름을 대적하여 많은 일을 행하여야 될 줄 스스로 생각하고 예루살렘에서 이런 일을 행하여 대제사장들에게서 권한을 받아서 많은 성도를 옥에 가두며 또 죽일 때에 내가 찬성투표를 하였고 또 모든 회당에서 여러 번 형벌하여 강제로 모독하는 말을 하게 하고 그들에 대하여 심히 격분하여 외국 성에까지 가서 박해하였고."

과거에 그가 이런 삶을 살았습니다. 그런 그가 어느 날 예수 믿는 사람이 되었습니다. 정말 희한한 일입니다. 그렇게 예수를 싫어하고 예수 믿는 사람들을 못살게 굴던 그가 예수 믿는 사람이 된 것입니다. 그에게 무슨 일이 일어난 것일까요? 부활하신 예수를 만난 것입니다. 그것 아니고는 설명할 길이 없습니다.

바울이 "부활한 예수를 만났다"고 한 것에 대해서 당신은 어떻게 생각하십니까? 그 말을 믿을 수도 있고, 믿지 않을 수도 있습니다. 믿고 안 믿고는 각자의 선택입니다. 그런데 믿을만한 근거가 충분히 있다고 저는 생각합니다. 바울의 삶을 보면 그것을 알 수 있습니다. 바울은 예수 믿기 전에 잘 나가던 사람이었습니다. 그런데 그가 예수 믿고 나서부터는 고난의 삶을 살기 시작합니다. 그리고 결국 로마에서 참수형을 당해 죽습니다. 그런 그의 삶을 볼 때 부활하신 예수님을 만났다는 그의 말은 믿을 수밖에 없습니다.

그리고 부활하신 예수님을 만났다는 사람은 바울 한 사람뿐이 아니라는 것입니다. 바울 한 사람만 그렇게 주장했다면 믿지 않을 수도 있을 것입니다. 하지만 예수님의 모든 제자들이 다 부활하신 예수님을 만났다고 했습니다. 그래서 그들은 설교할 때마다 자신들은 예수님의 고난과 부활을 목격한 증인이라고 했습니다. 사도행전 2장 32절을 보면 "이 예수를 하나님이 살리신지라. 우리가 다 이 일에 증인이로다"라고 했습니다. '증인'은 직접 본 사람을 말합니다. 그들은 예수님께서 부활하신 것을 분명히 보았다는 것입니다. 사도행전 3장 15절에는 "생명의 주를 죽였도다. 그러나 하나님이 죽은 자 가운데서 그를 살리셨으니 우리가 이 일에 증인이라"고 했습니다. 역시 '증인'이라는 말을 했습니다. 사도행전 10장 39-41절은 이렇게 말씀합니다.

"우리는 유대인의 땅과 예루살렘에서 그가 행하신 모든 일에 증인이라. 그를 그들이 나무에 달아 죽였으나 하나님이 사흘 만에 다시 살리사 나타내시되 모든 백성에게 하신 것이 아니요, 오직 미리 택하신 증인 곧 죽은 자 가운데서 부활하신 후 그를 모시고 음식을 먹은 우리에게 하신 것이라."

부활하신 예수님은 바울뿐 아니라 예수님의 제자들도 보았다고 했습니다. 그들도 바울처럼 고난의 삶을 살다가 순교의 제물이 되었습니다. 예수님의 형제 야고보도 부활하신 예수님을 만났다고 했습니다.

그는 과거에 예수님을 믿지 않았습니다. 육신의 동생이긴 했지만 믿지 않았습니다. 그런데 그도 어느 날 예수 믿는 사람이 되었습니다. 부활하신 예수님을 보았기 때문입니다. 또 고린도전서 15장 6절을 보면 오백 명이 넘는 사람들이 부활하신 예수님을 보았다고 했습니다. 그들 중 상당수는 지금(글이 쓰인 당시)까지도 살아있다고 했습니다. 증인들이 있고, 또 그들이 살아있으니까 사도 바울이 그렇게 당당하게 말할 수 있었던 것입니다. 예수님의 부활은 누가 지어낸 이야기가 아니라 역사적인 사실입니다.

예수님을 믿는 신앙의 근거 세 번째는, 예수님의 고난과 부활은 구약성경에 기록되어 있다는 것입니다. 26장 22-23절을 보겠습니다.

"하나님의 도우심을 받아 내가 오늘까지 서서 높고 낮은 사람 앞에서 증언하는 것은 선지자들과 모세가 반드시 되리라고 말한 것밖에 없으니 곧 그리스도가 고난을 받으실 것과 죽은 자 가운데서 먼저 다시 살아나사 이스라엘과 이방인들에게 빛을 전하시리라 함이니이다 하니라."

'선지자들과 모세'라는 표현이 나오는데 이것은 구약성경을 나타내는 표현입니다. 구약성경 어디에 예수님의 고난과 부활에 대해서 기록되어 있습니까? 예수님의 고난에 대해서는 이사야 53장에 기록되어 있고, 예수님의 부활에 대해서는 시편 16편 10절에 기록되어 있습니다. 시편 16편은 다윗의 시인데, 그의 글 속에 예수님의 부활이 놀랍게 예언되어 있습니다.

"이는 주께서 내 영혼을 스올에 버리지 아니하시며 주의 거룩한 자를 멸망시키지 않으실 것임이니이다"(시 16:10).

여기서 '주의 거룩한 자'는 메시야를 의미하고, '멸망시키지 않을 것이다' 하는 말은 그의 몸이 썩지 아니할 것이라는 뜻입니다. 이 말씀에 대한 설명이 사도행전 2장 30-31절에 잘 나와 있습니다.

"그는 선지자라. 하나님이 이미 맹세하사 그 자손 중에서 한 사람을 그 위에 앉게 하리라 하심을 알고 미리 본 고로 그리스도의 부활을 말하되 그가 음부에 버림이 되지 않고 그의 육신이 썩음을 당하지 아니하시리라 하더니."

'선지자'는 시편 16편을 기록한 다윗을 말합니다. 다윗은 '그리스도의 부활'에 대해서 기록했다고 했습니다. 그리스도의 부활에 대해서는 이사야 53장 10절과 9장 7절에도 잘 나와 있습니다.

"여호와께서 그에게 상함을 받게 하시기를 원하사 질고를 당하게 하셨은즉 그의 영혼을 속건제물로 드리기에 이르면 그가 씨를 보게 되며, 그의 날은 길 것이요, 또 그의 손으로 여호와께서 기뻐하시는 뜻을 성취하리로다"(사 53:10).

"그 정사와 평강의 더함이 무궁하며 또 다윗의 왕좌와 그의 나라에 군림하여 그 나라를 굳게 세우고 지금 이후로 영원히 정의와 공의로 그것을 보존하실 것이라. 만군의 여호와의 열심이 이를 이루시리라"(사 9:7).

이런 말씀들도 다 예수님의 부활과 연관된 말씀들입니다. 왜냐하면 예수님께서 부활하시지 않았다면 이런 말씀들은 이루어질 수가 없기 때문입니다. 그러므로 예수님의 부활은 어느 날 갑자기 누가 지어낸 이야기가 아니라, 구약성경에 이미 예언된 말씀이라는 것을 잊어서는 안 됩니다. 하나님께서는 구약의 선지자들을 통하여 예수님께서 이 땅에 오시기도 전에 예수님께서 다시 살아날 것까지 다 말씀을 해놓으신 것입니다.

바울은 예수님을 믿을 수 있는 근거로 세 가지를 말했습니다. 그런데 바울의 설명을 다 들은 베스도는 "바울아, 네가 미쳤도다. 네 많은 학문이 너를 미치게 한다"고 했습니다(26:25). 사도 바울은 정말 설명을 잘했습니다. 이렇게 설명하면 누구라도 다 믿어야 합니다. 그런데 베스도는 믿지 않았습니다. 오히려 사도 바울을 미친 사람 취급했습니다. 바울이 공부를 너무 많이 해서 머리가 어떻게 되었다고 했습니다. 그런데 여러분, 바울이 미친 것입니까? 바울은 미치지 않았습니다. 지극히 정상적입니다. 예수님은 정말 부활하셨기 때문에 그렇게 말했을 뿐입니다. 그리고 그가 총독과 왕 앞에서 이렇게 장황하게 말을 한 이유도 사실은 그들도 예수님을 믿고 구원받으라고 그렇게 한 것입니다. 26장 28-29절을 보겠습니다.

"아그립바가 바울에게 이르되 네가 적은 말로 나를 권하여 그리스도인이 되게 하려 하는도다. 바울이 이르되 말이 적으나 많으나 당신뿐만 아니라 오늘 내 말을 듣는 모든 사람도 다 이렇게 결박된 것 외에는 나와 같이 되기를 하나님께 원하나이다 하니라."

아그립바 왕이, 바울이 적은 말로 자신을 전도하려고 한다고 하자 바울은 담대하게 "당신뿐만 아니라 여기에 있는 모든 사람이 내가 지금 결박당한 것 빼고는 나와 같이 되기를 원합니다. 나처럼 예수 믿고 구원받기를 원합니다"라고 했습니다. 바울은 지금 죄수입니다. 상대는 왕이고 총독입니다. 그런데도 그는 그들 앞에서 이렇게 당당하게 복음을 전했습니다.

이런 바울을 볼 때 얼마나 존경스러운지 모릅니다. 우리도 바울처럼 이렇게 담대하게 복음을 전할 수 있어야 하겠습니다. 사람들을 대할 때 나보다 높다고 해서, 나보다 많이 가졌다고 해서 위축되면 안 됩니다. 비록 가진 것이 없어도 부자들을 향해서 "나처럼 예수 믿고 구원받으시기 바랍니다"라고 할 수 있어야 합니다. 비록 지위가 높지 않아도 세상의 권력자를 향해 "선생님도 예수 믿어야 합니다. 예수 믿어야 구원받을 수 있고, 천국 갈 수 있습니다"라고 전도할 수 있어야 합니다. 또 많이 못 배웠다고 할지라도 배운 자들 앞에서 능력있게 전도할 수 있어야 합니다.

예수님을 모셨다면 우리야말로 이 세상에서 가장 행복하고, 가장 부유한 사람입니다. 지금까지 담대하게 전도하지 못했다면 이제부터는 조금 더 용기를 내어 적극적으로 복음을 전합시다. 용기를 내어 복음을 전하면 하나님께서 도와주십니다. 영혼들을 붙여주실 것입니다.

당신이 아직 예수님을 믿지 않는 분이라면 당신도 예수님을 믿으시기 바랍니다. 예수님을 믿어야 당신도 부활의 소망을 가질 수 있고, 영원한 천국을 바라보며 살 수 있습니다. 요한복음 11장 25-26절에서 예수님은 이렇게 말씀하십니다.

"나는 부활이요 생명이니 나를 믿는 자는 죽어도 살겠고, 무릇 살아서 나를 믿는 자는 영원히 죽지 아니하리니 이것을 네가 믿느냐."

39. 풍랑 속의 지도자 바울

(행 27장)

39. 풍랑 속의 지도자 바울 (행 27장)

본문을 통해 지도력에 대해서 생각해보기를 원합니다.

지도력은 대단히 중요합니다. 지도자에게 지도력이 있느냐 없느냐에 따라서 그 단체가 잘 될 수도 있고, 못 될 수도 있기 때문입니다. 지도력이 이토록 중요하다 보니 지도력에 대한 책도 시중에 많이 나와 있습니다. 지도력과 관련해서 제일 좋은 책이 무엇인줄 아십니까? 그것은 바로 성경입니다.

성경은 위대한 지도자들에 대한 책이라고 해도 과언이 아닙니다. 우리가 잘 아는 모세, 요셉, 다윗 같은 분은 정말 탁월한 지도자였습니다. 그들의 이야기를 성경에서 읽다보면 그들을 통해 '지도력이란 이런 것이구나, 지도자는 이래야 하는구나' 하는 것을 많이 배우게 됩니다. 이런 이유에서 성경이야말로 리더십과 관련해서 최고의 책이라 할 수 있습니다. 성경에 나오는 위대한 지도자들 중에서도 가장 위대한 지도자는 누구인줄 아십니까? 바로 예수님이십니다. 지금도 수많은 사람들이 예수님을 따르는 것을 보면 그분이 얼마나 위대한 지도자인지 알 수 있습니다. 성경에서뿐 아니라 인류역사상 가장 위대한 지도자가 바로 예수님입니다.

본문을 보면 바울도 훌륭한 지도자였음을 알 수 있습니다. 본문은 바울이 배를 타고 로마로 가는 내용입니다. 바울은 오래전부터 로마에 가기를 원했습니다. 로마에 가서 복음을 전해야 복음이 전 세계로 가장 빨리 전파될 수 있다는 것을 그가 알았기 때문입니다. 아이러니한 것은 그가 선교사 자격으로 로마에 가는 것이 아니라 죄수의 신분으로 간다는 것입니다. 그런데 죄수의 신분으로 가는 것이 사실은 가장 안전한 방법이었습니다. 죄수의 신분으로 가면 군인들의 보호 속에서, 그의 목숨을 노리는 사람들로부터 안전하게 갈 수 있기 때문입니다. 그리고 죄수의 신분으로 가면 돈도 들지 않습니다. 만일 바울이 자기 돈으로 로마까지 가야 한다면 얼마나 많은 돈이 들겠습니까. 그러나 죄수의 신분으로 가면 먹고 자는 문제가 다 해결됩니다. 하나님께서 일하시는 방법이 참 독특하십니다.

그런데 배를 타고 가다가 큰 폭풍을 만나게 됩니다.

"그레데 해변을 끼고 항해하더니 얼마 안 되어 섬 가운데로부터 유라굴로라는 광풍이 크게 일어나니"(13b-14절).

"여러 사람이 오래 먹지 못하였으매 바울이 가운데 서서 말하되 여러분이여 내 말을 듣고 그레데에서 떠나지 아니하여 이 타격과 손상을 면하였더라면 좋을 뻔하였느니라"(21절).

폭풍을 만난 곳이 어디입니까? 그레데 섬 부근입니다. 그레데 섬은 크레타 섬으로도 불리는 오늘날 그리스의 섬입니다. 「그리스인 조르바」라는 소설이 있는데 그 소설의 배경이 크레타 섬입니다. 바울이 탄 배가 그 섬 근처에서 풍랑을 만난 것입니다. 그리고 십사 일 동안 표류하게 됩니다.

"열나흘 째 되는 날 밤에 우리가 아드리아 바다에서 이리저리 쫓겨 가다가 자정쯤 되어 사공들이 어느 육지에 가까워지는 줄을 짐작하고"(27절).

"날이 새어 가매 바울이 여러 사람에게 음식 먹기를 권하여 이르되 너희가 기다리고 기다리며 먹지 못하고 주린 지가 오늘까지 열나흘인즉"(33절).

십사 일 동안 이들이 얼마나 많은 고생을 했겠습니까! 정말 죽을 고생을 했습니다. 그러다가 배는 파선하고 사람들은 한 섬에 이르게 됩니다.

"두 물이 합하여 흐르는 곳을 만나 배를 걸매 이물은 부딪쳐 움직일 수 없이 붙고, 고물은 큰 물결에 깨어져 가니 군인들은 죄수가 헤엄쳐서 도망할까 하여 그들을 죽이는 것이 좋다 하였으나 백부장이 바울을 구원하려 하여 그들의 뜻을 막고 헤엄칠 줄 아는 사람들을 명하여 물에 뛰어내려 먼저 육지에 나가게 하고 그 남은 사람들은 널조각 혹은 배 물건에 의지하여 나가게 하니 마침내 사람들이 다 상륙하여 구조되니라"(41-44절).

그들이 도착한 섬은 '멜리데'라는 섬입니다(행 28:1). '몰타'라고도 불리는 이 섬은 오늘날 인구 40만의 독립국가입니다(지도13 참조).

〈지도13〉

로마로 가는 여정의 출발지는 가이사랴였습니다. 가이사랴에서 2년 동안 감금되어 있다가 거기서 배를 탔습니다. 가이사랴 북쪽에 있는 시돈을 거쳐 구브로를 지나 무라라는 곳에서 배를 갈아탔습니다. 자세한 경로는 본문에 나와 있습니다. 무라에서 다시 출발하여 그레데 섬에 있는 미항까지 오게 됩니다. '미항(美港)'은 '아름다운 항구'라는 뜻입니다. 이곳에서 출발하여 가다가 풍랑을 만나게 되고, 십사 일 동안 표류하다가 멜리데까지 오게 됩니다.

본문을 잘 보면 폭풍 속에서 단연 돋보이는 한 인물이 있습니다. 그가 바로 사도 바울입니다. 배 안에는 선장도 있고 선주도 있고 백부장도 있습니다. 그런데도 죄수 바울이 가장 돋보입니다. 이 배의 실제 지도자는 바울이었습니다.

본문의 바울을 통해 '지도자는 어떠해야 하는가, 어떤 사람이 훌륭한 지도자인가'에 대해 생각해보겠습니다.

첫째, 지도자는 미래를 내다보며 방향을 제시할 수 있어야 합니다. 9–12절을 보겠습니다.

"여러 날이 걸려 금식하는 절기가 이미 지났으므로 항해하기가 위태한지라. 바울이 그들을 권하여 말하되 여러분이여 내가 보니 이번 항해가 하물과 배만 아니라 우리 생명에도 타격과 많은 손해를 끼치리라 하되 백부장이 선장과 선주의 말을 바울의 말보다 더 믿더라. 그 항구가 겨울을 지내기에 불편하므로 거기서 떠나 아무쪼록 뵈닉스에 가서 겨울을 지내자 하는 자가 더 많으니 뵈닉스는 그레데 항구라. 한쪽은 서남을, 한쪽은 서북을 향하였더라."

바울을 태운 배는 그런데 섬의 '미항'이라는 곳에 지금 와있습니다. 시기적으로는 겨울을 바라보고 있던 때였습니다. 미항은 아름답기는 하지만 겨울을 보내기에는 좋지 않은 곳입니다. 그래서 사람들이 미항을 떠나 뵈닉스로 가자고 했습니다. 뵈닉스도 그런데 섬에 있는 항구입니다. 그 때 바울이 백부장에게 경고합니다. "지금 이 시기에 배를 띄우는 것은 굉장히 위험한 일이오. 잘못하다가는 배뿐 아니라 사람들의 목숨까지도 위험해질 수 있소." 그러나 백부장은 바울의 말을 듣지 않고 선장과 선주의 말을 듣습니다. 그러다가 결국 폭풍을 만나 화물도 버리고, 배도 부서지고, 하마터면 목숨까지 잃을 뻔했습니다.

바울은 어떻게 폭풍이 올 것을 알았을까요? 그는 뱃사람은 아니지만 배로 여행한 경험이 많습니다. 고린도후서 11장 25절을 보면 바울은 세 번 파선한 경험을 말하고 있는데, 배를 얼마나 많이 탔으면 세 번씩이나 파선하는 경험을 했겠습니까! 그러다 보니 바울은 거의 뱃사람 수준이었습니다. 뿐만 아니라 바울은 기도하는 사람이었습니다. 기도하면서 하나님의 음성을 듣습니다. 그는 하나님과 교제하는 중에 어떤 일이 일어날 것인지를 이미 들어서 알고 있었다고 생각됩니다. 그리고 그가 들은 것을 백부장에게 말한 것입니다.

여기서 우리가 알 수 있는 것은, 유능한 지도자가 되려면 미래를 내다볼 수 있어야 하고, 사람들에게 방향을 제시할 수 있어야 한다는 것입니다. 그렇게 하기 위해서는 지도자에게 많은 경험과 지식이 필요합니다. 그리고 무엇보다도 기도와 말씀을 통해 세상을 볼 수 있는 안목이 있어야 합니다. 우리나라의 지도자들이 그런 사람들이면 좋겠습니다. 미래를 내다보고 사람들에게 방향을 제시해줄 수 있는 지도자들이 우리나라를 이끈다면 우리나라가 얼마나 더 잘되겠습니까! 우리는 대통령과 정치·경제 지도자들이 그렇게 되게 해달라고 하나님께 기도해야 합니다. 또한 우리 자신도 그런 지도자가 되기 위해서 노력해야 할 것입니다. 혹시 '어! 나는 지도자가 아닌데?'라고 생각하는 분이 있을지 모르겠습니다. 두 사람만 있어도 두 사람 중 한 사람은 지도자입니다. 이런 점에서 우리 모두는 가정에서 지도자요, 직장에서 지도자라고 할 수 있습니다. 그러므로 경험과 지식, 기도와 말씀을 통해서 조금 더 넓게, 조금 더 멀리 볼 수 있는 사람이 되어야 합니다. 그리고 사람들에게 갈 길을 제시합시다.

특히 그리스도인들은 다 영적인 지도자라고 할 수 있습니다. 사람들의 앞날에 무슨 일이 일어날지 우리는 알고 있습니다. 결국 죽을 것이고 죽음 뒤에는 심판이 있다는 것을 우리는 알고 있습니다. 그러므로 우리는 이 사실을 사람들에게 알려주어야 합니다. 어떻게 살아야 하고, 누구를 믿어야 할지 정확하게 말해줄 수 있어야 합니다.

둘째, 지도자는 사람들에게 희망을 줄 수 있어야 합니다. 18-26절을 보겠습니다.

"우리가 풍랑으로 심히 애쓰다가 이튿날 사공들이 짐을 바다에 풀어 버리고 사흘째 되는 날에 배의 기구를 그들의 손으로 내버리니라. 여러 날 동안 해도 별도 보이지 아니하고 큰 풍랑이 그대로 있으매 구원의 여망마저 없어졌더라. 여러 사람이 오래 먹지 못하였으매 바울이 가운데 서서 말하되 여러분이여 내 말을 듣고 그레데에서 떠나지 아니하여 이 타격과 손상을 면하였더라면 좋을 뻔하였느니라. 내가 너희를 권하노니 이제는 안심하라. 너희 중 아무도 생명에는 아무런 손상이 없겠고 오직 배뿐이리라. 내가 속한 바 곧 내가 섬기는 하나님의 사자가 어제 밤에 내 곁에 서서 말하되 바울아 두려워하지 말라. 네가 가이사 앞에 서야 하겠고 또 하나님께서 너와 함께 항해하는 자를 다 네게 주셨다 하였으니 그러므로 여러분이여 안심하라. 나는 내게 말씀하신 그대로 되리라고 하나님을 믿노라. 그런즉 우리가 반드시 한 섬에 걸리리라 하더라.”

풍랑으로 인하여 사람들은 짐을 바다에 다 버렸습니다. 배의 기구들도 다 버렸습니다. 풍랑은 계속되고 구원의 희망은 사라졌습니다. 그 때 바울이 일어나서 점잖게 한 마디 합니다. “내 말을 듣고 그레데 섬에서 떠나지 않았다면 얼마나 좋았겠습니까!” 그러고는 사람들을 안심시킵니다. “그러나 여러분 염려할 필요 없습니다. 우리 중 한 사람도 죽지 않을 것입니다. 간밤에 하나님의 사자가 나타나 ‘너는 반드시 가이사 앞에 서게 될 것이다’라고 하였고, ‘이 배 안에 있는 사람들의 생명을 다 네게 주노라’ 하셨습니다.”

이 말을 들은 사람들이 얼마나 안심이 되었겠습니까! 큰 위로가 되었을 것입니다. 하나님께서 죽지 않는다고 말씀하셨다니까 얼마나 좋은 소식입니까! 이런 모습이 지도자의 모습입니다. 절망 속에서도 희망을 말할 수 있는 사람이 지도자입니다. 그렇다고 허황된 희망을 주면 안 됩니다. 사실이 아닌 것을 사실처럼 말하고, 거짓으로 사람들 기분만 좋게 해주는 사람은 바른 지도자가 아닙니다. 지금 바울은 허황된 꿈을 심어주는 것이 아니라 하나님께로부터 들은 말씀을 근거로 말하는 것입니다.

우리도 바울처럼 하나님의 말씀을 근거로 사람들에게 꿈을 심어주고, 희망을 전해주는 사람이 됩시다. 주변을 돌아보면 인생의 풍랑으로 인해 힘들어하고 괴로워하는 사람들이 얼마나 많은지 모릅니다.

그들을 하나님 말씀으로 위로해 주어야 합니다. 하나님 말씀으로 소망을 주어야 합니다.

하나님 말씀에는 사람을 위로하는 놀라운 힘이 있습니다. 낙심한 사람들을 격려하는 놀라운 힘이 있습니다. 두려워하는 사람에게 평안을 주고, 포기하려는 사람에게 소망을 주는 능력이 있습니다. 예수님께서 말씀하시기를 '너희는 세상의 빛'이라 하셨습니다. 이 말의 의미는 '너희는 세상의 지도자'라는 뜻입니다. 사람들이 너희를 보고 따라오게 하라는 말씀입니다. 이 세상에는 소망이 없습니다. 소망은 오직 하나님 안에만 있습니다. 하나님 말씀 속에 희망이 있고, 위로가 있습니다.

셋째, 지도자는 구체적인 업무지시를 할 줄 알아야 합니다. 27-32절을 보겠습니다.

"열나흘 째 되는 날 밤에 우리가 아드리아 바다에서 이리저리 쫓겨가다가 자정쯤 되어 사공들이 어느 육지에 가까워지는 줄을 짐작하고 물을 재어 보니 스무 길이 되고 조금 가다가 다시 재니 열다섯 길이라. 암초에 걸릴까 하여 고물로 닻 넷을 내리고 날이 새기를 고대하니라. 사공들이 도망하고자 하여 이물에서 닻을 내리는 체하고 거룻배를 바다에 내려 놓거늘 바울이 백부장과 군인들에게 이르되 이 사람들이 배에 있지 아니하면 너희가 구원을 얻지 못하리라 하니 이에 군인들이 거룻줄을 끊어 떼어 버리니라."

배가 표류한 지 14일이 지났습니다. 배에서 줄을 내려 깊이를 재어 보니 바다 깊이가 스무 길이었습니다. 조금 후에 다시 재어 보니 열다섯 길이었습니다. 배가 점점 육지에 가까워지고 있었습니다. 육지에 가까워지는 것은 좋은 일입니다. 그러나 암초에 걸려 배가 부서지면 육지를 눈앞에 두고 죽을 수도 있습니다. 그것을 두려워한 선원들이 거룻배를 이용해서 자기들만 몰래 빠져나가려고 했습니다. 거룻배는 돛 없는 작은 배로 일종의 비상용 배입니다. 탈출하거나 다른 큰 배로 옮겨 탈 때 사용하는 작은 배입니다. 선원들이 거룻배로 자신들만 탈출하려는 것을 본 바울은 백부장과 군인들에게 선원들이 배 안에 있지 아니하면 너희도 살아남을 수 없다고 말합니다. 그 말을 들은 군인들이 거룻줄을 끊어버렸습니다.

군인들이 바울의 말을 참 잘듣습니다. 지금 바울은 죄수입니다. 명령할 처지가 아닙니다. 그런데도 바울이 한마디 하니까 군인들이 복종합니다. 상황이 지금 거꾸로 되었습니다. 그러나 살기 위해서는 바울의 말을 듣지 않을 수 없습니다.

여기서 우리는 지도력에 대한 대단히 중요한 것 한 가지를 배울 수 있습니다. 지도력은 지위(position)에 의해 결정되는 것이 아니라 영향력에 의해 결정된다는 것입니다. 지금 이 배 안에서 누가 리더입니까? 백부장입니까? 선장입니까? 지금 상황에서는 바울이 리더입니다. 왜냐하면 그의 영향력이 가장 크기 때문입니다.

또한 지도자는 업무지시를 할 수 있어야 합니다. 지도자라고 하면서 업무지시를 하지 못한다면 그의 지위가 아무리 높아도 그는 지도자가 아닙니다. 실제로 영향력을 행사하고 업무지시를 할 수 있는 사람이 지도자입니다. 조직이 크면 지도자 혼자 일일이 업무지시를 할 수 없습니다. 그럴 때는 중간관리자를 세워 그 일을 하도록 하면 됩니다. 형태야 어떻든 지도자는 적절하게 업무지시를 할 줄 알아야 합니다. 열 사람의 일을 혼자 하는 지도자도 좋은 지도자는 아닙니다. 그는 그저 능력만 많을 뿐입니다. 좋은 지도자는 열 사람의 일을 혼자 하는 것이 아니라 열 사람을 찾아내어 열 사람에게 일을 맡깁니다. 그런 사람이 능력 있는 지도자입니다. 가정이나 교회에서, 그리고 직장에서 사람들에게 일을 잘 나누어 맡길 줄 아는 지도자가 되시기를 바랍니다.

넷째, 지도자는 사람들에게 본이 되어야 합니다. 33-37절을 보겠습니다.

"날이 새어 가매 바울이 여러 사람에게 음식 먹기를 권하여 이르되 너희가 기다리고 기다리며 먹지 못하고 주린 지가 오늘까지 열나흘인즉 음식 먹기를 권하노니 이것이 너희의 구원을 위하는 것이요 너희 중 머리카락 하나도 잃을 자가 없으리라 하고 떡을 가져다가 모든 사람 앞에서 하나님께 축사하고 떼어먹기를 시작하매 그들도 다 안심하고 받아먹으니 배에 있는 우리의 수는 전부 이백칠십육 명이더라."

지금 배 안에 있는 사람들은 14일 동안 음식을 거의 먹지 못했습니다. 음식이 없어서가 아니라 먹을 수가 없었기 때문입니다. 배 멀미를 심하게 하다 보면 밥을 먹을 수가 없습니다. 저는 군 생활을 해경에서 했습니다. 3년간 배를 탔습니다. 그래서 배 멀미가 얼마나 괴로운지 조금 압니다. 배 멀미가 심할 때는 '내가 뭐하려고 해경에 지원해서 왔던가!' 하는 생각과 함께 바다로 뛰어들고 싶을 정도였습니다.

그런데 본문을 보면 두려움과 심한 배 멀미로 쓰러져 있는 사람들 가운데서 바울이 일어나 사람들에게 먹을 것을 권합니다. 그리고 자기가 먼저 음식을 들고 사람들이 보는 가운데 감사기도하고 먹기 시작합니다. 그 모습을 보고 다른 사람들도 따라서 먹습니다. 이런 모습이

지도자의 모습입니다. 사실 바울도 음식 먹을 상태는 아니었습니다. 바울이라고 해서 특별한 체력을 가진 사람이었겠습니까? 아닙니다. 풍랑 앞에서는 누구나 다 녹초가 됩니다. 그런데도 바울은 기운을 내어 음식을 먹었습니다. 지도자니까 그렇게 한 것입니다.

해경에서 3년 동안 배를 타며 지내는 동안 여러 번의 멀미나는 경험을 했습니다. 파도가 심하면 대부분의 사람은 속된 말로 뻗습니다. 아무것도 할 수가 없습니다. 그러나 그런 상황 속에서도 유독 강해 보이는 사람이 한 사람 있습니다. 누구인줄 아십니까? 바로 함장입니다. 그도 사람이고, 나이는 20대 젊은이들보다는 체력적으로 약한 40~50대임에도 불구하고 그는 달랐습니다. 그 모습을 보면서 '역시 캡틴은 캡틴이다' 하는 생각이 들었습니다. 함장은 어떻게 그렇게 강했을까요? 그 분은 캡틴이니까, 리더니까, 리더는 본이 되어야 하니까 강하게 버틴 것입니다.

예수님 믿는 사람들은 이 세상에서 지도자들인 것을 잊지 말아야 합니다. 그렇기 때문에 세상에서 본이 되어야 하고, 믿지 않는 사람들과는 뭐가 달라도 달라야 하는 것입니다. 그렇게 하면 그것이 전도의 기회가 됩니다. 사도 바울이 풍랑 속에서도 두려워하지 아니하고, 하나님에 대한 말을 하고, 또 음식을 먹었을 때 사람들이 어떤 생각을 했겠습니까? '하나님 믿는 사람은 다르구나. 하나님은 살아 계시나보다. 나도 하나님 믿어야겠다.' 이런 생각을 하지 않았겠습니까? 위기 상황 속에서 어떻게 행동하느냐에 따라 전도의 기회가 될 수도 있고, 그렇지 않을 수도 있다는 것을 잊지 말아야 합니다.

평상시에도 마찬가지입니다. 평상시에도 우리는 사람들에게 본이 되어야 합니다. 말 한마디를 하더라도 믿지 않는 사람들과는 달라야 합니다. 밥을 먹을 때도 항상 기도하고 드시기 바랍니다. 본문에서 바울은 흔들리는 배 위에서, 녹초가 된 상태에서도 하나님께 감사기도를 하고 음식을 먹었습니다. 우리도 가정이나 직장에서 음식을 먹을 때 그렇게 해야 합니다. 우리의 기도하는 모습이 어떤 사람들에게 아름답게 비춰질 것입니다. 누군가가 도전을 받을 것입니다. 공공장소에서 성경 읽는 것도 좋은 본이 될 수 있습니다. 저는 캠퍼스에서 학생들이 성경 읽는 모습을 보면 그렇게 아름다울 수가 없습니다.

본문을 통해 지도력에 대해 생각해 보았습니다. 조금이라도 도움이 되셨기를 바랍니다.

인생은 바다를 항해하는 것과 같습니다. 언제 폭풍이 몰아칠지 알 수 없습니다. 그러나 하나님과 동행하고, 하나님과 늘 대화하며 사는 사람은 두려울 것이 없습니다. 하나님께서 위로가 되어주시고 소망이 되어주시기 때문입니다. 본문 24절에서 하나님의 사자가 바울에게 "바울아, 두려워하지 말라. 네가 가이사 앞에 서야 하겠고, 또 하나님께서 너와 함께 항해하는 자를 다 네게 주셨다"라고 했습니다. 이 말은 바울에게 두 가지를 상기시켜 주었습니다. 첫째는 로마로 가서 이루어야 할 사명이 있다는 것과 둘째는 그가 현 상황 속에서 얻어야 할 사람들 즉 전도해야 할 사람들이 있다는 것입니다.

사랑하는 여러분! 나의 사명이 무엇인가, 내가 전도해야 할 사람들이 누구인가를 늘 생각하면서 살 수 있기를 바랍니다. 풍랑은 위기이기도 하지만 또 다른 기회이기도 합니다. 바울은 위기를 기회로 활용할 줄 알았습니다. 우리도 바울과 같이 위기를 기회로 활용할 줄 아는 사람이 됩시다.

40. 복음은 계속 전파되고

(행 28장)

40. 복음은 계속 전파되고 (행 28장)

드디어 사도행전 강해 마지막 시간입니다.

사도행전은 복음이 예루살렘에서부터 온 세상으로 퍼져 나가는 과정을 보여줍니다. 복음이 온 세상으로 퍼져 나가도록 하기 위해 하나님께서는 한 사람을 귀하게 사용하셨는데 그가 바로 사도 바울입니다. 바울은 구원받고 나서 모든 것을 '배설물'로 여기고 오직 복음, 오직 예수 그리스도만을 위해 살았습니다. 사도행전 20장 24절에서 그는 이렇게 고백했습니다.

"내가 달려갈 길과 주 예수께 받은 사명 곧 하나님의 은혜의 복음을 증언하는 일을 마치려 함에는 나의 생명조차 조금도 귀한 것으로 여기지 아니하노라."

정말 그는 그렇게 살았습니다. 복음이 그의 전부였습니다. 그는 복음전파를 위해 세 차례에 걸친 선교여행을 했습니다. 그리고 복음을 위해 마침내 로마까지 오게 됩니다. 그런데 죄수의 신분으로 로마까지 오는 과정이 결코 순탄치 않습니다. 지난 장에서 보았듯이 바울과 그의 일행은 풍랑으로 인하여 목숨만 간신히 부지한 채 '멜리데'라는 섬에 이르게 됩니다(1절). 이 섬은 오늘날 '몰타'라고 불리는데 이탈리아에서 남쪽으로 약 95km 떨어진 곳에 위치한 작은 섬입니다. 이 섬은 굉장히 아름다워서 오늘날 관광지로 유명합니다. 영국의 엘리자베스 여왕 부부도 이곳으로 신혼여행을 왔다고 합니다. 2007년에는 그들의 결혼 60주년을 기념하여 다시 이 섬을 방문하기도 했습니다. 몰타섬은 어느 나라에 속한 섬이 아니라 섬 자체가 한 독립국가입니다. 인구는 40만명 정도이고, 크기는 제주도의 5분의 1 크기입니다. 그런데 사도 바울이 이 섬에 오게 된 것입니다.

멜리데 섬의 사람들은 바울과 그의 일행을 친절하게 대해주었습니다. 그리고 그곳에서 사도 바울은 독사에게 물리는 사건을 경험하게 됩니다. 1-6절을 보겠습니다.

"우리가 구조된 후에 안즉 그 섬은 멜리데라 하더라. 비가 오고 날이 차매 원주민들이 우리에게 특별한 동정을 하여 불을 피워 우리를 다 영접하더라. 바울이 나무 한 묶음을 거두어 불에 넣으니 뜨거움으로 말미암아 독사가 나와 그 손을 물고 있는지라. 원주민들이 이 짐승이 그 손에 매달려 있음을 보고 서로 말하되 진실로 이 사람은 살인한 자로다. 바다에서는 구조를 받았으나 공의가 그를 살지 못하게 함이로다 하더니 바울이 그 짐승을 불에 떨어 버리매 조금도 상함이 없더라. 그들은 그가 붓든지 혹은 갑자기 쓰러져 죽을 줄로 기다렸다가 오래 기다려도 그에게 아무 이상이 없음을 보고 돌이켜 생각하여 말하되 그를 신이라 하더라."

때는 겨울 전이라 추워서 사람들이 불을 쬐고 있었습니다. 바울이 나무를 해서 불에 집어넣으려고 할 때 나무속에 있던 독사가 그의 손을 물고 말았습니다. 그것을 보고 그곳 사람들이 "이 사람은 살인자가 틀림없다. 바다에서는 비록 살아 나왔지만 공의가 이 사람을 살려 두지를 않는다"라고 하면서 살인자 취급을 했습니다. 그런데 시간이 흘러도 그가 죽지를 않습니다. 죽는 것은 고사하고 손도 붓지를 않습니다. 그것을 보고 사람들은 "이 사람은 신이 틀림없다"고 했습니다. '살인자'에서 졸지에 '신'이 된 것입니다. 이 일을 계기로 섬에서 제일 높은 사람의 아버지를 고쳐주게 되고, 많은 사람들의 병을 고쳐주는 일을 하게 됩니다. 7-10절에 그런 내용이 나옵니다.

"이 섬에서 가장 높은 사람 보블리오라 하는 이가 그 근처에 토지가 있는지라. 그가 우리를 영접하여 사흘이나 친절히 머물게 하더니 보블리오의 부친이 열병과 이질에 걸려 누워 있거늘 바울이 들어가서 기도하고 그에게 안수하여 낫게 하매 이러므로 섬 가운데 다른 병든 사람들이 와서 고침을 받고 후한 예로 우리를 대접하고 떠날 때에 우리 쓸 것을 배에 실었더라."

뱀에 물린 사건이 결국 전화위복(轉禍爲福)이 되었습니다. 섬에서 가장 높은 사람인 보블리오의 초청도 받게 되고, 그의 아버지도 고쳐주었으며, 또 소문 듣고 찾아온 많은 병자들도 고쳐주었습니다. 사도 바울이 병만 고쳐주었겠습니까? 틀림없이 복음도 전했을 것입니다.

뱀에 물려도 죽지 않고, 병자들을 고쳐준 내용을 보니 생각나는 구절이 하나 있습니다. 마가복음 16장 17-18절입니다.

"믿는 자들에게는 이런 표적이 따르리니 곧 그들이 내 이름으로 귀신을 쫓아내며, 새 방언을 말하며, 뱀을 집어 올리며, 무슨 독을 마실지라도 해를 받지 아니하며, 병든 사람에게 손을 얹은즉 나으리라 하시더라."

여기에 '뱀을 집어 올리며, 무슨 독을 마실지라도 해를 받지 아니할 것'이라는 말씀이 있습니다. 이 표적을 사도 바울이 멜리데 섬에서 행한 것입니다.

이런 표적은 모든 시대, 모든 사람에게 다 해당되는 것이 아니라는 것을 잊지 말아야 합니다. 뱀을 집어 올리며 독을 마셔도 해를 받지 않는 기적, 병든 사람에게 손을 올리면 낫는 기적은 복음이 처음으로 전파되던 사도시대 때, 특별한 사람들에게 주신 은사라는 것을 알아야 합니다. 하나님께서는 이런 은사를 주로 사도들에게 주셨습니다. 바울은 사도였기에 뱀에 물리고도 죽지 않을 수 있었고, 안수해서 많은 사람을 고쳐줄 수 있었던 것입니다. 고린도후서 12장 12절에서 사도 바울은 이런 말을 했습니다.

"사도의 표가 된 것은 내가 너희 가운데서 모든 참음과 표적과 기사와 능력을 행한 것이라."

바울은 사도였기에 본문에서와 같은 기사와 능력을 행할 수 있었던 것을 잊지 마십시오. 미국에서 어떤 목사가 뱀을 다루다가 뱀에 물려 죽었다는 기사를 인터넷에서 읽은 적이 있습니다. 이 목사는 예배 중에 한 번씩 뱀을 가지고 나와서 자신은 뱀을 만져도 죽지 않는 것을 보여주었다고 합니다. '뱀을 만져도 죽지 않는 나야말로 진짜 목사가 아니겠는가'라고 사람들을 설득하고 싶었던 모양입니다. 그러다가 독사에 물려 죽고 말았습니다. 참으로 어처구니없는 사건입니다.

사도 바울이 본문에서 행한 기적과 표적은 사도시대 때, 신약성경이 완성되기 전에, 사람들이 예수님이 누구인지도 잘 모르던 시대에 복음 전파를 위해 특별하게 주신 것이라는 것을 잊으면 안 됩니다. 본문에서 사도 바울이 아닌 다른 누군가가 뱀에게 물렸다면 죽었을 것입니다. 그러나 바울은 사도였고 그를 통해 하시고자 하는 일이 있으셨기에 하나님께서 그를 죽지 않게 해주신 것입니다.

이 일을 통하여 하나님은 하나님의 능력을 나타내 보이셨고, 그 섬의 많은 사람을 구원해 주셨습니다. 결국 하나님은 모든 것이 전화위복되게 해 주셨습니다.

여기에 우리가 배울 수 있는 교훈이 있습니다. 그것은 하나님은 모든 것을 합력하여 선을 이루시는 분이라는 것입니다. 만일 바울이 뱀에게 물리지 않았다면 보블리오의 아버지를 고칠 일이 있었겠습니까. 또 풍랑을 만나 파선하지 않았다면 멜리데 섬에 올 일도 없었을 것입니다. 그러니 돌아보면 모든 일이 하나님의 계획과 섭리 가운데 이루어진 일임을 알 수 있습니다.

우리의 삶도 마찬가지입니다. 살다보면 이해하기 힘든 일이 많이 일어납니다. 큰 풍랑 같은 위기를 만날 때도 있고, 뱀에게 물린 것 같은 어려움을 당할 때도 있습니다. 그럴 때 쉽게 낙심하거나 불평해서는 안 됩니다. 왜냐하면 우리가 하나님의 뜻을 다 모르기 때문입니다. 하나님이 어떤 뜻과 계획이 있어서 우리로 하여금 풍랑을 만나게 하고, 독사에게 물리게 하는지 우리가 알 수 없습니다. 나중에, 시간이 지나고 나서 보면 하나님께서 모든 것을 합력하여 선으로 이루어주신 것을 보게 됩니다.

"우리가 알거니와 하나님을 사랑하는 자 곧 그의 뜻대로 부르심을 입은 자들에게는 모든 것이 합력하여 선을 이루느니라"(롬 8:28).

이런 하나님이 우리에게 계심을 기억하면서 범사에 감사하며 살아갑시다.

멜리데에서 3개월을 머문 뒤에 바울과 일행은 다시 배를 타고 로마로 향하게 됩니다. 11-14절에 로마로 가는 여정이 잘 나와 있습니다. 수라구사와 레기온을 거쳐서 보디올로 가게 됩니다. 보디올에서부터는 육로로 로마까지 가게 됩니다(지도14 참조).

육로에서는 압비오 광장, 트레이스 타베르네를 거쳐 로마로 가게 됩니다. 그런데 가는 곳마다 사람들이 바울을 따뜻하게 맞아주었습니다. 14-15절을 보겠습니다.

〈지도14〉

"거기서 형제들을 만나 그들의 청함을 받아 이레를 함께 머무니라. 그래서 우리는 이와 같이 로마로 가니라. 그 곳 형제들이 우리 소식을 듣고 압비오 광장과 트레이스 타베르네까지 맞으러 오니 바울이 그들을 보고 하나님께 감사하고 담대한 마음을 얻으니라."

14절의 '거기'는 보디올입니다. 보디올에 도착하니 그곳에 있는 그리스도인 형제들이 바울을 따뜻하게 맞아주었습니다. 그리고 로마에 있는 그리스도인 형제들은 트레이스 타베르네나 압비오 광장까지 와서 맞이해주었습니다. 이 두 곳은 로마로부터 각각 53km, 69km 떨어진 곳입니다. 오늘날에도 50~60km를 가려면 차를 타고 한참을 가야합니다. 그때는 차도 없었습니다. 주로 걸어 다녔을 텐데 그 먼 거리를 바울을 보기 위해 찾아온 것입니다. 사실 이 사람들은 로마에서 기다리고 있기만 해도 저절로 바울을 만날 수 있습니다. 왜냐하면 바울의 목적지가 로마이기 때문입니다. 이렇게 먼 길을 수고하면서 올 필요가 없습니다. 그런데도 로마에 사는 그리스도인 형제들은 바울을 만나기 위해 먼 길을 왔습니다. 이런 것이 바로 사랑이고 관심 아니겠습니까.

그들 중에는 브리스길라와 아굴라 부부도 포함되어 있었을 것입니다. 어떤 사람들이 왔는지 본문에는 안 나와 있지만, 이 부부가 안 왔을 리 없습니다. 왜냐하면 이들은 바울을 위해서라면 자신들의 목이라도 내어줄 수 있는 사람들이었기 때문입니다(롬 16:3-4). 바울은 로마에 처음으로 가는 것입니다. 그런데 로마에는 이미 교회가 세워져있었습니다. 바울은 한 번도 가보지 않았지만 로마의 성도들에게 2~3년 전에 편지를 써서 보낸 적이 있습니다. 그 편지가 바로 로마서입니다. 로마서의 마지막 장에서 바울은 여러 사람에게 안부를 전하는데 제일 먼저 안부를 전한 사람이 브리스길라(브리스가)와 아굴라 부부였습니다. 이런 것을 고려하면 브리스길라와 아굴라 부부는 바울이 온다는 소식을 듣고 틀림없이 바울을 맞으러 나와 주었을 것입니다.

바울은 멀리까지 그를 맞으러 나온 사람들로 인해 하나님께 감사했고, 또 담대한 마음을 얻었다고 본문 15절은 말합니다. 주 안에서의 사랑이 이런 것입니다. 형제가 어려운 일을 당하면 찾아가 주는 것, 형제가 병원에 입원하면 찾아가 주는 것, 형제가 상(喪)을 당하면 찾아가 주는 것, 이런 것이 사랑입니다. 찾아가지 않아도 누가 뭐라고 할 사람은 없습니다. 몇 주 지나면 아팠던 사람들이 나아서 교회로 돌아옵니다. 그러니 기다리고 있으면 그들을 다시 교회에서 만날 수 있습니다. 굳이 병원이나 장례식장으로 찾아가지 않아도 됩니다. 그러나 그들이 오기 전에 먼저 찾아가 주는 것이 사랑임을 잊지 마십시오.

사랑하는 성도 여러분! 찾아가는 사역을 합시다. 앉아서 말로만 하는 사랑은 참사랑이 아닙니다. 행동으로 보여주는 사랑, 수고를 아끼지 않는 사랑이 진짜 사랑입니다.

드디어 바울이 로마에 도착했습니다. 로마에 도착하니 군인 한 사람이 바울을 따라다니며 지킵니다. 하지만 어느 정도의 자유는 있습니다. 그래서 바울은 그 곳에 있는 유대인 지도자들을 오게 해서 왜 자신이 죄수가 되었는지 그 이유를 설명합니다. 16-20절을 보겠습니다.

"우리가 로마에 들어가니 바울에게는 자기를 지키는 한 군인과 함께 따로 있게 허락하더라. 사흘 후에 바울이 유대인 중 높은 사람들을 청하여 그들이 모인 후에 이르되 여러분 형제들아 내가 이스라엘 백성이나 우리 조상의 관습을 배척한 일이 없는데 예루살렘에서 로마인의 손에 죄수로 내준 바 되었으니 로마인은 나를 심문하여 죽일 죄목이 없으므로 석방하려 하였으나 유대인들이 반대하기로 내가 마지못하여 가이사에게 상소함이요 내 민족을 고발하려는 것이 아니니라. 이러므로 너희를 보고 함께 이야기하려고 청하였으니 이스라엘의 소망으로 말미암아 내가 이 쇠사슬에 매인 바 되었노라."

죄수가 되어 로마까지 온 이유를 바울이 어떻게 설명했습니까? '이스라엘의 소망' 때문이라고 했습니다. 그가 말하는 '이스라엘의 소망'이란 무엇일까요? 그것은 메시야에 대한 신앙을 말합니다. 이스라엘 사람들은 늘 메시야에 대한 신앙을 가지고 살아왔습니다. 오늘날에도 유대인들은 메시야에 대한 신앙을 가지고 살아가고 있습니다. 메시야가 이미 오셨는데도 예수님을 메시야로 보지 못하니 지금까지도 메시야를 기다리며 사는 것입니다.

바울은 자신이 '이스라엘의 소망', 즉 메시야에 대한 신앙 때문에 죄수가 되었다고 했습니다. 바울이 생각하는 메시야는 물론 예수님입니다. 예수님을 증거하다가 이렇게 되었다고 자초지종을 설명했습니다. 그러면서 하나님 나라와 예수님에 대해 전했습니다.

"그들이 날짜를 정하고 그가 유숙하는 집에 많이 오니 바울이 아침부터 저녁까지 강론하여 하나님의 나라를 증언하고 모세의 율법과 선지자의 말을 가지고 예수에 대하여 권하더라"(23절).

그런데 왜 하나님의 나라와 예수님에 대해 함께 전했을까요? 그 이유는 하나님 나라에 들어가려면 예수님을 통해서만 들어갈 수 있기 때문입니다. 그리고 하나님 나라의 왕이 바로 예수님이기 때문입니다. 그런 이유에서 바울은 하나님의 나라에 대해서 설명하면서 예수님을 언급한 것입니다.

또한 '모세의 율법과 선지자의 말'을 가지고 전했다고 했습니다. '모세의 율법과 선지자의 말'은 구약성경을 의미합니다. 그러니까 사도 바울은 하나님의 나라와 예수님에 관해 전하면서 구약성경을 펼쳐 들고 강해설교를 한 것입니다.

오늘날에도 좋은 설교는 하나님의 말씀을 근거로 전하는 설교입니다. 그냥 성경 한 구절 읽고, 자기 생각에서 나오는 이야기를 하거나 사람들 듣기에 좋은 이야기만 하는 것은 좋은 설교가 아닙니다. 좋은 설교란 성경을 풀어주고, 성경을 근거로 사람들을 도전하고, 교훈하고, 삶에 변화를 일으키도록 하는 설교입니다. 그러니 성도들은 설교를 들을 때도 분별력을 가지고 잘 들을 필요가 있습니다. 오늘날의 설교들 중에는 '좋은 강연'일 수는 있으나 '좋은 설교'는 아닌 설교들이 너무나 많습니다. 좋은 설교는 바울이 했던 것 같이 성경을 제대로 풀어주고, 성경 말씀에 입각해서 도전하며, 삶을 변화시키는 설교입니다.

사도 바울이 하나님의 나라와 예수님에 대해서 성경을 가지고 설교를 했더니 그 결과가 어떻게 나타났습니까? 믿는 사람도 있었고 믿지 않는 사람도 있었습니다.

"그 말을 믿는 사람도 있고 믿지 아니하는 사람도 있어"(24절).

바울이 얼마나 설교를 잘하는 사람입니까. 그럼에도 불구하고 믿지 않는 사람은 여전히 믿지 않더라는 것입니다. 이런 현상은 오늘날에도 마찬가지입니다. 그러나 예수님에 대해서 어떻게 받아들이느냐에 따라 영원한 운명이 결정된다는 것을 알아야 합니다. 말씀을 듣고 예수님을 나의 주님으로 받아들이면 구원을 받습니다. 영원한 생명을 얻고, 천국에 들어가게 됩니다. 그러나 복음을 듣고도 받아들이지 아니하면 하나님의 심판을 받을 수밖에 없습니다.

"그를 믿는 자는 심판을 받지 아니하는 것이요 믿지 아니하는 자는 하나님의 독생자의 이름을 믿지 아니하므로 벌써 심판을 받은 것이니라"(요 3:18).

"아들을 믿는 자에게는 영생이 있고 아들에게 순종하지 아니하는 자는 영생을 보지 못하고 도리어 하나님의 진노가 그 위에 머물러 있느니라"(요 3:36).

믿느냐 믿지 않느냐에 따라 영생과 심판, 지옥과 천국이 결정됩니다. 당신은 예수님을 주님으로 모셔 들이셨습니까? 만일 그렇게 하셨다면 당신은 복 받은 사람입니다. 그러나 그렇게 하지 않으셨다면 지금이라도 예수님을 자신의 구주로 모셔 들이시기 바랍니다.

바울이 복음을 전했을 때 왜 어떤 사람들은 예수님을 받아들이지 않았을까요? 그 이유에 대해 바울은 그들의 '마음이 우둔'하기 때문이라고 했습니다.

"일렀으되 이 백성에게 가서 말하기를 너희가 듣기는 들어도 도무지 깨닫지 못하며 보기는 보아도 도무지 알지 못하는도다. 이 백성들의 마음이 우둔하여져서 그 귀로는 둔하게 듣고 그 눈은 감았으니"(26-27a절).

혹시 당신이 예수님을 믿지 않고 있다면 그 이유가 무엇인줄 아십니까? 말씀드리기 송구하지만 당신의 '마음이 우둔'하기 때문입니다. 우둔한 마음을 갈아엎으시기 바랍니다. 강퍅한 마음을 깨뜨리기 바랍니다. 그리고 겸손하게 예수님을 영접하십시오. 그렇게 할 때 구원이 임하고 하나님의 자녀가 되어 천국에 들어 갈 수 있는 특권을 얻게 됩니다.

사도 바울이 열심히 복음을 전했음에도 불구하고 상당수의 유대인들은 믿지 않았습니다. 그런 그들에게 바울은 이렇게 말합니다.

"그런즉 하나님의 이 구원이 이방인에게로 보내어진 줄 알라. 그들은 그것을 들으리라"(28절).

이렇게 해서 복음은 이방인들에게 빠른 속도로 전해지게 됩니다. 30-31절에 사도 바울이 얼마나 열심히 복음을 전했는지 잘 나와 있습니다.

"바울이 온 이태를 자기 셋집에 머물면서 자기에게 오는 사람을 다 영접하고 하나님의 나라를 전파하며 주 예수 그리스도에 관한 모든 것을 담대하게 거침없이 가르치더라."

사도 바울은 정말 열심히 복음을 전했습니다. 문을 열어놓고 누구라도 와서 하나님의 나라와 예수님의 복음을 듣도록 했습니다. 또 23절에는 '아침부터 저녁까지' 하나님 말씀을 강론했다고 했습니다. 바울이 이렇게 열심히 복음을 전했기 때문에 복음은 로마에서 온 세계로 뻗어나가게 된 것입니다. 바울을 통해 유럽에 퍼진 복음은 미국을 거쳐 우리나라에까지 오게 되었고, 우리도 복음을 듣고 구원받을 수 있게 된 것입니다.

사도행전은 바울이 로마에서 열심히 복음 전하는 내용으로 끝이 납니다. 갑자기 끝나버린 듯한 느낌이 있습니다. 왜 이렇게 갑자기 끝난 줄 아십니까? 그 이후의 이야기는 사도행전을 읽은 사람들이 써내려가라는 의미 아니겠습니까!

당신은 사도행전 28장 이후를 어떤 이야기로 채워나가시겠습니까?

사도 바울처럼 복음을 전하며 삽시다. 디모데후서 4장 1-2a절에서 바울은 이렇게 명령합니다.

"하나님 앞과 살아 있는 자와 죽은 자를 심판하실 그리스도 예수 앞에서 그가 나타나실 것과 그의 나라를 두고 엄히 명하노니 너는 말씀을 전파하라. 때를 얻든지 못 얻든지 항상 힘쓰라."

이 말씀을 항상 마음속 깊이 새기고 삽시다. 바울은 그렇게 살았습니다. 이제는 우리가 그렇게 살 차례입니다.

"오직 성령이 너희에게 임하시면 너희가 권능을 받고 예루살렘과 온 유대와 사마리아와 땅 끝까지 이르러 내 증인이 되리라"(행 1:8).